シリーズ〈建築工学〉 1

建築デザイン計画

新しい建築計画のために

服部岑生　佐藤　平　荒木兵一郎
水野一郎　戸部栄一　市原　出
日色真帆　笠嶋　泰　岸本達也
著

朝倉書店

序

　建築計画の専門参考書は，書店で見かけるものを数えると，数種類に及んでいる．その中で，朝倉書店の『建築計画』は歴史があり，多数の大学で教科書となり，多くの学生に読まれてきた．最初の出版は，ほぼ 25 年前であるから，4 半世紀の歴史になる．執筆者のうち，中心になった前田尚美先生は現役を引退された．また高橋先生と川添先生は早世されてしまった．『建築計画』は，他書にないユニークな内容で，建築計画の基礎から応用までを扱っており，一定の社会的評価をえたと自負している．しかし，時代の価値観や建設事情が大きく変化し，大幅な内容変更が必要となってきた．

　そこで，佐藤平と服部岑生が発念し，新規に建築計画の新しい専門書を作ることを決心した．新しく表題をつけた『建築デザイン計画——新しい建築計画のために』は，前書の伝統を引き継ぎ，21 世紀の建築計画の課題を見据えて，監修したものである．

　本書の特色は，以下の 3 点である．

(1) 建築設計，すなわちデザインへの社会的な関心が向上したことを受けて，デザインの意味や方法の解説を加え，建築作品に関する動向と事例の網羅的な紹介を行ったこと．

(2) 建築計画の社会課題——専門化する施設計画をはじめ，環境，資源，都市景観，地域社会再生問題など——が噴出し，建築家の社会責任が大きく問われることを受けて，近年の建築計画分野の先端的な理論と方法を解説し，建築に携わる人々の職業倫理や技術者責任を強調した．

(3) 執筆者を一新して，幅広く多様な専門分野の紹介を行い，他書にない広範囲で充実した内容を実現した．

　これから幸いに，『建築デザイン計画』を参考書や教科書として利用される読者は，きっと多くの点で，旧来とは異なる発想に出会われるであろう．その驚きや戸惑いは，建築計画の分野の専門知識が想像以上に発展していることによるものである．どうか，新しい 21 世紀の建築計画の課題と対応する計画の思想をどのように改革しなければいけないのか理解していただきたいと考えるものであります．

　最後に，読者諸氏が，本書によっていっそう研鑽され自己革新されることを期待します．

　2002 年 4 月

執筆者を代表して　服 部 岑 生

目　　次

0. はじめに　*1*　〔服部岑生〕

a. 建築の語源　1
b. 理想の建築像　1
c. デザイン計画の意義　3

1. 建築計画の状況　*5*　〔服部岑生〕

1.1 建築の仕事　5
　a. 建築の現場・建築の種類　5
　b. 建築の仕事の始まり——用途・地域・発注者　6
1.2 デザイン計画の職場と職能　7
　a. 建築技術者——建築計画・設計の職場と職能　7
　b. 職能の専門性　8
　c. 性能・コストから生産方式へ　8
1.3 いろいろな建築とデザイン計画　10
　a. 建築の種別の歴史　10
　b. 発展の要因　10
　c. 施設マネージメントからの創造　13

2. 建築計画の基礎　*15*

2.1 建築と空間　15　〔佐藤　平〕
2.2 シェルターとしての建築　17
2.3 建築の各部構法　19
　a. 木造建築　19
　b. 鉄筋コンクリート造建築（RC 造）　19
　c. 鉄骨造（S 造）　21
2.4 建築の寿命　21
　a. 機能的耐用年数　22
　b. 構造的耐用年数　22
　c. CHS 住宅　22
　d. S・I 建築　22
　e. 住宅の品質確保の促進等に関する法律　23
2.5 空間要素の制御　23
　a. 空間と制御　23
　b. アクティビティ空間とサーキュレーション空間　23
　c. サーキュレーション空間　24
2.6 建築の内部空間　25　〔荒木兵一郎〕
　a. 安定する空間　25
　b. なわばり・すみわけ・行動圏　25
　c. 空間の序列づけ　26
　d. 分割された空間の序列づけ　26
　e. 分割の手法　27
　f. 連結の手法　27
2.7 内部空間の形態　27
　a. 基本形　27
　b. 機能的形態と合理的形態　28
2.8 内部空間の寸法と大きさ　29
　a. 使う側からの寸法　29
　b. つくる側からの寸法　32

3. デザイン計画について考える──建築計画の理論── *33* 〔服部岑生〕

3.1 デザインの考え方　33
　a. 物質性と意味性　33
　b. 施設デザイン　33
　c. デザイン計画からデザインへ　34
3.2 建築の力　34
　a. 妨げる　35
　b. 促進する　35
　c. 誘発する　35
　d. 総合的な力　35
3.3 認識から設計へ　36
　a. 合理的な決め方　36
　b. 相互作用論の展開　36
　c. 決定方法の反省　37
3.4 初源的な空間形式──空間観　37
　a. 形態モデル　38
　b. 新しい展開　40
　c. 空間形式の構想──プランニングからデザイニングへ　40
3.5 デザイン計画の基本作法　41
　a. 先見性を持つこと　41
　b. 空間への責任　42
　c. 使用者の要求と機能性・安全・バリアフリーなどの基本条件　43
　d. 生態環境の領域感覚　44
　e. 成長変化と耐久性　45
　f. 環境共生力・地域形成力　49
　g. アカウンタビリティ　50
3.6 建築デザインの評価　51

4. デザイン計画を進めるために──建築計画の方法── *57*

4.1 働きかけとしてのプロセス：デザイン計画から設計へ　57 〔服部岑生〕
　a. プログラムから始まるデザイン計画　57
　b. デザイン計画プロセスに関する方法　58
4.2 建築の利用の仕組みづくり　61
4.3 空間と形態の方法　64
4.4 参加のデザイン計画　67
4.5 建築設計の仕事　68
　a. 設計の仕事　68
　b. 建築・建築群の計画と設計──計画から設計へのプロセス事例解説　71 〔水野一郎〕

5. 住まいと環境　*85*

5.1 住まいの建築論　85 〔戸部栄一〕
　a. 住まいと暮らしと環境　85
　b. 住要求と住まいの発展・変容　86
　c. 住まいの計画課題　87
　d. 住要求への歴史的対応形態　88
　e. 現代の住まいの目指すもの　90
　f. 住まいの共通性と多様化　91
　g. 新たなニーズと計画課題　93
5.2 いろいろな住まいの設計論　96 〔市原　出〕
　a. 住宅設計の2つの側面　96
　b. 個々の住宅におけるそれぞれの設計テーマ　98

6. 現代の建築設計　*115*

6.1 建築設計の現代的方法　115 〔日色真帆〕
　a. はじめに：拡大する設計領域　115
　b. ものとしての建築　116
　c. 現象する建築　118
　d. 行動とできごとの起こる空間　120
　e. 文脈の中の建築：都市，ランドスケープ，歴史　123
　f. おわりに：ガーデニングのような建築　128
6.2 近代建築史──年表と言説──　128 〔服部岑生〕

　　　　　　　　　　　　　　目　　次　　　　　　　　　　　　　　　　v

　a．20世紀の建築思想の言葉（世界）　128　　b．20世紀の建築思想の言葉（日本）　131

| **7． 建築計画の研究　177** |

7.1　研究の歴史とこれからのテーマ　177　　　　a．研究の意義と対象　187
　　　　　　　　　　　　　　　〔服部岑生〕　　b．研究の方法　188
7.2　研究のまとめ方　178　　　　　　　　　7.4　建築デザインの最適化　193　　〔岸本達也〕
　　　　　　　　　　　　　　　〔笠嶋　泰〕
　a．研究の意義と個人的意味　178　　　　　　a．建築デザインの最適化　193
　b．建築計画研究の対象　180　　　　　　　　b．シュミレーションとモデリング　193
　c．はじめの第一歩　181　　　　　　　　　　c．デザイン目的の設定，計画問題，モデリング
　d．研究のフレーム　182　　　　　　　　　　　　193
7.3　デザイン研究の対象とまとめ方　187　　　d．モデルとシミュレーション　194
　　　　　　　　　　　　　　　〔服部岑生〕　　e．最適化の手法　194

参 考 文 献　199
索　　　引　202

コラム：バリアフリーの建築基準　　55
　　　　　計画に関するいろいろな量　　79
　　　　　住まいの空間構成原理　　113
　　　　　20世紀の建築・住宅　　173

0. はじめに

a. 建築の語源

建築という言葉の意味は，あらゆる技術の総合ということである．

建築（アーキテクチャー）という言葉は，ふだんよく使う言葉であるが，同じような言葉に，建物（ビルディング）がある．建物という言葉は，建てた物，建設の結果できるものという単純な意味が感じられる．建築（アーキテクチャー）の方は，語源を探っていくと，ラテン語で総合的な（アーキ）技術（テクチャー）という意味である．すなわち，建築は，すべての技術を総合する技術という意味で，建物を建てるには，総合的な技術によることを示しているという．このために，建築家の立場からは，建築（アーキテクチャー）の言葉が好んで使われてきた．本書でも，建築を作ることは，総合的な術，すなわち単に建設の技術だけでなく，美を創造すること（芸術），学問を基盤とすること（学術）の三位一体の考え方に立つものであると考えて，用語は建物でなく，建築を用いる．

b. 理想の建築像

すばらしい建築は，感動を与える．芸術的な美しさや技術の驚異に感動するのである．現代の建築家伊東豊雄のメディアテーク（仙台）は，21世紀の建築として高く評価されている．美しさ，技術のすばらしさだけでなく，これまでとは違う，新しい時代の雰囲気を象徴する表現が感じられる．また，公共建築を，その地域の人々と共同で作り上げる，本格的な方法を成功させたからである．建築というハードだけでなく，その利用方法，マネージメントなどの活動目的の計画というソフトを，新しいすぐれた形で実現したからである．

21世紀の建築は，美しさ，技術のすばらしさだけでなく，時代の感性を表現し，人々とともに作る建築こそが，理想になるのではないだろうか．よい建築は，人々に愛される建築である．建築を作ることは，その発注者・事業者が作る意志を持つことから始まる．発注者は，建築の作り方に条件を持っており，その条件が建築づくりでは重要である．ギリシャ時代の建築づくり，特に公共建築づくりでは，発注者・事業者は裕福な市民で建築を寄進することから始まったという．そうした建築であったが，寄進者は，最も美しくデザインする建築家を指名したという．この際に，建築の歴史において，なしとげられてきた美しさや丈夫さなどの当時の建築の水準から，市民とともに評価を行い，より「リファインメント」（refinement，洗練）された建築を選んだという．市民たちとともによりすぐれたものを選ぶこと，特に伝統を大切にしながらよりすぐれたものを探っていくという考え方は，現代でも通用するものである．

確かに，理想的な建築とは何かという疑問を持ち，その解答を見出すことは重要であるが，現代に生きる建築家は，いま求められている条件の建築の課題，関連する現代の環境や社会の課題を解決していかねばならない．現代の課題を解決するという点でいえば，建築を作る人たちは，過去のすぐれた建築の条件を見出しそれを実現し改良することだけでなく，建築によって何ができるかを，常に探っていく責任があるといえよう．

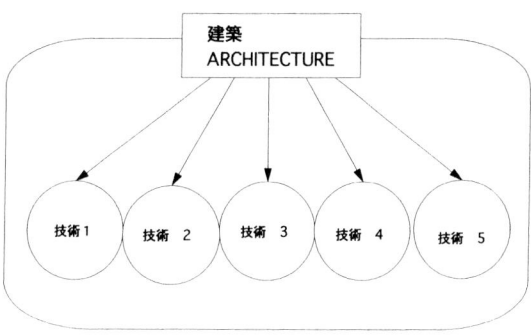

図 0.1　ARCHITECTURE の言葉

0. はじめに

上左：正面全景
上右：1階ロビー
下左：エントランスの受付
下右：エントランスの柱

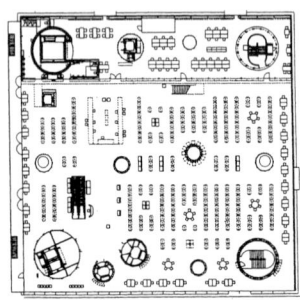

3階平面図

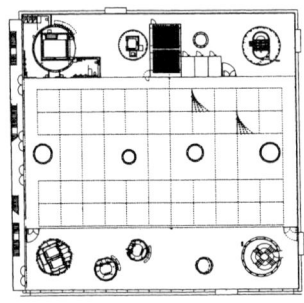

6階平面図

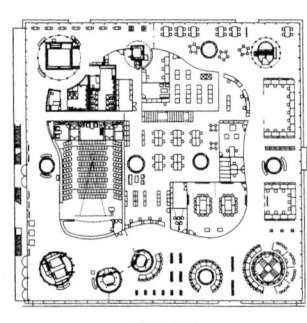

7階平面図

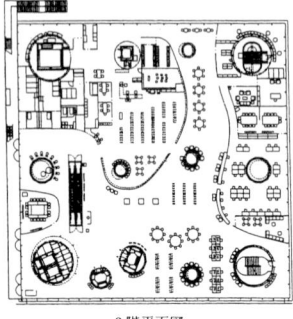

2階平面図

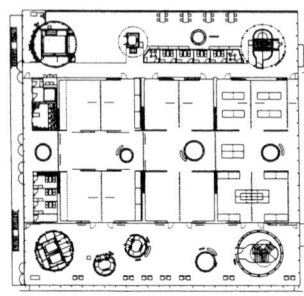

5階平面図

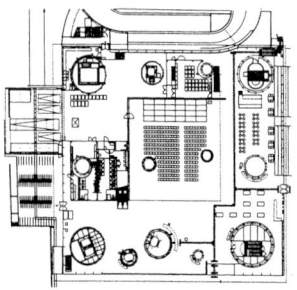

1階平面図

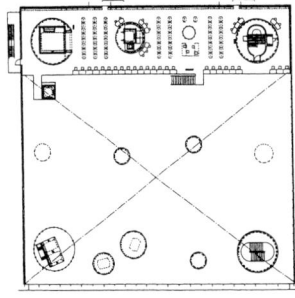

4階平面図

図0.2　新しいドミノの原理としての「仙台メディアテーク」

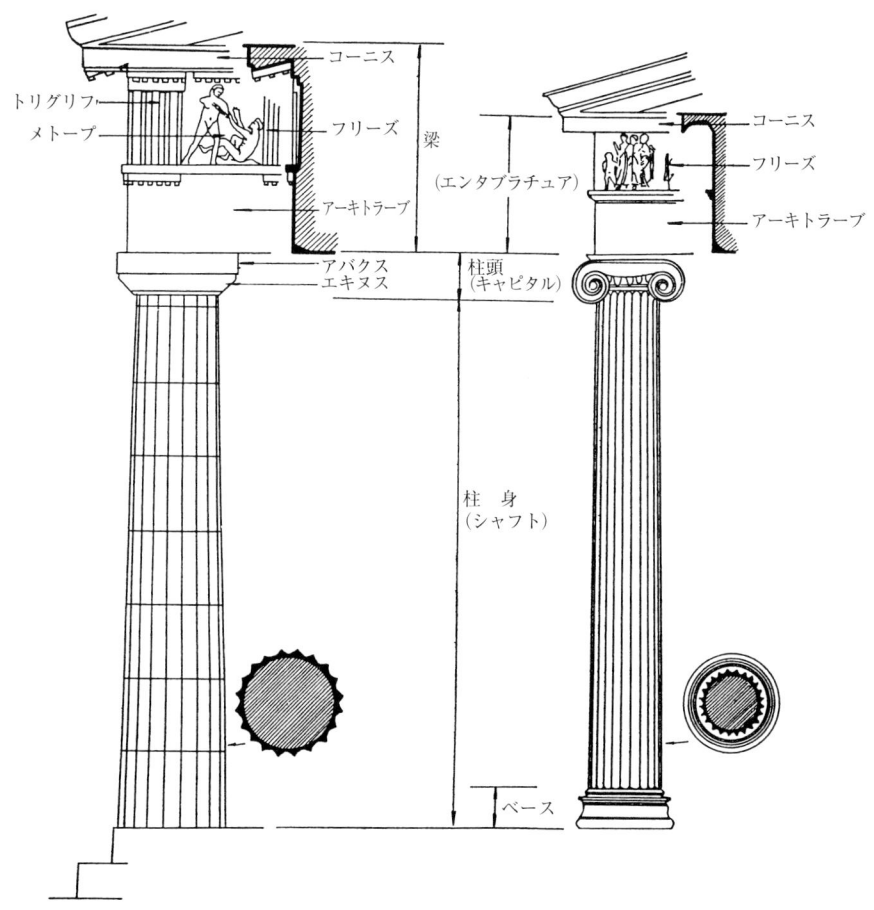

図 0.3 リファインメントの結果生まれた柱の様式「ギリシャのドリス式とイオニア式」
（西洋建築史考，理工図書株式会社，1973）

c. デザイン計画の意義

　建築というとき，その最も代表的なものは，私たちの身近な住まいである．そのほかに，いつも行く本屋，レストランなども，商業施設と呼ばれる種類の建築である．公共施設と呼ばれる，図書館，美術館，大学，オーディトリアムなど，業務施設と呼ばれる事務所，生産施設といわれる工場など，身のまわりの建物はすべて何らかの種類の建築である．

　これらの建築を作ることは，自分の住宅を作ろうとしている人の立場で考えてみれば，その関係者には，とても幸せなことである．理想の住まいはどんな住まいか想像するだけでなく，それを実現することができる喜びである．理想を実現することができるということは，これまで使いにくかった点を解決することや，自分のライフスタイルにふさわしい住まいを表現する

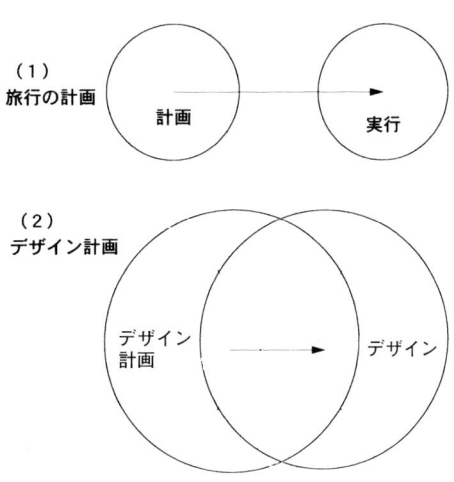

図 0.4　デザイン計画の意義

楽しさがある．

　住宅づくりにおいて，専門家の建築技術者の立場，あるいは建築家の立場は，その家族，建築を注文する人々――発注者である人たち――へ「サービス」する立場である．専門の建築家のサービスがすぐれていれば，建築を注文する人々は満足を得ることができるし，逆であれば不満を持つことになる．その意味で，建築家の立場は，楽しむだけでなく，すぐれたサービスを提供する責任がある．

　建築を作ることは，私たちの毎日の生活になくてはならない建物を作ることであるので，それ自身が社会の必要性に応えることである．社会の必要に応える建築は，人々の求める条件を満たさなくてはならない．要求を満たすよい建築を作ることは，人々の要求に応えることになるので，建築づくりはやりがいのある社会的な仕事である．

　建築計画は，建築づくりの最初の作業である．建築計画の段階では，その後すみずみまで検討されてデザインされていく建築のデザインを計画することが，大切な作業の目標となる．建築計画は，「デザイン計画」という作業を行う段階である．デザイン計画は，建築の発注者の設計条件を満たす建築を，建築の作法に基づいて計画することである．

1. 建築計画の状況

1.1 建築の仕事

a. 建築の現場・建築の種類

わが国では、どのような建築が作られているのだろうか。それは、建築計画や設計の仕事の特色に関係している。建築の数（棟数），広さ（延べ床面積）はどうか。種類（用途，所有関係，構造種別など）はどうだろうか。表1.1によれば、建設活動が活発かどうかにもよるが，1998（平成10）年で総数で200万棟，193万m^{2}の建設（着工統計）が行われている。その内訳は、居住系施設が大半で110万m^{2}を占めており、残りの40%が公共施設，民間の商業施設や生産施設である。建築の事業主別では、個人が50%に及び，民間が90%となっている。建築構造では、木造が30%を占めている。ついで，鉄骨構造25%，鉄筋コンクリート構造20%となっている。

表1.1 最近の建築統計（建設省建設経済局調査情報課「建設総合統計」より）

	建設投資推計（単位：億円）			
	建 築		建 築	
	住 宅	非住宅	政 府	民 間
平成10年	見込み 198,500	135,900	52,800	281,600
平成11年	見通し 212,400	29,700	60,200	282,000

建設工事受注A調査（大手50社）（単位：10億円，10億円未満切り捨て）（建設省建設経済局調査情報課「建設工事受注調査」）

	建 築											
	小 計	事務所・庁舎	宿泊施設	店 舗	工場・発電所	倉庫・流通施設	住 宅	教育・研究・文化施設	医療・福祉施設	娯楽施設	その他	小口工事
平成9年	12,149	1,988	399	1,048	1,719	455	2,942	996	1,086	526	836	148
平成10年	10,345	1,669	277	844	1,136	286	2,405	1,161	1,235	463	836	138

建築主別・用途別・使途別着工建物（平成10年度，単位：千m^2，10億円）（建設省建設経済局調査情報課「建築着工統計調査」）

（用途別）

	居住専用	居住産業併用	農林水産業用	鉱工業用	公益事業用	商業用	サービス業用	公務文教用	その他
床面積の合計	110,106	9,175	4,003	13,416	5,701	20,159	15,257	15,187	349
工事費予定額	18,437	1,659	300	1,467	979	2,474	3,244	3,582	53

（使途別）

	事務所	店 舗	工場及び作業所	倉 庫	学校の校舎	病院・診療所	その他		
床面積の合計	8,593	13,289	11,443	8,639	5,071	5,032	22,005		
工事費予定額	1,659	1,523	1,322	715	1,106	1,309	4,466		

最近の構造別建築着工床面積（単位：千m²）（建設省建設経済局調査情報課「建築着工統計調査」）

	木造	鉄骨鉄筋コンクリート構造	鉄筋コンクリート構造	鉄骨造	コンクリートブロック造	その他
平成9年度	74,287	19,583	42,955	82,953	221	581
平成10年度	70,008	15,778	36,986	69,856	180	545

最近の住宅着工（建設省建設経済局調査情報課「建築着工統計調査」）

	新設住宅		その他		持家		貸家		給与住宅		分譲住宅		その他	
	戸数	床面積	戸数	床面積	一戸建て・長屋建て	共同建て	一戸建て・長屋建て	共同建て	一戸建て・長屋建て	共同建て	一戸建て・長屋建て	共同建て	一戸建て・長屋建て	共同建て
平成8年度	1,630	157,014	110	5,890	79334	803	6292	4	1327	576	20	22	1474	200
平成9年度	1,341	123,751	90	4,793	59833	711	4471	3	1328	475	20	21	1363	212
平成10年度	1,180	110,978	85	4,585	52933	585	4341	2	1229	403	20	13	1132	167

プレハブ着工・新設住宅戸数（建設省建設経済局調査情報課「建築着工統計調査」）

区分 年度	総数	利用関係別				構造別		
		持家	貸家	給与住宅	分譲住宅	木造	鉄骨造	鉄筋コンクリート構造
平成8年度	340	182	128	2	29	133	193	14
平成9年度	276	129	114	2	30	109	156	10
平成10年度	251	125	101	1	23	99	143	8

　新築の建設量は，20世紀後半に比べて少ない水準となっている．これは，経済状況が低成長期に入り，建設投資が減少したこと，相対的に建築の耐久性が増し，償却が少なくなり建て替えなどの需要が減少したこと，特に建設量の中で大きな比率を占める住宅需要が，特に購買人口の急激な減少によって新築住宅需要が減少したためである．

　ストックとなった建築を再生する建設量は年々増加している．必ずしも明確な統計値はないが，居住施設で，新築でなく古い建築を再生するリフォームが特に普及しているといわれる．また，他の施設のリフォームや用途変更のコンバージョンなどで，再生建築は，いくつか顕著な計画事例が報告されている．

b. 建築の仕事の始まり──用途・地域・発注者

　住宅を中心とする建設動向は，特に大都市の中心部あるいは臨海部などで活発である．その他，大都市の郊外，地方都市や郡部では，建設活動は停滞している．一方，公共施設である教育施設，医療施設などでは，建て替えや新規の建築理念による需要によって，地域と無関係に少数であるが継続的に建設されている．民間施設である商業施設，業務施設では，一部で，大型の商業施設，その複合施設の建設が活発に見られるものの，経済動向や人口移動に対応して低い水準になっている．

　建築の発注者には，家族のような少人数で利用者となる人々から，会社などの組織でその活動のための施設を必要とするもの，同様に組織でビジネスとして建築を作ることを依頼するものなどがいる．組織が発注者である場合は，所有者や管理者など組織の代表者が発注を行うが，建築の利用者は多数の人間で，あらかじめ特定できないことが多い．この「不特定多数の利用者」のための建築の設計には，発注者が求める設計条件だけでなく利用者の声なき要求条件を探って設計する必要がある．その声を調査によって明らかにすることが重要である．

全　景

旧ホールで展示会

新で旧を被う

図1.1 地域資産の建築を活かした公共建築——大谷幸夫「千葉市美術館」(1994)
市民に親しまれた川崎銀行（昭和2年）のネオ・ルネサンス様式の空間を生かした「さや堂」型の美術館で，一部に区役所を複合している．

1.2 デザイン計画の職場と職能

a. 建築技術者——建築計画・設計の職場と職能

日本の建設業は，合計59万社が登録され，そのうち建築一式を行うゼネコンは合計22万社である．この数字は年々増加しており，過半数は資本金も少額の中小企業で競争の激しい業種となっている．建設業は，一級建築士を多数抱えて建築施工を行うだけでなく，日本型の建築生産方式で設計施工一貫といわれる建築設計から施工までを行うのが普通である．建設業の設計組織は，最新の生産方法を適用するとともに生産を合理化していくことに特色があり，事業主（施主）から安定して信頼されてきた．特に，設計組織内部の分業体制が発達しており，設計の各段階ごとの専門技術者がそれぞれの専門領域を担当している．

建築士については年々増加しており，一級建築士29万人，一級建築士事務所8.7万社，二級建築士61万人，二級事務所4.3万社，および木造建築士1.3万人，木造建築士事務所0.1万社である．この数字は，アメリカなど建築ストックが集積しており，人口規模

表1.2 最近の建築士数（建設省住宅局建築指導課，1998年）

級	建築士登録者数			建築士事務所登録数					
	一級建築士	二級建築士	木造建築士	一級建築士		二級建築士		木造建築士	
				個人	法人	個人	法人	個人	法人
	285,255	610,686	12,766	33,883	53,751	24,306	19,068	888	300

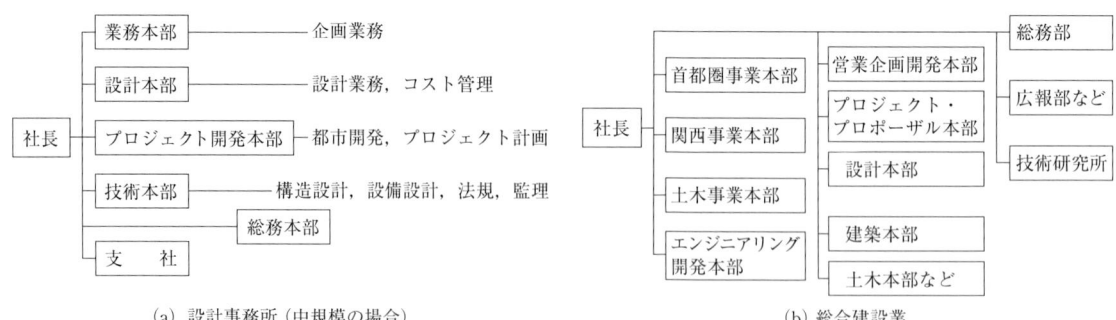

(a) 設計事務所（中規模の場合）　　　　　　　　(b) 総合建設業

図1.2 設計事務所とゼネコン総合建設業の組織図

が大きい国と比べるときわめて過大であり，今後産業界全体が構造改革していくと考えられる．

国際的に活躍する建築家には，ヨーロッパとアメリカを中心にUIA（世界建築家連盟）が宣言している条件の教育を受け，対応する資格試験をパスした建築家資格が必要であるとされている．日本の建築士制度はUIAの条件には合致していない．これまで，建築士資格を国際的に共通にするという動きは顕在化してこなかったが，世界の建築設計のマーケットで平等な競争が行われることを主張する欧米や中国の考え方が普及し，日本の制度では建築教育の期間が短くインターンシップが条件になっていないなどの異質性が指摘されている．また，欧米では建築士は建設業から独立しているが，日本ではゼネコン（総合建設業）による設計施工一貫の生産体制が伝統的であることも背景にある．

b. 職能の専門性

建築の種別ごとに，その計画や設計には，専門的な知識や経験が必要である．最も単純に見える住宅建築

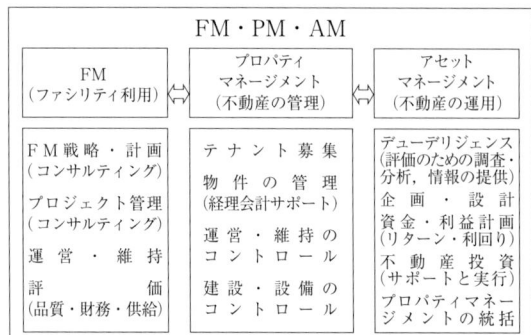

図1.3 ファシリティマネージメントをめぐる新しい職能
（JFMA Current, No.52, 2001年1月）

は，住み手が発注者であるので注文が多様である．その複雑で多数の設計条件に応えるためには，生活の細部にわたる建築的な情報や技術の知識が必要である．同様に病院建築では，多様の診療科の設計条件について，専門的な技術が必要である．このように，建築設計には専門的な技術が必要であるが，日本では必ずしも技術者の専門性が確立していない．これは，建築づくりの仕事が経験によって学習され，エジュカブル（educable）な形式に構成されていないことに起因している．これはまた，建築の計画の市場が絶対的に小規模で，専門家の自立が容易でないからであろう．そのために，専門家であるより前に一般的にいろいろな建築設計ができるジェネラリストになることが多い．アメリカでは，デザイナーの教育とエンジニアの教育が分離しており，その結果である職能が伝統的に分離している．さらに，近年ファシリティマネージメントの技術分野が顕在化し，その技術者ファシリティマネージャーという施設のマネージメントに関する専門的な職業が生まれてきている．この技術者は建築技術者の分野だけでなく，経営などの分野の技術を持つスペシャリストであることがあり，次に述べるプロジェクトマネージャーの重要性が高まるとともに，脚光を浴びている．アメリカの動向は，日本にも影響を与えている．スペシャリストとジェネラリスト，建築づくりの職能としてどちらが社会的に必要なのか，今後問題となろう．

c. 性能・コストから生産方式へ

建築の設計の仕事は，建築づくりの始まりを担当するが，最後は施工によって建物が完成する．この一連の過程を建築生産という．生産全体の過程を視野に入れて考えると，建築設計は，発注者の依頼条件に含ま

れる，建築の機能と建設のコストに大きな影響を与える作業ということになる．生産によって建築の性能（機能の前提となる建物の特徴）とコストが定まるので，どのように生産するかが大きなポイントとなる．ここで，建築生産という場合，従来は建設することのみを指していたが，現代では建設の契約から建設作業全体の内容をいう．設計も生産の始まりと考え，設計から施工の終わりまでの全工程を生産とする．いま，設計以降の建設の契約から竣工までの一連作業を考えると，設計に示されている建物を，その品質（建築が満たす機能などの質）を確保し合理的なコストで完成されることが目的になる．設計の始まりから建物の品質とコストに配慮すると，必要な建築の条件を満たす性能の建物を合理的なコストで完成させるような設計を行うことが重要になる．すなわち，建築生産の全工程において，設計の条件となる性能を合理的なコストで建設することが目的であることがわかる．

現代では最初に，最適なコストで予定の性能を確保する生産プロセスを合理的に計画する．建築の設計は，その生産プロセスの一貫として考えられるようになってきた．コストと性能を確保するプロセスは，従来の段階的な方式から，リエンジニアリング方式（企画から設計，施工の各段階でコストを最適化していく方式），コンカレンツ方式（企画設計などの主体とは独

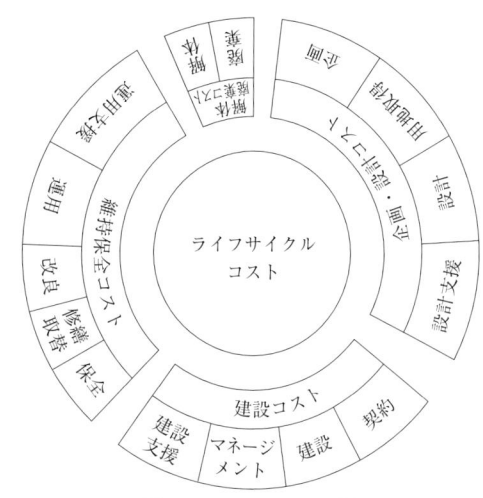

図 1.4 LCCコストの要因
（建築計画教科書，彰国社，1989）

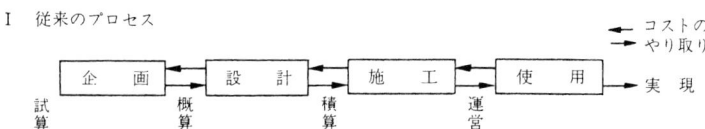

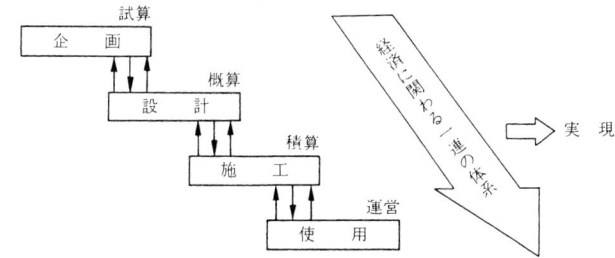

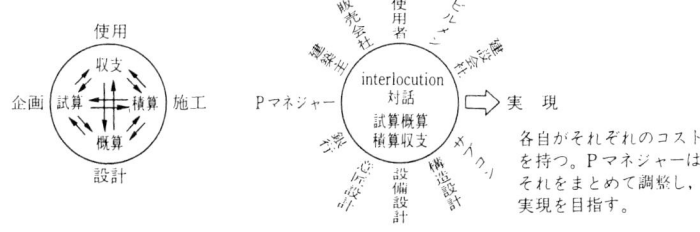

図 1.5 建築生産プロセスの変化
（これだけは知っておきたいプロジェクトマネージメントの知識，鹿島出版会，1997）

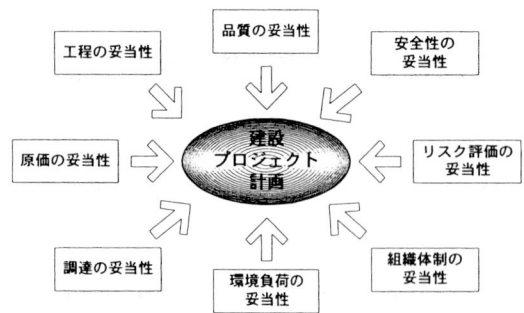

図 1.6 プロジェクトマネージメントの役割
（建設事業とプロジェクトマネージメント，森北出版，2000）

立したコストマネージメントを行う方式）などが行われるようになった．

現代では，生産方式のコストなどの合理性を管理する方法を，プロジェクトマネージメント（PM）——コンストラクションマネージメント（CM）の概念も使われるが，建設だけでなく幅広い責任領域を対象とする——という．その中で，企画や設計について，その内容，コストがマネージメントされる．建築設計は，従来以上に，コストと性能の課題を意識するようになり，建築設計の前提が変化してきている．

従来よりも，建築家の役割は性能とコスト，さらに建築設計に対する発注者の信頼に大きな責任があるようになってきている．設計の変化は，具体的にはまずデザイン計画——特に利用者と事業の運営者の要求条件，その結果建築の構法・材料の選択，空間構成のプランニング——が変化してきた．さらに建築工事のコストなど，建築にかかわるコストの合理化を求められるようになってきた．特にコストでは，建設後の運営コストを含む，トータルな建設コスト（ライフサイクルコスト，LCC）を合理化するマネージメントデザインを行うようになってきている．

1.3 いろいろな建築とデザイン計画

a. 建築の種別の歴史

建築の型（ビルディングタイプ）は，どうして決まるのだろうか．また，公共建築と民間建築はどうして分かれているのだろうか．この事情は，社会や政治の変化が起こった明治維新に基本的な方向が定まった．明治の改革は，日本の近代建築の始まりであった．学校や図書館などの公共建築の主要なものは，この時期に外国に学び設置された．

また，戦後（第二次世界大戦の敗戦後1945年）は，現在の建築のあり方（空間形式）が定まる時期であった．

特に，学校，病院などの制度と対応する建築のあり方が定められた．住まいについても，積極的に集合住宅が建設され，欧米の生活様式が輸入され，住宅計画の考え方が変わっていった．

このようにその時代ごとに，社会の人間活動の形——住宅，学校，病院，商店などすべての活動——があり，そのために活動の場である建築が必要とされるのである．近代以前にはなかった市民のための学校建築は，明治以降国策として教育制度が整備され，対応する施設として，建設されるようになった．また，その内容を見ると，明治や大正時代の学校建築と現代の学校建築では，建築のあり方は大いに異なっている．これは，その時代が要請する学校教育の内容に応じて変化しているのである．建築設計には，時代が必要とする建築像を実現することが求められる．建築技術者は，事業主の発注に応えて建築設計を始めるのだが，事業主が必要とする建築の活動について理解するとともに，それを肯定して設計を始めることが多い．

しかし，その時代が求める建築像が固定しているわけではなく，活動内容は変化していくものである．その変化は緩慢で意識できないものであることもあるし，ときには急激に過激に変化することもある．その要因は，時代的，社会的な要因からでもあるし，先進的な意識の建築技術者の提案によることもある．

社会的要求の変化と新しい建築の空間形式や種類の出現について，建築設計の責任が大きい点には留意すべきである．

b. 発展の要因

アレクサンダーは，矛盾のない建築は，過去から継承された建築の型を発展させることが重要だが，使用者の要求から矛盾が現れ問題が出ている建築は，その問題を空間形式として解決していかなければならない．これは，新しい建築が，相対立する，あるいは複合した問題を解決することで生み出されるからである．

対立には，さまざまな形がある．人間側の活動条件は多くの場合対立的な建築条件につながっている．学校の教室は，学習の緊張と集中力のための場所であり，子供たちのリラックスした放課活動の場所である．廊

表1.3 建築の始まりと歴史

建物種別	1870 M1	80	90	1900	10 T1	20	30 S1	40	50	60	70	80	90	2000
住宅	・和洋二居館併設住宅 ・専用住宅必要論			・洋風応接間 ・中廊下住宅		・台所改良運動 ・生活改善同盟会 ・居間中心形住宅		・文化生活批判 ・サヴォア邸(コル) 31 ・カウフマン邸(ライト) 36	・コア式住宅 ・プレハブ住宅普及 ・二核住宅(プロシンン) 42 ・ガラスの家(ジョンソン)		・スミス邸 (マイヤー)			
集合住宅			・八幡社宅	・下宿屋		・同潤会 ・倉敷社宅 ・市営浅草玉姫団地	・不良住宅地改良事業		・住宅営団	・日本住宅公団 ・51C標準設計 ・ローハン ・ユニテ(コル) 52 ・アトン団地	・低層住宅 ・高層住宅 ・千里ニュータウン ・マンション ・NPS		・SI住宅 ・幕張パティオス ・NEXT 21	
小・中学校	・学制 ・開智小 ・教育令		・講堂設置 ・教室規模統一 4×5間教室定型化 ・構造形式定型化 ・中廊下禁止							・オープン・スクール ・コミュニティ・スクールの概念 ・大規模校多くなる			・打瀬小学校
病院	・大病院 大学東校 ・横浜共立病院						・近藤病院の計画論				・多翼型病院			
その他	・ホテル館 ・新富町守田座	・東京書籍館 ・帝室博物館		・帝国図書館 ・開架思想 ・白木屋RC化 ・奈良ホテル ・歌舞伎座	・帝国ホテル ・浅草電気館 ・松竹座 ・中島会堂			・国会図書館 ・市民の図書館			・国立屋内競技場 (代々木)	・仙台 メディアテーク ・フランス 国立図書館 ・後楽園ドーム ・京都駅	

下は通行のための場所であり，立ち話などの自然発生的な行為の場所である．どのような空間もその設計条件をともに満たすものである．そのための解決が十分でないと，その空間と建築は対立を含んだままの建築で十分に解決されていないといえる．また，新しい人間活動によって必要となる建築では，十分にその建築の条件が検討できないために，研究を続けていく必要がある．たとえば，オープンシステムの教育を行う学校の建築は，ここ20年ぐらいの期間で，少しずつ改良され現在に至っている．超高層集合住宅についても，ここ10年ぐらいの歴史しかなく，いまだ研究途上にある．

最近では，必ずしもアレクサンダーのいう意味だけではないが，現代の建築の空間構成が定型化し必ずしも人間活動に十分に対応していないという観点から，新しい建築の空間構成を提案する動きがある．特に公

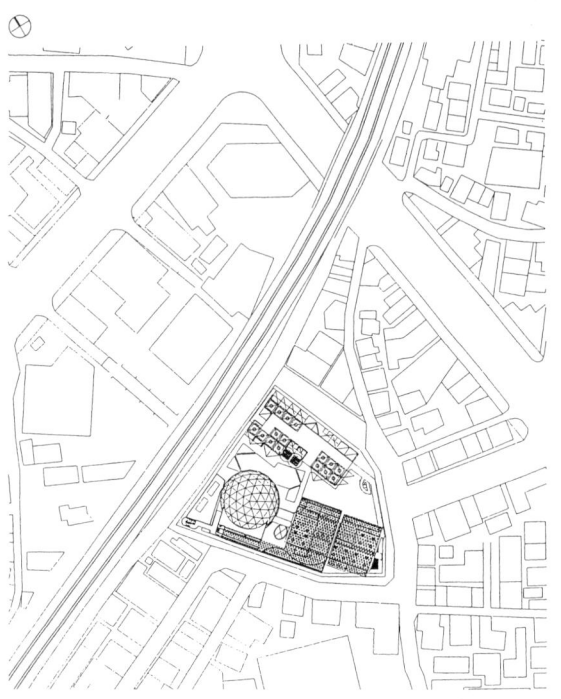
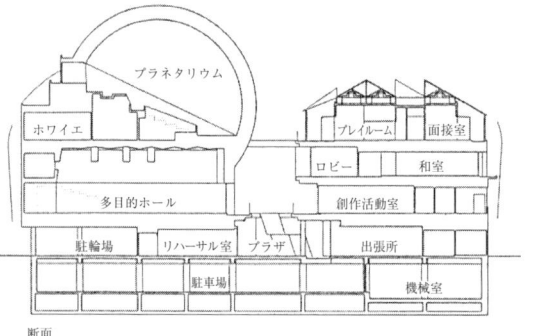

図 1.7　すみだ生涯学習センター「ユートリア」
（長谷川逸子, 1994）

共建築のデザインで，そのデザインの条件が関連する制度の条件——たとえば学校ならば学校建築の基準，美術館なら博物館法による建築基準など——によって規定され，建築が定型化しているという考え方である．制度によって決められている建築を改革するために，建築のデザイン計画（プログラム）を再検討し，よりすぐれた空間構成を実現しようという考えである．この主張によって，学校建築や病院建築では，いくつかの新しい話題作品が登場している．

c. 施設マネージメントからの創造

建築のデザイン計画は，これまで建築の利用者の要求条件——特に使い勝手を基本にして，利用者の利用体系にかかわるデザインの条件——を重視し，アプリオリの建築デザインや建築技術側からの条件と同等以上に位置づけてきた．しかし，建築の空間構成が確立していなかった，日本の現代建築の始まった第一次世界大戦後の時期から，私たちの日常生活や市民の意識が変わってきている．また，多くの課題を抱えているとされている社会制度に関係して，公共施設のあり方が再検討されなくてはいけない．公共施設のあり方については，建築側からだけでなく，市民との共同作業で変革をしていく試みが始まった．この市民との共同，市民主導の公共施設づくりでは，公共施設の運営に関するソフトが計画され，いわゆる施設の運営マネージメントまでが，デザイン計画の作業範囲になる．今後，こうした共同の方法は，一つの有効なデザイン計画の方法となるであろう．

またこのような作業は，単に市民側の要望に応えるという点からでなく，建築一般にコストと性能の関連に関心が高まっていくと，先に述べたファシリティマネージャーの重要性が増すとともに，建築づくりの大きな課題となり，ビルディングタイプを革新していくであろう．

2. 建築計画の基礎

2.1 建築と空間

建築は空間をつくることである．では空間とは何か，空間とは本来そこに何も存在しないことであり，時間とともに物質界が存在するための基本的条件の一つである．そしてそれは，常にすべての方向に対して無限な広がりを持つものである．この無限の広がりはすべて幾何学的に3次元を表すことができることから，幾何学の分野ではユークリッドの幾何学的空間，あるいは，ユークリッド以後新しく生まれた幾何学としてリーマン空間などといわれている．これに対して物理学の分野では，時間と空間とは不可分の関係にあることから，時間と空間を一体として，時・空間あるいは4次元の空間などとして扱っている．建築の分野でもこれと同じような扱いをしている一人として，ギーデオン（Sigfried Giedion, 1894 — 1968）がいる．ギーデオンは，これを「空間・時間・建築」（"Space, Time and Architecture", 1941, 太田実訳）と表現している．

空間概念の規定に関しては，このほか社会学や哲学，心理学関係の文献にも多く見られる．たとえばアリストテレス（Aristotle）は，空間とは"一種の容器"のようなものであると示している．これは，容器とは"もちはこびのできる空間"であり，逆に空間とは"動かない容器の一種"だからだとしている．またオットー・フリードリッヒ・ボルノウ（Otto Friedrich Bollnow）は空間（Raum）を次のように表している．

(1) 空間とは，その中のすべてのものが自分の存在する席，自分の位置を持っている包括的なものである．

(2) 空間とは，人間が自由に運動するために必要とする活動の余地である．

(3) 空間とは，人間の移住する場所として，森林内に開墾してつくられた間伐地のことであり，したがって空間とは，もともとは空洞のことである．

(4) 空間とは，根本的には閉じられている余地のことであり，それは決して無限のものではない．

(5) 空間とは，抽象的無限性を指すものではなく，妨げられるものがなく，進出の可能性があるということである．

(6) 空間とは，人間の生の展開空間であり，それは狭さと広さをいう主観的・相対的規定によって測られるものである．

(7) 空間とは，物と物の間の間隔のことである．

(8) 空間とは，その目的に合った活動を行うための広がりであり，それは整理・整頓することによってつくられるものである．

このほか空間に関する文献は数多く見られる．たとえばE. ホール（Edward T. Hall）の『かくれた次元・THE HIDDEN DIMENSION』（みすず書房）もその一つである．この中で，E. ホールは空間に関して以下のように説明している．建築とか都市とかいう環境は，ある文化の型を感覚的スクリーンを通して受け取った体験であり，他の文化の型を通して受け取った体験とは全く違うものである．たとえばアメリカ人とアラブ人は異なった感覚的世界に住んでおりほとんど同じ感覚を使っていない．これはアラブ人はアメリカ人より臭覚や触覚をよけい使うためである．そのため文化の受け取り方は全く違ってくる．このことはアメリカ人と日本人との空間認知でも全く同じである．しかしE. ホールはいずれにしても人間が空間を知覚する場合は，視覚空間，聴覚空間，臭覚空間，温度空間，触覚空間，固定相空間，半固定相空間，非公式空間などによって知覚することは同じであるとしている．そしてE. ホールはさらに日本人の持つ空間概念は，以上述べたこれらの空間に対してさらに「間」を含む空間を持っていると述べている．これは一般に西洋人は，空間は「空虚」だと考えるように教えられている．しかし日本人は空間に意味を与えるように，

あるいは空間の形と配置を知覚するように訓練されている．このことを表す言葉が「間」であるとしている．このマ，すなわち「間隔」が日本人のあらゆる空間経験における基礎的な建築上の区切りなのであるとしている．では日本人は，空間をどのように位置づけているであろうか．

最近建築の分野でも，建築とは単に床，壁，天井，柱などによって構成される構築物ではなく，それらの材料によって構成される空間であるという認識が高まってきた．そして，空間という言葉がよく使われるようになってきた．それは単に建築の内部空間（インテリア）だけでなく，建築の外部空間（エクステリア）から，街路空間・都市空間まで広げられ使われるようになってきた．これをもう少し具体的に説明すると，建築を人間の生活の安全性，快適性，保健性，利便性などを目的としてつくられた単なる構築物，いわゆるシェルター（shelter）と考えるならば，あくまでも空間とは，そのシェルターに囲まれた部分のみを建築空間とすると考えられがちである．しかし，建築は常に景観としての役割も果たすことから，建物の周囲も含め考えるべきという考え方，さらに人間が生活するすべての場を含む空間としての考え方などが出てきた．

このように多様化している空間の考え方を裏づけるのは文字であろう．そこで建築の分野で実際に使われている文字や言葉を拾ってみると，生活空間（livelihood space），内部空間（interior space），外部空間（exterior space），目的空間（a purpose space），多目的空間（multi purpose space），機能空間（faculty space），無限定空間（universal space），自由空間（free space），装備空間（equipped space），緩衝空間（buffer space），骨格空間（skelton space），有機的空間（organic space），街路空間（street space），都市空間（urban space），物理的空間（physical space）などまさに多種多様な使われ方をしている．そして，ここで使われている文字や言葉は，一応使っている人々が，それぞれ明確な定義をもって使っているはずであるが，しかしこれを具体的に説明しようとすると，人によってかなりあいまいな点もある．

たとえば内部空間と外部空間を例にとってみると，建築物を風雨やその外の災害などの危険から身を守るシェルターの一つとするならば，シェルターの内側は内部空間，シェルターの外側は外部空間であると説明することは誰でも異存ないはずであろう．しかし実際の建築物に当てはめようとすると，このように明確に区分することはかなり難しい面もある．たとえばコートハウスで建物の内部に壁（ガラス壁を含む）で囲まれたコートが設けられている場合は，このコートは内部空間か外部空間かとなると必ずしも説明がつかない場合もある．また，このコートの上にガラスなどの透明な屋根がかけられていた場合は外部空間か内部空間かさらに説明しにくくなる．しかしこのような場合は一般的に柱があるとか，屋根があるとか，壁があるとかにかかわらず設計者の考え方によって外部空間か内部空間かを決めている例が多い．一方これに対して日本的に考えて，上足あるいは裸足で利用される空間が内部空間で，下足で利用される空間が外部空間と分類する定義も見られるが，これも厳密に考えるとはっきり区分できない部分が出てくる．そこで以下に外部空間と内部空間について簡単に述べる．

（1）外部空間の形態： 建物の外部空間はどのような形態を持っているものであろうか．田村明の分け方を引用すると，建物の外部空間には，まず建物の敷地内で建物と一括発注される，テラス，犬ばしり，側溝などがある．これは建物周辺の残部空間と称すべきものである．次に機能的な面と景観的なものを含んだ外部空間がある．この中の機能的な外部空間には道路から玄関までのアプローチ部分がある．そしてこの機能的外部空間に植樹，花壇などをつくり，外部からの眺めを考えた景観的外部空間，門から玄関までのアプローチを重視した機能的景観的外部空間などがある．

このほかの外部空間として，一般の人に開放する目的でつくられた開放広場的外部空間，また隣地との関係や日照権の問題，プライバシーの問題，通風の問題などを考慮した生活保全空間，タウンハウスなどに見られるお互いの庭を共同で利用する相互的共同空間，

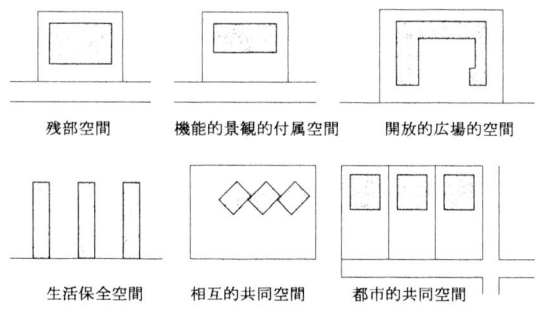

図 2.1 都市における外部空間

庭を公共の視覚的庭と考える都市的共同空間などが見られる．この都市的共同空間は欧米などによく見られる外部空間の一つで，庭を個人の庭としてではなくそこを通過する人々に対して潤いを与える空間と位置づけたものである．なおこのほかの外部空間として公共広場的空間，景観阻害空間などがある．

（2） 外部空間の素材： 外部空間の中で最も多く使われる素材には，樹木（低木・中木・高木），花壇，陶器，石，水，土，コンクリート，レンガ，加工木材など多種多様である．ただ外部空間の素材は，人間がそこで生活していく上でよりよい環境をつくることを目的としてつくられるもので，そのためには単に修景機能を持たせるだけでなく，環境調整機能を持たせることも大切である．そこでこれらの機能を持たせるための具体例のいくつかを示しておく．

① 風を防ぐことを目的としたもの：防風林，石塀，コンクリート塀など
② 日照調節を目的としたもの：落葉樹など
③ 反射熱防止を目的としたもの：芝生，池，低木など
④ 飛砂・防砂を目的としたもの：芝生，木製タイル，透水性タイルなど

2.2 シェルターとしての建築

建築空間を構成するシェルターとは，基本的には雨，風，露，雪などを遮断する屋根と，自然界に生息する動物や昆虫，あるいは風雨や寒暑を遮断するための壁と，地下からの動物や昆虫の侵入を防ぎ，防湿を目的とした床，人間や家畜，物品などを内部に透過させ，あるいは内部のものを外部に透過させる目的を持つ開口部と，空間利用上必要な昇降部，さらにこれらの屋根や壁を支える目的でつくられた柱や横架材によって構成される．

もちろんシェルターによっては，バックミンスター・フーラー（Richard Buckminster Fuller）の設計したフーラードームのように屋根，壁，柱の区分が明らかでない建築物や遊牧民のつくるテントハウスのように屋根部分と壁部分とが明確に区分できない建築物，全体がトラス構造（trussed structure）となっていて，いわゆる柱部分がはっきりしていないもの，さらに極端なものでは，柱と屋根だけのものなどいろいろのシェルターが見られる．これらはいずれもシェルターとしては特殊なものであり，ごく一般的なシェルターとは，やはり柱や壁，床，屋根，横架材，出入口，窓などによって構成される．

しかし，当初シェルターが，単に自然界の諸現象からの遮断を目的としてつくられたものであったのに対して，人間は長い歴史的過程を通して，今日ではシェルターにさらに安全性，快適性，保健性，衛生性などの性能を持たせるようになってきた．今日，建築の構造，材料，設備，工法，構法などの諸技術が急速に発達してきたのも，一つにはこれらの諸性能の追求からきたものであるが，空間構成要素の発達も同じことである．

屋根の下に天井を設けたり，壁に明かり取りの開口部を設けたり，壁面の一部に換気口を設けたり，さらに床下の防湿処理の方法の一つとして床を高くし床下換気口をとるようにしたのもいずれも快適性，保健性，衛生性などいわゆる空間性能の向上を目指して考えられたものである．

空間性能の向上を目的とした空間構成要素には，このほか階段の踏み面と蹴上げ寸法，斜路などの傾斜角度，斜路・廊下・階段などに設けられる手すりの高さと握り寸法，開口部の開閉方式と有効幅員，窓のルーバー・フィン・ひさしの寸法と開閉方式などがある．もちろん，このほかにも内部空間の向上を目的とした空間構成要素には数多くの工夫が見られるが，ここでは，これらのうち特に開口部について，それを使用する使用者の立場，いわゆる生活からの性能要求を中心に述べてみることにする．

開口部

建築物が人間の生活を入れる容器であり，雨，風などの自然界の諸現象を遮蔽することを目的としたシェルターと考えるならば，開口部とは，人間もしくは人間の生活に必要な物品，さらに音，熱，光などの一部を，逆に透過させることを目的につくられるものである．そのため開口部の大きさ，形，工法，開閉方式，材料，意匠などの決定に当たっては，その開口部が何を透過させるのか，その目的に応じて決められるものである．ただし，開口部の大きさ，型，工法はそれぞれ相互作用を及ぼすこともありうる．たとえば，開口部の材料が決定されることによって，その工法，意匠などもある程度左右されてしまうし，開閉方式が決定すれば逆に材料も限定されることになる．開口部とは以上説明したように，シェルターの内部に何者（物）

かを透過させることを目的につくられるものであるが，その透過物が主として人やものの出入りを目的としてつくられるものを出入口，光・空気・熱・視線・情報などの透過を目的としてつくられるものが窓，主として空気の透過を目的としたものが換気口である．

1） 出入口

（1） 出入口の機能：　出入口とは建物の長期利用者はもちろん，訪問客などの一時的利用者の透過と，その家に飼われている犬，猫などの透過，さらに物品の搬入などを目的としてつくられるものである．そのため出入口はそれらの透過因子を通すことを目的としてつくられると同時に，一方出入口は同じ人間や家畜でも押し売りや泥棒，野犬，野良猫などは遮蔽されなければならない因子となって現れる．そのため，すべての出入口は透過因子に対しては容易に開閉できるものでなければならないが，遮蔽因子に対しては容易に開閉できないようにしておかなければならない．

（2） 出入口の開閉方式と選択：　玄関などの出入口の開閉方式には，一般的に開き戸（片開き扉・両開き扉）と引き戸（片引き戸・両引き戸）が多く使われる．そのほか最近は屋内の出入口のドアの例としてアコーデオン式ドア，折りたたみ式ドアなども見られる．これらの多くは特に高齢者のいる浴室や便所などの出入口に見られるようになってきた．

2） 窓

（1） 窓の機能：　窓は，古くは間戸または窓と書かれた漢字が使用されていた．これは窓の語源が主として屋根に開けられた穴，あるいは戸の隙間を表し採光を目的につくられたものであるからであろう．このことは今日でも同じで，建築基準法第28条開口部の規定に示されているとおりである．しかし実際の窓の使われ方を見ると，今日では，採光と通風以外にいろいろの機能を持たせるようになってきた．これは窓に使われる材料の発達，生活要求の変化などによるものである．たとえばその一例を示すと，透過機能としての窓には，窓からの眺め，通風・換気，緊急時の非常口などがあげられる．また遮蔽機能として窓には外から見られない，泥棒が容易に入れないなどがあげられる．もちろん，これ以外にも多くの機能要求があるが，これらの機能要求はすべての窓に共通するものではなく，その建物の種類や窓の位置，窓の大きさなどによって違ってくる．

（2） 窓の開口方式：　窓の開口形式には，その用途に応じて開閉して使われるものと，ほとんど開閉しないものとに分けられる．開閉を必要としない開口部をさらに分けると，フィックス（fix）したまま使われるものと，オープンのまま使われるものがある．オープンのまま使われる開口部とは空気の流入，流出を

図 2.2　窓の開閉方式

目的とした換気口や，ある特定の物の出し入れ口などで，限定した使われ方をしている．フィックスされた開口部には最近のビル建築などに多く見られるが，安全性を保ちながら，視線を目的としたもの，光・音・熱などの透過を目的としたものなどがある．しかしフィックスされた開口部は，開閉可能な開口部に比べその用途がある程度限定されてしまう．

（3）窓の開閉方式：窓の開閉方式には，全く開閉できないはめ殺しタイプから，片開きタイプ，スライドタイプ，上げ下げタイプ，折りたたみタイプ，縦回転，横回転，巻き取りタイプなどいくつかの開閉方式がある．図2.2にその例を示しておく．

2.3 建築の各部構法

建築計画学を学問として体系づけた一人吉武泰水によると，"建築物は，基本的には構造体と空間からなる"．そしてこれを簡単な平面図に描いた場合，柱，壁など黒く描かれた部分と，それらに囲まれて白く残された部分に分けられる．これを比喩的な言い方をするならば，"その黒く描かれた部分が構造体で，白く残された部分が空間である"．そしてここでいう構造体とは，いわゆる躯体のみでなく，仕上げや各部構造などを含んだものを指すとしている．さらに，建築計画は，この白く残された空間をいかにしてつくるかという技術であるといってもよいとも説明している．もちろん，これは建築は空間をつくることから説明したものである．そこでここではこの黒く描かれた部分について説明するものであるが，ただし柱や壁を構造体として扱うのではなく，あくまでも各部構法の立場から説明する．

一般的に柱や，床，壁，天井などは，他の建築物の構成材に比べ，そこで生活する人間にとっては比較的目や膚に直接触れやすい．しかし建築の空間をつくるということは，このような床，壁，天井などと同時に，それらを支える構造部分が重要な役割を果たしている．なかでも建築の形を定めるのに重要な役割を果たすものの一つがこの各部構法である．

各部構法とは，建物の構造，いわゆる軸組造，コンクリート造，組積造などの構造と関連する．たとえば平面に対称性を持たせ，放射状に境界をつなぐ建築物では，架構を均等にすると構法は容易になる．そしてこれによって，力の流れ方，材料・施工法もシステム的に扱うことができる．水平でない突出部のある屋根形状を求める場合は，平面での支持点の分布との関連で，たとえば容易に切妻方式の架構となるものと，なりにくいものの区別が出てくる．こうして構法計画は平面との関係で左右される．平面計画が，構法計画との調整で練り直されることが多いのはこのためである．

そしてこの架構方式が生み出す空間にはさまざまな特色が見られるが，なかでも，空間の大きさや開口部の計画などを大きく左右する．

a. 木造建築

木構造の骨組には軸組と小屋組がある．軸組とは壁体の骨組をつくることで，真壁式の和風軸組と，大壁式の洋風軸組がある．真壁式とは，柱面を壁面の外部に露出するもので，大壁式とは柱を壁で覆ってしまうものである．したがって軸組の構成は若干違ってくる．次に小屋組とは屋根の骨組をいうが，小屋組にも和風小屋に用いられる和小屋と，洋風小屋に用いられる洋小屋とがある．和小屋の骨組は，一般には桁に小屋梁を取り付け小屋梁に小屋束を立てその上の母屋を支え，さらに垂木を支える．一方洋小屋は骨組をトラスに組んで，部材相互が荷重に対して引張り力で耐えるようになっている（図2.3）．なお軸組の構成に当たっては，次のような点に配慮する必要がある．

① 土台は，基礎コンクリートと接触し腐食する可能性があるため，比較的耐久性のある木材を使用し，さらに柱よりひとまわり太い材料とするのがよい．

② 土台は，アンカーボルトで基礎と緊結させ，入隅部には火打ち土台を入れて補強する．

③ 柱は，構造耐力上できるだけ均等に配置することが望ましい．なお2階建ての場合は，主要構造部の柱数か所を通し柱とする．

④ なおこのほか木造軸組造には，柱の断面寸法，柱と胴差し，梁との仕口の接合金物，補強材（筋かい，方づえ，火打ち材，添え柱，控え柱など）などが必要である．

b. 鉄筋コンクリート造建築（RC造）

鉄筋コンクリート造とは，鉄筋をコンクリートで固めたものである．これはもともと鉄筋は引張り力には強いが圧縮力には弱い．一方コンクリートは引張り力には弱いが圧縮力には強い．そこでこの両者の短所を補い合い，長所を生かし合って耐力の大きな構造にし

材 料	構成部材	組合せ方法		接 合
木造	挽き角材	軸組： 　柱＋梁＋貫 小屋組： 　陸梁＋束	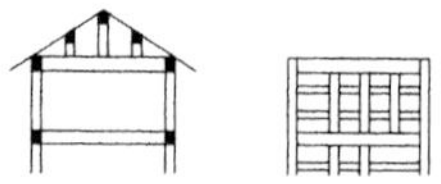	・仕口・継手 　（金物を使用 　しない） ・ピン接合
		軸組： 　柱＋梁＋筋違 小屋組： 　トラス	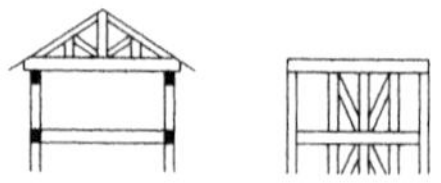	・釘および金物 　による接合 ・ピン接合
RC	鉄筋コンクリート造	柱・梁の一体式構造	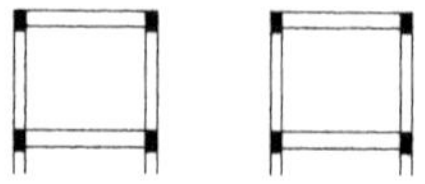	・接合部なし ・ラーメン構造
		壁・床の版構造		・接合部なし ・ラーメン構造
S	軽量鉄骨	架構式＋筋違	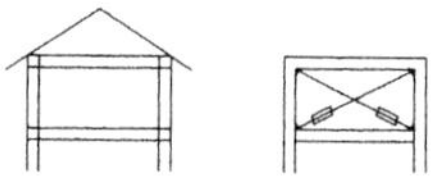	・ボルトによる 　接合 ・ピン接合
	普通形鋼	トラス	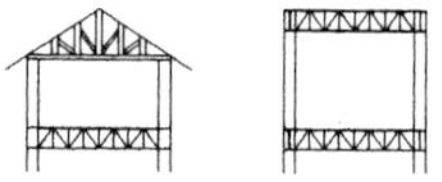	・リベットに 　よる接合 ・ピン接合
		柱・梁の一体式構造	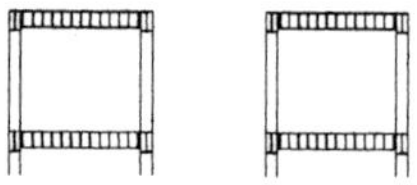	・ラーメン構造
	重量形鋼	柱・梁の一体式構造	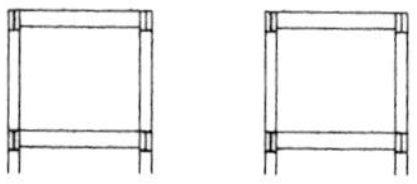	・ラーメン構造
SRC	普通形鋼 （複合材 ＋RC）	柱・梁の一体式構造	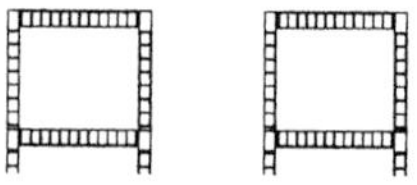	・リベットに 　よる接合 ・ラーメン構造
ブロック	ブロック	組積	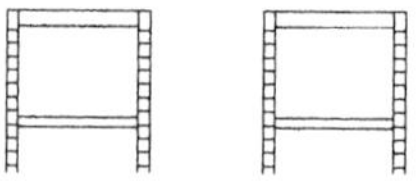	・モルタルに 　よる接合

図 2.3　構法の種類（井口洋佑，1975）

ようとしたのが鉄筋コンクリート構造である．そしてその構造形式には次のようなものがある．

（1）ラーメン構造：　ラーメン構造とは主として柱と梁で構成する構造形式のことである．しかし施工上は，柱，梁，床，壁を同時に一体としてコンクリートを打ち込む方式である．なお木造軸組構造と同じように，柱や壁や床の位置を自由に選択できることから，比較的多様な空間を生み出すことができ，このラーメン構造は鉄筋コンクリート構造の中で比較的多く利用されている．

(2) フラットスラブ構造: 主として柱と床で構成する構造形式である．この形式は，梁がないので鉄筋コンクリートの床がじかに荷重を負担することになる．しかし梁の形が出てこないので，階高を有効に利用することができる．そのため工場や倉庫などに採用されるケースが多い．

(3) 壁式構造: 耐力壁と床で構成する構造形式である．この構造形式の特徴は，柱，梁を持たないもので，いわゆる柱形，梁形が建物の内外に出ない．したがって，内部空間を有効に使うことができる．そのことから住宅などの低・中層建築に比較的多く使われるが，高層建築には向かない．

(4) シェル構造: シェルとは貝殻を表すもので，曲面板を用いる構造形式である．曲面板は，圧力や曲げに強いことから大きな内部空間が必要な場合に適した構造形式として使用されている．

c. 鉄骨造（S造）

鉄骨造とは，骨組に鉄骨を使用したすべての建築物を指し，鉄骨だけで構築したもの，鉄骨に耐火被覆したもの，一体式の鉄骨鉄筋コンクリート構造などがある．また鉄骨造にはそこに使われる鉄骨の種類によって軽量鉄骨，普通形鋼，重量形鋼に分けられる．軽量鉄骨造とは主要構造材に厚さ4mm未満の薄い鋼材を用いたもので，住宅をはじめ，小規模の建築に用いられる．それ以外の建築物としては簡易な倉庫や工場，仮設建築物などにも活用されている．

なお軽量鉄骨造の特質としては，①構造体が軽量であるため基礎工事への負担が少なくてすむ，②屋根の形態は切妻造，寄せ棟造，フラット屋根など比較的自由度が高い，③構造部材の運搬，加工，組み立てが容易である，④軽快な意匠が期待できる，などの利点がある．

一方短所としては，①鋼材の材厚が薄いので，座屈やねじれに対する耐力が小さい，②腐食の影響が大きいのでさび止め塗装が必要である，などがある．これに対して普通形鋼や重量形鋼は，①形鋼に用いられる鋼材は，引張り力，圧縮力などに強く，したがって大きな内部空間を構成することができる，②鋼材そのものの材質が均質であり，加工性に富んでいる，③鉄筋コンクリート構造に比べて軽量であるなどから，高層建築の骨組に適している．また短所としては，①高熱にさらされると，強度が急激に落ちるため，必要に応じて耐火被覆をしなければならない，②腐食しやすいので，さび止めの塗装を完全にしなければならない，などがある．これ以外の構法は材料種別では幕構造，パイプ構造，紙構造などが見られる．

以上建築の構造と構法について簡単に述べたが，建築の空間づくりはこれらの構法によって左右されることが大きい．そのため建築の空間づくりと構法計画は切っても切れない関係にあることを十分知っておく必要がある．

2.4 建築の寿命

建築の寿命には機能的耐用年数と構造的耐用年数がある．機能的耐用年数とは，たとえば病院であれば病院の診療システムの変化あるいは医療設備機器の発達と収納スペースの確保，小学校や中学校では学校の運営方式の変化，住宅であれば家族構成の変化や住み方の変化などによって，それまで使っていた建物では対応できなくなり増築・改築あるいは取り壊すケースも出てくる．そのためこれらすべてを含めて建築の寿命の一つとして機能的耐用年数という．

一方構造の耐用年数とは，住宅や学校あるいはビルなどの一部あるいはすべてに構造的欠陥が生じ補強工事をしたり建物を建て替えることを余儀なくされるような状態になることをいう．

この構造的耐用年数は，一般にその建物に使用される主要構造部材や構法の違いによって決まってくる．そのため近年この構造的耐用年数を少しでも延ばすためにいろいろの研究が進められてきている．その一つとして建物の躯体に使われている構造材の品質の向上，施工精度の向上，またさらに建物を地震から守るための耐震構造や免震構造・制震構造などの研究，あるいは雨水からの防水処理方法の研究などが進み，建物の寿命も年々延びている．

しかしさらに建物の寿命を延ばすために，さきに示した構造材などの品質の向上や施工精度の向上を図るだけでなく，それらの建物のメンテナンスも大事である．たとえば鉄筋コンクリート構造の建物の屋上の防水処理や雨じまいの防水処理が不十分で漏水があったり，建物の壁面にクラックが入ったりしたまま放置しておけばそこから雨水が入り，いずれは主要鉄筋がさびてきて建物の耐用年数は短くなる．また鉄骨構造の場合でも主要構造部材の表面に使われている防さび材の一部に傷がつき，そのまま放置しておけばそこからさ

びが生じ鉄骨の強度を低下させ耐用年数は短くなる.

そのためクラックや傷が見つかったら早急に補修しておけば耐用年数を延ばすことができる.このようにいくら当初の計画が長い耐用年数を予測し設計・施工した建物であっても,その建物のメンテナンスが悪ければ結局耐用年数は短くなってしまう.そこで少しでも建物が長く使われるようにするためには,今後はさらに建物のメンテナンスについても研究する必要がある.

a. 機能的耐用年数

機能的耐用年数とは,図書館のサービスの変化や,病院の診療設備機器の発達,住宅の家族構成の変化と設備機器の変化,小学校や中学校の運営方式の変化などによって大きく変わることは前述したとおりである.そこでこれらの変化に対応できるようにするためには,建物自体の間仕切り壁を可動式にしたり,必要に応じ互換性のある材料を使うケースも見られるようになってきた.しかし一方建築物は単に耐用年数を長くするだけでなく,解体可能としたり必要に応じ変化に対応できるようにしておく必要性も出てきた.

たとえば,最近建てられる工場建築の中にはあらかじめ解体を予測して建物を設計・施工する場合も多い.これは特に変化の激しいIC関係の工場などに見られるもので,その理由はそこで使われている機械設備が日進月歩で変化が激しく,いつまでも同じ機械を使って作業すると効率が悪くなるためである.そこで工場の機械を交換する必要が出てくる.しかし工場を一時的にでも閉鎖すると製品の製造に大きな影響を及ぼすことになる.そこで生産を中止させないで製品をつくるためにはまず新しい工場をつくり,新しい設備を入れ生産が可能になった時点で旧工場を取り壊すことにする.そこでそれらの工場建築の耐用年数はむしろ機械設備の使用可能年数に合わせて解体可能な設計をしておくことになる.

b. 構造的耐用年数

構造的耐用年数とは建築物の主要構造部材の耐用年数によって決まる.そして一般的にはこの耐用年数はできれば長いほどよい.しかしどのような建築物でも耐用年数には限度がある.一方日本の建築物の構造的耐用年数は一般に欧米の建築物に比べあまりにも短いことが指摘されていた.たとえば日本の建築物の寿命は,建築物の残存率が半減する年数を建築物の寿命と定義すれば,鉄筋コンクリートの事務所建物では約38年,鉄骨構造では約29年,木造専用住宅では約40年となっているといわれている.これに対してアメリカの住宅(高層住宅を含む)は寿命が約100年である.

日本の建築がこのように構造的耐用年数が短いことは,建物を取り壊すことによる二酸化炭素の発生,建物新築に伴う二酸化炭素の発生などを見ると地球温暖化に大きな影響を及ぼしていることは明らかである.

そこでその対策の一つとして社団法人日本建築学会では建築の寿命を延ばすことを提案した.そして今後建てられるすべての新築建築物について,30%の二酸化炭素の排出量を削減することを目標とし,これを10年間続ければ日本全体として二酸化炭素の排出量は5%削減することができるとの見解を示した.

c. CHS住宅

建設省ではできるだけ住宅の耐用年数(構造的耐用年数+機能的耐用年数)を延ばすことを考慮し,1980(昭和55)年度から検討してきた研究成果をもとに,CHS (century housing system)住宅の提案を行った.CHS住宅とは耐久性の高い住宅の設計方法で,間取りなども自由に変えることができ,可変技術の開発とともに寸法調整のルールなども提案したものである.そしてこのCHS住宅は一部プレハブメーカーなどでも採用してきた.また一般の戸建て住宅などでも,構造的耐用年数はもとより設備機器の互換性による対応などを行っている.現在は単体の住宅はもちろん集合住宅などでもこの考え方による数多くの建築事例が出てきている.

d. S・I建築

近年マンションなどの高層建築で脚光を浴びている建築方法の一つにS・I (Skelton・Infill)建築の考え方がある.このS・I建築のSとは建物の骨組あるいは躯体を指すものであるが,ここでは建物の柱や梁・耐力壁・コンクリートの床など,さらに共用部分のライフラインとしての給水・排水・ガス・情報設備などとエレベーター・共用階段・共用廊下などを指す.

一方I部分とは各住戸専有部分の,給水・排水・ガス・電気・情報など,さらに風呂・便所・台所など,そのほかサッシュ・玄関ドア・非耐力壁などを指す.このようにSとI部分を分けることにより,S部分は

個人の要求に応えることができないが，I 部分は個人の希望により要求を満たすことができるようにしたものである．その内容を具体的に示すと，まず建物の入居前に部屋の間仕切りや戸，扉，格納スペースなどの配置が個人の要望に応じて対応できること，家族構成の変化，あるいは高齢化などに応じバリアフリー建築にリニューアルができることなどがあげられる．

また電気・ガス・給排水衛生設備なども当初から自由に選択できること，そしてこれらの電気・給排水衛生設備は比較的寿命が短いことから，簡単に交換できるようになっていることなどである．一方 S 部分は互換する必要が少ないことからできるだけ長持ちできるようにしようとしたものである．この S・I 建築は b 項で示したようにアメリカでは通常の高層建築で 100 年以上もつといわれている．それに対して日本の建築は前述したように 29 年となっていた．そこでわが国でもアメリカ並みに建物の耐用年数を長くするために考え出された建築手法の一つであるといってもよい．そしてこの S・I 住宅は今後ますます発展してくるものと思われる．

その理由はいかなる住まいも家族構成の変化や，部屋の使い方の変化によって模様替えをしたいという要望が出てくる．この S・I 建築は入所当初に間仕切り壁の配置にある程度自由度があり，電気・給排水衛生設備の選択にも自由度があると同時に，リニューアル可能でありバリアフリー住宅への変更も可能である．S・I 建築とはこのように，家族構成の変化や，生活の変化，そしてさらに給排水衛生設備の劣化に対して対応できる建物である．

e. 住宅の品質確保の促進等に関する法律

この法律は必ずしも建築の寿命だけに限定した法律ではない．しかしその内容は住宅業者などが建物を建てた場合，最低 10 年間の無償補償をすること，さらに瑕疵担保責任は前述した 10 年に加え 20 年までの伸長を可能にしたことなどがあげられている．なおこの法律の具体的内容を以下に簡単に示しておく．

・構造の安定に関する住宅性能表示

①耐震等級（構造躯体の倒壊防止），②耐震等級（構造躯体損傷防止），③耐風等級（構造躯体の倒壊防止及び損傷防止），④耐積雪等級（構造躯体の倒壊防止及び損傷防止），⑤地盤又は杭の許容支持力等及びその設定方法，⑥基礎の構造方法及び形式等．

・火災時の安全に関する住宅性能表示

①感知器設置等級，②避難安全対策，③脱出対策，④耐火等級．

・劣化の軽減に関する住宅性能表示（劣化対策等級）

・維持管理の配慮に関する性能表示

①維持管理対策等級（専用配管），②維持管理対策等級（共用配管）．

・温熱環境に関する性能表示

①省エネルギー等級．

・空気環境に関する性能表示

①ホルムアルデヒド対策等級（パーティクルボード）（繊維板）（合板）（複合フローリング），②全般換気対策，③局所換気方法．

・光・視環境に関する性能表示

①単純開口率，②採光有効開口率．

・音環境に関する住宅性能表示

①重量床衝撃音対策，②軽量床衝撃音対策，③通過損失等級（壁界），④通過損失等級（外壁開口部）．

2.5 空間要素の制御

a. 空間と制御

建築とは空間をつくることである．そしてその空間とは変化の激しい自然界の諸現象から身を守り，そこで安心して生活行為ができる空間をつくることであった．しかし人為的な環境調整ができなかった時代は，安心できる空間といっても家族以外の人間や動物の出入りをできなくしたり，室内に明かり取りの窓を設けたり，また床はそれぞれの用途に応じて土間にしたり，畳にしたり，板張りにすることであった．しかしそれらの空間の多くは当初日常生活をするための限られた空間であったが，構法の発達などによって大空間をつくることができるようになった．そのためそれらの空間をいくつかの空間に分けて使うようになった．

空間を分けて使うようになってから，人間はそれらの空間を結ぶための新たな空間を設けるようになった．そしてこの空間を区別するため前者をアクティビティ空間，後者をサーキュレーション空間と呼ぶようになった．

b. アクティビティ空間とサーキュレーション空間

今日建築の分野では何らかの行為を行う場をアクティビティ空間（A 空間，一般に部屋），主として移動に使われる空間をサーキュレーション空間（C 空間，

一般に通路）と呼んでいる．そして現在建てられている建物の多くは，建物の種類にかかわらずこのアクティビティ空間とサーキュレーション空間の組み合わせによって構成されている．

　その後建築ではさらに類似したアクティビティ空間（A空間）をグループとしてまとめた方がよい場合，たとえば病院であれば病棟部門や診療棟部門，学校であれば管理棟部門や教室棟部門など，いわゆる類似した行為のグループをまとめることができる場合は，それぞれ領域をまとめて形成させるようになった．そこで建築ではこれらの領域のことをブロック（B空間，別のいい方をすればゾーンという）と呼び，多くの建築家は設計を始める場合の基本計画段階で，このブロックプランから始めるようになった．

　しかしすべての建築を，このようにアクティビティ空間とサーキュレーション空間の組み合わせによって説明しようとすると，それぞれの国の歴史や文化や生活習慣の違いなどによって空間の使い方が全く異なっている場合もある．もちろんこの違いはその建物に使われる材料の使われ方に起因することも多いし，設計者の意図的な考え方が入ってくることもある．

　たとえば歴史的に見れば旧来からの日本の住宅では，アクティビティ空間とサーキュレーション空間が一体となってその区別が明確でない住宅も多かった．農家の縁側はまさにアクティビティ空間に連続した空間としてつくられた一見サーキュレーション空間であるが，実態はサーキュレーション空間（単なる移動のための空間）ではなく床仕上げが違っていても基本的にはアクティビティ空間の一部である．

　しかし明治以降建てられた大規模な建築の多くは，学校建築を含めアクティビティ空間とサーキュレーション空間は明確に区分されていた．最近の学校建築を見ると，小学校のオープンスペーススクールのように，アクティビティ空間とサーキュレーション空間の区別がつかない学校があったり，また中廊下として設けられたサーキュレーション空間を廊下を兼ねた共領域（コモンスペース）空間として多目的に使ったりする例も見られるようになってきた．

c. サーキュレーション空間

　建築の平面計画ではこのサーキュレーション空間を動線といい，この動線を計画することを動線計画という．もちろんこの場合の動線とは出入口とアクティビ

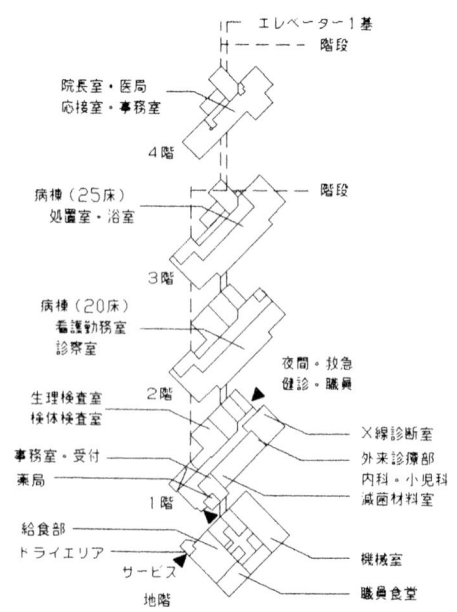

図2.4　病院の部門構成（八千代台中央病院）
（日本建築学会編：建築設計資料集成　建築-生活，丸善，1979）

ティ空間，あるいはアクティビティ空間とアクティビティ空間の2つの空間を結ぶものであり，建築の計画を立てる重要な要素の一つである．そしてこの動線は一般に通路と称されるが，この通路はその種類によって，物品の運搬だけに利用される通路，人間はもちろん物品の運搬にも使われる通路もある．また建物の種類によっては利用する人間の中に幼児もいれば高齢者もいる場合もある．

　もちろんこのサーキュレーション空間は必ず出入口（非常口を含む）につながっている．そしてこの出入口には，建物の種類によってメインエントランス，サブエントランス，サービスエントランスなどがある．

　そこでこの動線の基本的条件であるが，動線はまず行きたいところ，運びたいところにできるだけ早く到達できるように利用者を制御するところでもある．そのためにはまず動線は，①短いこと，②直進性があること，③誘導性があること（誘導性を持たせるためにはサイン計画も大事である），④建物全体の動線にある一定の秩序と序列を持たせること，⑤動線にはそれぞれ独立性を持たせること，そしてもう一つ忘れてはならないことは，⑥動線に合理性を持たせること．またさらに上記以外に，動線は日常生活の中では⑦個性と生活性があること，⑧日常生活を営む上での安全性と災害時の防災性があることなども大切である．

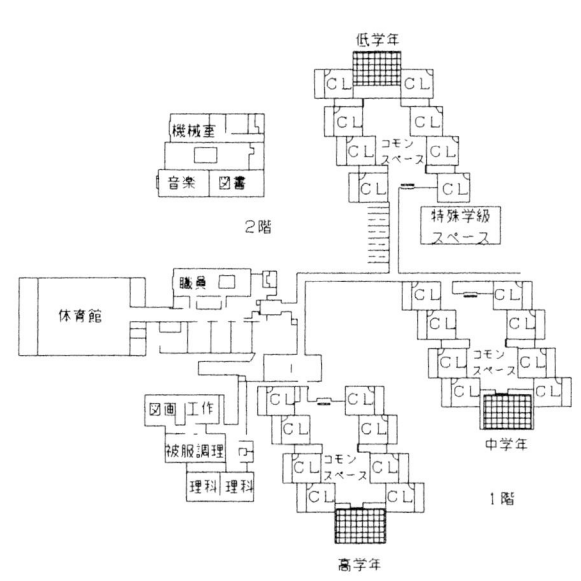

図 2.5 連建築研究室：西小学校（熊本県人吉市）

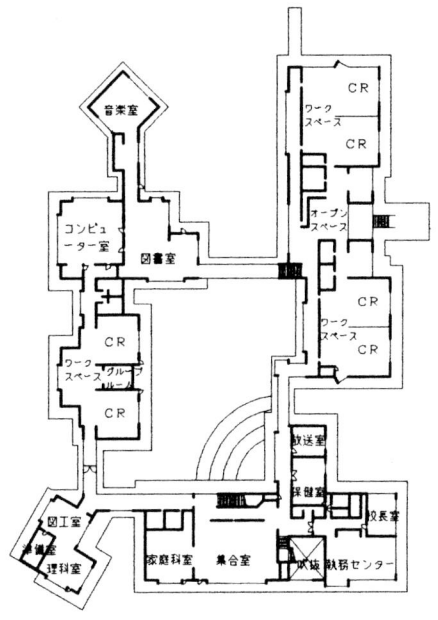

図 2.6 （株）清水公男研究所：
磐梯町立磐梯第二小学校（福島県）

2.6 建築の内部空間

建築の内部空間は，床，柱，壁，天井，開口部で構成されている．これに人間の生活行動がかかわって，いろいろな変化がつくり出される．

a. 安定する空間

広々とした空間は安定性が悪く，中央を闊歩することは少ない．そこに1本の柱が立つと，それが目印となって，その周りにみんなが集まってくる．大樹の陰などがよい例であり，駅前などで待ち合わせをする人も柱の陰にいることが多い．

2本の柱が立っていると，2本の柱の間に見えない線ができ，境界線の意味を持つ．鳥居や門がよい例で，「うち・そと」の関係が生まれ，うちが安定する．

さらに柱がつながると壁を構成する．壁を背にすると人間の弱点である背後が守られるので安定するし，壁のうしろに隠れるともっと安定する．ここでは「前・後」の関係も生まれる．

2枚の壁で隅が構成されると，その隅角部は大変安定するし，3枚の壁で囲まれるともっと安定する．床の間やニッチ（niche）がその例である．4枚の壁で囲まれているのが室である．室が最も安定する空間であるといえる（図2.7参照）．

一方，室内だけで見ると室の中央部は不安定で活動空間となり，四隅と壁際が安定する．また，室の隅に床の間をつくると，安定している空間にさらに安定する空間が付け加わって安定性は倍加する．逆に，安定する隅の部分から，壁を取り去って窓にしてしまうと，室の安定性は損なわれる．眺望を重視して全面ガラス張りにした喫茶店がよい例で，お客さんたちはコーヒー1杯で立ち去ってくれる．客の回転率が上がるので，喫茶店側は「目出たし，めでたし」となる（図2.8参照）．

b. なわばり・すみわけ・行動圏

安定した空間は自己の生活の場として領有され，他者の侵入を許さない「なわばり」を形成する．同種間で競われ，一般的には営巣時や就寝時に発生する．住宅は家族のなわばりであり，寝室は個室化されて，個人のなわばりとなる．病院などの大部屋の場合も，ベッド周りが患者のなわばりとなる．なわばり内に他人の持ち物などが入り込むと排除される．これは「就寝分離論」の根拠である．

2つ以上の生活体が時間的・空間的に生活の場を違え，一方がいなくなっても他方がそこを占拠しない場合は「すみわけ」といわれる．主として無機的環境に支配される．川の深さによって生息する生物の種類が

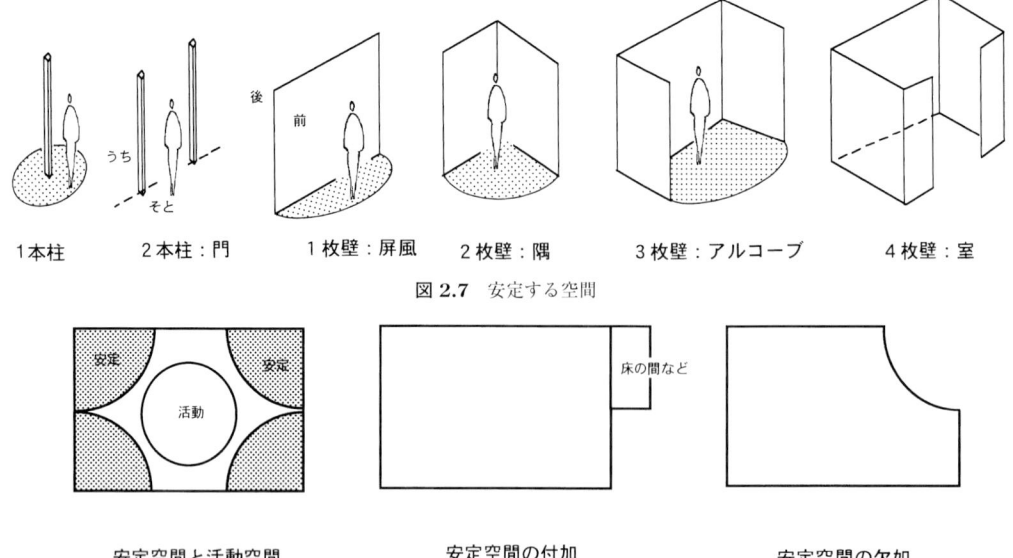

図 2.7 安定する空間

図 2.8 安定性と活動性

異なるなどが，その例である．住宅内では食卓や厨房器具（これらは無機的環境である）がセットされている食堂や台所は，決して寝室に使われることはない．これも「食寝分離論」の根拠である．

行動圏は，餌や配偶者を求めるかなり広い範囲で，他個体の行動圏と重なっても許容し合える領域をいう．境界は行動能力によって規定される．住宅内では居間・食堂・台所などが含まれ，家族だけでなく，お客さんも招き入れられることがある．このような場は，必ずしも分離される必要がなく，間仕切りなしに融合されることもある．

c. 空間の序列づけ

2個体以上の生活体は互いに競い合って順位がつけられる．鶏小屋内では餌をつつく「つつき順位」が形成される．空間に優劣があれば，優位な生活体が優位な空間を占拠する．しかし，先に優位な空間を占拠した者は後から優位な生活体が来ても追い出されること

図 2.9 なわばりと秩序づけ

は少ない，という「先着効果または先住効果」が発生する．なお，優位な空間は一般的には前述の安定する空間が選ばれるが，高等動物になると，行動目的に適合した空間が選ばれる．たとえば，電車の座席では一般的には出入口から最も遠い座席が優位であるが，次の駅で降りる人にとっては出入口に近い方が優位となるなどである．

d. 分割された空間の序列づけ

建築空間は，社会的・心理的機能によって分割され，序列づけられる．一般的には4分割される．第1空間は公共的空間で，道路・アプローチ・玄関前など，誰でもが利用できる空間である．第2空間は半公共的空間で，玄関ホールなどであり，もっと内部に入ってもよいかどうかがチェックされる場所である．第3空間は半私的空間で，廊下やエレベーターなどの建物内の

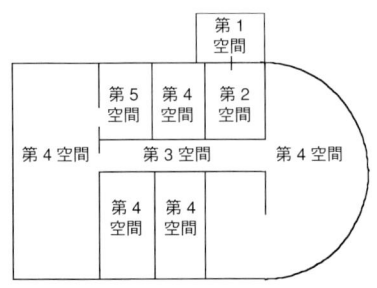

図 2.10 分割された空間の序列

循環路やラウンジコーナーなどが含まれる．第4空間は私的空間で，寝室や個室，トイレなどである．これらが明確に序列づけられていないと混乱が起こり，安全性や安定性が損なわれる．特別な空間としては，室内に設備されたトイレや金庫室などがあり，これらは極秘性が保たれた第5空間である．また，神様が祀られるところは八重垣内の第8空間であることもある．

e. 分割の手法

室を分割する部材としては，柱・壁・床・天井・家具などが用いられる．柱・壁・家具の持つ意味については前述しているので，これらによる分割手法はここでは省略する．床による分割では，土間・板間・畳間・上段の間など床の高さと床材料を変えることによって，それぞれの「間」の持つ働き（機能）を変えられる．しかし，高齢者や車いす使用者では床の段差は通行の妨げになる．そこで段差はつけないで，材料の変化だけでその部分の持つ意味を表現するようにもなってきた．また，天井の高さや材料を変えることによっても，ほぼ同様の効果は得られる．

f. 連結の手法

室と室の連結は，とびら，ホール，廊下，およびこれらの合成によって構成される．

とびら型は室と室との連結にとびらだけが用いられているもので，和室では前室・主室・縁側などの連結にふすま・障子などが用いられている．

ホール型は出会いの場としてのホールの周りにいくつかの室が連結されているものである．中央ホール型住宅ではホールが居間であり，その周りにいくつかの寝室が連結されている．ホール部分に吹き抜けをつけて上下の室を連結することもできる．

廊下型は廊下を介して室が連結されているもので，最も一般的である．片廊下型，中廊下型，複廊下型など，その構成システムはいろいろなものが考えられている．たとえば，ホテルでは受付けロビーから廊下を枝状（ツリー型）に分枝させて，すべての宿泊客がロビーを通過するときにチェックできるようにしている．また，廊下を網目状（ネット型）につくると，ある室に到達する経路に多くのバリエーションができる．田の字型平面の民家では座敷に到達するには土間から板間を通っても行けるし，庭から縁側を通っても行ける．

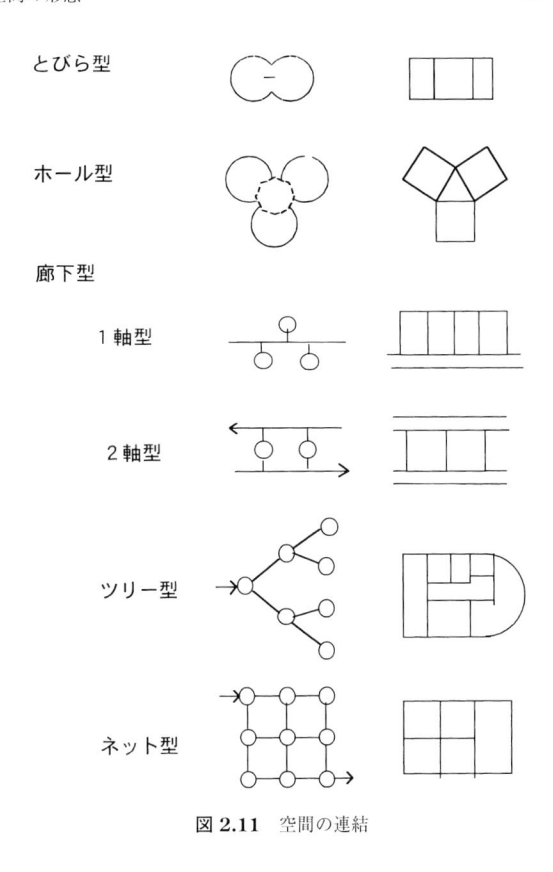

図2.11 空間の連結

廊下とホールを組み合わせると，もっと多くの変形をつくることができる．

2.7 内部空間の形態

内部空間の形態は，技術の進歩によって自由になった．しかし，使用する人間側の要求によって一定の制限が加えられる．ここでは単純な形態の持つ意味のみを述べる．

a. 基本形

床は水平，壁は垂直が基本である．

床に傾斜があると，人間も物も低い方に流れてしまう．段差があると，そこでつまずくし，車いす使用者ではそこがバリアとなるからである．

壁面も人間の身長よりも高い位置までは垂直でないと，立ったままで動き回れないし，ときには頭を打つことになる．また，物の収納にも不都合となることが多い．屋根裏部屋やテントなど仮設の場合には壁面が傾斜していることがある．壁面と壁面の交差も直角が最もつくりやすいし，使いやすい．

断面形　平面形　大きさ　方向性

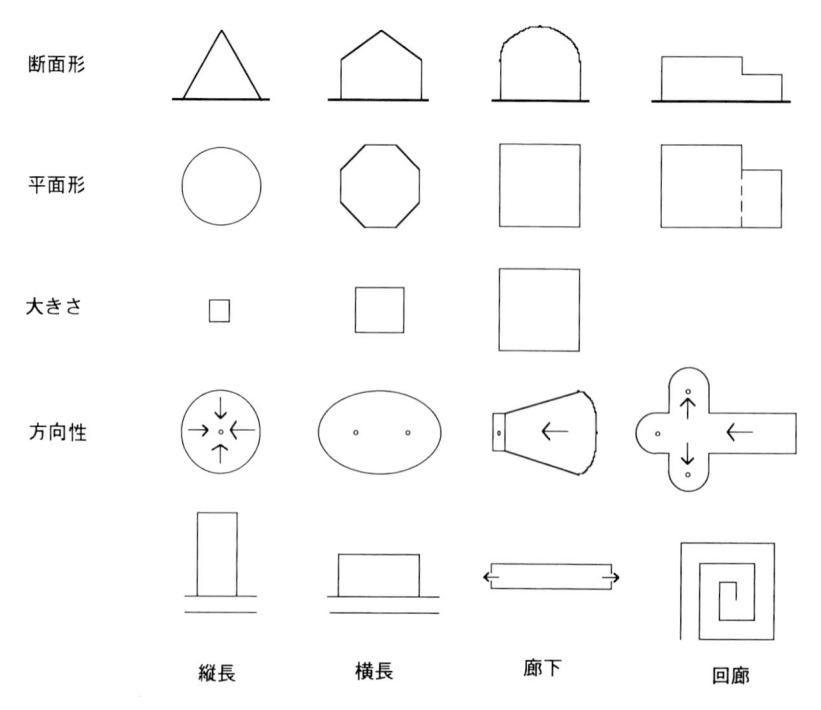

縦長　横長　廊下　回廊

図 2.12 内部空間の基本形

　天井はこれらに比較すると自由度は高いが，一般的には水平につくられることが多い．したがって，直方体とその組み合わせが基本形である．

　平面として，円形や多角形などが用いられることもあるが，これらは特殊な意味を持つ場合に限られ，乱用は避けるべきである．

　円形や多角形には求心性または遠心性があり，中心部と周辺部分をどのように使うかを計画する必要がある．八角円堂では中央に仏像を置き，回りを巡って礼拝できるようにしている．しかし，仏像には正面性があり，必ずしも周回する必要はない．また，円形の開架図書室で中央に貸出しカウンターを置き，書架を放射型に配置した事例もあるが，蔵書が増加したときには対応が困難になっている．

　サッカーなどの競技場ではゴールが2つあるので，そこを焦点とした長円形が採用されたり，劇場や音楽ホールなどでは音の伝播や観客からの見えやすさを考慮して，オーディトリアムを扇形にしたりすることがある．これらは一応の合理性がある．

　長方形の場合も，短辺と長辺の比をどのようにするかが問題となる．

　和室では 1:2 の比を持つ畳を規準にするので，1:1, 2:3, 3:4, 4:5, 5:6 など単純明解に決定できる．洋室ではこのような規準はないが，昔から美しく見えるといわれている黄金比（1:1.618）に近似した値が用いられることが多い．いずれにしても，1:3 を超えると長細くなりすぎて，室というよりは廊下になるといわれている．

　また，長方形を縦長に使うか，横長に使うかも問題となるが，採光や通風の条件を考慮すると横長が望ましい．

　内部空間の大きさは，そこに収容される人間と物の数量などによって決定される．一般的には余裕のある大きさが望ましい（2.8 節参照）．

b. 機能的形態と合理的形態

　ものの形態を創作するときには，「機能的・合理的に考えよ」とよくいわれるが，機能を重視するか，または合理を重視するかによって，できあがるものの形態が異なる．このことを衣食住にかかわる事物を例示したのが図 2.13 である．

　機能とは，ものの働きをいい，性能のよさが求められる．合理とは，理にかなうことであり，一般的には経済性が追求され，無駄を省くことである．

　西欧の事物は機能的態度でつくられている．衣類の洋服を見ると，個人の体にぴったり適合するように採

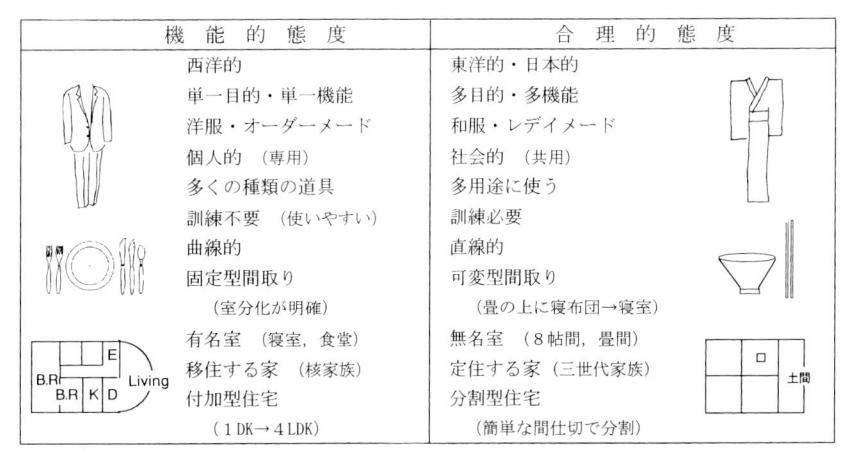

機能的態度	合理的態度
西洋的	東洋的・日本的
単一目的・単一機能	多目的・多機能
洋服・オーダーメード	和服・レデイメード
個人的（専用）	社会的（共用）
多くの種類の道具	多用途に使う
訓練不要（使いやすい）	訓練必要
曲線的	直線的
固定型間取り	可変型間取り
（室分化が明確）	（畳の上に寝布団→寝室）
有名室（寝室，食堂）	無名室（8帖間，畳間）
移住する家（核家族）	定住する家（三世代家族）
付加型住宅	分割型住宅
（1DK→4LDK）	（簡単な間仕切で分割）

図 2.13 機能的態度と合理的態度

寸され，形も体の形に似ているものが多い．働くときはジーパン，遊ぶときはカジュアルウエアなどと単一目的に添う機能が追求されている．しかし，生地を裁断するときには相当の無駄がある．

これに対して，東洋や日本の事物は合理的態度でつくられている．和服はおおよその寸法さえ適合すれば，誰でもが同じものを着ることができる．旅館の浴衣は男女とも同一であり，正装にもなるし，寝巻きにもなる．つくるときにも生地の無駄はほとんどない．しかし，着るには訓練が必要であり，特に帯を結ぶのは困難である．振袖などは専門家に着せ付けてもらわないと，とても見られたものではない．

食器についても同様のことがいえ，洋食のディナーではナイフやフォークがいっぱいに並べられており，魚を食べる場合と肉を食べる場合ではそれぞれに適合する形になっている．和食は茶碗と箸だけであり，汁を飲む場合や，柔らかい豆腐でさえもスプーンを使わずに箸で食べることができる．すき焼きの好きな外人さんもこれには驚いている．

住まいについても同様であるが，これについては図2.13を参照して自身で考えてください．いずれにしても，両者にはそれぞれの利点があるので「機能的・合理的」に考えることが必要である．

2.8 内部空間の寸法と大きさ

建築の寸法は，建築を使う側とつくる側の両面から考える必要がある．使う側の立場からは，建築の各部寸法が使う人の使い勝手に適合しているかどうかが問題となる．基本的には身体寸法が影響するが，生活するためには，家具や機器類も必要であり，冷暖房，換気，採光，照明，音響，防音などの生活環境条件も整える必要があり，これらを含めて決定する．

さらに，つくる側の立場からは，建築のつくりやすさが問題となり，材料の性質や部材構成の手法などがかかわってくる．特に現代は建築の工業化が進み，材料や構成部品の工場生産化，規格化が建築寸法の決定に影響してくる．ここでは使う側からの寸法を見たのちに，つくる側からの寸法を見ることにする．

a. 使う側からの寸法

建築を使う人は赤ちゃんからお年寄りまでのいろいろな人たちがおり，それぞれの身体寸法は異なる．大きい人もいれば小さい人もいる．一般的には平均値に近い人が最も多く，それからはずれるに従って，その人数は減少し，統計的にはいわゆる正規曲線を構成する．以前には，平均値の人が使用できればよいという考え方で数値の決定がなされていたが，それでは平均値からはずれた人は使用できない．近年ではこれが反省され，すべての人が使用できるようにしようというユニバーサルデザインが叫ばれている．高齢者や心身に障害を持つ人も安全に，便利に，快適に使用できるようにデザインしようというものである．われわれは生活経験を積み重ねており，その経験の中で使いにくい部分や，使えなかった部分があれば，それらを除去しようというバリアフリー（障壁除去）の考え方もあり，現在はこれで整備が進んでいる．

ところで，建築は3次元空間で，タテ，ヨコ，高さの寸法を決定する必要がある．タテとヨコで平面が構成され，人間は平面上を自由に動き回るので，平面関係の寸法は身体寸法よりは行動の性質によって決定さ

れてくることが多い．高さ関係は行動の自由性が少ないので，身体寸法が大きくかかわってくる．まず，高さ関係の寸法から見ることにする．

1) 高さ関係の寸法

(1) 天井の高さ： 天井の高さは，身体寸法だけでなく，多くの要因が関係する．しかし少なくとも身長よりは高くする必要があり，建築基準法では2,100 mm 以上としている．低い天井では圧迫感を感じ，高くなると開放感を感じる．一般的には6畳程度の狭い部屋でも背伸びしても手が届かない 2,400 mm 以上が望まれる．リビングルームや事務室などの大きな部屋になると，多数の人たちが使用し，空気の汚れやいろいろな音の反響なども考慮して 2,700 mm 以上が望まれる．学校の教室（50 m² 以上の場合）だけは建築基準法施行令で 3 m 以上と規定されている．これは室内の群集密度が高いことと，窓面からの採光を十分にとるためである．大勢のお客さんが常に動き回る百貨店などの大型物販店舗では商品の配置をわかりやすくしたり，リッチさを売り物にしたりするために 5 m 程度が用いられることがある．さらに駅舎のコンコースのように群集が列をなして通行する部分では 10 m 程度が望まれる．劇場やコンサートホールでは音響効果が重要な要因となるし，体育館などのスタジアムでは競技種目が大きく影響する．通常は 8 m 程度で十分であるが，東京ドームは 56 m と大変高いが野球のボールが当たってホームランになった例がある．最も高い天井はケルンの大聖堂で 100 m である．これぐらいになると驚愕感を覚えるとともに，キリストの偉大さと自分自身の小ささをひしひしと感じ，宗教的依存心が湧く．逆に，最も低い天井は日本にあり，利休と秀吉がお茶を飲んだ待庵である．1,800 mm で頭は当たるが，落ち着くし，自分自身が大きくなったように感じ，考えごとが広がるという．非日常的な空間は人間の心理に大きな影響を与えるといえる．

(2) 内法（うちのり）と出入口の高さ： 内法は体がさわる部分（日常性）とさわらない部分（非日常性）の境界線である．和室では必ずつけられていたが，洋室ではほとんどつけられていない．しかし出入口の鴨居の高さや戸棚の高さと共通し，従来は 1,730～1,760 mm であったが，近年では身長が伸びたので 1,800～2,100 mm が用いられている．内法より上部に天袋として収納空間がつくられることがあるが，日常的に使用しないものが収納されている．高齢者や障害を持つ人たちでは使用できないし，踏み台などを使って無理に使用すると，転落事故を起こすこともある．旧家では，この部分に神様が祀られていたり，非常用提灯などが置かれたりしていたが，これは理にかなっている．

(3) 見る高さ： 見る高さは，立位，いす座，床座の場合を検討する必要がある．鏡やドアののぞき穴などを立位で見る高さは，それぞれの物の中心が視線の高さになるのが最もよい．しかし，背の低い人は高い位置にあると見られないが，背の高い人は腰をかがめると多少低い位置にあっても見ることができる．そこで立位で見る視線の高さは低い人の視線に合わせて 1,400 mm 程度とされる．

車いすなどのいすに腰かけているいす座の場合は，約 400 mm 減じた位置がよい．車いす使用者も利用できる便所やエレベーターに鏡がつけられているが，これは立位の人もいす座の人もともに見る．このような場合には両者が見られるように縦長の鏡をつけるとよい．和室に置かれている姿見は，床座の人から立位の

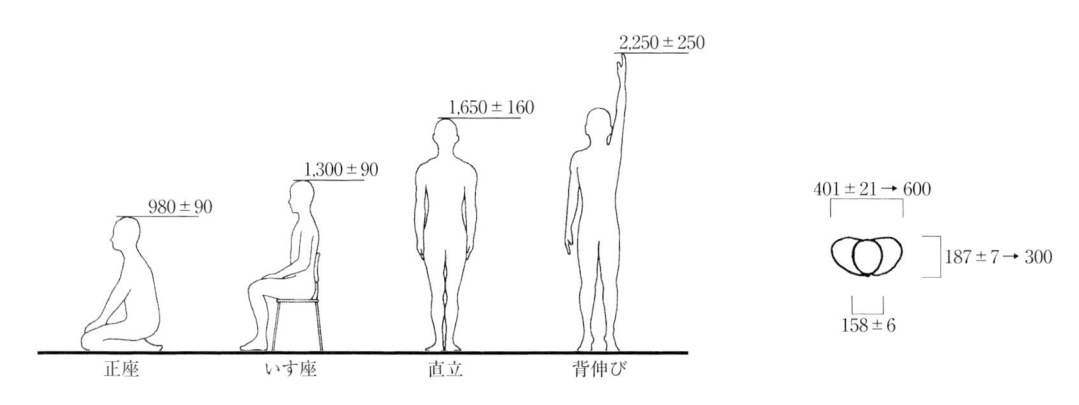

図 2.14　人の高さ

図 2.15　人の平面

人までに対応するよう，もっと縦長の鏡になっている．

なお，見る高さは，窓からの眺望とも関係する．立位，いす座，床座の場合について検討すればよい．

(4) 目と手が連動する高さ： 各種のスイッチ類やドアハンドルを操作するときには，目と手を連動させる必要がある．連動させやすい位置は，目の高さと肘の高さの中間であり，1,100～1,300 mm 程度である．これならば車いすに乗っている人でも操作が可能である．エレベーターの操作盤ではこれよりも高い位置にくる場合もあり，このようなときには別途の操作盤が必要である．

(5) からだを支える高さ（手すりや転落防護柵）：廊下や階段の手すりは，足元が不安定になったときに使用され，つかまりやすく体重をかけやすい高さがよい．一般的には 850 mm であるが，高齢者や子供対応では 650 mm である．駅舎などの公共建築ではこれらを 2 段に取り付けるのが望ましい．バルコニーの手すりは，からだを支えるというよりは転落防止のために必要で，建築基準法では 1,100 mm 以上と定められている．

(6) 水を使う高さ： 厨房や洗面所で水を使って洗うような場合は，手先が肘の高さより低くないと，水が肘に伝わってくる．肘の高さは臍の高さとほぼ同じであるからそれより 100 mm 低いのがよく，家庭用の流し台の高さは，身長 150 cm 程度の人なら 800 mm 程度がよい．若い人たちは身長が高くなっているので，近年では 850 mm や 900 mm のものもある．洗面をする場合は腰をかがめるので，洗面器の高さは 670～700 mm 程度がよい．なお，車いす使用者や高齢者の場合にも，低い方の高さなら使用することができる．

(7) 足とかかわる高さ： 高齢者になると関節が硬くなって高いところをまたげなくなる．浴槽の縁などをまたげなくなったときには，その縁や台などに腰かけてから，足先を上げれば移動できる．腰かけの高さは 400 mm 程度であるから，浴槽の縁の高さも 400 mm 程度がよい．いわゆる段差はないのが最もよく，ガス管やコード類も床面にはわせてはならない．足先が壁面に当たる部分に幅木が設けられるが，車いすのフットレストが当たると最も壁面を痛めるので，幅木の高さは 300 mm 程度がよい．

2) 平面関係の寸法

(1) 通路幅

70 mm 以下：通路幅の最小は，すり抜けられるかどうかであり，頭が通れば通り抜けられる．ベビーベッドやベビーサークルで，赤ちゃんがすり抜けられない格子間隔がこの寸法である．

100 mm 以下：バルコニーの手すり子の間隔は 2～3 歳児がすり抜けられないように，この寸法とする．

150 mm 程度：壁の隙間に大人も挟み込まれる寸法である．また映画館などの座席で誰かの前後をすり抜ける寸法でもある．

300 mm 程度：横向きですり抜けられる寸法で，ベッドメイキングができる壁際間隔の最小寸法である．

450 mm 程度：すり抜けられるマンホール穴の直径である．また通勤電車のベンチシートの最小幅でもある．

600 mm 程度：前向きでの通路幅で，教室などの机の間隔．横向きになれば二人がすれ違える．

750 mm 程度：肘を張ったときの横幅であり，住宅の廊下の最低幅である．荷物をぶら下げて通行できるが手を振ると壁に触れることがある．心心 910 mm の柱間から壁厚を引けば大体この寸法になる．

800～850 mm 程度：一般のドア幅．車いすの通行のためには，ドアの内法幅は 850 mm 以上が必要である．

900 mm 程度：車いす通行の最低限の幅である．

1,200 mm 程度：車いすは蛇行しやすい．そこで長い距離を移動するときにはこの幅が必要となる．また二人が並んで通行するときも，この幅となる．共同住宅やオフィスの片廊下幅とされている．

1,800 mm 以上：建築基準法で規定している小中学校の片廊下の幅で，大勢の児童たちが一度に移動することを考慮している．

2,300 mm 以上：小中学校の中廊下の幅である．

3,000 mm 以上：広い廊下を設計すると，病院の廊下のようにベンチなどが置かれて待合所や休憩所などになることがあるので注意する必要がある．また，コンコースや避難用の通路幅については別途の計算法があるので，それらを参照して決定する（図 2.16 参照）．

(2) 人の居場所： 人は立っていると平面に占める面積は最も少ない．次の行動に移りやすく，作業などの行動範囲も広くなる．しかし，しばらく立っていると疲れるので腰かけが必要となる．このときの座面高さは高いほど活動がしやすい．低くなるとゆったりと落ち着いて憩える姿勢となる．横になって寝てしまうと最も安定した静止状態となる．このときは平面に

| 300 | 600 | 750 | 900 | 1,200 | 1,800 |

ベッドメーキング　　通路　　住宅廊下　すれ違い・車いす　二人連れ　車いすすれ違い

図 2.16　通行空間の幅員

動的緊張　　　　　　　　　　　　　　　　　　　　　　　　　　　　静的弛緩

スタンド　バー　製図　仕事・食事　喫茶　リビング　ベッド　プールサイド　正座　あぐら　ゴロ寝

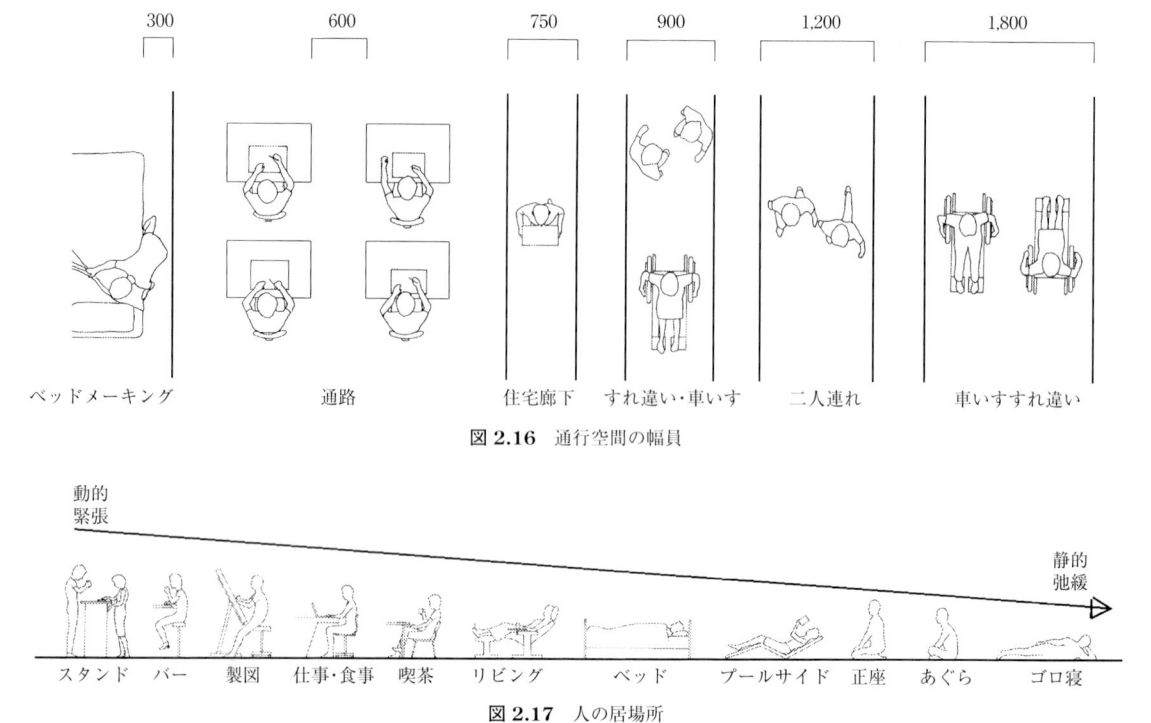

図 2.17　人の居場所

占める面積は最も多くなる（図2.17 参照）.

b. つくる側からの寸法

建築には人間の生活や動作，建物の構造や施工などから導かれる基準の大きさがある．この寸法を無視した建物は大変つくりにくいし，使いにくくもなる．この基準寸法をモジュール（module）という．この基準寸法を使用して建築全般を秩序だてることを標準化，またはMC（modular‐co‐ordination）という.

標準化すると，設計作業が単純になり，労力の浪費が省ける，建築製品の量産が容易となり，生産コストが下がる，建築素材の輸送や荷扱いが便利になる，現場作業が単純になり工期が短縮される，など多くの利点がある．しかし逆に，設計の自由度は減るし，建築のデザインは画一化されやすいなどの欠点がある.

在来の和風木造住宅では，3尺×6尺の畳の寸法を基準にして設計され，木割法（柱の太さと横架材の比例関係，室の広さと天井高さの決定法）なども確立されていた．しかし現在では，人間生活から割り出された単位である尺貫法はなくなり，地球物理の単位であるメートル法になった．また畳が敷かれることも少なくなったし，建築の各部材や家具なども工業生産化されてきた.

そこで，製品化された既製品を間違いなく，上手に選んで組み立てていくかが設計者の大きな役目となった．建築用材料や設備部品など比較的単純なものは日本工業規格（JIS）によって規格化された製品が多い．また，優良住宅部品認定制度（BL：ベターリビングの略）で，使う人の立場から性能チェックされた部品も一般化されてきた．これらで認定を受けた製品は信用があるので，積極的に使用するのがよい．なお，これらの部品の組み立て方についても検討が進んできたが，まだ統一はされていない.

3. デザイン計画について考える──建築計画の理論──

デザイン計画は，デザインのはじめの最も重要な作業である．よりすぐれた建築を作り，期待される課題に応えて解決するという意志を持とう．これが，建築づくりを通して，社会に貢献する第一歩である．デザイン計画で，建築を新しくする，革新するという，建築への働きかけの意志を持ってみよう．建築の革新は，社会と人間への働きかけであり，建築を通して社会にかかわることができる．そのことが建築づくりの興味であるし，誇りでもある．はじめにここでは，デザイン計画を理論の観点から学ぶ．

3.1 デザインの考え方

a. 物質性と意味性

デザイン（設計）は，建築の「物質性」および物質が与える「意味性」を手段にして，人間のための建築を作ることである．物質性は，石やガラスやコンクリートの性質のことであるが，それが加工されてできる壁や柱といってもいい．物質の意味性とは，石には重厚で安定したイメージがあるように，人間が物質を見て感じるその意味である．物質の意味はいろいろあり一概にまとめられないが，心理的な意味，機能的な意味，社会・経済的な意味，美的な意味，象徴的な意味などがあるといわれる．

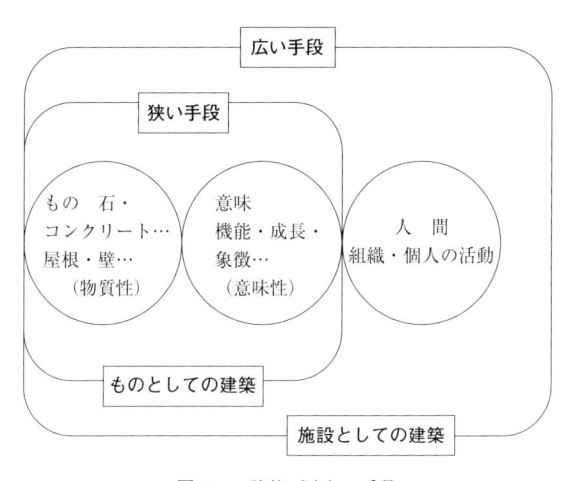

図 3.1 建築づくりの手段

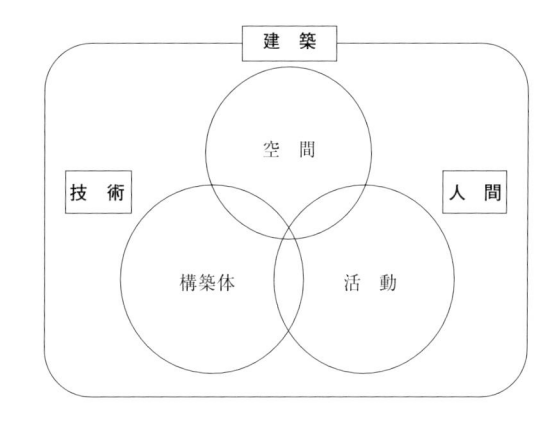

図 3.2 建築づくりの対象

b. 施設デザイン

人間のための建築づくりは，使いやすく（機能性），安全で（安全性），美しい（芸術性）建築を作ることである．そのためには，人間の建築の利用に関する科学，安全に関する技術，および美のための芸術の思想と方法に基づく，専門的な建築学によって建築づくりを行わなければならない．

人間のための建築の考え方は，建築を芸術的な制作の対象と考える以前に，建築は人間活動の場所である．建築は，構築された「もの」であり，その中に空間が形づくられる．すなわち建築は空間を作ることで，施設となる．住まいは，住まいであってはじめて建築になれる．美術館は，美術館活動と利用者の鑑賞や学習活動の場所であることを重視し，その中から建築作品となっていくのである．だから，住まいの建築は，住まいの専門家によってデザインされるべきである．学校も，学校の専門家によって施設デザインが行われる．

施設のデザインは，施設の人間活動のデザインを行

い，それに基づいて建築のデザインを行う．人間活動をソフトといえば，建築は構築されたハード（構築体）である．構築体やその空間を作る基礎には，工学技術（エンジニアリング）がある．ソフトのデザインは人間に関することで，社会・経済学的な技術に基づく．また，これは先に書いたようにマネージメントの技術にもつながっている，と言い換えることができる．現代では，建築デザインは建築のマネージメント――人間活動と建築の機能をマネージするという点で――からデザインを行うようになってきた．

c．デザイン計画からデザインへ

建築づくりをデザインする立場から考えると，その要求条件の多様性を解決するきわめて高度で複雑な問題を解くことである．しかし，全体の課題を具体的な形のままで解決することは，あまりに複雑で解決困難である．そこで，解決の方法として，最重要な問題の条件を取り出し，抽象化した形にして解く第1段階（デザイン計画）と具体的総合的な解決を定める最終のフィニッシュの段階（デザイニング）に分けて行う．このことは，各段階で相互にフィードバックし，解決の完成度や内容の深さを向上させることになり，合理的である．

建築づくりというデザインの作業は，その前段階のデザイン計画と最終段階のデザイニングに分けることができる．従来，デザイン計画は建築計画といわれ，デザイニングを建築設計と呼んでいた．ここでは，その関係を明らかにするために，デザイン計画，デザイニングの言葉を用いて説明する．また建築づくり全体については，建築デザインの言葉を使うこととする．

デザイン計画は，建築の使われ方（生活）の計画（プログラム）を行い，概略的な空間の構成（プランニング）を行う（第4章参照）．デザイン計画の結果は，最終の狭義のデザイン（デザイニング）の作業と対立することがある．デザイニングをあまりに重視して，施設としての条件に適していない建築形態を無前提に定めていく場合は，機能と生活を前提にしたデザイン計画の立場から好ましくないことがある．施設の条件ばかりでデザイン計画を重視しすぎると，デザイニングが生み出す美の表現が十分でなくなるかもしれない．

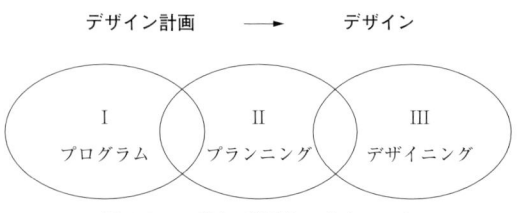

そうした対立を建築設計のプロセスの上で解決するために，デザイン計画とデザイニングを区別していく考え方がある．これはアメリカ型の近代的な方法で，建築設計事務所などのデザイン組織の現場で，デザイン計画の職能とデザイニングの職能を分離し，プロジェクトのある段階で意図的に対立を表に出して処理することが行われる．

3.2 建築の力

物質性と意味性から生み出される建築は，人間に対して基本的にどのように働きかけるのだろうか．建築は人間活動の場を形成し，建築という施設の働きを助ける．その際に，建築には，3つの物質的な力があるといわれる．それは，人の動きを妨げる力，人の動きを助ける力，そして人の動きを誘発する力である．F. L. ライトは，ハンナ邸でそうした力を巧妙に使い，日本的な伝統に通じる連続的な空間を実現している．

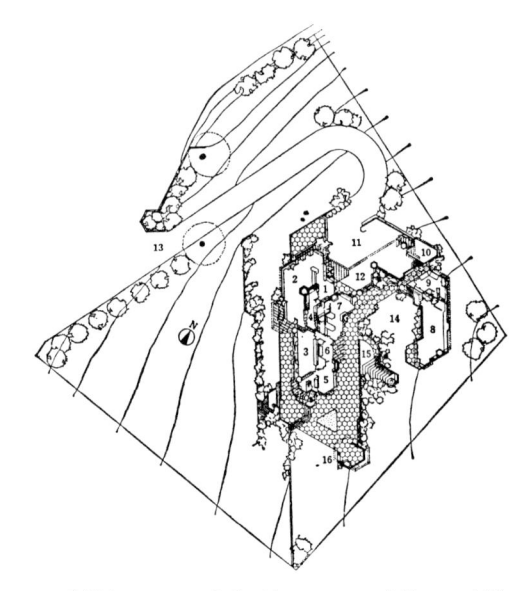

図 3.3 デザイン計画とデザイニング

1：玄関ホール，2：リビングルーム，3：食堂，4：台所，5：主人寝室，6：子供室，7：図書室，8：趣味室，9：客室，10：納戸，11：車寄せ，12：玄関，13：門，14：中庭，15：池，16：あずま屋．

図 3.4 F. L. ライト：ハンナ邸

図 3.5 妨げる

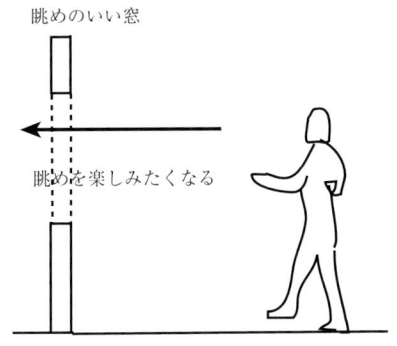

図 3.6 促進する

図 3.7 啓発する

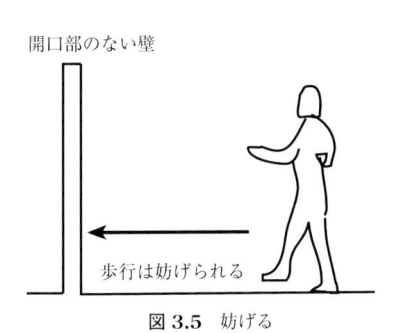

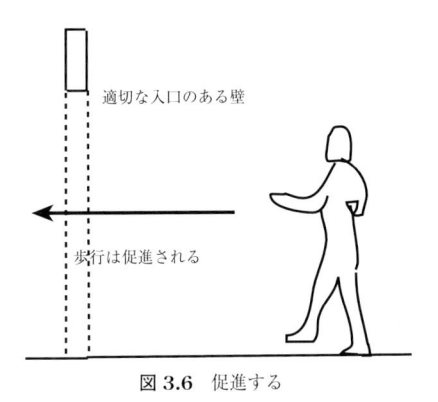

a. 妨げる

人の動きを妨げるということは，物質としての建築は，壁，屋根や床によって，人間の活動を囲み動けなくするからである．悪意のある人が進入しようとすると，建築は強固な壁でその動きを妨げる．

b. 促進する

次に，人の動きを助け促進するということは，機能的な促進から心理的・精神的な促進まで幅広い内容がある．食事の部屋の寸法が，食事にふさわしいスケールであれば，あるいはその部屋の形が食事のテーブルにふさわしい形であれば，食事は楽しく進行する．また，その部屋の色彩や照明が食事に調和した雰囲気を醸してくれれば，食事は快適に進行する．

ライトのハンナ邸のデザインは，玄関から居間・食堂まで，寸法，規模，形，色彩や明るさ・照明などの部屋の要素を巧みにデザインして，機能的・心理的な行為の促進と誘導を図っている．いずれにしても，建築はその物質性だけでなく，人々の活動の約束によって，合理的に使用され機能的あるいは心理的な活動の促進に関係している．物質だけでは，妨げる力しかない建築が，この部屋は教室というように使用のルールを設定すると，そのときから誘導し促進する力が発揮されるようになる．したがって，建築のデザイン計画では，建築の使い方のルールについても，十分にプログラムしマネージメントの計画を立てること（第4章参照）が重要である．

c. 誘発する

最後に，建築の行為を誘発する力は，建築の感動を呼ぶ力である．私たちの深層心理に働きかける建築の力である．建築を見，建築に触れるとき，人はその体験などによって意識の底に持っている衝動を揺り動かされることがある．この衝動，欲求を動かす力が誘発の力である．ある場合は，過去のイメージや原風景を記憶から呼び戻され，建築に感動する．また，同種の建築の持つ形態の社会的類似性──病院らしい形，学校らしい形など──，建築らしさが呼び戻され，建築の施設としての働きを意識させられることがある．これは，住居だとか，学校だとかというような連想である．形態が類似性を誘発する力については，その意味が伝統的であり，ともすれば改良を妨げる保守的な力になる点が批判されている．誘発の力は，単に機能という意味だけでなく多様な幅広い建築の意味につながっており，建築づくりの一つの課題になっている．

d. 総合的な力

以上と観点が異なるが，建築は地域の環境の一要素となるので，環境や街並みを作る力があるといえる．街並みを作ることで，地域の景観形成に貢献することができる．また，環境の要素になることで，地域のみならずひいては地球環境の形成にかかわっている．よい面では，すぐれた街並みを作り，環境にやさしくす

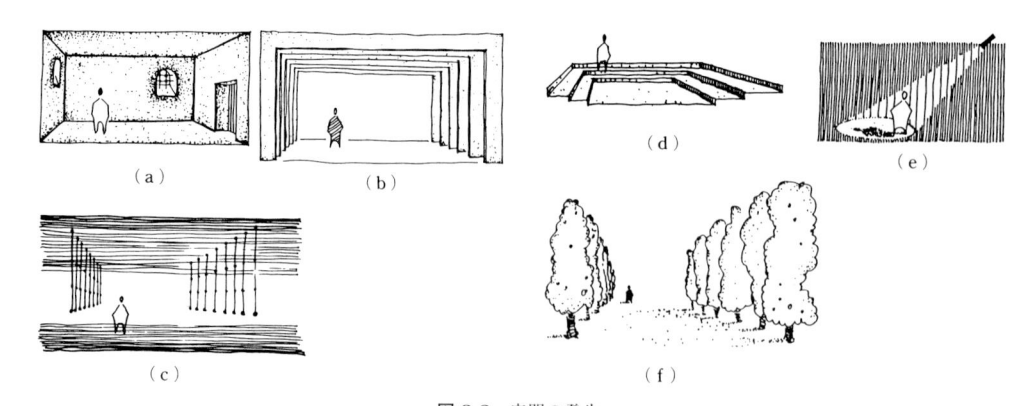

図 3.8 空間の発生
(a) から (f) の順で閉鎖度が低くなり，開放的になる．さまざまな空間形成の仕方がある．

ることができるが，反対に街を破壊し，地球を壊さないようにしなければならない．

原広司は，建築デザインは「建築に何が可能か」という問題に対して解を出すことだとしている．建築の物質性と意味性の力を応用して，建築に可能なものを実現していく作業が，設計であるというのである．この問いかけは永遠のものであろうが，現代では，同時に建築が人間性を失って環境や地球に敵対したり，地域のコミュニティの再生に貢献しないことがある．人間的な建築づくりを行うために，「建築とは何か」という問いかけも忘れてはならない．

3.3 認識から設計へ

a. 合理的な決め方

建築の空間形式を科学的に分析し，計画を決定していく歴史は，20世紀の半ば以降から始まった．19世紀の時代は，様式的な建築計画で，過去の建築の空間形式を継承し，外観を工夫して古典的なスタイル（様式）の装飾を施す作り方であった．徐々に古典の力が弱まり，機械の作り方やその美に感動した現代建築のパイオニアたち――ル・コルビュジェ，W.グロピウス，ミース・ファン・デア・ローエなど――が，新規な構成とデザインを試み普及させていった．この時期のヨーロッパは過去から近代への脱皮期であったため，極度に合理的な発想が生まれていた．M.フーコーは，合理主義に支配される時代の到来を読み解いている．

この動向に応じて，日本でも現代の建築デザインの考え方が浸透していった．日本では独自に建築を科学的にとらえる方法が工夫され，使用者と市民の要求に応えて建築を計画し革新する主張が生まれてきた．この科学的方法は，西山夘三に始まり吉武泰水に引き継がれ，日本の20世紀後半の定型的な建築を生み出すのに大きな力があった．この方法は後に，調査主義といわれ，芸術性がない，現実を改良するだけで創造性や革新性がない，人間の生活を決定していく点で非人間的であるなどの批判を受けることになった．

現代は，人間が深く関与する建築と環境の関係では，人間活動を客観的・科学的に認識することが不可能であるといわれるようになった．それは，第一に人間と建築の関係が多様であるからであり，第二に人間の意識が個別的であるためである．これまでは，人間と建築のあり方が一様であるとされてきたので，科学的・客観的な記述が可能であったといわれる．現代のように客観のない時代では，個人やその小グループの意識や価値観を前提にする建築づくりが基本になるという考え方が生まれてきた．

科学と対応する客観的なモデルによって建築を作ることでは，比較的に簡単な形態モデルが建築の構成を定めてきた．現代では多様性と個別性に対応するために単純な形態モデルは，適切でないという主張が生まれている．しかし，建築が物質によって実現される以上，形態モデルのような決定方法なしには，建築デザイン計画は技術として存在していけない．ここに，客観性を否定する意識や価値観と建築づくりという技術の間に，大きな対立が発生してきた．

b. 相互作用論の展開

最近では，人間と環境のふだんの相互作用を認識して，環境を決定して人間を制御する（環境決定論）で

図3.9 人間と環境の相互作用

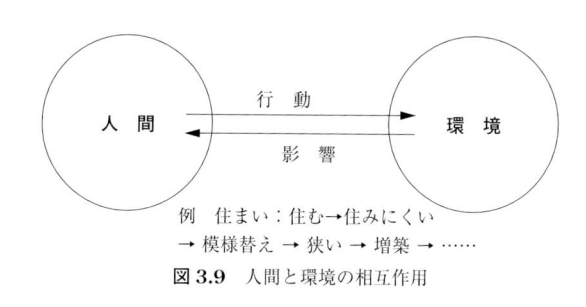

なく，相互作用の自由を保証する，あるいは人間が環境に期待する特徴（アフォーダンス）を創造するという考え方が生まれてきた．

視覚心理学者のギブソンが提唱するアフォーダンスの概念は，人間と環境のある意味で神秘的な関係を概念化したものであった．しかし，新しい思想では，アフォーダンスを，時間軸上での環境の包容力のように解釈するデザイン計画の考え方になっており，人間と環境の無限のやりとりを決定論の形を隠しながら決定する，合理主義を内蔵しているように見える．

確かに，生活＝人間と環境の関係は，相互作用であることは理解できるし，その現象を科学的に記述することが困難であることも理解できる．しかし，だからといって認識の正確さを守って，計画という決定行為を環境決定論であると切り捨てることには大きな問題がある．一般論として，人間に許され，人間的な営為の範囲内でならば，人間がその行為を通して現象へ割り込み，その根拠や方法論を合理的に組み立てることも自由である．認識と計画行為は別のものである．

c．決定方法の反省

近代の計画行為は，近代の合理主義そのものであった．自然界への飽くなき合理的な探求だけでなく，人間とその営みにも科学のメスが入れられてきた．その結果得られた人間行動の法則性を建築という人工物のデザイン条件にしてきた．そこで人間行動は，いわゆる要素に分解され還元主義の方法が適応された．建築も機械が部品で構成されるように要素に分解された．もちろん，建築は材料を組み合わせ，組み立てて完成されるものであり，近代の還元主義が適用されるのに，非常に好都合な構成方法を持っていた．ボザールのガデが理論化したといわれる「要素主義」は，機能条件の要素を建築の要素に対応づけ，合理的に建築のデザインを行うというものであった．この理論は，現代まで建築デザインの原理であった．建築のデザインに関する建築計画の研究において，人間の行動は要素に分解され，その法則性が明らかにされてきた．この原理から，建築が期待される施設の「プログラム」が組み立てられ，伝統的に確認されてきた行動の要素と建築の要素の合理的な組み合わせが探求された．この結果得られる建築の空間構成が，合理的な建築の条件を満たしているという価値意識が一般化した．しかし，この「要素主義」と「還元主義」が批判されてくると，現代の建築のデザイン方法に問題が出てきた．

特に，デザイン計画の段階で，生活のプログラムを行い，人間活動の社会的な形式と空間形式・空間要素の対応づけを行う際に，これまでの社会的な形式のとらえ方で，重視されずに無視されてきた側面に眼を向けるような考え方が生まれてきた．その方法では，ガデの方法と，その発展系である建築設計の方法が，無視する論理の隙間や未決定部分の発見によって，建築のプログラムを革新し，新しい建築を作ろうとしている．新しい方法の提案は，すでにいくつかの革新的な建築の成果がある．

近代建築の歴史を振り返ると，物質的な総合性，現象理解・記述における還元主義あるいは計画行為が部分しか見ないなどの欠点は，計画という決定行為を否定できないという意味で，逃れないものである．すなわち，建築づくりでは，計画行為そのものに深い原罪意識を持ってしか進められないということが，建築設計の倫理となると考えられる．

3.4 初源的な空間形式――空間観

建築デザインの作業は，すべてが科学的な推論で進められるわけではない．特に空間形式が喚起される明確なプロセスが，いまだ発見されていないからである．何らかの先行する建築のイメージなしには，空間の形式は想起されないのではないか．これが建築の初源的なイメージである．建築のイメージは，たとえば学校建築らしいというときの学校の形態のようなものであれば，比較的一般的なイメージである．このイメージによって，普通の学校建築が再生産されていく．個性的な建築家のイメージは，一般的なものでないユニークな形態や形式である．

また，このように建築のイメージは，地域や時代によってそれぞれ一般的なイメージがある．このイメージのことを建築の空間観と呼ぶと，日本の伝統的な木

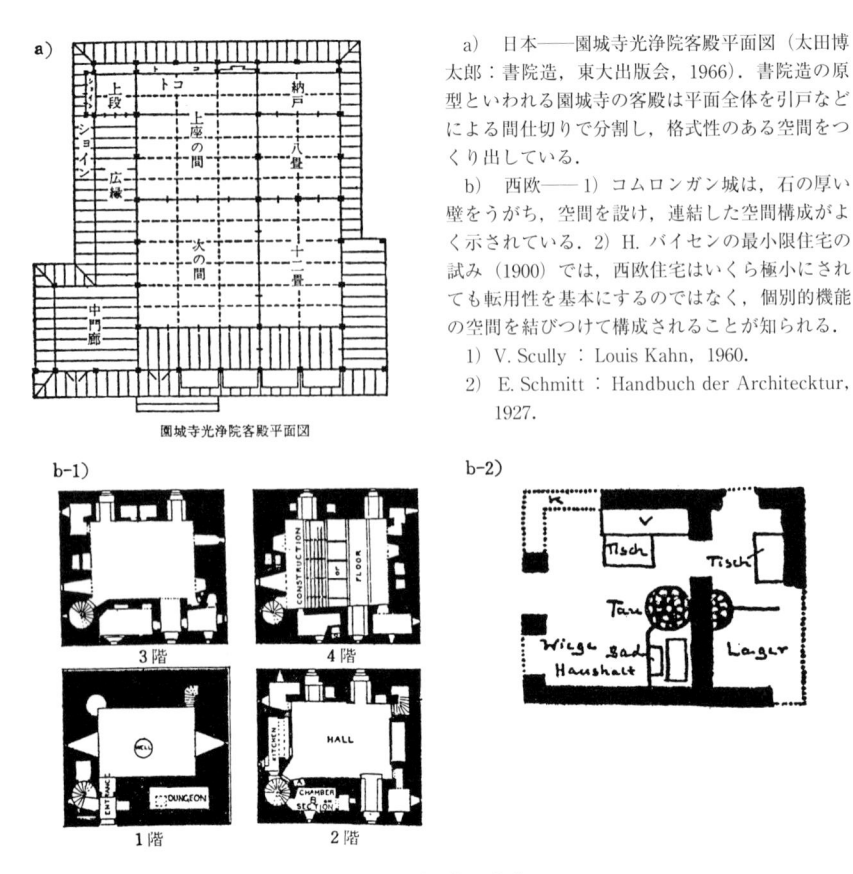

図3.10 空間観の比較

a) 日本——園城寺光浄院客殿平面図（太田博太郎：書院造，東大出版会，1966）．書院造の原型といわれる園城寺の客殿は平面全体を引戸などによる間仕切りで分割し，格式性のある空間をつくり出している．

b) 西欧——1) コムロンガン城は，石の厚い壁をうがち，空間を設け，連結した空間構成がよく示されている．2) H. バイセンの最小限住宅の試み（1900）では，西欧住宅はいくら極小にされても転用性を基本にするのではなく，個別的機能の空間を結びつけて構成されることが知られる．

1) V. Scully : Louis Kahn, 1960.
2) E. Schmitt : Handbuch der Architecktur, 1927.

造の家屋（住宅）は日本人の空間観の中心にあるといってよい．空間観が固定して変化しなくなると，建築の形態が定型化するともいえる．

いずれにしても，建築設計の可能性は，イメージ＝空間観を構想することができること，さらにそのイメージを実現するための方法が存在しなければならない．イメージの最も典型的な形は形態モデルである．イメージについて，形態の幾何学を超えた意味などのイメージもあるが，どのような建築も形態を持つ物質であるので，形態モデルは最も重要なものである．形態モデルは，建築デザインが建築づくりの技術として存立し続けるために必須の概念であり，方法である．

a. 形態モデル

形態モデルは，地域や時代固有の空間観に大いに関係がある．それは，学校建築の「らしさ」のように同時代の人々に共有されている．そこでまず，西洋と東洋の対比を見てみよう．ギリシャ時代の哲学者アリストテレスは，ヨーロッパの伝統的な空間観の歴史で，最初に建築を動かない容器として位置づけた．ヨーロッパの建築の形態モデルは，容器性であるとされる．西洋の，閉じられ壁によって守られた内部空間は日本

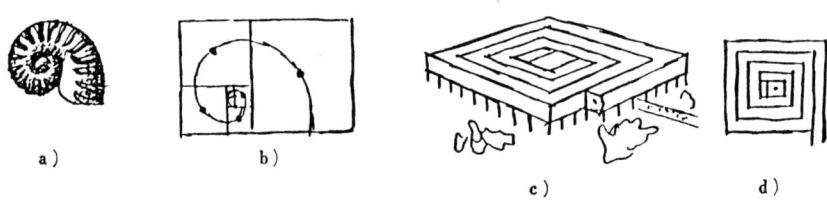

図3.11 ル・コルビュジェの美術館の原型（かたつむり）
国立西洋美術館に実現されている．F. L. ライトのグッゲンハイム美術館も同様の構成である．

3.4 初源的な空間形式——空間観

の伝統ではない．日本では，容器ではなく，場としての空間観が伝統的であった．それは，日本の家屋の伝統的な形態において，屋根を戴くが，四方が開放的な空間となっているからで，容器でなく場を提供している．この対比はきわめて原理的なものだが，現代まで継続しており，相互にそれぞれの空間のイメージとして継承されているようだ．容器と場のそれぞれの建築のイメージから喚起される建築は，ヨーロッパ的で，あるいは日本的というように個性化する．

また，極限的な最小の空間においても，その地域や時代の空間観が現れる．日本では鴨長明が，『方丈記』の中で主張するように，一丈四方の最小限住居の思想があった．この運搬し組み立て式の，内部が空（あるいは無）の住居は，日本の一つの建築観を示している．これに対して，西洋の最小限住居は，閉鎖的で頑丈な城を示唆している．また別の最小限の住居では，食寝の基礎家具を設置した形式になっており，有（あるいは実）の思想が伝統的である．

先に述べた近代建築の還元主義・要素主義の方法において，原理的・超越的な形態モデルは，白黒のような2極の空間構成の形態モデルが多数存在してきた．それは，西洋と東洋との区別はなく，表と裏，サービス-サービスド，パブリック-プライベート，静と動の2極構成など，多くの建築の空間構成の原理となってきた．これらの原理は，それ自身は二元の空間構成という意味であったが，さまざまな局面で意味を与えられ，複雑な建築の条件を形式にまとめる際に有効であった．いわば，軸による構成などと同様に，建築形態

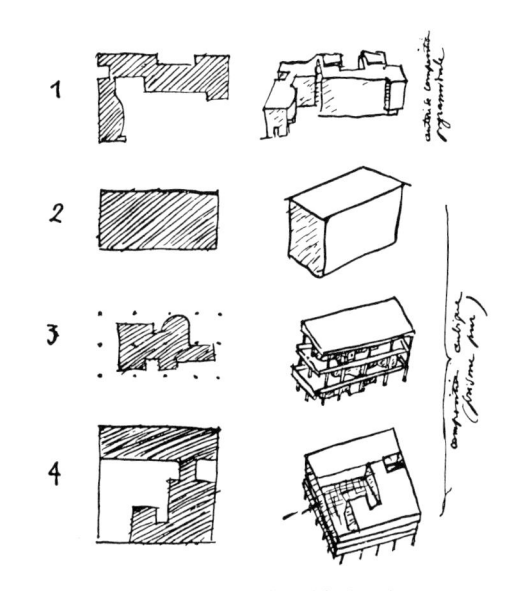

図 3.13 ル・コルビュジェの空間形式（1927）
 （Le Corbusier œuvre complète, 1910－1929, 1960）
ドミノの原理の提案によって，現代建築の原理的構成を提案してから住宅設計を通し，1: 足算，2: 矩形，3: ドミノ，4: 引算の4形式を示した．

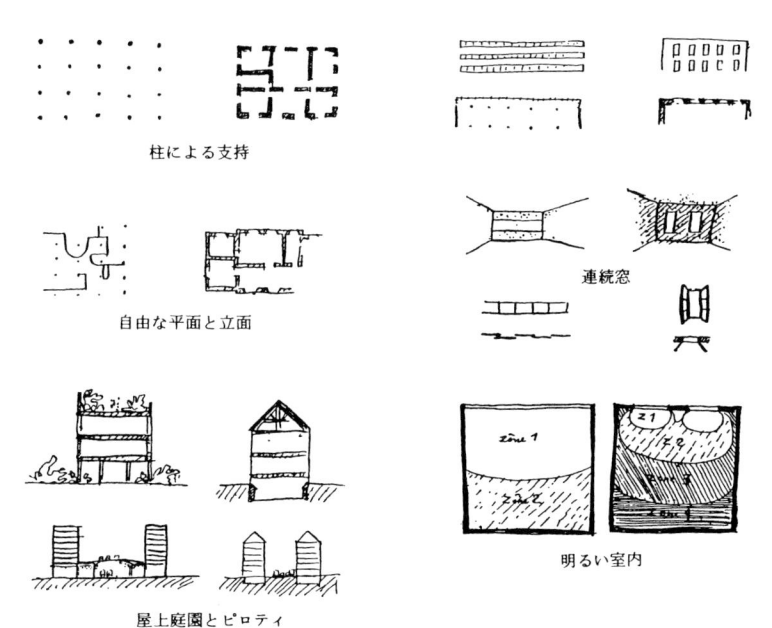

柱による支持

自由な平面と立面

連続窓

明るい室内

屋上庭園とピロティ

図 3.12 ル・コルビュジェの近代建築の原則（1926）
それぞれ新と旧が対になって示されている．

が物質的,視覚的・感覚的に秩序を持つための手法として使われてきた.

20世紀の近代建築の原理として大きな影響を与えた初源的な構成は,まず還元主義を建築の構成原理に高めたガデの単位による空間構成がある.これをより柔軟に,近代建築の主要な材料である鉄とガラスとコンクリートを前提にした,ル・コルビュジェの建築の5つの要素とドミノの原理がある.近代建築の5つの要素は,建築の主要な要素を示し,ドミノの原理は内部空間と形態構成の関係を示すものであった.そのほかに,20世紀の建築の巨匠たちはそれぞれ形態モデルを創造していた.F. L. ライトは,日本の伝統的な建築から連想した連続空間を,M. v. ローエは,ユニバーサルスペースといわれるモデル,W. グロピウスは,集合住宅・住宅地の形態モデルを提案した.日本でも,丹下健三,吉坂隆正など多数の建築家の創造があった.

b. 新しい展開

それらのモダニズムといわれる考え方が固定化してきた20世紀の後半,1980年代にはポストモダニズムといわれるモダニズムを乗り越えようとする考え方が生まれてきた.個人的な歴史様式の再解釈による形態モデルや抽象的な思考によるコンセプチャルアーキテクチャーのモデルが提案された.この時代のモデルは,必ずしも一般化しなかったもので,建築家のそれぞれの個性が出ているものであった.日本でも,磯崎新,篠原一雄,原広司,伊東豊雄など,多くの建築家たちの挑戦があった.この変化の経緯は,定型化した空間観が時代の認識にそぐわなくなり,建築設計の現場から新しい方向が提案されたと見ることができる.

さらに現代では,新しい初源的な空間構成や形態を探る試みが見られる.その代表者である内藤廣は,建築の形態を素形から創造すると主張している.内藤の素形は日本の建築の伝統から,構造や材料の特性を活かし生成してきた形態を再発見したものである.その建築は,伝統性と同時に超越的な美の感性を伝えているようだ.また,他の例として,建築の解釈を新しくする人たちがいる.その一人青木茂は,形態モデルを発見するために,空間が閉鎖的に孤立することを避けて,極力動線化するというような論理を展開している.青木の建築は,独立した諸室をつなぎ合わせる現代建築の中では,ゆったりとした開放性のある空間が特色である.また,必ずしも統一的な方法をとってはいないが,シーラカンスの小嶋一浩は,建築を新しい単位に分解し,再結合することで,慣習的な構成を打破し,新しい開放的な建築を創造している.

20世紀は,一つの建築の考え方が価値を持ち続けるには長すぎたのであろう.21世紀の現代は,より人間的な建築を目指して,その原理となる建築の形(空間観)が模索されているといえる.

c. 空間形式(空間のモデル)の構想――プランニングからデザイニングへ

デザイン計画では,プログラミング(プログラムづくり)とプランニング(概略的な空間構成の提案)の二つの作業を行う.

建築のプログラムは,建築で行われる人間活動の条件を整理し,空間条件として次のプランニングの作業に引き渡すことである.プランニングでは,建築の基本となる形態や空間構成の抽象的なモデルを構想する.プログラミングの作業は,人間活動を分析的に探求し,空間の条件を明らかにすることだが,プランニングは部屋などの空間単位の位置関係を3次元的に定め,建築という物質の配置を構想する.したがって,プランニングの構想は最初の総合的・発見的な作業である.

(1) 空間のモデル: 先に説明した空間観にかかわる初源的な空間形式は,プランニングの発見を誘導するための初期のモデルともいえる.モデルを手がかりに,設計者はプログラミングの空間条件を満たすことができるかを検討する.さらに,最終のフィニッシュのデザインの作業を想像し,すぐれた建築に結実するかどうかを精査する.この段階の発見的なプランニングは,すぐれた建築を生み出すかどうかの分岐点に当たっている.古典的な空間モデル,斬新な発想の現代の空間モデル,さらに常識的な矩形を分割するモデル,単位を連結するモデルのいずれも,プランニングに手がかりを与えるものである.

(2) 先駆者のモデル: O. ワグナーは,新古典主義の19世紀の建築家であったが,建築の様式性にこだわらず比較的自由に発想し,正面性を維持することと,機能性を満たし都市のコンテキストを前提にするような建築設計方法を提案していた.すでに述べたようにほぼ同時代のガデは,建築の物質性を単位に分解し,機能的な要素と対応させる方法を創造していた.

この時代では，空間形式の構想方法というような科学的な問題の建て方はなかったが，合理的な構成が徐々に建築づくりの方法として始まっていく．20世紀に入り，空間形式は，すぐれた建築家たちによって形態を与えられて解決されてきた．ル・コルビュジェのドミノの原理などは，ル・コルビュジェたち形態授与者による発見であった．歴史家は，当時を形態授与 (form giver) の時代としている．さらに現代は，問題解決 (problem solver) の時代と呼んでいる．

（3）方法論への挑戦：建築づくりを，空間形式の発見という困難な問題としてとらえたのは20世紀後半であった．空間形式の問題に，C.アレクサンダーは，形の合成方法の課題として正面から取り組んだ．彼が建築の問題を数理的な情報処理のプロセスとして定式化し，発見の秘密を探ったことは，大きな業績であった．しかし，建築設計方法の秘密の中心にある形の発見方法は，いまだ解決していない．建築とその空間形式を，所与の条件に対応して最適化することは，あらゆる創造的な可能性を含んでおり，あらかじめ解答を定めることは，不可能なのだろう．

（4）デザイニングの役割：プランニングによって空間形式が構想され可能性が見えてくると，いろいろな条件を具体的に厳密に検討し，3次元的に建築の物的な要素によって，空間形式を肉づけする．デザイニングは，総合的な検討と3次元的な建築の具体化である．デザイニングの本質は，建築の形態・空間の表層の設定と構造・構法・材料から設備計画に至る建築技術の総合的な具体化である．デザインは，ともすれば形態や空間のような表層的な建築の特性を定める作業ととらえられがちであるが，建築づくりの作業の中で，総合性と技術性を前提にした最も高度な内容を含んでいる．その意味で，空間形式の構想の方法がきわめて困難な課題であるように，同様に高度な技術的訓練によってしか成り立たないものである．

3.5 デザイン計画の基本作法

現代の社会課題に応え，すぐれた建築を作るデザイン計画の作法を考えよう．

a. 先見性を持つこと

明治以降，日本に図書館建築が移入された歴史から，デザイン計画の作法を考えてみよう．明治維新以降，政府は近代国家として成立してきたアメリカやヨーロッパの国々から，その政治，経済，社会，文化まで，あらゆるものを輸入することにエネルギーを注いだ．それによって，建築文化，そのための公共建築づくり，および関連する建築教育制度の仕組みづくりが推進された．すでに明治のはじめに東京大学（当時工部大学校造家学科）で建築教育が始められ，1890年頃には造家学会（後の日本建築学会）が設立された．公共建築に関する制度が少しずつ整えられ，続々と建設されていった．その中で，公共図書館は，福沢諭吉（慶應大学創始者）などの欧米視察によって，必要性が認識されていた．中央では，東京書籍館，地方では先進的な秋田や山口の図書館が開設された．

19世紀後半の欧米では，図書館の建築計画はB.フランクリン（アメリカ大統領）などのパイオニア的な活動で，すでにアメリカでは開放的な（開架方式）市民図書館が普及していた．イギリスでも公共図書館 (public library) が普及し始め，当時の英国建築協会の建築家が，市民図書館の開放的な空間形式について，その構成方法や課題を研究し発表していた．

日本の造家学会でも，いち早くイギリスの研究成果を公開した．しかし，建築づくりで，市民図書館が実際に実現するのは，第二次世界大戦後になってからであった．建築以外の図書館の専門家も，開放的な市民図書館について，1910年前後から啓蒙的な活動を行っていた．

当時の新しい考え方は現在中心的な市民図書館の考え方と同じものであった．19世紀後半から20世紀にかけて，先進的な情報を持っていた建築の関係者は，どうしていたのだろうか．しかし，建築の専門家たち

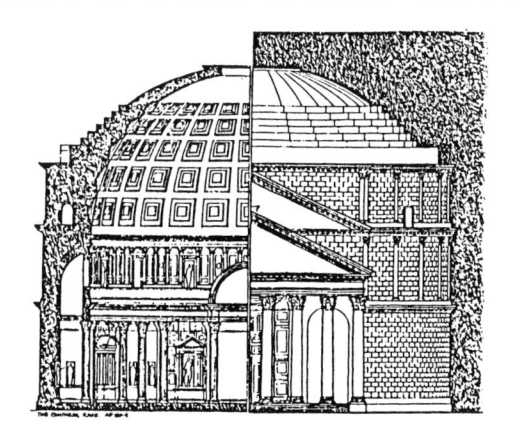

図 **3.14** パンテオン――空間と外観（P. ラッソー：Graphic Thinking, 1980）
内部空間が建築の本質であることが示される．

は，残念ながら単に，情報として市民図書館のあり方を受け取っていた．市民図書館が一般化するのは戦後になってからである．建築づくりでは，先見的な意識と，それに基づく建築づくりの行動が重要である．デザイン計画は，そのような新しいすぐれた建築づくりの最初の段階である．

その意味で，建築のデザイン計画の現場では，建築の種類は問わず，また建築の内容のすべてがデザイン対象であることを意識し，関連する課題を解決するように，新しい提案を行うデザインによってこそ，建築づくりの責任をとることができる．

b. 空間への責任

建築が人間のために提供している空間は，まず，直接人間を包む空間である内部空間がある．建築の外部空間も，そこで人間の活動があり，やはり人間の空間である．そうした内部と外部の二つの空間が，建築の本質的な空間であり，デザイン計画はその空間を対象に行われる．

（1）形態から空間へ： 空間のデザイン計画が最も重要であるからといって，建築の外観などの形態が重要でないといっているのではない．過去のヨーロッパ建築では，外観の形態のオーダー（様式）の原理を重視して，内部空間の居住性を改善できないできた．この点は，ル・コルビュジェの近代建築5原則に示されるように，現代になって建築技術として改良された．様式建築では，外観などの形態は，空間と同等にあるいはそれ以上に重視されていたが，現代建築では，空間のよさを確保する意味で，建築形態を重視している．形態は建築として重要であるが，それは空間を犠牲にしてはいけない．

従来，人間とその空間の関係は，空間が物質そのものでなく，視覚的な対象にならないということだろうが，建築や環境の上で，必ずしも位置づけが十分でなかった．その点は，現代建築思想の上でも，建築史はあっても，その空間史は語られなかった．はじめて空間の価値を主張したのは，イタリアのB.ゼビで，20世紀後半になってからである．豊かな空間構成を問題にすると，19世紀から20世紀までは，教会堂は別にして部屋のような空間単位を単に連続させ組み合わせて形成される様式建築が大多数であった．ル・コルビュジェの近代建築5原則や建築構成の原理であるドミノにそれぞれ見られるように，この実態が克服され，連続的，開放的，あるいは不定形な内部空間が可能になったのが現代である．20世紀後半から現代に至って，空間構成のダイナミズムがデザインの目標になってきたのは，現代が空間の時代であることを示している．

（2）より人間的な空間へ： 壮大な公共建築だけでなく，さらに，都市の一角を更新してデザインされた都市住宅地計画で，その土地や地域の空間の特色を活かす方法論が生まれてきたが，これも空間重視の現代の特色である．一般的な既成市街地を大規模に再開

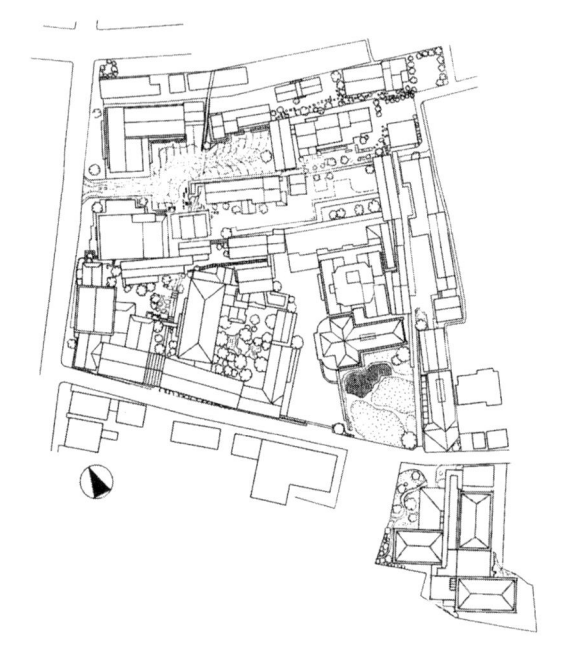

(a) 小布施町修景計画

(b) 栗の小径

図 3.15 小布施の町並みづくり

3.5 デザイン計画の基本作法

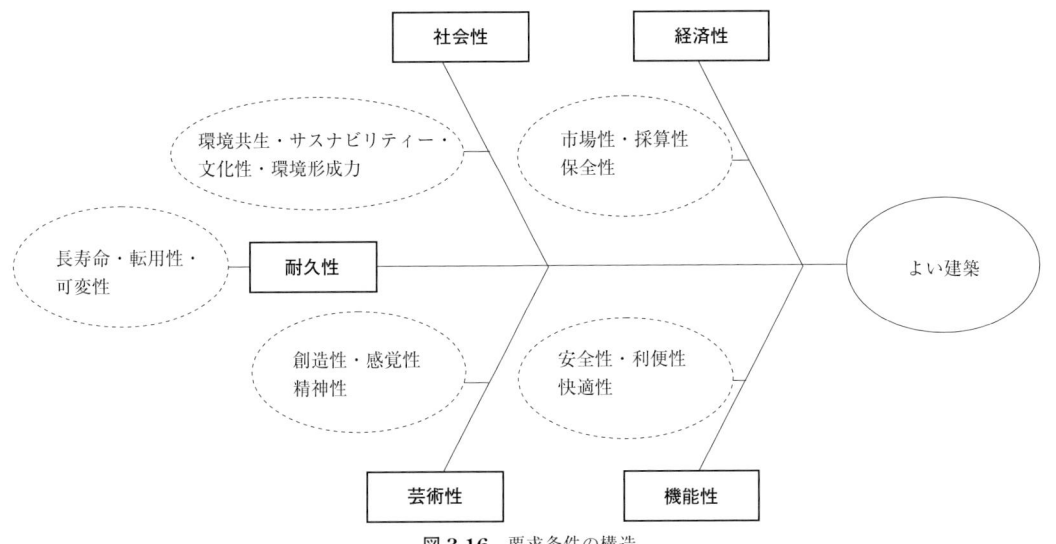

```
                    社会性           経済性

      環境共生・サスナビリティー・      市場性・採算性
         文化性・環境形成力              保全性

  長寿命・転用性・
     可変性         耐久性                          よい建築

                     創造性・感覚性    安全性・利便性
                        精神性            快適性

                    芸術性            機能性
```

図 3.16 要求条件の構造
（建築設計の QM，日本規格協会の類似表を基礎にしている）

発するのでなく，部分部分の住まいやその他の建築の小規模な群を，その空間性を前提に更新する成果はいくつか出てきた．カルチェ・ダムール，上尾オクタビアヒルの作戦，緑町団地の建て替え，小布施の町並みづくりなどは，その好例である．イタリアなどの歴史遺産を保全していく方法論にも，すぐれた建築遺産だけでなくすぐれた町並みを保存する考え方があるが，同一の価値観からきていると考えられる．また同時代の別の動向として，人間を生物としてとらえ，その要求である感覚的・生態的な条件を重視する空間づくりがある．都市の生活環境の中の建築づくりをマクロな新しい見方とすると，人間の心理・生理に対応する空間づくりはミクロな新しいとらえ方である．

c. 使用者の要求と機能性・安全・バリアフリーなどの基本条件

建築が提供する，内部空間をはじめとする人間活動の場は，どのような基本条件で作られたらよいだろうか．建築の使用者は，使用者の人口的な特性，組織の場合は社会的関係から，その個々人の多様な要求がある．また使用者の範囲は広く，運営管理者などを含み要求は多様である．これらの使用者の多種多様な建築への要求を満たすことが，基本的なことである．

（1）使用者の条件： 使用者の要求にあった，建築の満たすべき条件を一般的に考えてみよう．WHO（世界保健機構）の健康の条件にならって，人間生活のための，機能性，快適性，健康性，安全性の4条件をあげることができる．機能性は，使いやすさ——人間の行動のしやすさ，および物品の収納や情報の通過などの場合はその能率性など——として，建築づくりの基本とされてきたものである．次の快適性は，人間の精神的および心理的・生理的な快適性を保証することである．健康性は，人間という生物の健康を守るための環境条件を満たすことである．安全性も，健康性と同様に，火災や災害から生物としての人間の安全を確保することである．さらに，現代では建築はすべての人間に障害であってはならないから，バリアフリー，そしてノーマライゼーション，ユニバーサルスペースなどの条件が重視される．

機能性は，20世紀ではその建築が機能主義の建築といわれ，ともすれば便利さだけが強調され，便利さを追求するあまり美や人間的なゆとりを失ったと批判された．そのために，機能的な建築が否定されるようないきすぎもあったが，建築が作られるのは，その中での人間活動の要求に応えるためであり，機能的でなくてはならない．

次の快適性は，機能的な建築のゆとりのなさや，その生産が合理的に行われたために，非人間的になった点を反省してでてきた，建築の精神的あるいは心理的な条件である．現代では，建築を通して癒しのある環境を作るなどの，新しい快適性を実現する試みが見られる．

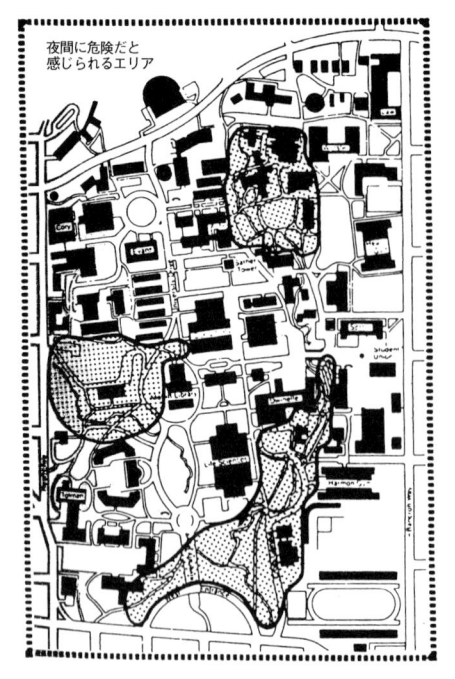

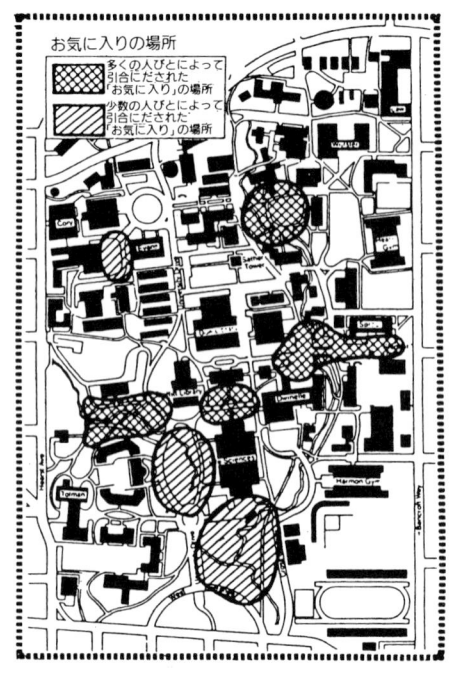

図 3.17 安全性の比較——大学キャンパスの安全性
（クレア・クーパー・マークスほか著，湯川利和ほか訳：人間のための屋外環境デザイン，鹿島出版会，1993）

さらに健康性は，いわゆる病気の要因となるような建築づくりをいましむことをはじめとして，精神的なストレスのような現代に特徴的な病気，さらにシックビルディング（病気の要因となる建築）といわれる構法や材料によって起因する病気などを避けることが，大きな課題となっている．単体の建築はもちろん，集合して居住環境を形成する建築群では，社会生活が営まれる場となり，病気といっても質の異なる課題が生じることがある．こうしたいろいろな側面で，建築にかかわる健康性を確保する必要がでてきた．

次の安全性は，日常的な事故，火事や台風などの災害，最近ではあらためて認識が深くなった地震への安全性の問題が課題である．また，バンダリズムや犯罪への防犯対策も，重要な課題となってきた．バンダリズムは建築などの破壊行為であるが，社会不安と関連する不満のはけ口で起こるといわれる．建築の巨大性や人口と建築の高密性なども関連するといわれる．

（2）バリアフリーとノーマライゼーション： バリアフリーは，私たち人間の身体条件の多様性に対して，誰でもが建築を障害（バリア）なく使い，関係することのできる条件である．バリアとなる障害をなくした（フリー）の建築という意味である．すでに，ハートビル法が制定され，バリアフリーの条件を建築に義務づけている．バリアフリーの条件をすべての人間の多様性に対して，またすべての建築の種類に対して，ハードだけでなくソフトについて，障害を持つ人々と健常者の共生を図るような建築づくりによって適応する考え方をノーマライゼーション（normalization）といい，多くの建築づくりで試みが見られている．

d. 生態環境の領域感覚

（1）コミュニティとプライバシー： 人間を社会的に訓練された人間という以前に，生物としてとらえると，建築は生物の生態環境を作るものとなる．人間の生態環境は，動物のなわばりのように，全体に安全な地域に，それぞれの領域を侵さない適切な関係で構成されるものである．たとえば，生活の場である住まいは生活のなわばり（領域）の中心に立地している．安全で守られており，近所のコミュニティの人々とも緊密な関係がある場所に作られるものである．住宅の

内部に入っても，居間のように家族共通で使う部屋と，個人で使う寝室は，それぞれの使用者の領域感覚に対応して，プライバシーなどの条件が出てくるので，玄関などの入口に近いところから奥の方に段階的に配置されている．人間の社会的活動の場でも，たとえばオフィスの空間の配置，および1つの執務室でのデスクを中心にした領域は，同様に使用者である人間の領域感覚に従って配置される．すなわち，ある行為をする場合，行為にふさわしい領域を部屋などの空間によって形成し，使用者の領域感覚からの要求を満たしている．建築を，このように人間の生態環境としてとらえ，人間活動に生活の秩序を与えるようにしなければならない．

(2) 配置・向きと場所： 領域感覚にとって重要な建築の条件に，建築が提供する場所の配置とその向きの2つの特性がある．建築が対象とする人間活動は，多種の行為と複数の主体によっており，それぞれあるいはそのまとまりが，1つの場所あるいは部屋に対応する．こうして必要となる複数の所要の場と部屋は，建築という全体のあちこちの部分に，通路などと接続して配置される．その際，各場所や部屋は，外部や他の場所との関係で，外部に向いているとか中心に向いているなどの向きを持つことになる．また，他の部屋と隣接する，あるいは離れた関係になり，相互にネットワークとなる．また，部屋や場所は，グループとなり，類似のものはまとめられてゾーンを形成する（図4.10参照）．この向きとネットワーク，ゾーニングの特性が，領域の特性である．それぞれの場所や部屋は，さらに建築デザインの段階でより詳しく定められ，そこで行われる行為にふさわしいものになる．場所と部屋を行為に対応させるデザインを，生活場面あるいは行動場面づくりといい，行為に人間味や潤いを与える．

(3) K.リンチの発見： 居住環境が人々にイメージされるとき，環境とそこでの生活の特徴によって，特徴的なイメージが生まれる．リンチは，都市のイメージに，ランドマーク，ディストリクト（district），パス（pass），およびエッジ（edge）という形式が存在することを明らかにした．こうした環境と人間の意識の関係は，C.アレクサンダーと鈴木成文によって，人間の居住環境では，領域感覚として，公共性（パブリック，public）からプライバシー（private）まで段階的に意識されていることが示された．この領域感覚を，環境の中で自然な形に計画できるならば，人々は生態的に安定した感覚で生活できることが明らかにされた．

実際の居住環境（地域や住まい）で，生活にとって安心できる豊かなライフエリアが実現されているかどうかを考えると，多くの点で十分でないことに気づく．環境を改善していくためには，そこでの人間活動にふさわしい生態環境とその感覚条件を整えていくことが大切である．

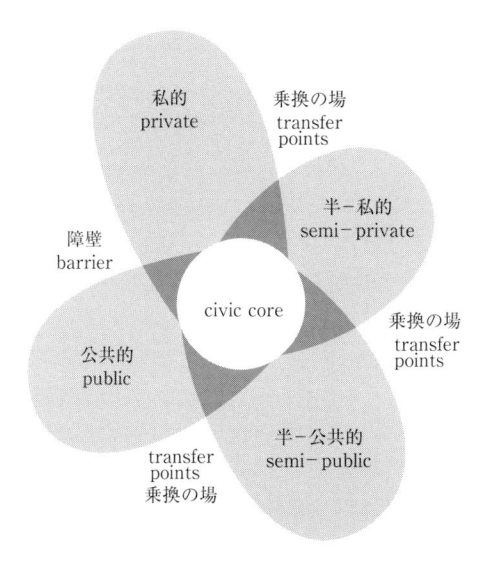

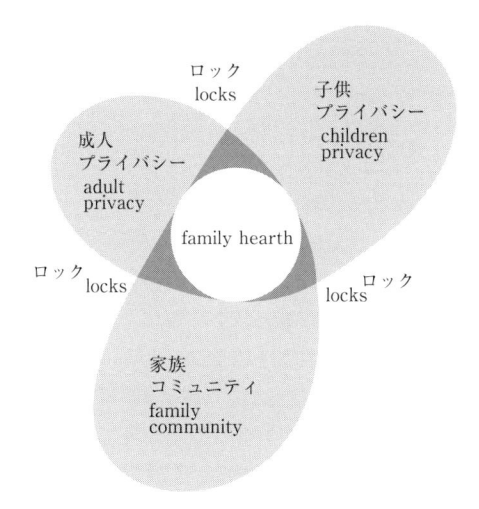

図 3.18 コミュニティとプライバシーの関係
（C.アレクサンダーほか著，岡田信一ほか訳：コミュニティとプライバシー，鹿島出版会，1967）

e. 成長変化と耐久性

(1) 物理的耐久性と機能的耐久性： 建築の構

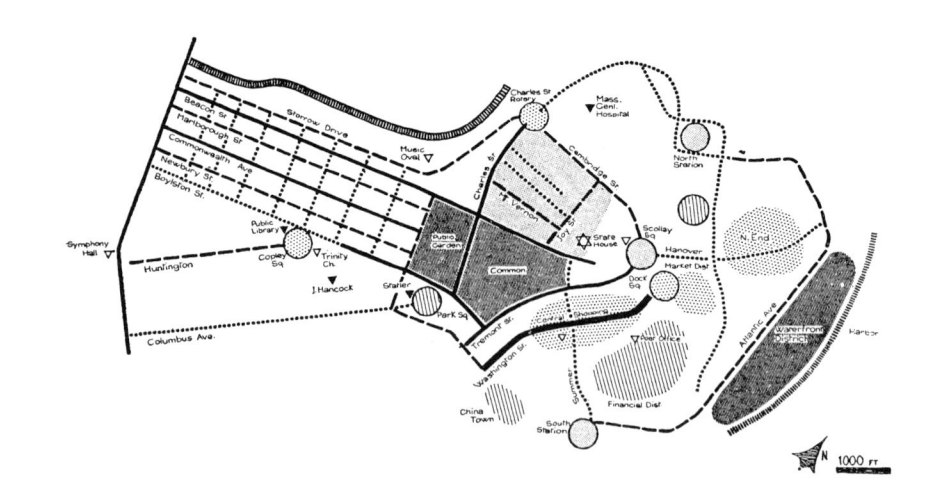

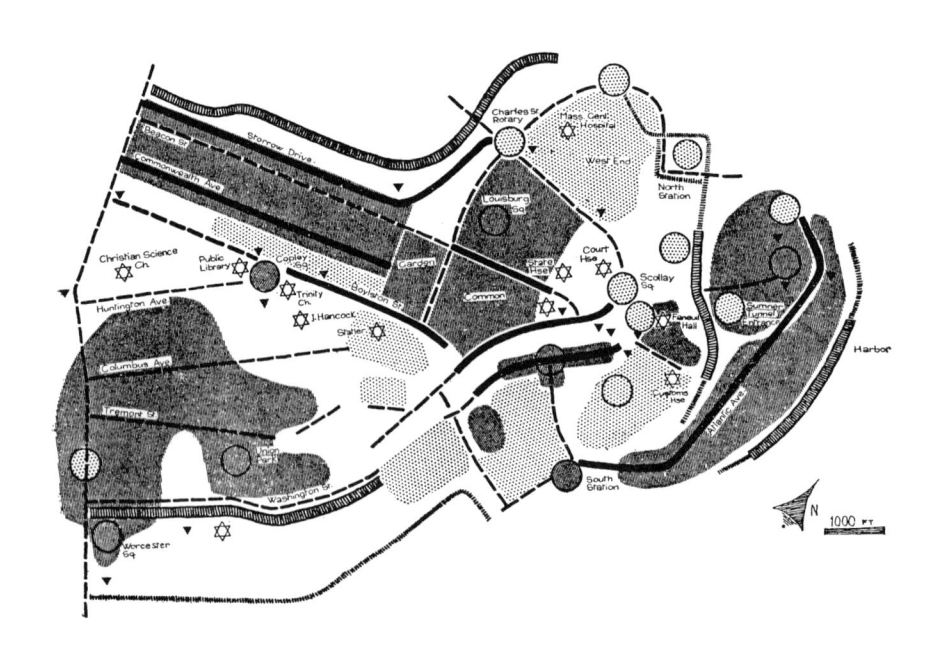

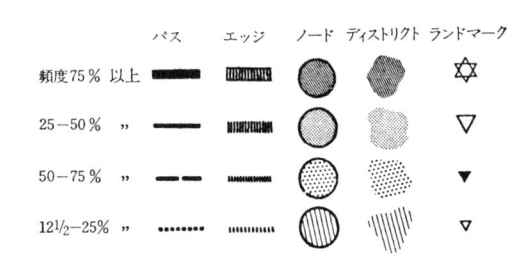

図 3.19 K.リンチの研究（K.リンチ著，丹下健三訳：都市のイメージ，岩波書店，1968）
略地図からひき出されたボストンのイメージ（上）と現地踏査からひき出されたボストンの視覚的形態（下）

3.5 デザイン計画の基本作法

造・材料などの技術が大きく進歩し，その寿命が延びてきた．そのような建築の性質を，物理的耐久性という．物理的耐久性は，建築のハードな性質として，各方面でいわれている生活の価値観——地球資源を大切にし，環境を守ることや，地球にやさしい生活など——から，非常に重要なものである．このためには，建築を長持ちさせ，資源を無駄にしないこと，また寿命が終わり捨てられる廃棄物についても，環境に自然に帰っていくような，あるいは環境を害さないような材料であることが望ましい．

しかし，同時に私たちの生活の進歩と変化は，めざましいものがある．激しく進歩することで，伝統やその蓄積である建築文化を破壊し無視することは，好ましいことではない．技術の進歩によって，生活が真の意味で向上する．その意味の生活の変化が起こると，しばしば旧式の建築が使い物にならなくなることがある．建築が，こうした変化に対応する性質を機能的耐久性という．機能的耐久性は，建築のソフトの性質であるが，建築の中の人間活動に機能的に対応する建築づくりを徹底すればするほど，ハードにより特性が固定されてしまう．そうすると，ソフトの機能的耐久性は短くなる．

(2) 成長変化の計画：　現代の建築では，丈夫で長持ちする建築で，同時にいつまでも機能的に使える建築を作ることが求められる．向上する物理的耐久性を前提に，機能的耐久性を長持ちさせる工夫は，進歩のめざましい医療技術の空間である病院で提案されてきた多翼型病院，変化の激しい住生活に対応する住宅を中心に工夫されてきた（スケルトン住宅）SI型建築などがある．現代では，建て替え期を迎えた病院建築とマンションや集合住宅建築は，長時間の人間活動の変化に対応できる建築の必要性が実感されている．こうした建築のデザイン計画を，建築が成長変化するというように考えて，建築の成長変化計画とか時間計画という．

建築の成長変化の計画では，その資源活用の作法が重要で，具体的なリサイクリングのニーズを把握し，その仕組みづくりを計画していくことになる．その方法は，単体の建築だけでなく，都市建築の群にも適応でき，建築の作る街並み景観を維持しながら，その場所のコンテキストとしての景観を維持する課題を解決することになる．

(3) 病院と住宅：　病院建築では，基本構造である躯体構造の物理的耐久性が十分である時期に，頻繁に陳腐化した内部設備とそれに基づく治療方法の改善に悩まされ，早くから成長変化の計画が大きな課題であった．病院建築ではほかにもゆったりとした治療スペースを確保するために，都市内の狭小な敷地規模と戦っていた．そうして，図に示すようなブロックモデルが工夫されてきた．多翼型病院は，病院の活動を停止させないで，変化の激しい医療設備の交換を容易にするように提案された．現代では，多翼型の形式による部分的な改修方法では対応できない，全面的な改修をスムーズに行うブロックモデルの探求が行われている．

また一方，積層型などの集合住宅の成長変化計画

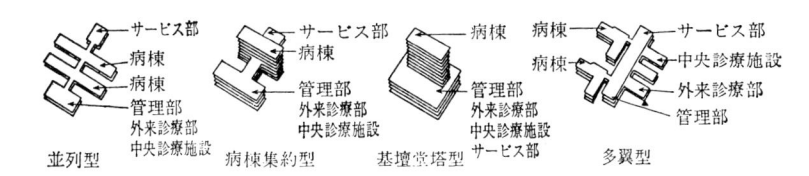

図 3.20 成長・変化とブロックプランの基本型（日本建築学会編：建築設計資料集成 建築−生活，丸善，1979）

ブロックプランは病院各部をどのように連結して建物を構成するかということ，敷地と建物をいかに調和させて屋外に必要な空間を確保するかということを中心に決定される．
病院の大部分が病棟で，木造や組積造でつくられた時代には，1〜2階建ての病棟を分棟にし，ほかを本館とサービス棟にまとめてそれらを渡り廊下で連結する並列型が多く，これが病院建築の典型であった．
ついで鉄筋コンクリート構造とエレベーターが普及するにつれて，狭い敷地条件に対応し，病棟を多層化して管理部・外来診療部・中央診療施設・サービス部から独立させた病棟集約型や，病棟以外を低層にまとめてその上に病棟を積み上げた基壇堂塔型が最も一般的なブロックプランとなった．
さらに最近は医療需要の変化，診療技術や設備の進歩・変化によって，病院各部の増改築の必要性が強まり，多翼型プランが出現した．

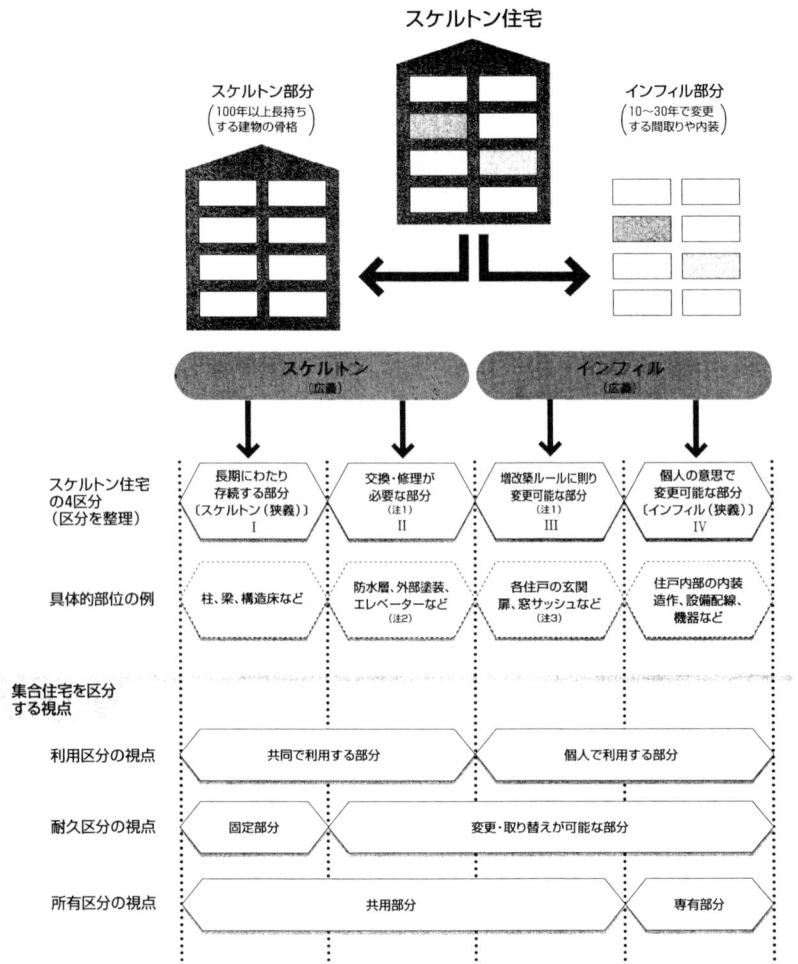

3. デザイン計画について考える——建築計画の理論——

スケルトン住宅

スケルトン部分（100年以上長持ちする建物の骨格） ／ インフィル部分（10〜30年で変更する間取りや内装）

スケルトン住宅の4区分（区分を整理）	スケルトン（広義）		インフィル（広義）	
	長期にわたり存続する部分〔スケルトン（狭義）〕 I	交換・修理が必要な部分（注2）II	増改築ルールに則り変更可能な部分（注1）III	個人の意思で変更可能な部分〔インフィル（狭義）〕 IV
具体的部位の例	柱、梁、構造床など	防水層、外部塗装、エレベーターなど（注2）	各住戸の玄関扉、窓サッシなど（注3）	住戸内部の内装造作、設備配線、機器など

集合住宅を区分する視点

利用区分の視点	共同で利用する部分		個人で利用する部分	
耐久区分の視点	固定部分	変更・取り替えが可能な部分		
所有区分の視点	共用部分			専有部分

注1：スケルトン（狭義）とインフィル（狭義）の中間的な領域で、名称も含めて今後検討が必要とされている部分である．
注2：構造体部分を雨・風から守るために付加される部分や共用の設備で、交換や修理をすることによって長持ちさせる．
注3：これらの変更は近隣住戸などへ影響を与えるので、居住者などで増改築ルールを事前に定め、これに基づく必要がある．

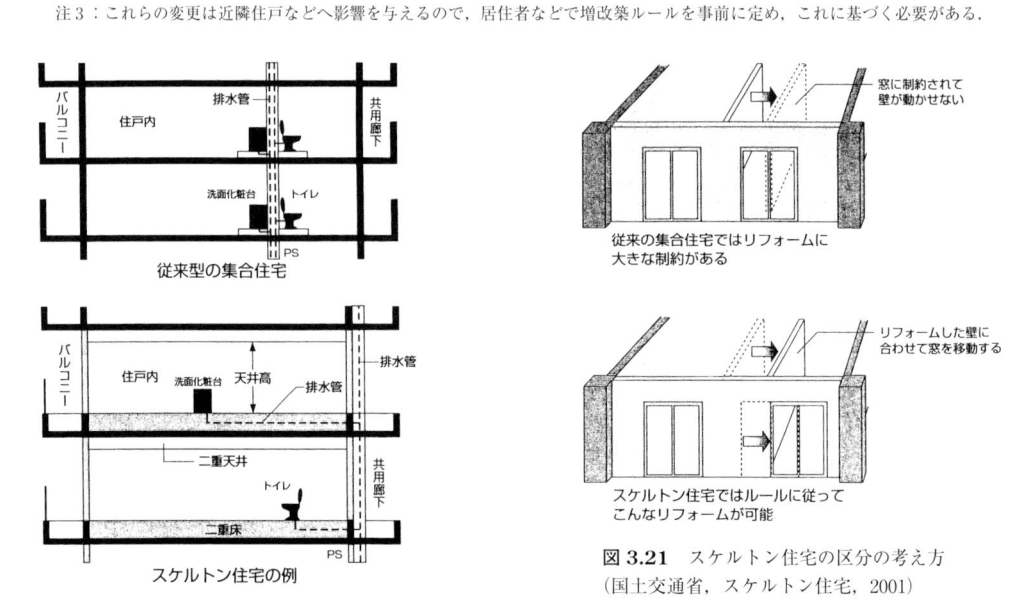

従来型の集合住宅

スケルトン住宅の例

従来の集合住宅ではリフォームに大きな制約がある

スケルトン住宅ではルールに従ってこんなリフォームが可能

図 3.21 スケルトン住宅の区分の考え方
（国土交通省，スケルトン住宅，2001）

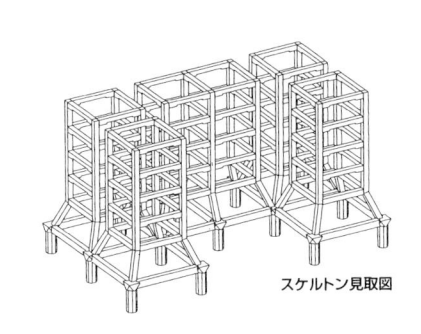

建築概要
所 在 地：大阪府大阪市天王寺区
事業主体：大阪ガス
設　　計：NEXT21建設委員会
施　　工：大林組
規　　模：6階建
構　　造：RC造・SRC造
戸　　数：18戸

スケルトン見取図

図 3.22 NEXT21（SDSシリーズ9 集合，新日本法規出版，1996）

──急速に普及したマンションの老朽化時代を迎え，現代で緊急に求められている建て替えや改修の計画の技術──に対して，内田祥哉や巽和夫らは，すでに30年余の研究開発の歴史を持つ，KEP（公団実験住宅）やCHS（センチュリーハウジングシステム）住宅などの技術的な蓄積を発展させてきた．従来，居住者のライフスタイルに対応して，内部の模様替えができるシステム，材料の劣化に伴う交換の容易性を図るシステムから，躯体構造などの基本構造（スケルトンとかサポートといわれる）を社会的な財産として耐久性を確保し，内部を自由に交換できるインフィル（infill）にする方法を総合的に研究している．その成果が，NEXT21として実現され，さらに建て替えの建築技術と同様に重要な居住者の合意形成にかかわる区分所有法の再検討が行われている．

f. 環境共生力・地域形成力

建築はそれが存在することで，周辺環境・地域環境にいろいろな関係を持つ．ミクロな意味では，地域の微気候，音・光・空気・水などの状態に影響を与える．マクロでは，地域社会の都市活動に影響を与える．

（1）生活の場： ミクロな環境工学的な影響は，これまで小規模な建築で影響が少ない場合は特に考慮されてこなかった．しかし，高層建築による強力な局地風の影響，商業施設の騒音，大量排水による公害物質の排出や地域排水のヘドロ化などは社会問題であり，建築計画の基本的な課題となっている．建築はその用途を実現するだけでなく，地域という生活の場に貢献し，環境と共生するように計画されるべきで，問題が発生するならば都市計画との協力によって，問題に対応していくべきである．建築が環境と共生していく力を，環境共生性と呼ぶと，これからの建築は環境共生性のある建築を目標としなければならない．

次に，マクロな都市活動への影響では，ゆっくりと自然に都市が形成されてきた時代の建築は，その周辺地域の成長や発展と対立することがあったとしても，時間が対立を和らげ，現代の調和のある都市の地域とその活動の成立に寄与してきた．こうして地域の生活の特徴やその文化が成立してきた．しかし，現代では地域は，自動車の発達と普及により，またライフスタイルの変化により，多くの場所で衰退の危機に瀕している．そのような社会課題に並んで，地域施設の建て替えや整備などの建築計画の課題がある．新しい地域施設は，既存の施設の内容を新しくし，規模を大きくするなどの整備を行うことが多く，既存の敷地では適切に対応できず，別の都市郊外などの敷地に計画することになる．その際に，既往の建築が持っていた周辺地域への関係（地域形成力）が失われ，市街地の衰退を加速するようなことがある．また，地域施設の計画では，新しい施設需要に対応する計画が求められ，従来の地域施設計画の内容を革新する必要が出てきた．

（2）生活の変化： 新しい地域施設の計画では，その建築での人間活動を見直すとともに，地域の多様な課題を認識すべきである．これまでに形成されてき

断面図

平面図

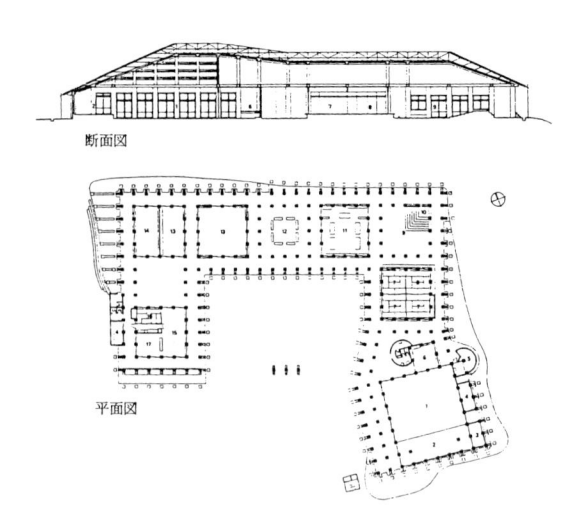

図3.23 象設計集団：今帰仁村公会堂（1975）
民俗的なデザインを現代に生かす作品例．

た，建築をめぐる生活文化に敬意をはらい基本的に継承することが重要である．それが建築文化である．

設計集団「象」は，失われてしまう地域の生活文化——公認の日本の伝統文化だけでなく地方地域の隠れた文化——を探り，建築の中で実現してきた．また，単体の建築だけでなく地域施設や民家について，そのデザインを統一的・総合的にまとめた，石山修武の「松崎町の仕事」も，関連するものである．そのほかに，石井宏などの仕事も含め，近代化の中で伝統の生活文化を把握し再生することは，建築家の責任であろう．

（3）新しいニーズ： 地域施設に関して新しいライフスタイルの発見を重視する伊東豊雄は，利用者とともに地域施設のソフトを創造し，「通過性」のある地域施設を提案した．公共地域施設は，施設の機能に対応した市民サービスを行うものだが，地域施設の利用はライフスタイルの変化によって，利用者は複数のあるいは自由な利用目的を持っており，施設は通過的に利用されたり，自由な広場として利用されるという主張を提案した．実際，仙台メディアテークは図書館などのそのサービスを求める人々だけでなく，滞留や出会いの場として，また施設側も積極的に市民の来館を図る行事を催して，人々は施設を開放的な利用の場としている．これによって，建築家やその企画者のアイデアが正しいことを証明している．仙台メディアテークは，21世紀を象徴する建築として評価されている．

g. アカウンタビリティ

建築は，誰のものだろうか．経済価値を前提にすれば，その所有者が所有しているにすぎない．しかし，公共的な地域施設では，市立図書館は市の管理運営する施設であろうが，市民のためのものである．その図書館の建築デザイン計画，その設計は，市民の要望に

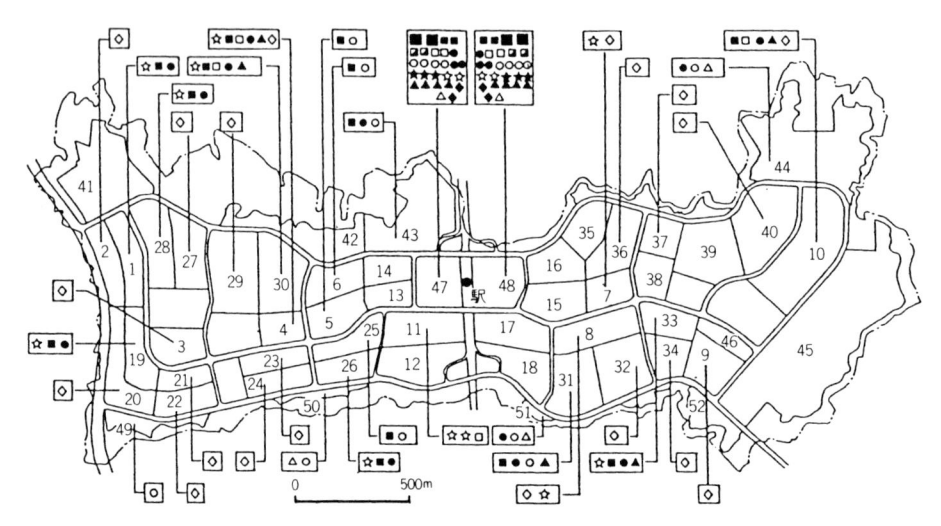

■ 大型店舗（スーパー，百貨店）　○ 喫茶店・スナック・パブ　● 飲食店（寿司店，食堂）　△ 時計・メガネ・カメラ・電機品
▲ 理容・美容院　□ クリーニング店　◆ 医療施設（医院，歯科）　◇ 薬局・化粧品店　☐ 学習塾・文化教室　◆ 日用雑貨・文具・家具
☆ 食料品店　★ 衣料品店　＊ 図中の数字は，各区画の番号である．

図3.24 施設と住宅地の地域形成の関係（日本建築学会：地域施設の計画，丸善，1995）
Sニュータウンにおける地域施設の発生予測．

よって行われなければならない．この原則から考えると，デザイン計画は，市民の建築への要望から始まる．規模，形態，空間構成，インテリアデザイン，その他の建築の物理的条件——ハードの条件——だけでなく，その管理運営の仕組み，利用方法などの条件——ソフトの条件——まで，市民の要望に応えていくものである．

こうした公共施設あるいは地域施設の建築デザイン計画で最も大切なことは，利用者主体への敬意とその要求を満たすことである．もちろん，直接利用する市民が最重要であろうが，運営管理する職員の立場も重要である．公共地域施設のデザイン計画では，利用者参加のデザイン計画など，利用者の要求を満たす方法が普及している．デザイン計画の専門の立場からいうと，不特定多数の市民などの公共的な利用を前提にする建築では，不特定多数の利用者の要望を把握する調査分析技術，建築計画のプロセスに従って行う与条件計画技術が重要である．与条件計画によるプログラミング（図4.3参照）は，プロセス上の関連が最も重要である時点で，基本的な要求条件への対応方法を確認していくプログラミングである．

不特定多数の要求調査技術と与条件のプログラミングを適用すると，ユーザーの要求に総合的に対応できるとともに，デザイン計画の成果について，「アカウンタビリティ」を確保できる．説明可能性という意味のアカウンタビリティは，市民の建築づくりへの参加の権利，その情報公開の必要性などと関係して，計画の透明性ともいわれる．アカウンタビリティは，これからの建築づくりの原理である．

3.6 建築デザインの評価

評価は，よりすぐれた建築を作っていくために重要な作業である．建築の評価は，原理的には，機能性，構造の強さ（技術性），そして美（芸術性）の3つを条件にしている．さらに，現代では，建築の経済性に関心が強く，すぐれた機能性も技術性も，コストを少なく合理的に創造されることが評価される．

(1) 一般の建築評論： 建築雑誌を見ると，設計競技の入賞建築についての記事があり優秀な建築を評価している．また，建築評論家の発言や執筆では，それぞれの主張があり，すぐれた建築をあげ，その理由を指摘している．これらの中で，原理的な建築の条件とかけ離れたような評価に出会うことがある．特に新しい建築についての記事は，機能性や技術性にはあまり触れられずに，美の新規性や建築デザインの潮流の中での完成度を重視していることに気づく．これは，おそらく使用者の建築の評価という情報が十分に収集されていないことや，ともすればそうした実際的な情報やその価値を軽視しているからであろう．また，建築雑誌は，建築のデザインにかかわる人々の情報誌であり，使用者や技術者の視点を必要としていないのかもしれない．

(2) 芸術性： さらに，建築の芸術性は，機能性のような実用的なことや，技術のような合理性だけになりがちなことと比べると，一段と高い価値のものであるという考え方がある．美のためなら，実用的なことや合理的なことは無視するような考え方が生まれるのは，このためである．美は，確かに超越的な価値である場合があり，その超越性を認めるからこそ，時代を超えて評価される美を持つ建築が生まれたともいえる．美と実用の対立は，ある意味で永遠に解決しないものかもしれない．

(3) 評価の多様性： 建築デザインの評価の難しさには，評価項目（あるいはマネージメントの立場では性能，品質）だけでなく評価する主体の多様性という問題がある．利用者や運営者という使用者の評価，

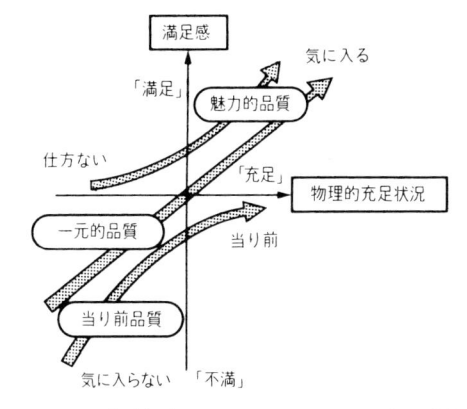

(1) 魅力的品質要素 (attractive quality element)：それが充足されれば満足を与えるが，不充足であっても仕方ないと受け取られる品質要素，魅力的品質とも呼ぶ．
(2) 一元的品質要素 (one-dimensional quality element)：それが充足されれば満足，不充足であれば不満を引き起こす品質要素，一元的品質とも呼ぶ．
(3) 当り前品質要素 (must-be quality element)：それが充足されれば当り前と受け取られるが，不充足であれば不満を引き起こす品質要素，当り前品質とも呼ぶ．

図 **3.25** 品質の二側面性
（建築設計のQM，日本規格協会，1997）

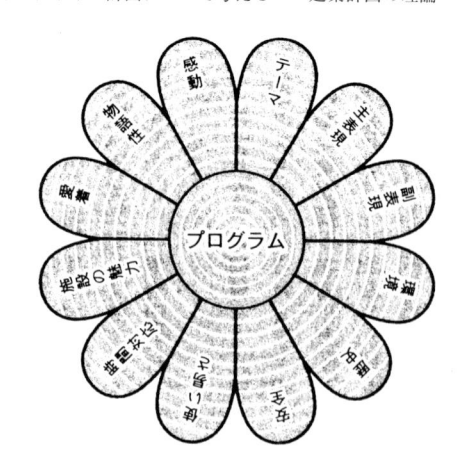

図 3.26 建築批評のためのチャート「ひまわり」（日経アーキテクチュア編：建築批評講座，日経 BP 社，1996）

　(1)　プログラムの説得力：プログラムの現実性，将来性，創造性，およびプログラムへの設計者のかかわり方を見る．プログラムとは，1 に「どんな施設を，どんな目的でつくるのか」，2 に「施設の内容，目的を編成すること，あるいは編成し直すこと」，を意味する．企画をソフトのみを扱うものと位置づければ，プログラムはソフト・ハードともに扱うものと位置づけられる．

　(2)　テーマ（コンセプト）の説得力：設計者は与条件から作品のテーマ（コンセプト）を設定するわけだが，そのテーマの説得力，確かさ，訴求力を見る．テーマに共感できるか否か，つくる人の強い意志を感じるか，時代性（時代の精神，思想，価値観）が反映されているかどうか……がポイント．

　(3)　主表現（建築表現）の確かさ：主表現を「外部構成，プラン，内部空間，ディテール」などを軸にしたデザインと規定し，テーマとデザインの結びつき，すなわち設定されたテーマに対し適切なデザインが与えられているかどうかを見る．表現の確かさ，洗練度，わかりやすさ，オーバーデザイン……がポイント．

　(4)　副表現（周辺表現）の確かさ：副表現を「インテリア，家具，サイン，アート」などを軸にしたデザインと規定し，その表現の確かさ，主表現と副表現のバランスを見る．

　(5)　環境への貢献：景観的配慮（都市，田園，自然），周辺との関係，公共性，環境アセスメント的要素，エコロジーなどに貢献しているかどうかを見る．

　(6)　歴史への敬意：その地方，その街，そこに立っていた建築の歴史が継承されているかどうかを見る．

　(7)　安全：地震，風，火事，侵入者，建物内事故などへの対策，配慮がなされているかどうかを見る．

　(8)　使いやすさ：機能的か，実用的か，快適か，維持・管理しやすいか，などを見る．

　(9)　時間への対応力：耐久性，デザインの永続性と風格，変化に対応できる柔軟性（使い方やプラン），などがあるかどうかを見る．

　(10)　施設としての魅力：空間，施設内容，サービス，運営者の対応などは魅力的かどうかを見る．

　(11)　人々が寄せる愛着：人々に人気があるか，愛されているか，大切にされているか．それにより建物が豊かに生き続けているかを見る．

　(12)　物語性（話題性）：建物のこと，設計者のことが話題にされ，語られているか．あるいは，建物がまた設計者が，話題にされるような物語を持っているかを見る．「設計者の物語性」イコール「作家性」ととらえられる．作家性に関しては一般的にアトリエ上位，組織下位の図式がある．

　(13)　創造物としての感動：そこを訪れた人が，感動を覚えるかどうかを見る．

関連してその建築の所有者の評価，また実際の使用者ではないが公共施設に対する市民やその近隣を通行する一般の人たちの評価，さらに日本の建築を評価する国際的な視点を持つ外国の人々など，多種多様な関係者が存在する．

　いずれにしても，建築の評価では，多面的な評価を行わなければならない．評価方法の試みは，これまでいろいろあった．評価方法は，専門的な視点から提案されてきた．たとえば，最近では『日経アーキテクチュア』の編集部が構成している批評方法は，建築の芸術性や話題性にやや力点があるが，総合的な評価の一つの形を示している．

　(4)　問題の多いデザイン：　また，新聞などの一般情報には，建築の評価の本質にかかわるものがある．たとえば，北日本新聞（富山）はルポルタージュにより，北陸の公共建築について，住民の期待，地域の利用者の機能的な条件を無視した建築があまりにも多いことを指摘している．高齢者や身障者施設は食事と睡眠スペースのみで人間的な空間とはなっていないこと，立地が市街地から遠く閉鎖的であること，学校は画一的なデザインであるし，庁舎は封建的な雰囲気があるなどと評価している．どうして公共建築は，利用

3.6 建築デザインの評価

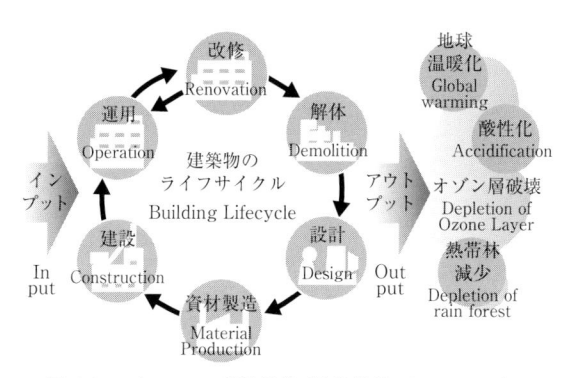

図 3.27 オフィスの環境負荷（白建設計，オフィスは今，2000）
設計，資材製造，運搬，施工，運用，改修から廃棄に至るライフサイクルを通して環境に負荷をかけている．

者本位で作られないのかという問題が提起されている．建築は，確かに芸術などの超越的な価値を実現するものであろうが，現代の市民社会の建築は社会的な合意の上に存在しているはずである．建築はその使用者の要求に応える，透明性（アカウンタビリティ）を持たなくてはいけない．透明性は，先に述べた与条件計画プログラミングなどによって実現できるものであるので，今後の普及が期待される．こうしたデザインの公共性は，特に地域公共施設の建築デザインでは最も重要な条件である．

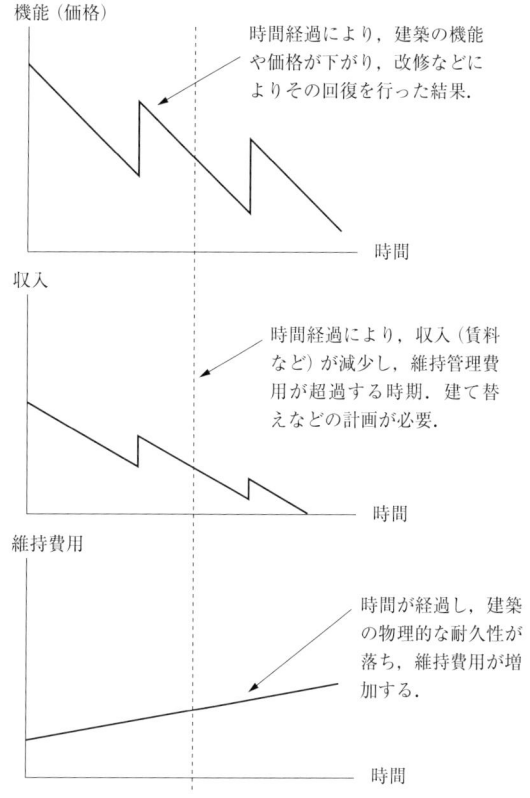

時間経過により，建築の機能や価格が下がり，改修などによりその回復を行った結果．

時間経過により，収入（賃料など）が減少し，維持管理費用が超過する時期．建て替えなどの計画が必要．

時間が経過し，建築の物理的な耐久性が落ち，維持費用が増加する．

図 3.29 建築に関する費用の変化
支出が収入を超過する時期と改修の関係．

屋上緑化

ビオトープ

風力発電

図 3.28 グリーンの表層により地域環境に貢献する集合住宅（世田谷区深沢，環境共生住宅，1998）

(5) 建築のPOE：　利用者主体の建築づくりでは，利用者の建築評価によって，建築デザインを改良していくことになる．日本の建築研究で伝統的な「使われ方調査」，アメリカの建築プログラミングの方法として提案されてきた，「建築のPOE（post occupancy evaluation）の方法」は，代表的な利用者評価の方法である．

しかし，市民の要望に応える，機能性を最大限に追求する性能追求のみが，すぐれた建築の条件とは限らない．現代では，グリーンアーキテクチャーのように環境負荷の少ないことや，効率やコストパフォーマンスにすぐれていること，すなわち省資源性，省コスト性，コストパフォーマンスの高いことなど，新しい性能のデザインが求められている．グリーンアーキテクチャーは，排気ガスなどの直接的な環境負荷だけでなく，暖冷房などの高価な空気調整，さらに建築の立地環境に与える熱放出などの問題から，新しい建築の原理として提起されている．

また建築のコストは，建築の企画や設計，その建設などの生産コスト，および竣工後の利用コストすなわち維持管理コストに分けられる．使用し続けていくことで出費されるコストの全体をライフサイクルコスト（LCC）という．LCCの省コストは，使用者の負担を削減することにつながるので，総合的な省コストである．また，LCCの省コストを図るためには，建築のデザイン計画とデザイン（設計）において，コストにかかわる要因を計画的に検討することが重要である．たとえば，空間構成では，無駄な平面計画を避けるために十分に推敲を行うこと，さらに使用にとって重要な機能に優先的な空間を配分し効率を向上させる——たとえば，通路面積を縮小し部屋の面積の比率，有効率を高めるなど——ようにすることなどが経験的に求められている．しかしながら，コストは最重要な条件ではないので，コストを下げて人間的な条件を犠牲にするようなデザイン計画は慎まなくてはならない．

●バリアフリーの建築基準●

バリアフリーとは1959年,当時のアメリカのケネディ大統領が,建築的障壁が障害者の雇用や教育の機会を奪っていることを憂慮し,大統領諮問委員会をつくったことから始まる.そしてその後1961年に「米国基準協会」より「建築物及び設備を身体障害者にも近づきやすく使用でき得るものにするためのアメリカ基準仕様書」が発表された.この内容は,歩行障害者,準歩行障害者,視覚障害者,聴覚障害者,運動調節障害者,高齢者などが利用する建物が,彼らにとって利用しやすい建物とするための設計基準を示したものである.

このアメリカの基準仕様書が発表されて以来,1963年にはイギリスで,1965年にはカナダとオーストラリアで,1969年にはスウェーデンでというように世界各地でこの種の建築基準が制定された.

しかしこのようにアメリカをはじめ世界各国が基準を示したが,基準の内容がそれぞれの国によって違っていることから,世界統一し共通の基準書をつくってはどうかという考え方が生まれた.そこで1968年フィンランドで開かれた国際リハビリテーション協会の席で世界共通の基準を示すことが提案された.

そしてこの年,この協会では「障害者にも住みよい街づくりに関する決議」がなされ,さらに1969年に障害者が利用しやすい建物については国際シンボルマークを掲示することが決議された.そしてこのシンボルマークを掲示するための最低の条件の検討がなされた.しかしすでに各国とも建築上の寸法を決めており意見の統一には困難をきたした.そこで国際リハビリテーション協会では1969年に障害者が利用しやすい建物に対して,これを掲示するために車いすをデザイン化したシンボルマークを制定した.さらにこのシンボルマークを掲示するための最低条件として以下の寸法を発表した.

(玄関)地面と同じ高さにするか,階段のかわりに,または階段のほかにランプ(傾斜路)を設置する.(出入口)80 cm以上開くものとする.回転ドアの場合は別の入口を併設する.ランプの傾斜は1/12以下とする.室内外を問わず,階段のかわりに,階段のわきにランプを設置する.通路・廊下の幅員は130 cm以上.(トイレ)利用しやすい場所で戸は外開きドアで仕切る.内部には手すりを設ける.(エレベーター)出入口は80 cm以上とする.

なお日本でも,1963年頃から吉武泰水,佐藤平らによっていくつかの基準寸法が提案された.しかしここでは1994年9月に建設省が「高齢者,身体障害者等が円滑に利用できる特定建築物の促進に関する法律」を示しておく.

なおこれらのバリアフリーの基準に対して,1970年頃アメリカの建築家であり工業デザイナーであるロン・メイス氏がユニバーサルデザインの考え方を提唱した.バリアフリーの考え方は,はじめからバリアがあるという前提に立って考えられたもので,それらのすべての環境からバリアを取り除くためのデザインである.それに対してロン・メイス氏のユニバーサルデザインの考え方は,はじめからバリアを存在させないようにデザインするという考え方に立ったものであり,常に100%の人が使いやすいようにするという考え方である.そこでこのユニバーサルデザインの基本的考え方を示すと,以下のような事項があげられる.

1) 常に障壁(バリア)をつくらないことを基本とする.
2) あくまでも概念規定であって,その方法を規定するものではない.
3) 多様な人に対する適応を目指すものであるため柔軟性が必要である.
4) 物(空間)を使用するに当たって,誰もが公平に使用できることが原則である.
5) また誰にも使いやすいものであることが原則である.
6) 使用方法が簡単で,特別な説明がなくても直観的に使用できることが原則である.
7) 間違いの許容範囲が少なく,仮に使用方法を間違っても安全で壊れることがないことが原則.

なおわが国ではこの考え方が単に建築分野だけでなくシャンプーの表示や紙幣,さらに電話カードなどにも応用されている.

(参考文献:浅野房世,亀山 始,三宅祥介著,人にやさしい公園づくり,鹿島出版会,1996)

	基礎的基準	誘導的基準
出入口	○幅は内法80 cm以上. ・戸は自動開閉戸または車いす使用者が円滑に通過できる構造とする. ・車いす使用者に支障となる段を設けない.	○幅は内法90 cm以上1以上は内法120 cm以上. ・1以上は自動開閉戸で幅は内法120 cm以上とし,車いす使用者が開閉できること. ・車いす使用者に支障となる段を設けない.

●バリアフリーの建築基準●

廊下	○表面は粗面とし滑りにくい材料で仕上げる． ・段を設ける場合は，階段に準じる． ・直接地上に通ずる出入口の1以上の廊下は次に定める構造とする． ・幅は内法120 cm 以上とする． ・高低差のある場合は傾斜路又は車いす使用者用特殊昇降機を設ける． ・出入口並びに昇降機の出入口に接する部分は水平とすること． ・廊下等の末端付近及び区間50 m 以内ごとに車いすが回転できるスペースを設ける． ・直接地上に通ずる出入口のうち1以上は視覚障害者に情報提供を行える床材「誘導用床材」を設ける．	○表面は粗面とし滑りにくい材料で仕上げる． ・段を設ける場合は，階段に準じる． ・直接地上に通ずる出入口で不特定多数の者が利用する廊下は次に定める構造とする． ・幅は内法を180 cm 以上とする． ・高低差のある場合は傾斜路又は車いす使用者用特殊昇降機を設ける． ・出入口並びに昇降機の出入口に接する部分は水平とすること． ・廊下等の壁面には突出物を設けないこと． ・休憩の設備を適切な位置に設ける． ・出入口から受付までの廊下等には，誘導用床材を敷設し，又は音声により視覚障害者を誘導する装置等を設けること．
傾斜路	○傾斜路及びその踊り場は次に定める構造とする． ・幅は120 cm（段を併設する場合は90 cm）以上とすること． ・勾配は1/12（傾斜路の高さが16 cm 以下の場合は1/8）を超えないこと． ・高さが75 cm を超える傾斜路は，高さ75 cm 以内ごとに踏幅150 cm 以上の踊り場を設ける． ・傾斜路には，手すりを設ける． ・表面は粗面とし滑りにくい材料で仕上げる． ・傾斜路に接する廊下等と識別しやすくする． ・傾斜路の上端に近接する廊下等には注意喚起用床材を敷設すること．	○傾斜路及びその踊り場は次に定める構造とする． ・幅は150 cm（段を併設する場合120 cm）以上とし，150 cm 以上の踊り場を設ける． ・勾配は1/12を超えないこと． ・高さが75 cm を超える傾斜路は，高さ75 cm 以内ごとに踏幅150 cm 以上の踊り場を設ける． ・傾斜路が同一平面で交差する場合はその部分に踏幅150 cm 以上の踊り場を設ける． ・傾斜路には，両側に手すりを設ける． ・表面は粗面とし滑りにくい材料で仕上げる． ・傾斜路に接する廊下等と識別しやすくする． ・傾斜路の上端に近接する廊下等には注意喚起用床材を敷設すること．
階段・踊り場	○手すりを設けること． ・主たる階段には回り階段を設けない． ・表面は粗面とし滑りにくい材料で仕上げる． ・踏面と蹴上げの色の明度差を大きくし識別しやすくつまづきにくい構造とする． ・階段の上端に近接する廊下及び踊り場の部分に注意喚起用床材を敷設する．	○幅は内法150 cm 以上蹴上げは16 cm 以下踏面寸法は30 cm 以上とする． ・両側に手すりを設ける．主たる階段に回り階段を設けない． ・表面は粗面とし滑りにくい材料とする． ・階段の踏面と蹴上げの色は明度差を大きくしつまづきにくい構造とする． ・階段の上端・踊り場に注意喚起用床材を敷設すること．
昇降機	○エレベーターは次に定める構造とする． ・籠床面積は，1.83 m² 以上奥行き135 cm 以上． ・籠内は車いすの転回に支障ないこと． ・籠内に次の停止位置及び現在地を表示する． ・出入口の幅は内法80 cm 以上とする． ・制御装置は視覚障害者も円滑操作出来る事． ・昇降ロビーの幅及び奥行きは，150 cm 以上とする．	○エレベーターは次に定める構造とする． ・籠床面積は2.09 m² 以上奥行き135 cm 以上． ・籠内平面は車いすの回転に支障ないこと． ・籠内には次に停止する予定階及び現在位置を表示する装置を設ける． ・籠及び昇降路の出入口の戸の閉鎖を音により知らせる装置を設ける． ・籠出入口の幅は内法90 cm 以上とする． ・昇降ロビーの幅・奥行きは180 cm 以上．
便所	○車いす使用者用便房を設ける． ・出入口の幅は内法80 cm 以上とする． ・男子用小便所には床置式便器1以上設ける．	○車いす使用者用便房の出入口の幅は内法80 cm 以上とする． ・男子小便所には床置式小便器1以上設ける．

4. デザイン計画を進めるために——建築計画の方法——

建築のデザイン計画では，その各段階で解決しなければならない問題に遭遇する．問題は必ずしも一定でないので，新規に解決法を探っていくことも多いが，利用者の特性やその規模などの予測のように定型的な問題がある．ここでは，その方法を学ぶ．デザイン計画の方法で，問題を新しくより合理的に解決することができれば従来の建築の欠点を改良することができる．そのために，建築の他の技術領域と同様に，建築技術者のふだんの挑戦が行われてきた．

4.1 働きかけとしてのプロセス：デザイン計画から設計へ

建築のデザインは，プログラム，プランニング，およびデザイニングの作業から成り立っている．デザイン計画という場合，デザインの条件を整理して，建築の機能の組み立てを行うプログラム（あるいはプログラミング）と，それを満足させる建築の空間構成あるいは空間形式を創造するプランニングの2つの作業を行うことである．したがって，建築の基本的な機能の条件を整理し，でき上がる建築の基本を定めることになる．プログラムを十分にせずに，プランニングが行われ，最終的なデザイニングが行われることは，建築の基本的な機能を抑えることがあるので，慎重に行わなければならない．

デザイン計画の後に，フィニッシュであるデザイニングを行う．フィニッシュ（狭義のデザイン）は，建築の内外の形態やその表層のデザインを行うことである．デザイン計画によって骨格が作られた建築が，デザイニングによって肉がつけられて，建築となる．

a. プログラムから始まるデザイン計画

デザイン計画は，デザインの条件を整理して，建築の機能的な条件を組み立てるプログラム（あるいはプログラミング）と，プログラミングに対応する建築の空間構成の基本を創造する（プランニング）ことである．

(1) 作業とビルディングタイプ： デザイン計画は，建築の所有者や管理運営者を含む使用者の要求などの与条件を探り，建築のプログラム（建物の仕組みと性能の計画）を作ることから始まる．プログラムは，建築における人間活動の仕組みを構想し，建築の機能的条件を空間的に構成する作業である．常識的な建築を想定して行われるプログラムでは，建築の用途別に知られている所要室を検討して，リストを構成すればよい．この方法は，学校は学校らしい建築に，集合住宅はマンションや団地として知られる建築に，病院は病院らしい建築に，すなわち建築の用途別に歴史的に形成されてきた"ビルディングタイプ"を継承していくことになる．定型的な建築では，設計に伝統や歴史があり，技術が蓄積されているので，プログラムの内容——所要室，規模，空間構成など——，たとえば学校であれば，教室，体育館，職員室などの所要室，児童・生徒当たりの部屋面積，部屋のつながり方で定まる空間構成はよく知られている．

(2) 革新への働きかけ： しかし，過去の建築の作り方に問題があったり，プログラムを定めている建築の運営方法など，基本的なデザインの与条件が変化する場合，デザインを行う事業者や設計者が重視してこなかったかくれた条件を拾い出したり，未知の建築の使われ方に対応するプログラムを探る必要が出てくる．こうした場合は，プログラムは過去と同一でなく，建築のデザインの場合ごとに新しく整理され，その結果作られる建築に反映されると考えるべきである．

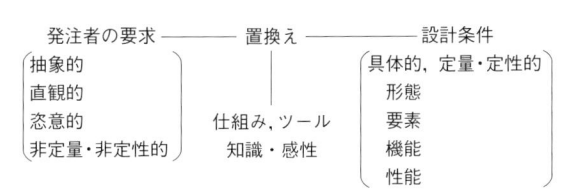

図4.1 発注者の要求から設計条件へ

発注者の要求 — 置換え — 設計条件
抽象的／直観的／恣意的／非定量・非定性的
仕組み，ツール／知識・感性
具体的，定量・定性的／形態／要素／機能／性能

プログラムの整理によって，作られていく建築の特色を定めていくような，いわば建築への働きかけの意識が大切である．

デザインの条件の整理とプログラムを通した新しい建築づくりとはどういうことだろうか．たとえば，最近の学校建築では，学校のデザインの条件を，単純に教育と学習ととらえるだけでなく，教育や学習の場は，子供たちの生活の場であるととらえている．教室や職員室などの空間だけでなく，それらをつなぐ通路や外部空間の重要性を認識させるような働きかけが，学校建築を子供たちのための豊かな教育空間としてきた．また，新しい建築づくりのもう一つの好例は，集合住宅計画に見られる．過去のマンションやアパート，その集合であった団地やニュータウンは，同じような住宅（専門用語では，住戸という）を積み重ね，並べた形式，形態が多かった．この欠点は，町の居住環境と景観を形成する単位として，住む家族の特徴や個性，その要求を組み込んでいなかったし，居住者の安心できる外部空間を内蔵していなかったことである．それらの問題を解決する，新しい形式・形態の集合住宅がデザインされ始めている．

b. デザイン計画プロセスに関する方法

（1）利用者要求の予測： 利用者が求める機能性を持つように建築のデザイン計画を行うには，不特定多数の利用者の建築要求を把握しなければならない．特に，あらかじめ利用者が特定できない地域公共施設では，利用者要求の予測は，建築デザイン計画を行う者の基本的な作業であり，技術として認識しておかなくてはならない．利用者の要求を整理していくことは，デザイン計画の始まりの作業であり，要求のくみ取りには利用者主体への敬意をもって行わなければならない．

一般に，不特定多数の利用者について，その人口特性別の人数などとその利用特性（利用時間や利用要求など）を予測するためには，はじめに施設の利用圏域の設定，圏域人口の調査などを行う．利用圏域は，学術報告を参照し，類似施設の利用実績などから設定する．人口とその利用特性の調査は，住民調査を参照するか，アンケートやヒアリングなどにより独自調査を行う．特に利用者の利用特性については，施設のプログラミングのデータとして最も重要であるので，学術調査などの調査によって明らかにする．調査については，利用者の全数調査を行うことは，予算的にも時間的にも困難であるので，統計的な推計方法をとることが多い．

（2）ill-defined problem： しかし，困難なことに建築づくりにおいては，すべての要求条件が整理され，計画の条件として，あらかじめ決定できるとは考えられていない．デザインというものは，その問題がよく定義されない問題（"ill-defined problem" あるいは "wicked problem"，反対の傾向の問題は "well-defined problem"）であり，その条件を発見していく作業であるともいわれてきた．デザインを進めるためには，利用者の要求をくみ取るだけでなく，建築技術者が主体的に問題の条件を定め，積極的に提案していく必要がある．特に，建築の目的に関して，具体的な設定を行うことが重要であるが，学術調査を参考にすることや，住民などの利用者の要望を直接聞くように努めるとよい．

（3）与条件計画： そういうデザイン計画のプロセスにおいて，使用者と建築技術者の関係を調整するために，あらかじめ与条件をマクロに設定し，それをブレークダウンしながら最終的に建築の条件を定め，デザインを遂行する方法が提案されてきた．たとえば，事務所建築で，執務室の機能的耐久性を確保するという課題があるとすると，この課題に対して具体的な仕様を示すのでなく，「執務室の機能的耐久性」という与条件の項目を準備しておき，建築設計の進行に応じて，「執務室の機能的耐久性」が計画されているかどうかをチェックする方法である．これは，与条件計画

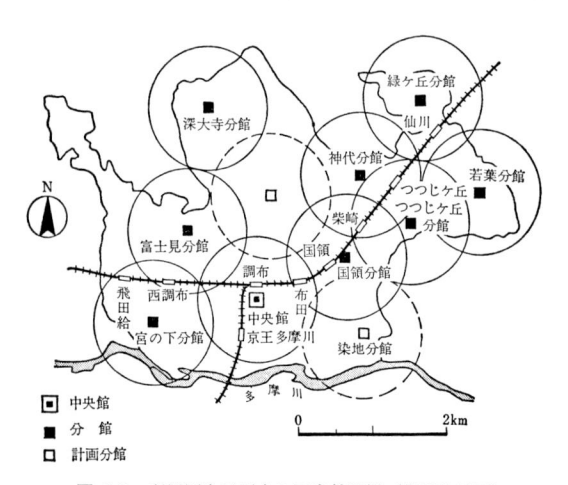

図 4.2 利用圏を予測する図書館配置（現況と計画）
（栗原嘉一郎ほか：公共図書館の地域計画，日本図書館協会，1977）

4.1 働きかけとしてのプロセス：デザイン計画から設計へ

上位 立地条件をどう配慮するか → 伝統的な街並み景観がある．街並みの連続性を守る形態を探る．

中位 敷地の方位をどう解釈するか → 南面の日光を受ける開口部が街並みの連続性を損ねない工夫を行う．

下位 アプローチの見え方をどうとらえるか → 中庭が玄関のホール越しに透過して見えるようにする．細長い敷地形状で奥がわかりにくくなることを防ぐ．

与条件：段階的に上位から下位に向かって具体的になる与条件．チェックリストや問題提起型の与条件は，事業者・発注者側から与えられる．

プログラミング：段階的に与えられる与条件に建築デザイン計画として解答することで，事業者と建築計画を行う建築技術者がコミュニケーションする．その結果，建築のデザインが透明性を持つようになる．

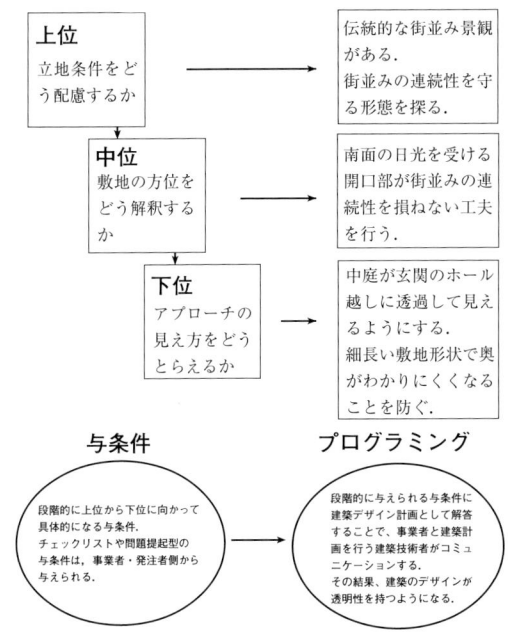

図 4.3 与条件計画の構造

の方法（従来チェックリストといわれた方法の発展形ともいえる）といわれて，利用者の要求を基準として，デザインの主体性に一定の制約を加えながら，さらに発展を導くものとして提案されてきた．集合住宅の計画で適用された方法では，デザインの段階ごとに与条件が進化し，設計案のアカウンタビリティ（説明可能性，透明性）が確保される．アカウンタビリティは，特に公共施設計画において，公共団体の行うデザインがどのように行われ，どんな内容になるかについて，住民や市民がそこに参加する権利があり，さらにその情報公開の必要性がある場合の条件である．利用者の参加やその主導による建築づくりは，地域公共施設や集合住宅などで一般的に行われるようになってきた．

(4) 建築デザインの段階：デザイン計画からデザイニングへのプロセスを作業の段階に分けると，プログラムに対応する，①一般的な目標の設定，②設計条件の発見と整理，プランニングに対応する，③空間の構想，プログラムとプランニングのフィードバックの内容である，④利用の予測と評価および⑤目標と設計条件へのフィードバック，最終のデザイニングに対応する，⑥デザインの具体化・ブレークダウンの6段階をふむことが指摘されている（図4.4参照）．①の目標の設定では，建築の機能だけでなく，建築の総合的な目標について定める作業を行い，一般にいわれるコンセプト作りの作業もその一貫である．特に，コンセプトは機能的な建築の働きによっては想定できない，建築の美しさやデザインのイメージを言語的に定めておくために，近年建築づくりのはじめの作業として，欠かせないものになっている．暫定的に定められたコンセプトを含む目標に向かって，②設計条件がまとめられるが，その際に不特定多数の利用者の要求条件などが調査される．しかし，単純に見えた条件は，多数で複雑な項目から成立していることがわかってくる．しかし，やはり暫定的に条件を定めて，③空間構成の構想を行う．設計条件は，利用者の要求だけでなく，建築のハード的な条件も含んでおり，総合的な設計条件から構想が行われるからである．しかし，ここでも構想を行う過程で，さらにすぐれたイメージが生まれたり，まとめられた設計条件の不備が見つけられたりする．これによって，再び前の①や②などの段階に戻りつつ作業が進められる．

先に述べたように，確実に各段階が解決しきって進行するのでなく，特に④と⑤の段階のように相互にフィードバックし問題設定を行いつつデザインは進められる．

また，各段階は，確立した技術は必ずしも多くはなく，建築の担当者は問題にぶつかるたびに，新しい工夫を行うことになる．②の設計条件の整理では，先に述べた不特定多数の利用者の要求を把握する調査分析技術，③空間構成の構想の技術では，CADの自動設計の技術，空間の最適配置の計算と探索技術や空間の感性工学など（7.3，7.4節参照），④利用の予測と評

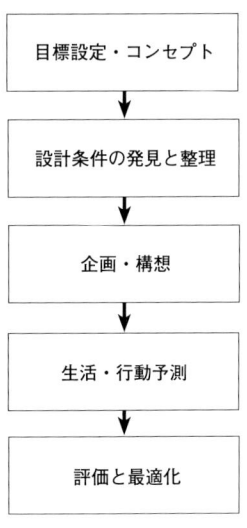

目標設定・コンセプト
↓
設計条件の発見と整理
↓
企画・構想
↓
生活・行動予測
↓
評価と最適化

図 4.4 建築づくりの段階

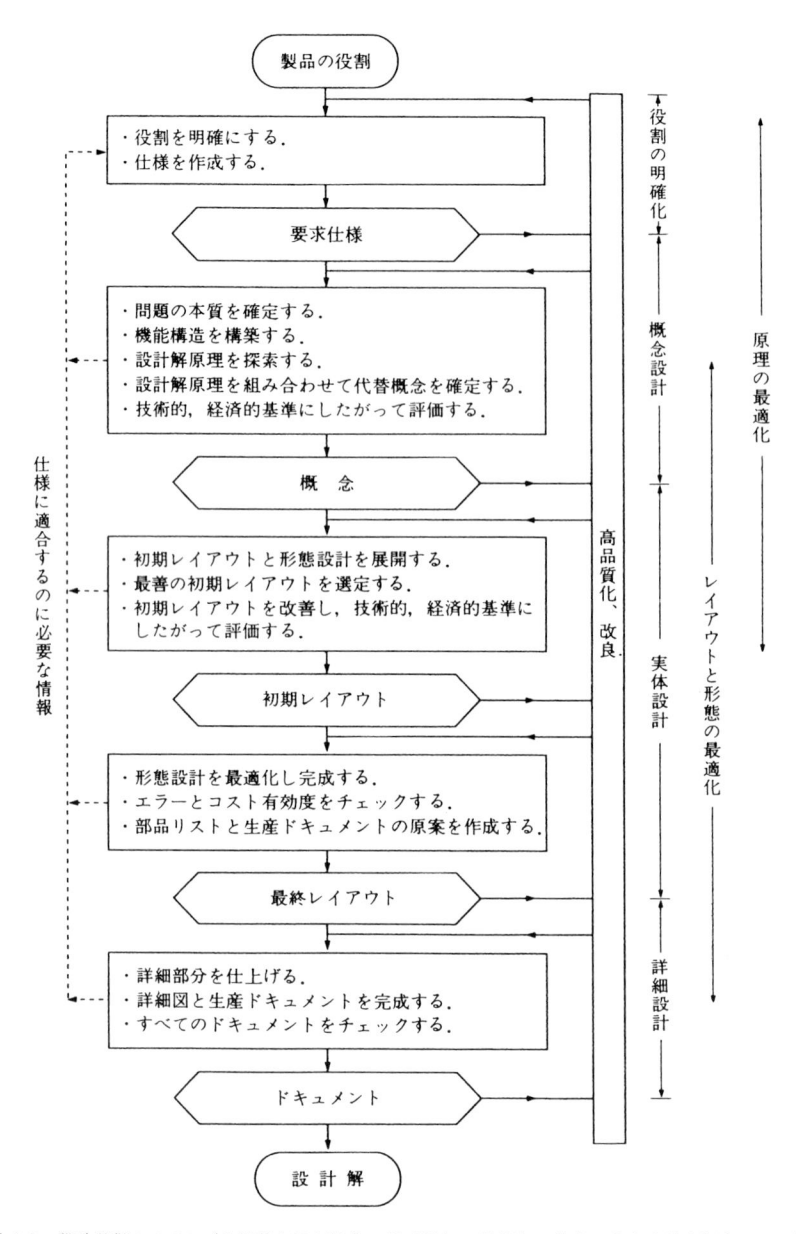

図 4.5 設計過程のモデル（吉川弘之ほか監修：新工学知1 技術知の位相，東京大学出版会，1997）

価では，コンピュータによる人の動き，特に避難行動などの予測シミュレーション技術や多目的の評価関数の最適化技術などがあげられるが，今後の発展が期待される（7.4節参照）．

(5) 工学のデザイン方法：　いわゆる工学における設計学と建築におけるデザインでは，いくつかの類似点があるが，建築デザインはその総合性という点で，独自性を持っているといわれる．工学の設計はおおむね，顧客の要求の明確化，要求条件の確立，仕様書の作成，受注時未確定事項への対応方法の確立，基本設計，詳細設計，製造というプロセスをとる．建築デザインの方法との違いは，要求条件に対応する仕様書の作成——建築デザインでは，設計条件の作成に対応——であろう．建築デザインでは，設計条件を明確にし，それ以降変更を原則的にしないという方法はとりにくいし，むしろ設計作業を進めるに従って，最終の設計成果に影響を与える重要な設計条件を追加していくことが多い．これは，建築のデザイン問題が，よく

定義されない問題（ill-defined problem）といわれる所以である．

（6）ブリーフィング： 工学では，仕様書に対応する性能が成果で評価されるが，建築でも性能評価については，可能な側面が多くなってきている．しかし，必ずしも全面的に評価できるわけではない．また，追加された重要条件については，明示的に扱われないので，評価の対象にはあがらないことが多い．昨今，建築づくりにおいて，コンストラクションやプロジェクトの生産マネージメントという視点から国際的に共通化できる仕様書づくりが研究されている．建築生産のブリーフィング（briefing）といわれる仕様書は，設計プロセスの特殊性をどのように克服できるかが問われており，今後の検討すり合わせが必要であろう．

4.2 建築の利用の仕組みづくり

使いやすい施設を作るには，人間活動と建築のかかわりをマネージメントすることが第一に重要である．建築の人間活動とは，住宅でいえば家庭の日常生活，学校でいえば教育と学習の活動，飛行場でいえば乗降客の到着から一定の手続きを行い，乗降するまでの行動と，それを支える業務活動の総体である．この活動は，建築の種類ごとに異なっており，それぞれ特殊で個別性のあるものである（1.2節参照）．このような施設の運営の一部である施設利用の仕組みづくりは，広義のファシリティマネージメントの作業でもある．

建築の空間形式との対応でいうと，個別性を持つ人間活動を一般的で一様な空間に対応させることは難しいが，人間活動の二元性が重要になる．

（1）2種類の使用者： まず，建築には，一般的に2種類の使用者が存在するという原理である．それは，利用者と運営者である．建築空間は，その使用者の種類に対応して，二元的に分割あるいはブロック化される．すなわち，小規模な建築では，表に建築が提供するサービスを受ける利用者の空間，奥にサービスを提供する運営者の空間が二元的に分割される．大規模になれば，運営者と利用者は，さらに階層的に分化して，いたるところで二元的に分割された空間が見られる．たとえば，小学校では，校長や職員室の領域と児童の領域が基本的に分割されているが，教室という

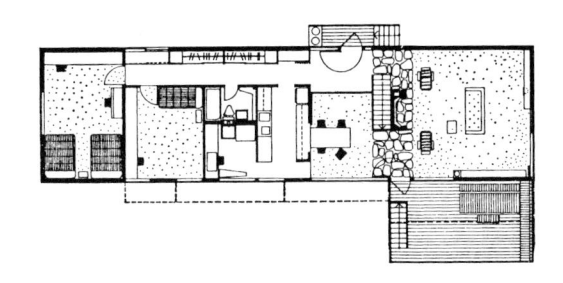

図 4.6 利用の特徴を考えて領域を二分割する住宅：
M. ブロイヤーの自邸（1950）
共通的ブロックと私的ブロックのうまい構成が示されている．この住宅を含め，ブロイヤーの二核住宅の考え方は現代日本の住宅に大きい影響を与えた．

表 4.1 2種類の利用者

建物	サービスを受ける利用者	サービスを与える利用者	特性
オフィス	訪問者	店子・管理人・（所有者）	組織的行動
市庁舎	訪問者（個人・グループ）	案内・事務員・管理人・その他	多種の目的のランダムな来客へのサービス
商店	客	売子・セールスマン・マネージャー	ランダムな来客へのサービス
教会	信者	ボランティア・管理人・牧師	スケジュールにのった集団の儀式
レストラン	客	ホステス・料理人・掃除人・マネージャー・オーナー	ランダムな来客へのサービス
小学校	児童・父兄	教師・料理人・掃除人・校長	複数のクラスの集団行動
工場	労働者	監督・掃除人・マネージャー・オーナー	組織的で自由化された行動
総合病院	入院患者・外来患者，家族	医者・看護婦・ヘルパー・料理人・管理者	24時間の多種多様な利用者へのサービス
ホテル	客	メイド・料理人・掃除人・会計係・管理人	宿泊客・訪問客へのサービス
大学	学生	教師・料理人・掃除人・事務官・学長	研究・教育・学習の場
少年院	収容者・家族	養父母・教師・料理人・掃除人・管理人	24時間の日常生活全般のサービス
美術館	観客・聴衆	学芸員・事務員・作業員・管理人	多様な利用者へのサービス
図書館	閲覧者・聴衆	司書・事務員・作業員・管理人	〃

単位にも教員の領域と児童の領域がおおむね分割されて存在する．さて，こうした空間の分割は，建築の使用の秩序，そこでの人間活動の秩序をもたらすもので，建築づくりの原理である．

(2) 所要室計画： 使用者は，その行為（アクティビティ）の条件に応じて，必要な空間があり，建築はそれを行為の場として提供するように計画されなくてはならない．これは，建築の所要室計画といわれてきたもので，行為の動作に必要な寸法，面積および体積などの大きさを備え，光・熱・空気・音などにかかわる必要な性能を確保しなければならない．それは，単に機能的な側面だけでなく，生理的，心理的，文化的な要求にも対応していなくてはならない（3.5.d 項参照）．

(3) 規模計画： 建築の規模や寸法は，利用者の動きとその量に対応して，適切な寸法，面積あるいは容積などを計画する．先に述べた利用者の人数や利用の要望やその時間などのデータが定められたら，その利用者の必要に応じて，施設の規模を決定する．その際，計画対象の次元によって方法が異なってくる．

寸法の決定では，利用者の人体寸法と動作寸法に対応して，ゆとりをとって定める（3.5.c 項参照）．個数の計画では，利用人数，その利用時間によって待ち時間が異なるが，ゆとりのあるサービスを行うために十分に個数を用意しておくことは，建築側に無駄な出費を強いることになる．そこで，そのバランスのレベルを定めて，計画する．これまでの研究で，便器からエレベーターなどまで，数理的な決定方法（a 法）が提案されている．

建築空間の面積の計画では，平均的な面積値の統計が有効である．図にあるように既往の類似建築の利用者当たりの平均延べ床面積などが用いられる．容積の計画では，音楽ホールのような容積（気積ともいう）が音響性能に影響を与えるので，専門的な方法が検討

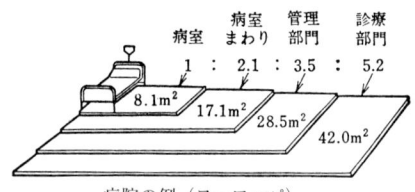

病院の例（ヨーロッパ）

1ベッド当たり，病室 8.1 m², 病室まわり 17.1 m², さらに管理部分を含めると 28.5 m², 診療部門を入れると 42.0 m² という統計がある．（Neufert：Architect's Data, 1947）

各種建物の所要面積の標準値

統計的な平均値から利用者当たり（または利用単位当たり）所要面積が求められる．建物ごとの所要面積には次の差がある．法的制限のある建物では一般にばらつきが少なく，制限がなければばらつきが大きい．（NHK 技能講座，「建築士」，片倉健男）

図 4.7 原単位

4.2 建築の利用の仕組みづくり

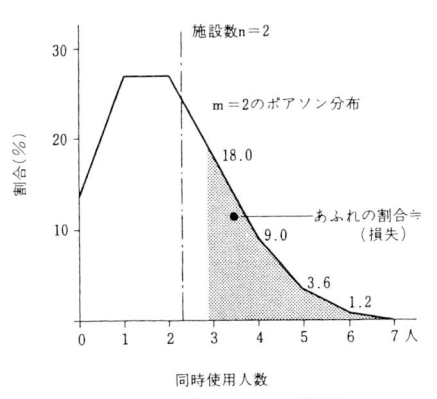

施設数の設定とあふれ（損失）

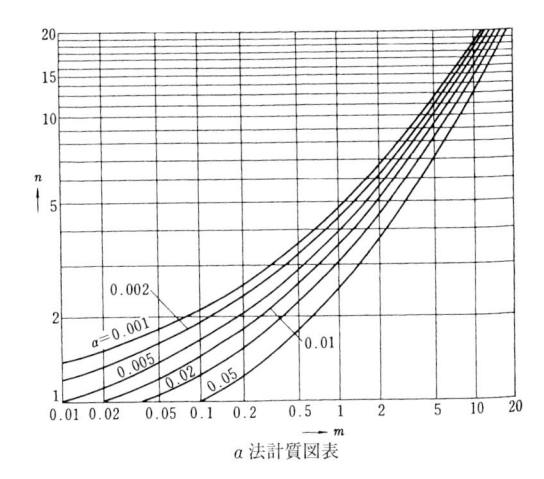

a 法計算図表

α法による規模算定の実際（オフィスビルの必要便器数の算定）

例題として，オフィスビルの必要便器数を α 法によって算定してみる．

目標は，平均同時使用人数 λ（上の m と同義）を求めるところにある．以下，順を追ってプロセスを解説する．ここでは男子小便器を取り上げる．

① 使用総人数を求める．

基準階有効面積 1,000 m² のオフィスフロアに必要な便器個数を算定するものとする．館内人口は 10 m²/人とすると

フロア総人口 = 1000 m² ÷ 10 m²/人 = 100 人

男女比 6:4 とすれば 男：60 人，女：40 人

② 平均同時使用人数を求める．

平均同時使用人数 λ は，次式によって求める．

$$\lambda = M \cdot \tau \cdot \mu^{-1}$$

M：使用総人数
τ：平均使用時間（サービス時間）
μ：平均要求発生間隔

である．たとえば男子小便器の場合，$\tau = 30$ 秒，$\mu = 150$ 分を採用すればよいことが経験的に知られている．

すなわち

$$\lambda = 60 \text{人} \times \frac{30}{60} \times \frac{1}{150} = 0.2$$

③ 図表より施設数 n を求める．

この種の施設の場合 $a = 0.001$ を採用する．
図より $n = 3$ を得る．

④ 外来者の使用を 10% ほど見込むこともある．つまり M を 1 割増せばよい．なお，ここでは便所使用の発生がランダムであることを前提としている．通勤時間の長時間化に伴い，出勤時に便所使用の弱いピークが出現することなどが指摘されており，こうした場合，施設数に若干の余裕を見込むことなどが必要となる．

⑤ 前述のように，使用総人数が倍になったからといって，必要便器個数は倍にはならない．基準階 2,000 m² のオフィスフロアの場合，上記のプロセスに従い，$m = 0.4$ を得るが，この場合，同じ前提条件で $n = 4$ であり，1 個増やせば足りることを確認してほしい．

以上のプロセスをまとめて下に示す．

オフィスフロア面積	有効　1,000 m²		
オフィス人口	10 m²	1000 m² ÷ 10 m²/人 = 100 人	
男女比率	60%		40%
男女別人口（M）	60 人		40 人
便器区分	男子小便器	男子大便器	女子便器
平均滞留時間（τ）	30 秒	400 秒	90 秒
平均要求発生間隔（μ）	150 分	3,000 分	210 分
平均同時使用人数（λ） $\lambda = M \cdot \tau \cdot \mu^{-1}$	$\lambda = 60 \times \frac{30}{60} \times \frac{1}{150}$ = 0.200	$\lambda = 60 \times \frac{400}{60} \times \frac{1}{3000}$ = 0.133	$\lambda = 40 \times \frac{90}{60} \times \frac{1}{210}$ = 0.286
あふれ率（a）	0.001		
必要便器個数（n）	3 個	3 個	3 個

図 4.8 アルファー法（建築計画教科書，彰国社，1989）

されてきた．また，多人数の利用者を前提とする施設では，環境工学的な空気の清浄化の観点以外に，利用者の生理的・心理的圧迫感を避けるために，容積のゆとりに関する検討が行われてきた．

（4） 動線計画： さらに，使用者の建築内での動きは，その機能に対応しており，部屋などのアクティビティの空間とそれをつなぐ通路の配置関係によって，動きの効率と秩序に影響を与える．これは，建築の動線計画といわれてきたもので，動線計画は建築の機能性を確保するために基本的なものである．動線は，距離関係，そのネットワークの形態的な側面，さらに人の行き来（サーキュレーション）の機能的な側面だけでなく他の心理的な側面などにも配慮しなくてはならない（3.5.d 項参照）．動線は，人間の動きと荷物などの搬出入の動きに対応している．いずれの場合にも，従来は面積効率を損なわないように，合理的に計画されてきた．しかし，必要に応じて，たとえば廊下の計画で，人の動きを最短にすることだけを考えると，廊下の途中で立ち話をし，休憩するような活動には不適になる．ゆとりと合理性のバランスが必要であろう．また日常的な人の動きだけでなく，火災や地震などの非常時の避難，救出活動の場となる．非常時の動線は，その距離・幅員などの空間の余裕を十分に配慮しなければならない．

（5） ファシリティマネージメント： 最近では，建築づくりは建築のマネージメントの一部であるともいわれている．施設の計画は，その経営と深くかかわっている．アメリカで始まったこの技術は，英語でファシリティマネージメント（facility management, FM）と呼ばれ，建築だけでなく施設を運営する組織の総合的経営戦略を計画することを目的としている．建築づくりは，その一部に当たるにすぎない．FM は，マネージメントを建築技術的な点だけでなく，総合的に，施設の利用計画や不動産の管理，新設・改廃などの計画を行うことで，非常に専門的なことである．

先に述べたように，現代の建築は高度な建築技術によって建設されるので，物理的耐久性が飛躍的に増加した．そういう建築の特色を活かして，建築を利用するためには，組織の将来計画と建築を含む資産の運用計画がますます必要になってきた．ファシリティマネージメントは，そうした時代と社会背景の中で生まれてきたものである．

4.3　空間と形態の方法

（1） 関係性： 1つの建築があることで，その内部・外部に空間が生まれる．同時に，そこを舞台に人間の生活が営まれる．人間と建築，その内部と外部の空間は，関係を持った存在になる．同じ敷地や隣に別の建築があることで，街並みが生まれる．複数の建築が，道路側に並び，街並みの景観が生まれる．建築の敷地，その隣地，いずれの土地も，生活の舞台として歴史があるから，そこに場所の歴史のしるし（コンテキスト），いいかえると個性があったはずだし，新しい建築が作られることで，その場所の特性――場所性――は，新しい性格を付け加えられる．建築，人間，空間，そして街とその場所性は，建築のデザイン計画が問題にする，深い関係性を有している．建築づくりは，この関係性に新しい要素を加える作業である．付け加える作業の中で，場所の歴史を破壊することがないように配慮しなければならない．場所の個性を生かし，その課題を解決して場所に貢献することによって，関係性を豊かにすることができるようなデザイン計画を進めるように考えたい．

建築は，人間の活動の場を創造するので，その空間の意味については，従来から大いに議論のある点である．近代化による歴史や文化の破壊が反省され，場所の個性を生かすデザインが重視されるようになったが，その際，場所性は，歴史的なゲニウス・ロチ（genius loci, 土地神）への信仰になぞらえられた．形態を重視するデザインとは対立しがちであるが，建築の空間の意味を理解する建築家たちは，伝統へ帰るということだけでなく，空間そのものの革新について心血を注ぎ挑戦してきた．（3.4 節，3.5.a 項参照）

さらに建築の機能的な観点だけでなく，建築が街並みの景観を形成するように，建築の視覚的なインパクトも大きな意味を持っている．建築の材料・構造，色彩，形態などの特徴は，視覚的に大きな意味を持っている．特に，建築計画では建築形態の意味の比重が大きいといわれる．建築の形態は，20 世紀の建築づくりの最重要課題であった．今後も，建築家たちは形態の新規性を求める創造作業は継続していくだろう．建築の形態の特色は，構造計画のような構築技術を前提にしていることであるが，構造を工夫することで得られる外観の彫刻性に由来している．

建築は，その用途によって，しばしば学校らしいと

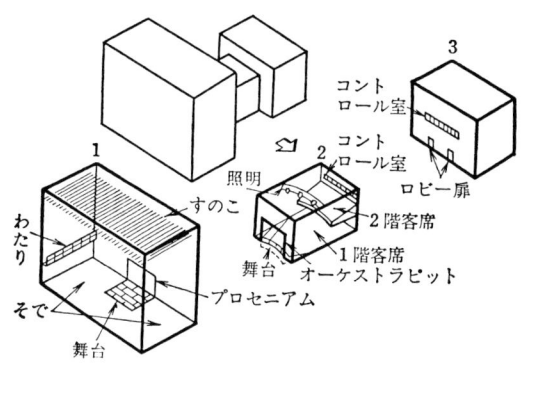

劇場の場合——劇場の基本型（建築学大系
　　　　　——劇場，彰国社，1955）
劇場を横から見ると，巨大な舞台のかたまりに，座席のある傾斜した客席部分，および入口ホールとコントロール室のある前面の部分の独特な構成が見られる．このように今日の劇場の基本型は，1：舞台の部分，2：客席の部分，3：前面部分の3要素から成り立っている．劇場を形づくるこれらの部分は，アクティビティの場やブロックと呼ばれる建築の重要な要素である．

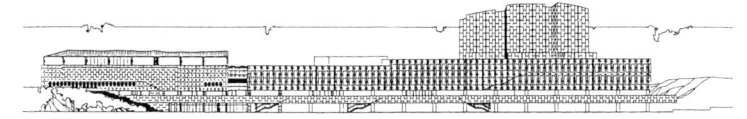

A.アルトー：フィンランディアホール（1971）
ヘルシンキ市のための，コンサートと会議用ホールとして特別な構成になっている．

図 4.9 意味と意味されるもの

か病院らしい形態のように類似の形態的特色を持っていることがある．すなわち，建築の形態は，一種の記号となって機能的な意味を象徴することがある．建築形態の記号的な意味は，したがって構造技術という直接的な意味性，さらに機能の象徴性，さらに機能と間接的に関係する他の形態との類似性などにつながっている．建築という記号は，第一に形態の直接的な意味——構造，材料や色彩の意味——したがって〈意味するもの〉を意味し，第二に他の間接的な意味，したがって〈意味されるもの〉——ロボットのような，要塞のような，高級感があるなど——の二重の意味性を持っている．記号論でいう，意味と意味されるものの関係である．デザイン計画では，その形態の意味性を意識して創造行為を行うようにしたい．

(2) 形態の創造： 先に初源的な空間で述べたように，建築の空間とその形態の創造は建築の始まりという重要な意味を持っている（3.4節参照）．しかし，その秘密はいまだ十分に明らかでない．機能主義建築といういい方で，従来批判されてきた建築の形態は，その内容，機能が純粋に形態を決定することをデザイン方法の倫理観としていた．たとえば，内部が球形の空間を必要としているとき，外観の形態を球形とは異なる直方体にデザインするような，形態のために形態を構成することは戒められてきた．いわゆる「はりぼて」建築は，最も嫌われていた建築であった．

しかし，現在では必要に応じて，装飾的な要素を付加した建築が存在している．これは，機能中心のプログラムで構成された近代建築の反省により，必ずしも装飾の復活につながったわけではないが，総合的にすぐれた建築を目指して，形態独自の意味を許容するようになったからである．形態の意味，特にその感覚的な効果を活かし，制御していくような建築づくりが常識になってきた．感性工学という概念が生まれてきたことも，この事情に関連している．

形態の創造方法はブラックボックスであるが，建築家は，時代が建築へ期待するものを感じ取り，それを創造することに責任がある．

(3) 単体と群の方法——つなぎと密度——： 複数の単体建築が集合して機能的な総合性を持つとき，単体の建築に対して，群建築という．単体が集まっている状態は，学校，病院建築，集合住宅など各所に見られる．学校の校舎が集まって，必要に応じて連続されて群になる．他も同様である．群のつながりは，同種の機能によるつながり，形態の類似性によるつながり，階層的な関係のある単体のつながりなど，合理的な理由があって群となる．機能の類似性による群は，しばしば，グループやブロックという上位の単位となることがある．たとえば，学校における高学年教室のブロック，病院における病棟のブロックなどがあげられる．ブロックは，利用者の集団が同種であるので，

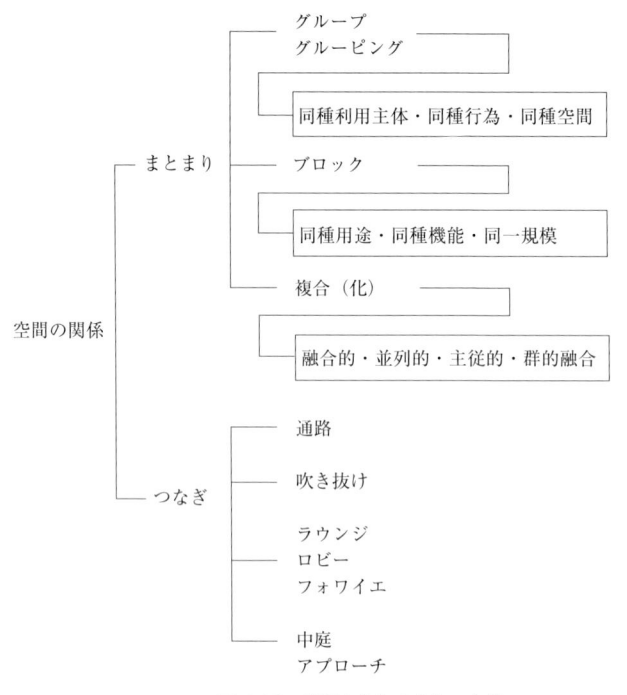

図 4.10 空間のまとまりとつなぎ

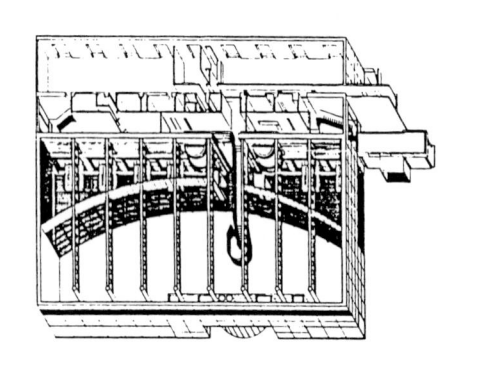

図 4.11 つなぎの空間実例——
谷口吉生ほか：金沢市立図書館（1978）

吹抜けを，館全体に一体感を与えるつなぎの空間として用いている．児童部分と閲覧室を離すことで，音の問題を解決している．

その活動に適切に対応する計画の方法である．

単体がつながれるとき，つなぎの空間が生まれる．つなぎの空間は，内部空間の場合も，外部空間の場合もあるが，いずれの場合も利用者の出会いの場になること，単体の建築では十分に満たされていなかった空間を共有する要望を満たすことができるなど，デザイン計画の上で，十分に配慮しなければならない．

群建築では，群の容積感，密度感に関して注意しておかなければならない．特に群の外部空間に立ち入るとき，外部景観を眺望するとき，そのボリュームは人々の密度感に大きな影響を与える．建築が人間に与える心理的・生理的な影響のうち，必ずしもすべての場合に当てはまるわけではないが，圧迫感，閉鎖（閉塞）感などは，悪い影響として考えられる．容積や密度が異常に高いと，圧迫感を感じる．超高層建築の足下に立つと，圧迫感を感じる．また，狭くて囲まれた

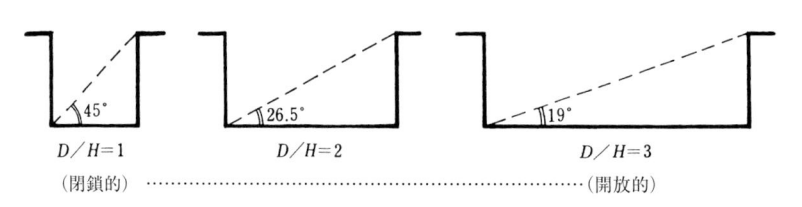

図 4.12 D/H の意味（章末コラム「計画に関するいろいろな量」図 6 参照）

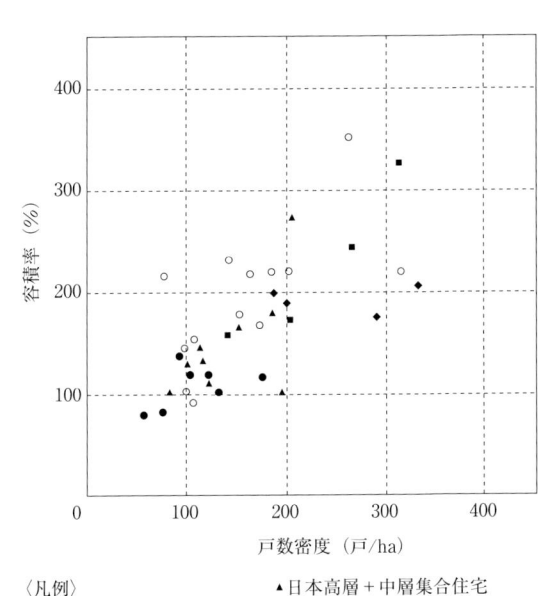

図 4.13 中庭型集合住宅と日本の集合住宅との密度比較

部屋や庭では，閉所恐怖ともいわれる閉鎖感を感じる．このような心理的な影響を避けることは，デザイン計画の重要な課題である．特に，多人数の利用者が集まる群建築の広場などの外部空間をデザインする場合，集合住宅地のように共同住宅が群となる環境，すなわち日常生活が営まれる外部環境をデザインする場合では，圧迫感や閉鎖感がないゆとりのある空間を作らなければならない．

圧迫感，閉鎖感に関係する群建築の特性は，密度や容積率，D/H などの指標によって制御することが一般的である．

(4) 都市の景観： 建築は，単体，群いずれの場合も町並み景観を形成する．建築の形態などの外観は，その記号的な意味について，事業者側，デザインする側の意図がどのようなものであろうと，通行人，近隣コミュニティをはじめ，市民の見る町並み景観となる．したがって，デザインの意図が，町並みとしての良識をはずれることは，戒めなければならない．もちろん，建築と都市に関する制度によって，良好な建築の条件が規制・誘導されている．しかし，法律などの明記されない，記憶される原風景や歴史の意味を伝える場所性など，生活や文化の条件が無限にあり，デザイン計画では，その声なき要望に応えなければならない．これまで自然に人間的に形成されてきた歴史的な景観は，伝統や生活を活かした建築づくりの営みの結果である．どのような建築も，先に述べたように地域形成に何らかの影響があるので，その力を意識して活用したい．

4.4　参加のデザイン計画

建築は，いろいろな人間の協力によって作られる．事業主の建設の決定から，建築づくりが始まる．その決定の段階で，少なくとも建築を実際に作っていく技術者がかかわってくる．さらに，事業者は，その建設について使用者を想定して行う．公共建築の場合には，市民という多数の不特定多数の利用者を想定する．民間の商業施設であれば，商店の営業にかかわる従業員と顧客になるコミュニティの人々を想定する．

さて，こうして建築づくりには，事業者，使用者（市民を含む）および技術者という，3種類の関係者がそろってかかわっていくことになる．より詳しく考えれば，建設そのものを支える技術者をめぐって，市

町村の建築許可を行う役所，建設にかかわる技術的な面以外の社会経済的な側面を支える法律家や経理・税理士などの専門家が関与しているが，ここでは単純化して省略する．

(1) 公共建築のデザイン： 参加のデザインは，特に公共的な地域施設や集合住宅などの建築づくりで，使用者や市民が，建築計画に参加することをいう．公共建築は，市民の要望を前提にするとともに，その税金で建設されるから，原則的には市民の要望をくみ取りながら計画されなくてはならない．これまでは，市民の要望は，あらかじめその代弁者であることを許された選良と行政機関によって，当然くみ取られるものであると考えられてきた．しかし，制度として定型化した公共建築やその計画プロセスが，住民の要望と乖離していくことに大きな問題が出てきた．そこで，住民などの具体の使用者が，対抗案（カウンタープラン）を提出する運動が起こるようになった．この場合，建築技術者も公共団体側の立場に立つ者と，市民側に立つ者が出てきた．公共施設や公共的な集合住宅づくりで，参加の計画が全国各地で大きな成果を収めるようになってきたが，市民側に立つ技術者には，十分な費用が与えられる条件がなく経済的に大きな負担となっている．

(2) インボルブメント： 参加のデザイン計画では，住民などの参加の仕方で，デザイン計画の段階が区別されている．基礎的な参加の段階が始まりで，主体的な参加の段階，すなわち市民などの実際の使用者が計画の主導者となることが理念となっている．これを，建築の技術者の側からいうと，技術者が主導の段階から，使用者の主導を容易にするファシリテーター（facilitator）の段階に対応している．

建築技術者は，建築づくりの主導者でなく，その手助けをする技術者となると，これまで建築計画や設計の技術として蓄積されてきたものでない新しい価値観の技術が必要となる．使用者がリードしていく建築デザイン計画では，使用者の要望を顕在化させる方法と道具，設計条件として整理していく方法と道具などが，典型的な新しい技術である．要望を顕在化させるには，しばしば理想的な映像を提示し検討する方法が用いられるし，使用者集団の相互喚起による方法（ワークショップ）などが試みられている．また，設計条件の整理方法では，C.アレクサンダーの独創によるパターンランゲージが用いられる．パターンランゲージは，建築設計のいろいろな状況における問題とその解決を図式（パターン）に変換したものである．

4.5 建築設計の仕事

a. 設計の仕事

建築づくりは，事業主の発注によって始まる．××市（事業主）が，市立生涯学習センターの建築を作ることになり，指名建築設計競技（コンペティション）によって建築設計者を決定する．また，××家の家族が，住宅金融公庫の融資を受けることができたので，現在住んでいる土地に，現住居を建て替えることになった．友人の建築設計者に新しい住宅の設計を依頼する．こうした事業主の決定が，建築づくり，特に建築設計の始まりとなる．

建築設計は，事業主（発注者）の要求条件，すなわち発注条件を満たす建築という解答を出すことである．発注条件は，建築そのものの条件だけでなく，多くの重要な条件が含まれる．特に施工に関して，工事費，工期，工事組織などの条件が提示され，建築設計の内容を左右するものとなる．

設計者は，この建築条件，施工条件などの事業主の条件を前提にするとともに，建築に関係する建築・都

[8] 住民によるコントロール	住民の力が生かされる住民参加
[7] 委任されたパワー	
[6] パートナーシップ	
[5] 懐柔	印としての住民参加
[4] 意見聴取	
[3] お知らせ	
[2] セラピー	住民参加とはいえない
[1] あやつり	

[8] 住民がプログラムや組織の運営において自治権を持っている
[7] 住民の側に，より多くの決定権が与えられる
[6] 住民と権力者の間でパワーが共有され，責任が住民に配分される
[5] 参加者が決定に関する力を持ち始めるが，住民の意見の正当性などの判断を権力者が保留している
[4] アンケート調査などで意見は聞くが，どのようにプランに反映されたか知らない
[3] 一方通行の情報伝達，住民からのフィードバックの機会が与えられない
[2] 本質的な原因をただすのではなく，住民感情をなだめることを目的とする
[1] 形式として住民参加をしましたという道具に利用する

図4.14 参加の8つのはしご（シェリー・アーンスタイン）

4.5 建築設計の仕事

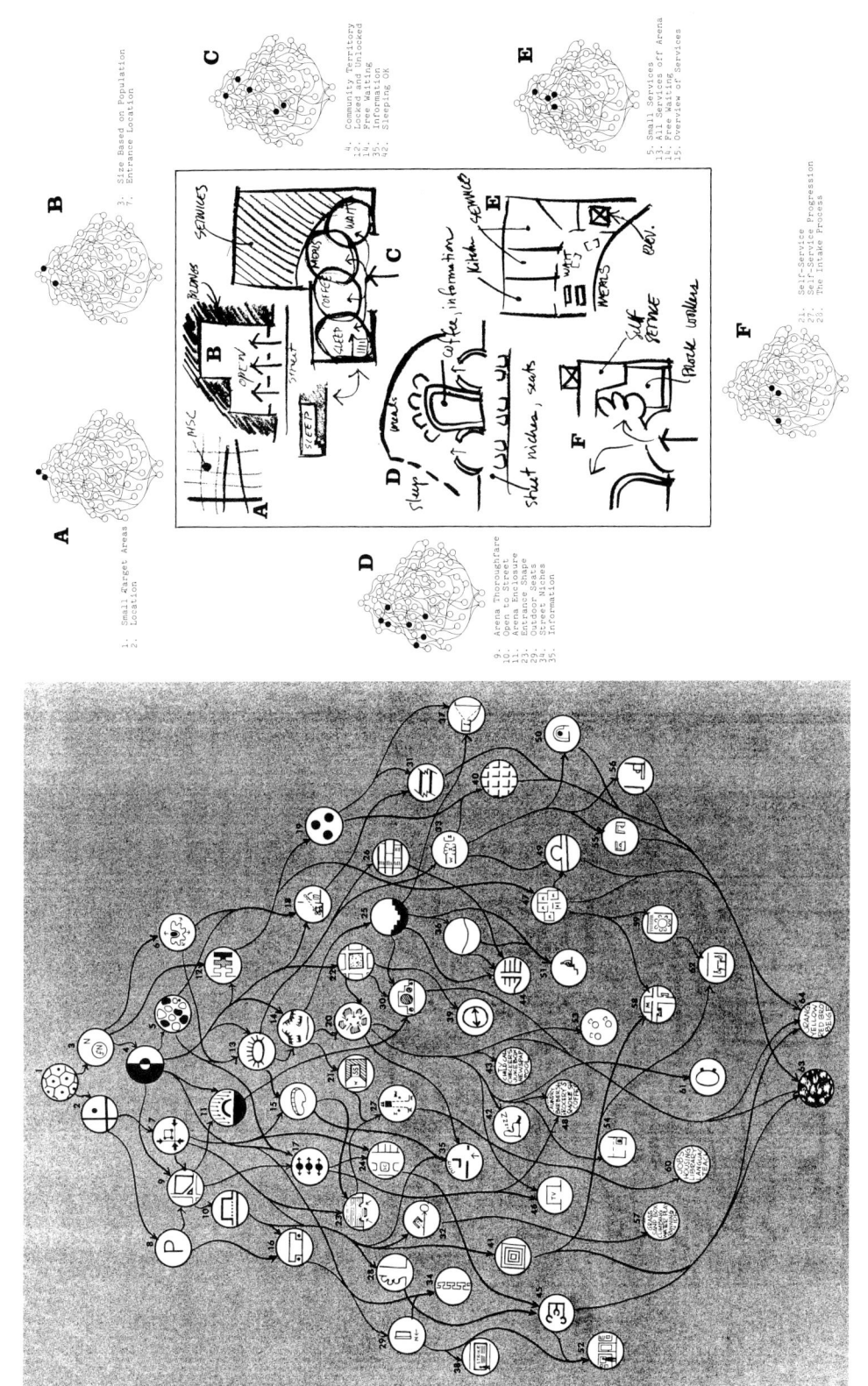

図 4.15 パターンランゲージ (C. アレクサンダー : Pattern Language, UCBA, 1968)

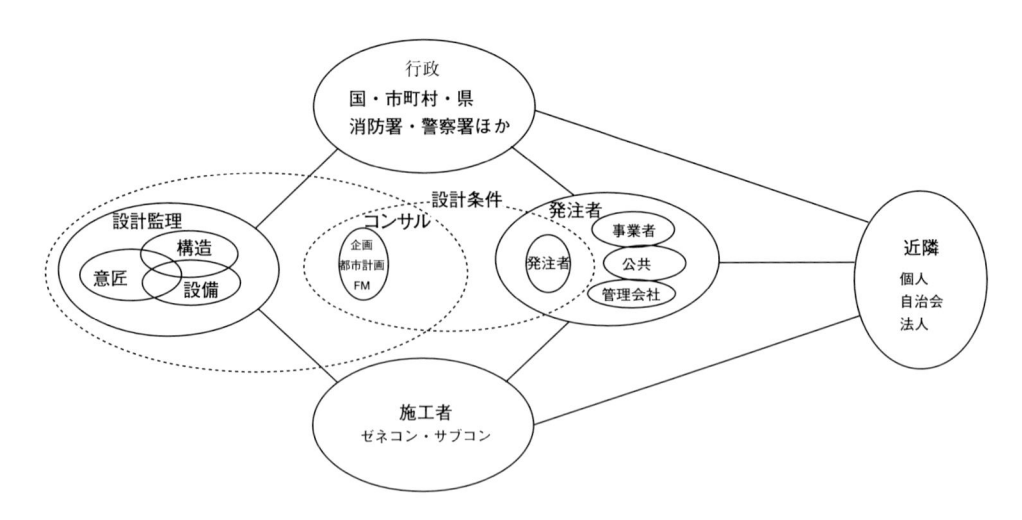

70   4. デザイン計画を進めるために——建築計画の方法——

図 4.16 大規模計画のデザインにかかわる人々（建築設計の QM，日本規格協会の表をもとに作成）

市計画の法律条件などを満たすように設計を行う．法律や近隣の居住者の要望など，事業者以外の外部からの条件は，建築が事業主の所有物であるとともに，社会的な秩序を守るものであることに由来する．以上の条件を満たし，事業主の同意を得た建築の設計が完了すると，建築の建てられる市町村などの建築主事から建築確認の手続きにより許可を受ける．これと並行して，施工工事の建設会社の決定と契約が行われ，建設工事が始まる．（ただし，日本では欧米の事情と異なり，建設会社がゼネコンと呼ばれるように，建築設計から施工までを一貫して総合的に請け負う生産方式が多い．そのために，建築設計と施工の契約が同時に行われ，あらためて建設会社の決定の手続きを行わないことがある．）一般に，建設工事は工事現場周辺の居住者に，工事や交通の騒音などによって迷惑がかかるので，工事の理解をとっておく．

建築の設計者は，事業主から建築条件を提示されて作業を始める以外に，企画の仕事を行うことがある．たとえば，建築設計の発注者が，建築設計の条件を決める作業（企画）を委託するようなことがある．××市が，市の文化施設の整備計画と具体的な建築設計に

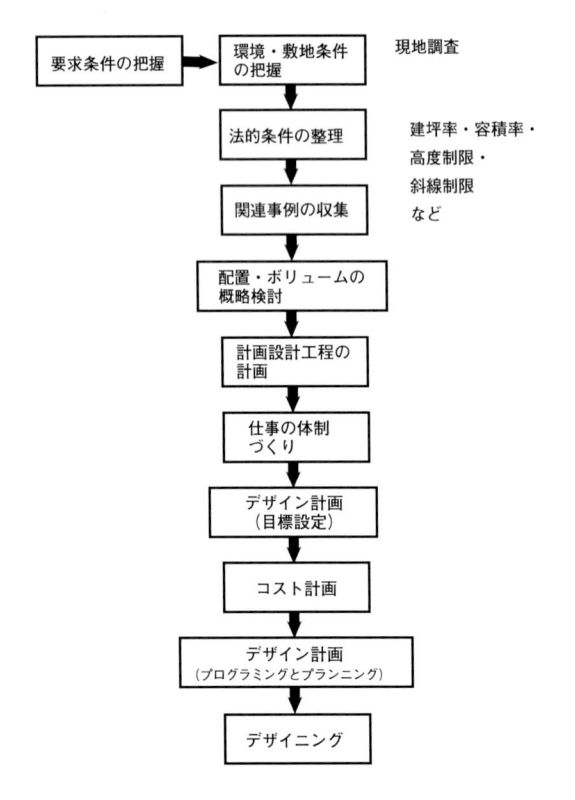

図 4.17 設計初期段階の作業手順（例）

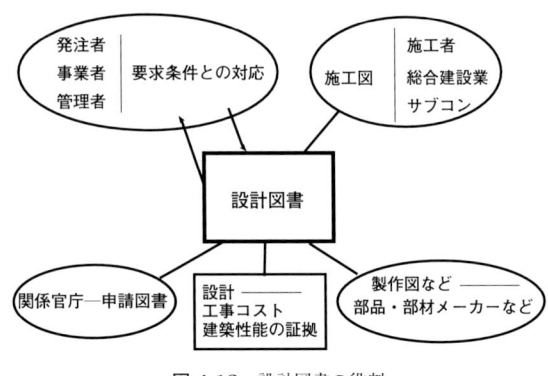

図 4.18 設計図書の役割

ついて，提案競技設計を主催する．この提案の優秀な結果から建築条件を定め，実施の競技設計を行う．このように建築設計の形式は多様である．実際，建築づくりのプロセスの中で，市民の声や社会情勢の変化によって事業内容が変化することもあり，設計者は市民参加の建築設計を行うことがある．いずれの場合も，建築設計にかかわる場合，事業主から出される直接の発注条件に対応するだけでなく，その背景にある課題や真の問題点を的確に理解し，広く社会の建築づくりの条件に応える力を養い，よりすぐれた提案をすることが重要である．

b. 建築・建築群の計画と設計——計画から設計へのプロセス事例解説

設計者の主な作業は，対象とする建築が持つべき内容と性格を決める計画立案と，その計画を建築として実体化する設計作業の二つである．

計画立案では，対象物の内容，環境，運営主体，利用者などを的確に把握しながら，立地する社会の中での理想像を見つけ出す作業が中心となる．理想像は対象物に客観的に迫りながら，こうあるべきではないかという新たに切り開くような解に到達することで得られる．

設計段階の作業は，計画にて導き出された解を実現すべく，さまざまなシーンのスケッチや模型を通してイメージを固め，建築実体を描いていく．ここでも機能，環境，技術などの客観的検証をしながら，建築の空間と形態そのものが独自に有している力を発揮できるデザインに到達するまで作業が進められる．

計画と設計の作業進行は，計画がはじめにあり，次に設計という直線的なプロセスではなく，両者の間を往復しながら，互いを高め合うように一体的に進行していくことが多い．計画と設計が扱うそれぞれの領域についても，ソフトとハードという単純な棲み分けではなく，両者は重なり，干渉し合っている．

以上の作業について2つの事例「獅子ワールド館」「金沢市民芸術村」にて考察を行う．考察は一般の通念に従い計画の作業を「企画」と「基本計画」とに分け，設計の作業を「基本設計」と「実施設計」とに分けて行う．

●**獅子ワールド館**

(1) 企画の変更

設計者は依頼者より受けた企画の意図を正しく把握し，内容の質や量を読み取る作業をまず行う．町から依頼を受けた当初企画の内容は「獅子ワールド館」ではなく，「町立郷土資料館」であった．郷土資料館とは郷土文化の収集・整理・公開を主目的とし，地図模型やデータによる町域現況，祭りや雪国衣装や農林機器の民俗資料，菓子や漬物や鍛冶の伝統品，歴史年表や輩出偉人の記録などを展示する施設である．ふるさと教育や観光拠点などの目的が加わることも多い．施設の立地環境は産業公園という町の地場産業振興を目指したアンテナショップ団地の中心地であった．したがって産業公園の中核施設として地域個性を表現し，かつ誘客力を持つことが要求されていた．

企画内容を深めるために町当局や町民と一緒に郷土資料の現有収集品の内容や今後の追加収集の可能性を探り，各地の郷土資料館の事例研究を重ねていった．その結果，町の郷土資料では産業公園に貢献する全国への情報発信力や誘客力の達成は至難との見解が強まってきた．そこで郷土資料に代わる新たな内容探しの検討が始まり，いくつかの案の中から「獅子舞」のテーマが浮上してきた．理由は，

・町には大きな蚊帳を持つ有名な獅子舞の祭りがある．

・町には著名な獅子頭彫刻の作家が工房を構え，特産品になっている．

・日本各地だけでなく，アジア諸国にもさまざまな獅子舞文化がありながら系統的コレクションはどこにもない．

・施設立地予定地の地名がたまたま「獅子吼高原」である．

議論の結果，テーマを獅子舞に特化することは，地域の固有性に合致しているし，国内外への情報発信性も有していると判断された．さっそく，民俗学，民族学の専門家を加えた委員会が設置され，検討を重ねた結果，獅子舞をテーマにすることの有意性が確認され，調査，収集の可能性も保証された．その時点で「郷土資料館」から世界の獅子舞文化を収集・研究・展示する「獅子ワールド館」へと企画変更が決定した．

企画内容の変更は設計途上で大なり小なり発生する．その際に設計者からの発言，提言は重要な役割を果たすことが多いので，同類施設の観察，地域社会の

読み取り，計画プログラムの組み立てなどに対する見識や能力を養っておく必要がある．

(2) 基本計画

基本計画は企画の内容を具体的に組み立て，建築設計に必要な仕様を定めていく作業であり，依頼者や専門家や設計者がチームを組んで行うことが多い．

獅子ワールド館は建築計画各論の分野では「テーマミュージアム」に類する．近年では全国各地に地域の個性を表現する各種各様の特化したテーマ（平和，オルゴール，酒，鮭，かるた，鬼，夕日，縄文，歌手，作家など）の博物館，美術館，資料館が建設されている．このような施設を総称してテーマミュージアムと呼んでいるが，それぞれに展示，収蔵，研究，パフォーマンスが異なるので，一つ一つ建築計画上の解答を構築していかねばならない．

獅子ワールド館では，獅子舞文化の調査・収集・解析を数少ない国内外の専門家の協力を得ながら，設計者が取りまとめることになった．具体的には数次にわたり現地への調査・収集隊を結成し，中国，ネパール，インドネシア，韓国など海外6か国，国内8か所を訪れた．どの地においても獅子舞は地域コミュニティの祈り，喜び，きずな，あそびを表現する祭り，神事，祝いである．各地のそうした舞を体験するたびに個性的な地域文化への尽きない興味と，舞う彼らへの尊敬と，収集に協力してくれた調査地への感謝を深く抱くことになった．このように調査隊員として収集の内容に深くかかわりつつ，同時に設計者として，収集品が入るミュージアムの空間や外観のイメージを現地で数多く描き続けるという事例は，特殊だと思われがちだがよくあることである．

一方で基本計画に必須の通常作業として，所要室表を作成し，各室の機能，面積，仕様，設備，備品などの欄を埋めたり，立地環境の形状，地質，植生，気候，設備の調査を行っていた．

(3) 基本設計

依頼を受けたソフトウェアの内容を，建築というハードウェアに置換し始める基本設計は，設計者が最もエネルギーを注ぐ作業である．内容的には建築を方向づけるコンセプト，全体を秩序づける空間構成のシステム，アプローチから主空間に至る空間展開や形態創出，さらには構法や設備方式の選択，概算予算や運営管理のプログラムなどを創り上げていく．これらの作業は，基本のコンセプトから入って細部のディテールに至るという作品解説にあるような順序で進むことは少なく，図面，模型，CGを媒介にしながらすべてが並行的に，かつスパイラル状に煮つまっていくのが一般的である．決定に際してもコンセプトが支配する場合もあれば，空間構成秩序や主空間がリードしていく場合や，構法とかディテールが強い場合もありうる．またコンセプトにしても計画立案時より深くかかわって関与した企画内容が強いテーマとなるケースもあれば，歩き回った敷地から受けた強い啓示が左右する場合や，設計者自身が一貫して追い続けているテーマが主となるケースもある．いずれの場合もさまざまな項目で対象と対話し検討を重ねる中で，徐々にこうしたいという設計者としての意志の中核が生まれ，それが推進力となって設計全体のテーマが収斂し，まとめられていく．

獅子ワールド館ではさまざまな作業の中から次の3つの意志が設計をリードしていった．

- 獅子舞文化を育んだインド，ネパールから中国，韓国，日本に至る「アジア」を表現する建築でありたい．
- 主空間は博物館的な分類整理型展示場ではなく，収集してきた獅子たちが勢ぞろいして楽しげに舞いを披露し合う空間としたい．
- 豪雪地の丘陵斜面にあるコブ状の小さな平地の敷地に，昔からあったように，建築をフワリと着地させたい．

アジアの表現としては，モンスーン地帯の温暖多雨や森林植生の特徴である「大きく深い庇を持つ単純な形の勾配屋根」を持つ「木造軸組で開放性が高い」建築を選択した．また獅子の頭や胴や蚊帳に描かれている「渦紋」を平面，動線などのモチーフとした．それは渦状に巻き込むように丘陵の斜面を登って入口にアプローチし，前池のまわりを渦状に歩いて建物に入り，渦状のらせん階段を回って2階の主空間に飛びこむ動きとなった．

主空間は勢ぞろいした獅子たちの演舞が見渡せるように，平面は扇型，断面は段状とし，屋根は貝殻状に覆い，奥に東洋風の望楼を設けた．1階は地形を改変せずにすむよう，鉄筋コンクリートで斜面にくいこみ，その2階に扇状の主空間を木造で乗せ，さらに木造で大庇を持つ貝殻状屋根がかぶさる立面，断面計画とした．このことでフワリと地面に舞い降りる姿ができ上がった．また，雁木型のコロネードや屋根雪処理の消

配置図

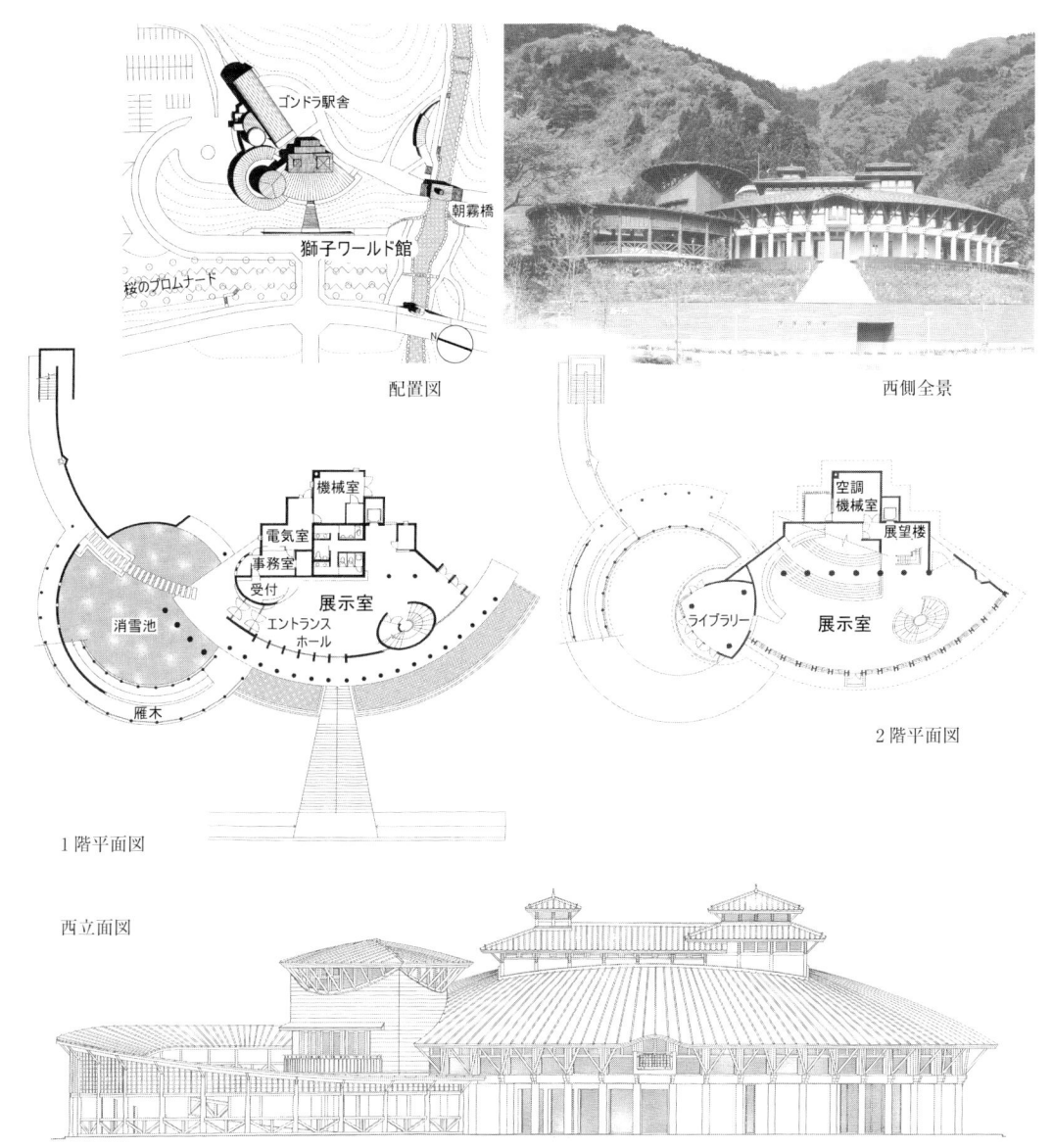

西側全景

1階平面図

2階平面図

西立面図

図 4.19 獅子ワールド館

雪池などの装置空間を用意して，豪雪地としての地域性を表現するとともに，小さな建築だがぐるぐる回ることで，多くの空間や形態を味わいつつ，公園の各施設につながる渦をつくることを意図した．

このように建築の空間や形態は，設計者の中で育まれた意志によって創り出されていくが，それらが竣工して実体として存在し始めると，空間と形態それ自身が自律的に人間や環境に語りかけ，安心，快適，昂揚，拒否，嫌悪などのさまざまな感応をひき出していく．したがって，建築が及ぼす力を常に検証しながら決定を行うことが設計者の社会に対する大切な責務である．

(4) 実施設計

実施設計は，基本設計の内容が施工できるように設計図書を作成し，工事許認可をとり，契約し，着工にこぎつけるまでの作業である．企画から設計監理に至る業務全体は多彩な人材の参加と時間を必要とするが，なかでも実施設計は最も労力と時間をかける力仕事である．実務的には意匠，構造，設備，外構，運営などの各パートナーとの協働作業を通じて秩序ある全体構成を築き，技術やコストの裏づけをしながら細部

まで決定して設計図書を作成していく．また，建築が発散するさまざまな感覚（空間展開，明暗の変化，プロポーション，材質感，色彩など）を具体的に決定していくのも実施設計である．

獅子ワールド館外観はアジアの風景につながりながら，しかも立地する緑の丘陵に昔からあったかのように佇ませたく，屋根は緑青色の金属板扇状葺きに，外壁は濃茶着色の地場杉下見板貼と肌色の硅藻土塗壁にした．こうした材質や比例や色彩などの決定は感覚的であるがゆえに，人によって異なる答が出てくるのが普通である．実はこうした主観に基づく個人差のある決定は，実施設計だけではなく，企画や計画段階での価値観や，基本設計での美意識を発揮する場面にも出てくる．建築の計画－設計における判断は，唯一の絶対解があるのではなく，いくつもの解がありうる点は重要である．このことは意図や内容が同じ設計競技において，応募者の数だけ異なる案が出てくるのにも表れている．ただし解はすべてが正解で対等なわけではなく，最優秀案が決められるように価値観や美意識や構成力において相対的な評価はできるのである．

(5) 竣工後

獅子たちが賑やかに勢ぞろいした主空間，池や回廊のある渦巻状の外部空間，山腹に静かに舞い降りた外観など，竣工後の獅子ワールド館の内部と外部はいずれも強い存在感を発散させ獅子の館を表現している．しかし，開館後5年，ソフト面での懸念が見え始めた．それは獅子舞文化の調査・収集の活動がストップし，展示内容もほぼ固定したままなので，やがて陳腐停滞化していくというテーマミュージアムが陥りがちな傾向への懸念である．そのためにも専従の意欲ある学芸員を育て，イベントや収集や展示の新企画立案と事業化を推進しなくてはならない．設計者は企画段階からかかわってきた責任の一端として，このような提言を繰り返し行い，応援すべきなのである．

●金沢市民芸術村

建築の計画や設計は，新築だけではなく，増改築や保存・再生・再利用などでも行われる．保存・再利用の一例として「金沢市民芸術村」を取り上げ，計画から設計までのプロセスを考察する．

(1) 企画

ある建築を保存・修復し，再生・再利用しようとする契機はさまざまである．一般的に次の3種類が存在する．

・意匠的，技術的にすぐれた建造物で，創建された時代の様相を伝えるという文化財的価値の保存．
・市民に親しまれ，愛されてきたがゆえに，取り壊すのは惜しく，今後も存続させていきたいという，地域アイデンティティ的愛着観からの保存．
・まだ十分使えるのに解体処分されるのはもったいないという，反スクラップアンドビルド的価値観からの保存．

保存した建造物をどのように修復し利用していくかも多様だが，主として保存の契機に対応して次の3種がある．

・文化財指定を受け厳格に保存される．変更が自由にできないので，もとの用途の継続であったり，博物館や見学施設への転用が多い．
・建物の外観や主空間は保存されてイメージは残るが，飲食店や物販店，あるいは集会所や会館として利用しやすいように改装される．
・使い回しの再利用が主なので，ときにはイメージチェンジするほどの大きな改築が行われる．

これらの保存や再利用は，地球環境，サスティナブルな社会，アイデンティティの構築，文化伝承などの社会的傾向に合わせて今後増えていくであろうし，また保存や再利用の技術や知恵も蓄積されることで，可能性は拡がり内容も多様化していくであろう．いまやこうした保存・再利用は建築に携わる者の重要な役割なのである．

金沢市民芸術村の物語は市が購入した紡績工場跡地の一隅に残っていた解体寸前の倉庫を市長が見つけ，惜しい空間なので何かに利用できないかと解体ストップをかけたことから始まった．日本産業の一時代を担った紡績工場が使命を終えた後，倉敷の「アイビースクエア」や福岡の「キャナルシティ博多」のように建物の再利用や跡地開発で都市の活性化に貢献しているのに類している．

倉庫は大きさも高さも，屋根の形状も，建設年代（大正～昭和初期）もそれぞれ異なる6棟が一直線に並んでいた．いずれも文化財にはほど遠く，外観も汚れていたが，倉庫特有の高い天井で窓が少ないガランとした空間であり，美しい木造架構が林立する魅力的なインテリアを持っていた．

市はただちに倉庫群を保存・再利用すべきと決断し，アート系の利用を検討するために，演劇，音楽，

図 4.20 改装前の倉庫（左）と改装後の市民芸術村（右）

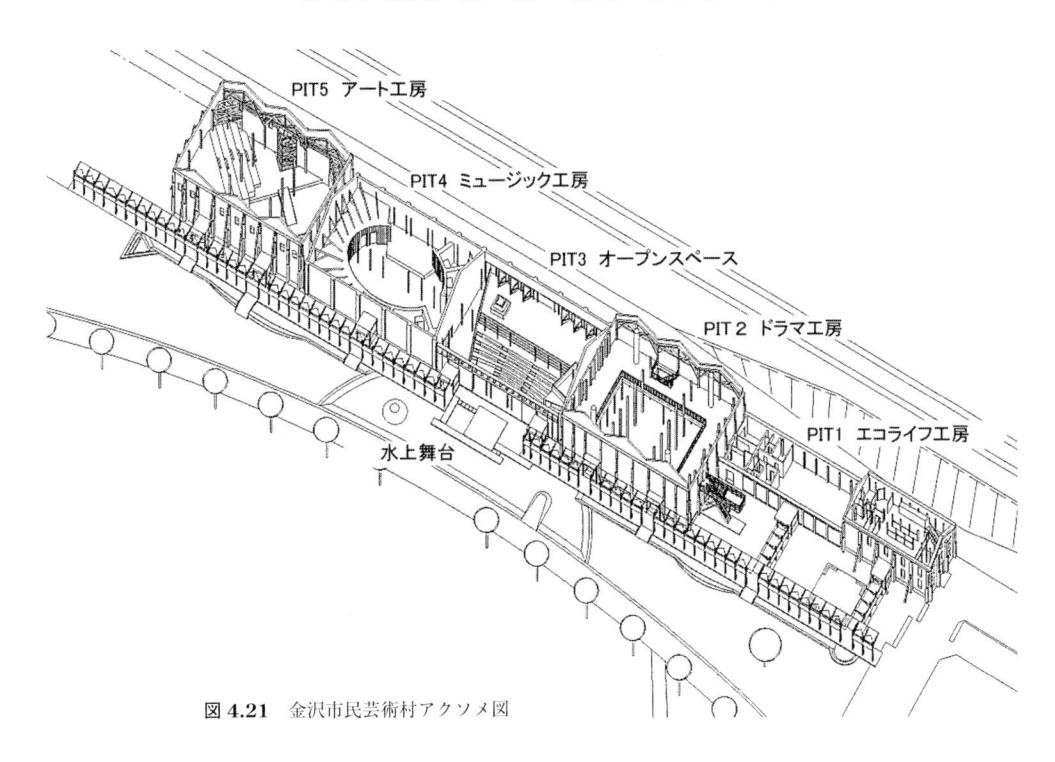

図 4.21 金沢市民芸術村アクソメ図

美術，文学，土木，建築の有職者による委員会が設置された．一般にこのような新型式の企画を立ち上げようとする場合，内容を検討するための委員会が置かれることが多い．委員会は倉庫群をいくつかの利用方法の中から，従来の美術館や文化ホールのような評価の定まったフォーマルな芸術発表の場ではなく，生まれ出んとするインフォーマルな芸術活動の場と位置づけ，アマチュアや若者の創造活動を支援する案に絞り込んでいった．高校や大学にある芸術系のクラブはキャンパス内の施設で練習や発表をしているのだが，金沢市民が持つ数多くのクラブは，練習，研修，発表の場には大変苦労している．芸術村はそれに応えて利用の中心を市民のアート系のクラブ活動の場と位置づけたのである．

具体的には，ドラマ，ミュージック，アート，エコロジーの4分野を対象とした．委員会はその4分野の運営やプログラムづくりを民間ディレクターに任せ，施設管理は利用者自主管理とし，365日24時間オープンで使用上の規制なし，しかも低料金という画期的な案を提案した．理想的すぎるのではという意見があ

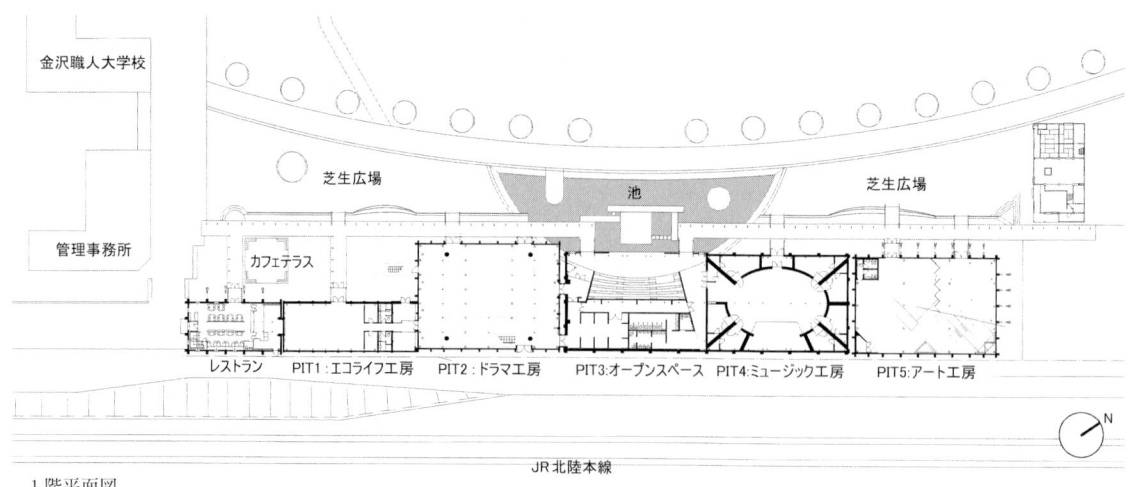

4. デザイン計画を進めるために——建築計画の方法——

1階平面図

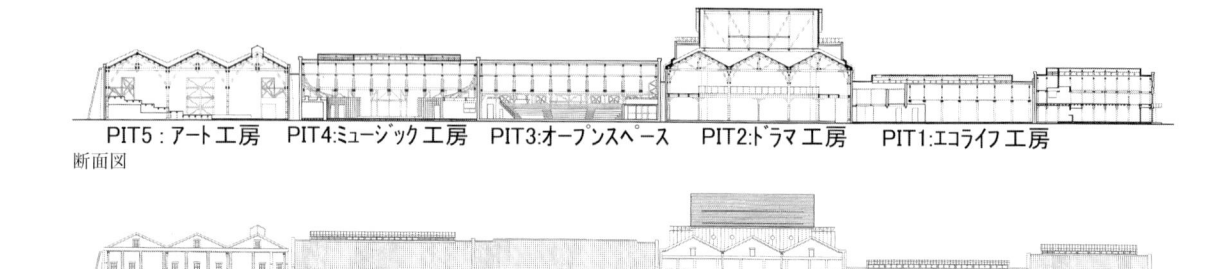

断面図

立面図

図 4.22

ったほどの提案であったが，市はこの提案を修正なしに認めた．その背景には文化支援にお金は出すが，口は出さないと決めていた市側の姿勢によるところが大きいが，そのほかに倉庫の再利用という管理の面でおおらかになれる要素が関係者の心を開かせ，自由な利用を高めたことも見逃せない．これは保存・再利用が持つ大きな価値である．オープンしてわかったのだがドラマ工房で次々と練習・公演をしたアマチュア劇団は 40 を超えていた．会社勤めや下校後の活動を主とするそれらのクラブにとって，夜間利用や最も活動密度の濃い休日の利用ができる年中無休は有効な方針であった．

(2) 基本計画

建築保存計画の最初の作業は，多くの場合対象建築の図面や書類がないことから，設計者による意匠，構造，設備の現況図書作成である．それが終わると建築として継続使用していくための性能確保が課題となる．6棟の倉庫群に関しても，平面，立面，断面の測量を行って現況図を作成し，耐震性や部材強度のための計算とサンプル調査，設備配管の種類，位置，容量の調査を行った．その結果，床や屋根を支える構造はすべて木造，外周の防火壁は3棟がレンガ造，残り3棟が鉄筋コンクリート造であり，いずれもいまの耐震基準からは全く脆弱な帳壁であった．設備はすべて使用に耐えず，新設を必要としていた．また木造であるために，不特定多数者の利用を可能にする消防法上の安全確保と一直線の倉庫群と平行して走る JR 線の騒音侵入対策が課題となった．

倉庫群が建造物として利用可能と判断された後，企画委員会における基本計画の中心作業は芸術村としての活動ソフトを6棟の倉庫群にどのように入れ込むかであった．各倉庫の位置やサイズと行われる活動の内容と量から判断し，レストラン，エコ工房，ドラマ工房，オープンスペース，ミュージック工房，アート工房と割り振られた．6棟が個別に建っていることは，それぞれが独立して自由に使える点で好都合であっ

外　観 　　　　　　　　　　　　　　　PIT 3 オープンスペース

PIT 2 ドラマ工房 　　　　　　　　　　PIT 5 アート工房

図 4.23

た．そのバラバラな 6 棟を結びつけるためにコロネードを置き，中央の倉庫をオープンスペースに位置づけ，休憩や待合の共用ラウンジ機能を与えた．

(3) 基本設計

設計者は各段階でさまざまなジャンルの人々と共同作業しながら建築をまとめ上げる役割を担っている．そこではアイデアを出し，お互いを高め合うことが最も大切である．市民芸術村の場合は企画から基本計画までは委員会との共同作業であった．そして次の基本設計の段階ではじめて利用者である各工房の市民ディレクターの打ち合わせが持たれるようになった．設計者としては倉庫のガランとした，しかも柱が均等スパンに配された空間を，一般的な劇場，音楽ホール，ギャラリーにつくり変えることは至難であると判断していた．驚くことに各工房のディレクターにとっても木造架構が美しく，天井の高い窓の少ない美しい空間が最初にありきであって，しかもその空間が気に入っていたので，建築計画各論にあるような一般型でなくてもよいという方向を容易に打ち出してくれた．そこから作業はトントン拍子で進んでいった．これも保存・再利用というプログラムの反映である．

ドラマ工房では吊物，照明，音響，空調などの設備さえ整えば，空間は現状の倉庫のままでよいとなった．舞台も観客席も舞台裏も幕も定めないワンルームであり，新築の劇場であったら到底認められぬ全体構成，動線処理，舞台機構である．実際の公演では演劇人が自分の芝居に合わせて舞台や客席の配置を決め，自ら舞台をセットし，客席いすを並べ，幕を張り，照明や音響を設置し操作するのである．1 つのドラマ工房空間なのに 10 を超える異なる劇場に仕立て上げてしまう演劇人の空間発想と，手仕事で空間構築していくエネルギーに感心するばかりであった．

ミュージック工房では練習個室群が合奏室を囲む一般にはありえないようなプランが認められたし，消し切れなかった JR 鉄道の騒音も大きな問題にならなかった．それよりも空間が持つ雰囲気と適度な吸音性を評価していたのがうれしかった．

アート工房では 1/3 の面積を占める収納倉庫が空間

を分断しないように，階段状のギャラリー空間をつくり，その下に倉庫を納めた．床は平面で四角の白い箱がよいという美術展示室の一般解とは異なる立体的な空間となったが，美しい木造小屋組に近づいていく階段状の展示室は展示方法や作品創造に新しい刺激を与えてくれると評価された．

オープンスペースもアート工房同様に，階段状の床をつくり，その下にトイレと倉庫を納め，上は小屋組に近づく観客席となるなど，立体的で多目的に使える空間を目指した．

このように愛すべき空間を持つ建築の保存・再利用では，その空間を楽しむことを損なわないように計画することがまず第一であり，次に使い勝手への配慮がくる．それでも十分に機能するばかりか，新築以上の成果も期待できるのである．このような例は町屋修復のレストランとか，土蔵のブティック，レンガ建築を再利用したホテルなど数多く見られる．すなわち，保存・再利用は空間がもともと持っている力をあらためて確認する機会を与えてくれるのである．

(4) 実施設計

保存・再利用における実施設計は，建築としての強度や性能を確保するための補修，補強と，新しい用途に合わせた増改築の2面で行われる．金沢市民芸術村における主な作業は次のとおりであった．

- 全棟の壁面と木軸に耐震補強を必要としたので，各棟の計画に合わせてトラス，H鋼，鋼管，RCなどを用いた補強をそれぞれに選択していった．
- 木造架構は現状保存を主針としたので観客席や舞台の位置にも柱が残った．床の杉厚板，天井の杉板貼，内壁に架けられた防湿用の半割丸太の格子なども現状保存としたので倉庫空間の原型はそのまま残った．
- レンガ外壁の3棟は施してあった仕上げモルタルを剥がしてレンガを表出させ，鉄筋コンクリートの3棟はレンガタイルを貼り，全体としてレンガ造の表情とした．
- 電力，上下水，照明，音響，空調などの設備は，既存空間を損なわないよう可能な限りめだたない配慮をした．
- 雪国の雁木がヒントのコロネードはシンプルなデザインの亜鉛メッキ鋼材とし，レンガや黒瓦などの外観素材との対立的調和を意図した．
- もとの紡績工場にあった井戸の1本を利用して池をつくり，コロネードの屋根の融雪池としたり，オープンスペース前の水上舞台とした．

これらの作業をしながら最も注意を払ったのはプロポーションを整えることであった．既存建築が持っているよいプロポーションは残し，よくない箇所は新しいエレメントを加えて補正した．新しく付加する部分は保存部分と楽しく対話できるように，位置，寸法，素材，色などに注意を払った．これは保存の建物をつくってきた昔の人々と現代のわれわれとの楽しいコラボレーションである．

(5) 竣工後

オープン後，金沢市民芸術村は質の高い利用率と文化創造が得られていることで建築分野のみならず，市民文化，市民参加，資源循環，公共施設運営，行政施策など多方面に大きな反響をもたらした．その中で最も大きいのは文化創造に市民の自由を認めた場を提供したことであろう．この文化創造の自由場は21世紀の成熟社会，定住社会，市民参加，経済や生活の文化化の傾向などと適合している点で共鳴されている．

竣工後，5年を経ていくつかの変更が起きてきた．一つは金沢市東部中山間の農家を移築し「里山の家」と名づけ，書道，生花，和歌，俳句などのクラブ活動や演劇の本読みの場をつくった．二つめはエコライフ工房が活動をさらに拡げるために，別の敷地に移転したので，その部屋をダンス練習やミーティングなどの多目的室に変更した．三つめは，映像，電子音楽，光，コラボレーションなど，新しい創造の実験場の要求が高まり「パフォーミングスクエア」が新設されることとなった．これらの変化は芸術村の活動が活発化した結果の成長である．また，市民芸術村に隣接して，「職人大学校」という大工，左官，建具，板金，畳，瓦，表具，造園，石工の建築関係9職の技術伝承学校が立地した．キャンパスにおけるこうした成長，縮小，新規加入などの変化はあらゆる施設で常に発生することであり，設計者は変化に対し，直接，間接にかかわりながらあるべき姿を提案していく必要がある．

金沢市民芸術村は，企画から設計，そして運営に至る各段階で積み上げられてきたさまざまな計画が1つに実った成果である．その過程で設計者には，建築に携わるプロフェッショナルな立場と，参加する一市民としての立場が期待されていた．今後21世紀の建築や環境が創られるシーンでは，設計者はいつもこのような両面での役割を実際的に演じることになると思われる．

●計画に関するいろいろな量●

(1) 各部寸法と形の原理：階段，出入口，手すり

人の動きの場にある建築要素は，動きやすさや安全などを配慮した寸法計画を行う．

階段では，上下の動きがスムーズに行われるように，踏面と蹴上げの寸法とその関係には注意する．また，踏面を蹴込み面から少々内側に送るディテールも特殊である．

出入口では，通行する人間の数と通行の意味を考慮して寸法を計画する．玄関のような象徴性を持つ出入口では，規模を大きくし装飾を持つディテールが使われる．避難などの動きの容量が重要な場合には，予想される避難人数に対応する安全な寸法計画を行う．

手すりは転落を防ぐ安全な計画が必要だが，利用者の条件を考慮して手すり子の形態と寸法に注意し，適切なディテールを計画する．

(2) 見え方の寸法：ディテールの識別

人間の視力は，最小の視細胞の規模に応じる．すなわち，手を伸ばし親指の爪の大きさが寸法や面積の弁別の閾値であるといわれる．建築の材料や目地などの寸法計画で，材料の単位を識別できるようにするためには，人間の観察点と伸ばした手の先端の爪を結ぶ立体角を超えるように，寸法や面積計画を行う．これより小さいものは，識別されない．ただし，人間が他の人間の表情などを識別する場合には，たとえば笑っているかどうかの識別では，目や口の表情の大きさが爪の立体角を下回っても，推理できるという．したがって，人間に関する識別は，E.ホールのプロクセミクスの実験的な研究の成果を参考にするとよい．

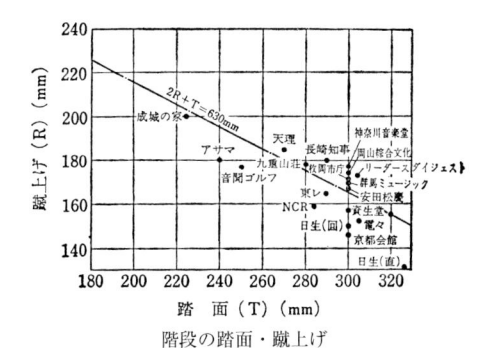

階段の踏面・蹴上げ
(足立光章ほか：ビルディングエレメントの詳細，彰国社，1967)

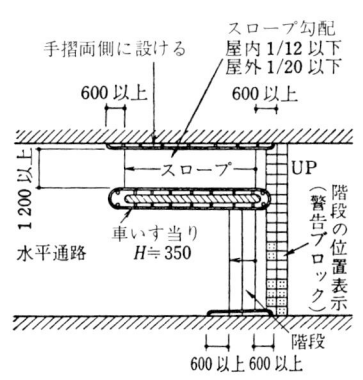

＊スロープの勾配が基準値を超えざるをえない場合，階段を併設する．

スロープ・階段の併置
(佐藤平ほか：社会福祉への建築計画，オーム社，1978)

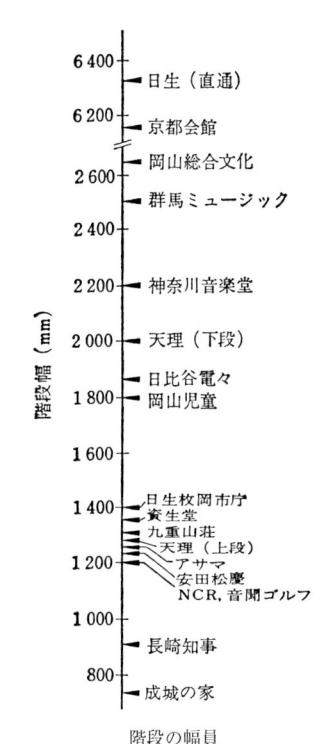

階段の幅員
(足立光章ほか：ビルディングエレメントの詳細，彰国社，1967)

図1 階段の寸法

●計画に関するいろいろな量●

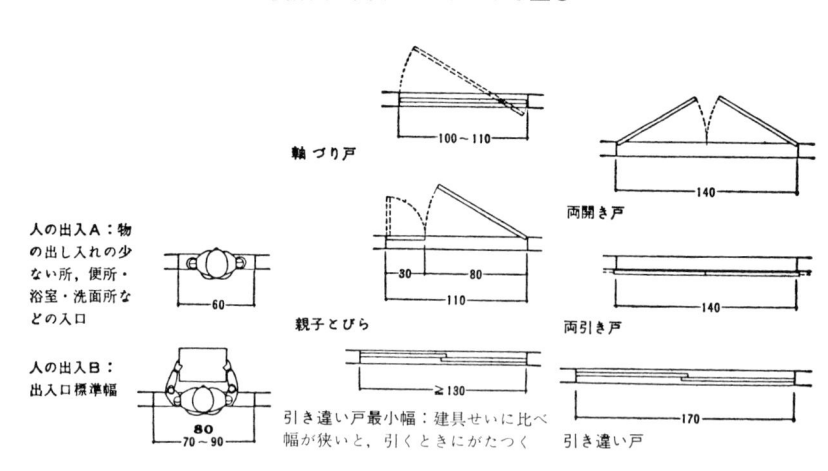

図2 出入口の寸法（日本建築学会編：建築設計資料集成 1，丸善，1966）

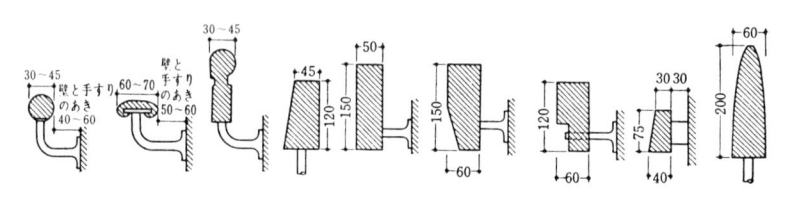

図3 笠木のタイプ（佐藤平ほか：社会福祉への建築計画，オーム社，1978）

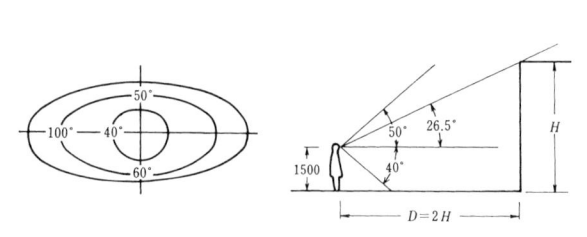

視野の広さ

図4 視覚の特性

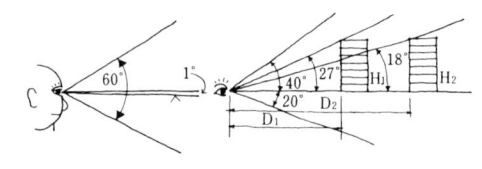

建物と視界の関係
建物の高さ（H_1）の2倍の距離（D_1）をとってみると，建物を全体として見ることができる．その仰角（θ_1）は $\tan\theta_1=1/2$，$\theta_1=27°$，一群の建築として見るときは，$D_2=3H_2$，すなわち $\tan\theta_2=1/3$，$\theta_2=18°$ となる．

図5 プロクセミクスの知覚における遠距離と近接受容器の相互作用を示す表
（エドワード・ホール著，日高敏隆・佐藤信行訳：かくれた次元，みすず書房，1970）

4. デザイン計画を進めるために——建築計画の方法——

●計画に関するいろいろな量●

(3) 閉鎖感の指標：D/H の意味

上部が抜けている外部空間で，周辺を建築や独立した壁が囲んでいるとき，人は囲まれていると感じる．これを閉鎖感，難しくいえば囲繞感というが，その感覚の強さは，囲まれ方の違いや外部空間の大きさなどによって定まるといわれる．壁の材料や色彩などの性質も影響を与えるであろうが，概略は D/H（デーバイエイチ，外部空間の幅 D を壁の高さ H で割った値）で定まるといわれる．

(4) 構造計画と柱・梁の寸法

構造形式を定める場合，建物の軒高（高さ）や柱間（スパン）の規模と重要な関係がある．小規模な建物は伝統的な木構造が多く用いられ，屋内体育館のような大スパンの建物では，空気幕構造，超高層建築では鉄骨ラーメン構造が用いられる．

次に，最も一般的に用いられていると考えられている鉄筋コンクリート構造の構造躯体の寸法については，スパン割では短辺6m，長辺6〜7m程度が多い．その際の階数と梁せい・柱断面については，地上階当たりでは梁せいは，長辺スパンの $1/10〜1/7$，柱断面はスパンで囲まれた面積の $1/60〜1/50$ ぐらいが多く，最上階では梁せいは長辺スパンの $1/13〜1/10$，柱断面は同じくスパンに囲まれた面積の $1/140〜1/100$ 程度が多いといわれる．

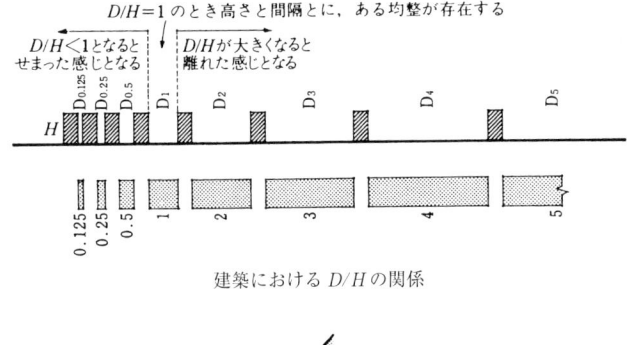

建築における D/H の関係

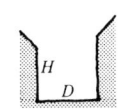

$D/H≒0.5$ 中世の都市
$D/H≒1$ ルネサンス時代の都市
$D/H≒2$ バロック時代の都市

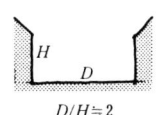

イタリアの街並みの D/H

図6 D/H とその意味（芦原義信：街並の美学，岩波書店，1979）

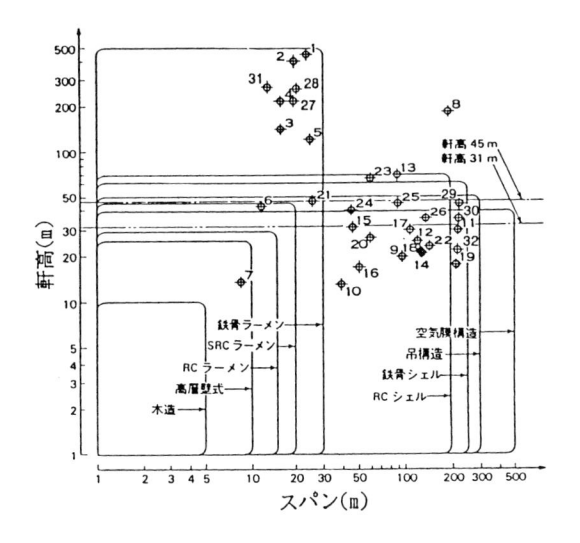

1：シアーズタワー，2：ワールドトレードセンター，3：霞が関ビル，4：サンシャイン60，5：ピレリービル，6：香川県庁舎，7：公団8階壁式アパート，8：ジェファーソンメモリアル，9：トリノ展示場，10：ユネスコ会議場，11：SIA格納庫，12：晴海国際貿易センター，13：ミネアポリス連邦銀行，14：国立屋内総合運動場，15：EXPO 70富士グループ館，16：ダレス空港ターミナルビル，17：EXPO 70お祭広場大屋根，18：オークランド体育館，19：ポンティアックスタジアム，20：ローマ小スポーツパレス，21：東大寺大仏殿，22：EXPOアメリカ館，23：シドニーオペラハウス，24：ポンピドーセンター，25：神慈秀明会教祖殿，26：クリスタルカテドラル，27：新宿三井ビル，28：東京都庁第一本庁舎，29：キングドーム，30：プロスペクトル・ミーラ室内総合スタジアム，31：横浜ランドマークタワー，32：東京ドーム

図7 スパン・軸高で決まる構造形式（柏原士郎，橘 英三郎：建築デザインと構造計画，朝倉書店，1994）

●計画に関するいろいろな量●

(5) 密度・容積率の実態と法律

建築を，面積などの大きさで測るとき，建築の大きさは平面——2次元の大きさでとらえられる．建築を立体の大きさ（容積）でとらえる場合は，建築を3次元で測ることになる．建築が大きくなると，人間は密度が高くなったと感じる．これは，建築の高さが増えてくるときにも感じる．街で，建築の群が圧迫感を与える場合，それは建築の棟数や住宅数が多く，全体として建築の大きさや高さが，極端になっていることを感じているからである．

私たちが暮らしている街や住まいは，快適で居住性がよいことが求められる．街や住まいを作る建築技術者は，圧迫感，密度感などを和らげ適切な大きさや容積に建築を作ってきた．2次元の建築の大きさの制限は建坪率により，3次元の大きさの制限は，容積率によっている．

まず，実態は，図8のような戸数密度，人口密度や容積率になっている．これは，住宅の形式によって，建築数や延べ床面積などが変化するからである．住宅で考えると，隣地の住宅や隣戸との関係は，視線や音のプライバシー，日照・採光の確保などの建築設計条件で調整されて設計されるので，こうした数値になっている．

次に，建築基準法などの法律による制限であるが，適切な住宅地や他の都市の用地について，その環境条件を確保するために，建築基準法で，土地利用ごとに建坪率と容積率の上限を定めている．

土地利用は，その土地の用途によって分類され，都市が秩序ある土地利用に基づいて成長変化するように考慮されている．戸建て住宅などの土地利用である，たとえば，第一種低層住居専用地域では，最も低い建坪率と容積率の値により，高密度な開発を抑制している．

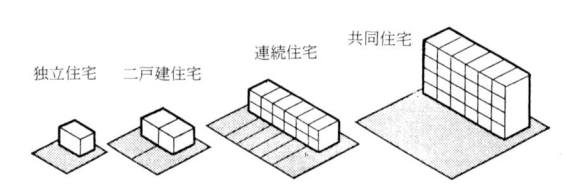

集合住宅の形式（集合の程度による分類）

住棟形式		戸数密度（戸/ha）	人口密度（人/ha）	容積率（％）
低層	独立住宅	15〜 40	60〜 150	15〜 35
	連続住宅	60〜 80	200〜 300	35〜 50
中層	共同住宅	80〜150	250〜 500	40〜 80
高層	片廊下型など	100〜200	350〜 600	60〜130
	中廊下型・集中型など	200〜300	600〜1,000	130〜200

注）密度を表すのに，ネット密度とグロス密度の2つの表示法がある．ネット密度とは住宅用地のみに対する密度で，通常，住宅そのものの建設用地のほか，住宅地内の庭園・幼児遊園・細街路などを含む土地面積を分母とする．グロス密度とは地区全体に対する密度で，上記住宅用地のほか，学校・公園・幹線街路などを含む地区面積を分母とする．したがって，同一対象をはかる場合，グロス密度の値はネット密度の値より小さくなる．

図8 住宅形態と密度

4. デザイン計画を進めるために——建築計画の方法——

●計画に関するいろいろな量●

$$建ぺい率 = \frac{建築面積の合計}{敷地面積}(\times 100\%)$$

用途地域	建ぺい率の限度
第一種低層住居専用地域 第二種低層住居専用地域 第一種中高層住居専用地域 第二種中高層住居専用地域	3/10, 4/10, 5/10, 6/10のうち都市計画で定められたもの
第一種住居地域 第二種住居地域 準住居地域	6/10
近隣商業地域 商業地域	8/10
準工業地域 工業地域	6/10
工業専用地域	3/10, 4/10, 5/10, 6/10のうち都市計画で定められたもの
都市計画区域内で用途地域の指定のない区域	7/10（特定行政庁が指定する区域内では5/10又は6/10とする．このほか開発許可によって条件が付けられることがある．）

図9 都市計画と用途（建築基準法）（建築学会：建築法規教材，2001）

$$容積率 = \frac{延べ面積の合計}{敷地面積}(\times 100\%)$$

都市計画による容積率の制限（法52条1項）

用途地域	容積率の限度
第一種低層住居専用地域 第二種低層住居専用地域	5/10, 6/10, 8/10, 10/10, 15/10, 20/10のうち都市計画で定められたもの
第一種中高層住居専用地域 第二種中高層住居専用地域	10/10, 15/10, 20/10, 30/10のうち都市計画で定められたもの
第一種住居地域 第二種住居地域 準住居地域 近隣商業地域 準工業地域 工業地域 工業専用地域	20/10, 30/10, 40/10のうち都市計画で定められたもの
商業地域	20/10, 30/10, 40/10, 50/10, 60/10, 70/10, 80/10, 90/10, 100/10のうち都市計画で定められたもの
都市計画区域内で用途地域の指定のない区域	40/10（特定行政庁が指定する区域内では10/10, 20/10又は30/10とする．この他開発許可によって条件が付けられることがある．）

前面道路の幅員による容積率の制限（法52条1項）
　前面道路の幅員
　　（最大のもの，12 m 未満）×係数（4/10又は6/10）

用途地域	係数
第一種低層住居専用地域，第二種低層住居専用地域，第一種中高層住居専用地域，第二種中高層住居専用地域，第一種住居地域，第二種住居地域，準住居地域	4/10
その他の区域	6/10

・**容積率による延べ面積の制限**
容積率の制限は，次の2つの限度のうち，厳しい方の限度によるものとする．

容積率の限度 ① 都市計画又は建築基準法で定める限度
　　　　　　② 前面道路の幅員が12 m 未満である場合，幅員により定まる限度（その前面道路が特定道路に接続する場合の緩和措置がある）

図10 容積率の定義（建築学会：建築法規教材，2001）

●計画に関するいろいろな量●

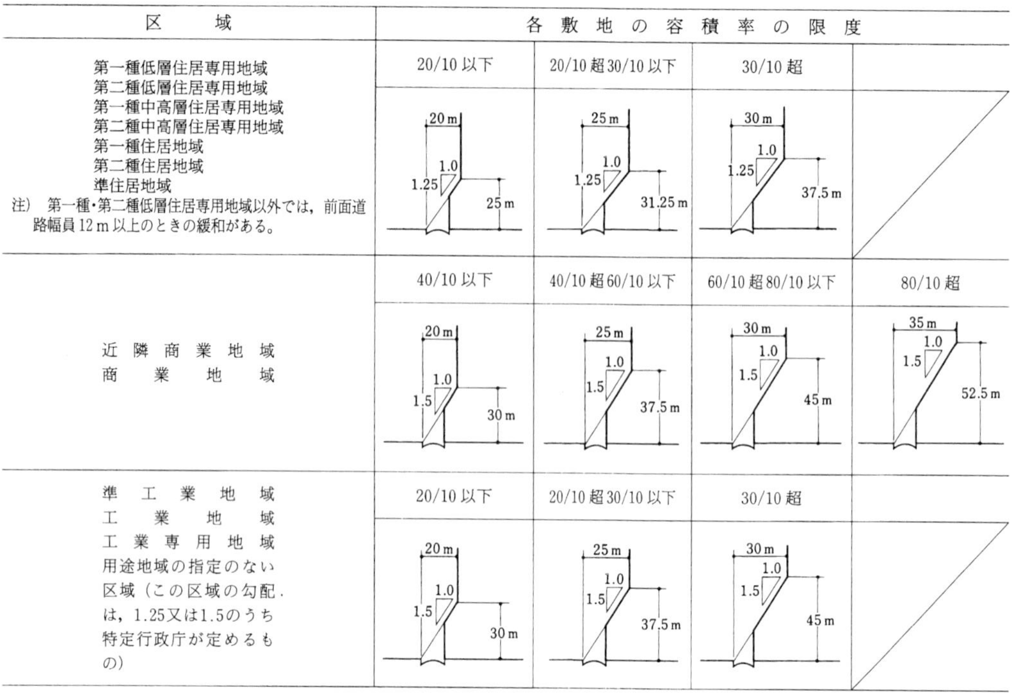

区　域	各　敷　地　の　容　積　率　の　限　度			
第一種低層住居専用地域 第二種低層住居専用地域 第一種中高層住居専用地域 第二種中高層住居専用地域 第一種住居地域 第二種住居地域 準住居地域 注）第一種・第二種低層住居専用地域以外では，前面道路幅員12m以上のときの緩和がある。	20/10 以下 20m, 1.0, 1.25, 25m	20/10 超 30/10 以下 25m, 1.0, 1.25, 31.25m	30/10 超 30m, 1.0, 1.25, 37.5m	
近　隣　商　業　地　域 商　業　地　域	40/10 以下 20m, 1.0, 1.5, 30m	40/10 超 60/10 以下 25m, 1.0, 1.5, 37.5m	60/10 超 80/10 以下 30m, 1.0, 1.5, 45m	80/10 超 35m, 1.0, 1.5, 52.5m
準　工　業　地　域 工　業　地　域 工　業　専　用　地　域 用途地域の指定のない区域（この区域の勾配は，1.25又は1.5のうち特定行政庁が定めるもの）	20/10 以下 20m, 1.0, 1.5, 30m	20/10 超 30/10 以下 25m, 1.0, 1.5, 37.5m	30/10 超 30m, 1.0, 1.5, 45m	

図 11　前面道路による斜線制限（特例除く）

5. 住まいと環境

5.1 住まいの建築論

a. 住まいと暮らしと環境

住まいはこれを必要とする「人」すなわち「生活」とこれらを取り巻く「環境」とによって成り立っている．

あなたは，あなたの暮らしを通して，住まいをつくり，空間に要求する．もし，その住まい・空間があなたの要求に合っていれば，あなたには快適な生活が確保される．住まいが要求に合っていなければ，住まいや空間をつくりかえるか，暮らし方を変えることになる．ここには次のような関係が成り立っている．すな

トルコ・カッパドキアの土の家（左）と同内部（上）

バリ島の分棟式の住まい
(野外民族博物館リトルワールド)

インドネシアの舟形の住まい
(野外民族博物館リトルワールド)

図 5.1 バナキュラー住居の事例

わち，人々の「住要求」と住まい・空間の持つ「機能」を知り，それにふさわしい住まいをつくることが建築家の仕事といえる．

$$\text{人＝生活} \xrightarrow[\text{機能}]{\text{要求}} \text{住まい・空間}$$

しかし，どんなにお金があってもどんな住まいでもつくれるわけではない．私たちの暮らしや住まいは，環境や社会に依存して成り立っているからである．

未開社会を含めて，現在世界の各地に見られるさまざまな初源的住まい（その土地の材料・資源と技術を用いてつくられた住まい）のことを「バナキュラー住居」と呼ぶが，世界には実にさまざまなバナキュラーな住まいが見られる．それは，環境すなわち，その土地でとれる材料・資源が多彩であるからであり，加えてその環境に既定される人々の生活，すなわち住要求が多様であるからである．いま，「環境」という言葉の意味を自然環境と社会環境（集団としての人間生活を組み立てているさまざまな社会的システム，規範，習慣，条件など）とに分けて見るとき，自然環境ばかりでなく，社会環境もまたバナキュラーな住まいの多彩さに深くかかわっているのである．

住まいの建築材料としては，木や石のほか，土，布・皮，雪，灌木などさまざまであり，土を利用したトルコ・カッパドキアの家，中国のヤオトン，布・皮を使ったモンゴルのパオ，雪を利用したエスキモーの「かまくら」のような住まいも見られる．

一方，インドネシア・中国の住まいでは，屋根が反り返っていたり，極彩色に塗り分けられていたりする．また，バリ島の住まいでは，敷地の中にいくつかの棟が建てられ（これを分棟式という），それぞれの役割と世界観を表す意味が込められていたりする．自然環境は私たちに建築材料を提供してくれるが，この用い方は私たちの社会の対応・社会環境によって異なっており，その文化（価値観・美意識など）がかたちの意味を決めるという仕事をしている．

社会環境をわが国の現代社会に即して見てみるならば，日本という社会の政治・経済・社会制度，住んでいる地域やまちの歴史・文化・ストック（これまで蓄積されてきた資産・社会資本），周囲の街並み・景観・隣人・コミュニティなどが存在している．私たちは，この社会環境の中で毎日を暮らし，子供を育て，エネルギーを消費し，廃棄物を出して生活しているの

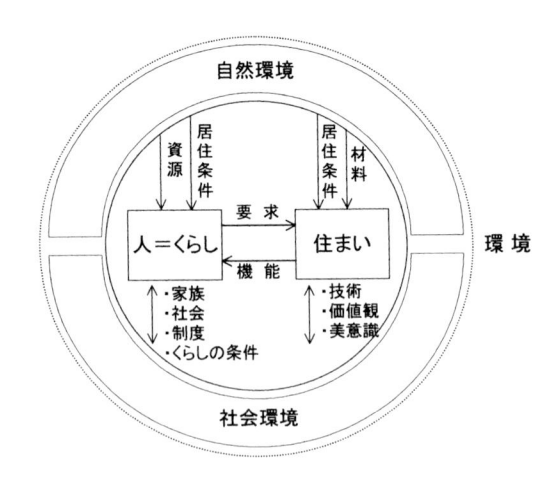

図 5.2 環境と住まいの関係概念図

である．このすべてもまた環境であり，社会や自然に対してどう折り合って暮らすのか（「住みあうのか」）ということも問題となる．

私たちは，住まいと暮らしと環境のこのような関係をふまえて住まいのあり方を考えていかねばならない．

b. 住要求と住まいの発展・変容

人は環境に依存しつつも，よりよい暮らし，住まいをつくりたいがゆえに，自らの工夫・英知をもって環境や住まいを変えていく．住まいをよりよくしようとする欲求を「住要求」と呼ぶなら，この住要求の変化・発展こそが，住まいの歴史・発展の原動力となってきたといえるだろう．

では，どのような住要求があるのだろう．大きく分ければ，①暮らしやすさの要求，②造りやすさの要求，③美しさ・象徴性の要求，の３つの要求があるだろう．

第一の「暮らしやすさの要求」は，住まいの基本的な要件ともいえるものであり，さらに分ければ，①-1 安全性（シェルターとしての機能），①-2 住みごこち（快適性），①-3 使いやすさ（利便性）の３つの側面がある．安全であることは当然のことであり，とりわけ，地震，火事，台風などの災害に強い住まいが望まれる．昔から暑い夏と寒い冬への対応に苦慮してきたし，現代では音・光・熱・空気などの室内環境の調和・調整による快適環境が追求されている．利便性もまた基本的要求であり，便利で使いやすい，また動きやすい住まいが求められるとともに，その土地や社会

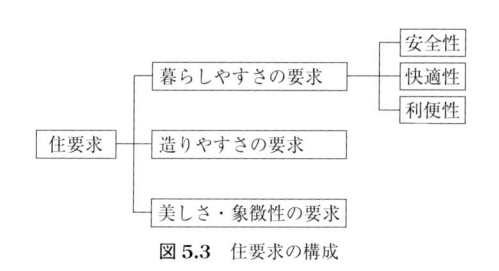

```
住要求 ─┬─ 暮らしやすさの要求 ─┬─ 安全性
        │                      ├─ 快適性
        │                      └─ 利便性
        ├─ 造りやすさの要求
        └─ 美しさ・象徴性の要求
```

図 5.3 住要求の構成

の生産システムや祭り・行事などの社会生活への対応ということもまた求められる．これらの要求の発展・変容が住まい変容の要因の一つになってきたといえるだろう．

第二にあげた「造りやすさの要求」は，技術力が乏しい段階では特に重要で，簡単に造れることは非常に重要なことであった．工業化と建設技術が発達した現代では，それほど重要性を持たないように見えるが実はそうではなく，これは「経済性」ということに置き換えられている．すなわち，同じ機能・性能の住まいをつくるなら，より安く，経済的なものがいいのであり，この意味で経済性は非常に重要な要求となっている．

第三の「美しさ・象徴性の要求」もまた重要な要求である．同じ機能・性能，造りやすさの住まいなら，より美しく自分らしさを出せる住まいが望ましい．事実，昔から王侯貴族・神官・支配者たちは競って自分の富や地位や支配力を表すような住まいを建ててきており，このことが，建築技術の向上を支え，「〜様式」といわれる表現のセットを生み出してきた．もちろん，異なる文化圏の交流・カルチャーショックによって，複数の様式が交じり合い新しい様式を生み出すということもあったが，いつの時代・社会でも，より美しいもの・象徴的なもの（これらをまとめて「立派な」ということもある）が好まれ，この要求もまた住まいのかたちを変え，発展させてきた要因の一つになっている．

c．住まいの計画課題

今度は，あなたが住まいを計画・設計するときにどのようなことを考えなければならないのかという点を考えてみよう．ここで，生活の器としての住まい・空間をつくるという観点に着目すると，次の4点が重要である．これは住要求を計画側からとらえなおし，より具体的に明らかにすることである．

(1) 家族と生活行為（「こと」の計画）

これは最も基本的なことであるが，睡眠と休養，食事，洗面，用便，入浴，だんらん，接客，家庭内外の行事，仕事・趣味・勉強など，住まいでは多くの生活行為が繰り広げられる．しかも，家族のそれぞれがその人なりのライフスタイルで展開するのであるから，その場の確保・設定は非常に重要である．この調整が計画・設計の役割の一つである．

(2) 家族の成長変化への対応（「時間」の計画）

家族は成長変化する．夫婦二人の若い世帯は，やがて子供を産み家族を増やす．その子は，幼い頃は両親とともに寝起きしていてもやがて自分の空間を要求し，個室を求める．子供が結婚し同居する，あるいは年老いた祖父母と同居するとなるとさらに部屋が必要となる．子供が独立し世帯分離すれば今度は部屋が余ってくる．高齢化すれば，階段の上り下りも困難となり，車いす生活の場合には入浴，用便にも困難が生じる．住まいの計画に当たっては，こうした家族の成長変化への対応，すなわち時間の計画も重要である．

(3) 安らぎ・高揚・感動の計画

住まいに求められる機能はほかにもある．それは，その空間で安らぎ，ほっとし，開放感を味わい，ときには気持ちが高揚し感動する，あるいは自分らしさを出したいといった要求への対応である．和室の好きな人，洋室の好きな人，あるいは木のぬくもりを求める人やコンクリートの重量感が好きな人もいる．部屋・空間を計画する際には，機能的なこととともに住まい手の心の要求・動きに対応することが求められる．

(4) 社会・環境との「住みあい」の計画

私たちは，決して一人だけで生きているのではない．社会や環境に依存しているのであって，これらとどう折り合って住むのかということも考えなければならない．「集まって住む」，「開放的（社会・環境に開かれて）に住む」，「環境にやさしく住む」，「地域の伝統や文化に協調的に住む」などさまざまな視点があり，これらを十分ふまえて計画しなければならない．

住まい・空間は上記のような要求の総合形態として存在する．多様な生活行為，将来の変化，そして人々の心の要求に応え，社会や環境と折り合いつつよりよい住まい・空間を提案することが課題である．

しかし，検討の対象が個人なのか，集合住宅など不特定多数を対象とするのかによって，検討内容が少し異なってくる．設計対象が個人の住宅，注文住宅なら

ば，施主の話をよく聞き議論することが重要となる．どんな部屋で睡眠・休養をとりたいのか，どんな形式でだんらんしたいのか，仕事はどこでするか，接客はどうするか．また，家族の成長に対してどう考えるのか，あるいは施主の趣味・感動のしつらえ・空間とはどのようなものか，そしてそれらのプライオリティ（優先順位）は，などなど．こうした施主の要求を明らかにすることによって，空間のイメージが形成され設計条件が固まってくる．

ところが，計画対象が集合住宅・建て売り住宅などの場合には，施主の顔が見えないため，社会全体としての要求あるいは，特定の社会階層・ライフスタイル別の要求を調査分析し，計画条件を検討する必要がある．ここに，社会としての傾向・共通性，型の問題が重要となるのである．

d. 住要求への歴史的対応形態

わが国の住まいは木の住まいであり，竪穴式住居を原型として発展してきた．最初は一部屋の住まいであり，そこですべての住要求を受け入れてきたのに違いない．何千年の長きにわたってこうした住まいで暮らしてきたということは，住要求が単純であったか，うまいシステムを持っていたということかもしれない．

しかし，上流階級では大規模な住まいもつくられるようになり，平安時代には，仏教とともに入ってきた大陸式住居の影響を受けて，「寝殿造」がつくられるようになる．この住まいは，空間に大きな屋根をかけて，内部を簾・布などで仕切って住むという住み方であった．源氏物語の世界である．この時代には，畳は一種のベッドであり，板の間の一部に敷くだけであった．これが部屋全体に敷き詰められるのは，武士の時代である．武士階級は，厳格な身分制度と関連した玄関・式台，「床の間」・座敷，続き間の序列的形式を持つ「書院造」の形式を生み出した．この「書院造」は農民や商人には許されない形式であったが，明治以降身分制度の廃止とともに，農民・庶民階級にも普及し，これを原型とする住まいが広まる．

図5.5は，大正時代に建設されたある農家住宅であるが，ここには，土間と板の間と畳の間そして床の間のある座敷とが併存している．土間は「ニワ」と呼ばれ，農作業，炊事などに使われる．板の間はふだんいろりを囲んで家族が集まる場であり，畳の間は接客や行事のときにしか使わない空間である．古い時代からの3つの床面の形式を持つとともに，それぞれの使い分けを考えて生活しているのがこの住まいの特徴である．

この使い分けには，縦軸（南北軸）としての「オモテ・ウラ（ウチ）」（「ハレとケ」）の秩序，横軸（東西軸）としての「上下」（「軽重」）の秩序という2つのシステムが存在した．すなわち，オモテは接客・行事に利用し，ウラ（ウチ）は日常生活空間に充てる．同じオモテであっても奥まった部屋は「上（重）」であ

| 玄関と式台 | 床・棚のある座敷正面 |

図 5.4 書院造事例（真田家住宅）

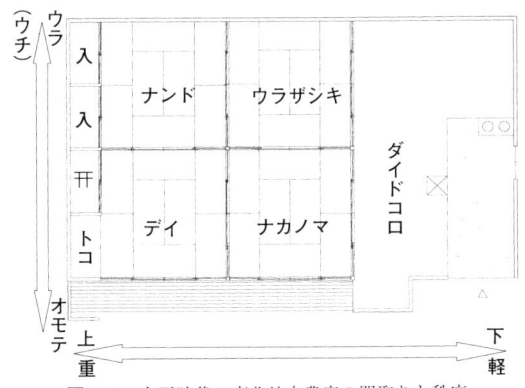

図 5.5 大正時代の東北地方農家の間取りと秩序
（佐々木嘉彦氏調査）

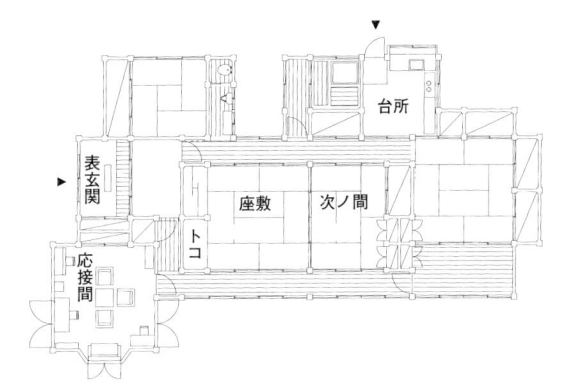

図 5.7 中廊下型住宅事例

り，より身分の高い人や主人の空間である．多くの住要求の中で，接客・応対を重視し，この要求に最もよい空間を充て，一方日常生活は北側の条件の悪いところで行う．こうした空間の秩序づけのもとに，生活を展開していた．

明治以降になると，身分制度が廃止されるとともに，欧米との文化接触が起こり，いわゆる「洋間」が入ってくる．身分制度の廃止は，それまで最も重要な生活であった「接客・応対」の重要性を減少させ，変わって「家庭生活」の重要性を増す．これは日常の生活空間の南面要求というかたちで現れ，続き間の座敷と次の間の序列の逆転によって次の間を居間・茶の間として転用する道を開くことになる．

一方，「洋間」は日光田母沢御用邸などに見られるように，導入当初は公式の事務・執務・労働の空間の形式として認識されており，中流住宅においてはほとんど採用されない．唯一公式の執務空間兼応対空間となった応接間に利用されることになる．個々の部屋の独立的な利用を促す「廊下」の採用によってこれらは結合され，家父長制に対応した書院造の形式を温存しつつ，家庭生活の南面化などの要求を実現したいわゆる「中廊下式住宅」が成立する．

戦前までは，このような住まいが典型的であったが，戦後になって状況は一変する．家父長制から個を尊重する民主主義の時代となり，核家族が住まいの単位となる．欧米，特にアメリカの文明・生活スタイルが大量に流れ込み，洋風住宅があこがれの対象となる．工業製品の普及，生産の近代化という事態も起こる．ここにおいて，明治以来の「洋間・洋室」「いす座」の持っていた意味が大きく変わり，公務・公用の場・スタイルという認識から新時代の新生活を実現する様式として認識されるようになる．

一方，これまで重要とされてきた接客への批判が高まり，個人のプライバシーと家族のきずなを体現する「だんらん」の重要性が主張されるようになる．最小限の小規模住宅であっても食事と寝室は分けたがると

1階は公式行事の場で洋間　　　　　　　2階は大正天皇の私的空間で和風

図 5.6 日光田母沢御用邸の1階と2階

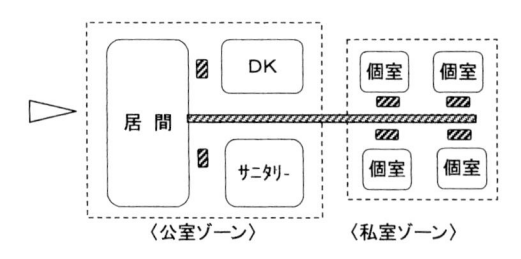

図 5.8 「公私室型住宅」の構成概念図

いういわゆる「食寝分離論」や台所設備の高度化などによって「ダイニングキッチン」の形式が生まれ，さらにこの空間の機能分化から居間あるいはリビングルームという部屋が形成される．こうして個人のプライベートな空間としての個室と対等な家族のコミュニケーション・だんらんの場としての「居間（リビングルーム）」とダイニングキッチンなどによる住宅，すなわち「公私室型」あるいは「nLDK型」などと呼ばれる住宅が成立する．

このような現代の住まいの成立に集合住宅の果たした役割もまた大きい．わが国では，伝統的に積み重なって住むという習慣がなかった．中高層化された集合住宅ができるのは主に戦後になってからである．戦争で多くの住まいが焼かれ，戦後の住宅不足は著しいものであったから，早期に大量の住宅を供給することが必要とされ，その方策として，欧米では普通に見られた集合住宅が建設されるようになった．その際，多くの学者が集合住宅の計画に参加し，最新の理論をもってその設計に当たり，上記のような「公私室型」と呼ばれる住宅の考え方を提案したのである．

地方都市や農村などでは，伝統的な色彩を色濃く残しているが，それでも，現代の家族関係やプライバシーの意識，だんらんの重要性を強く認識した住まいが建設されている．こうして今日の住まいが形成されてくる．戦後の住居の変遷は図5.9のようにまとめられる．

e. 現代の住まいの目指すもの

戦前までの住まいは，続き間の和室で構成された文字どおり「和風の住宅」であった．ここには藩政時代の名残を残す「オモテ・ウラ」「上・下」などの秩序観が見られ，これを接客・もてなしなどに利用して生活していた．同時に，「大きな構え」「立派な構え」の住まいが志向され，住み手の経済力・地位の象徴とし

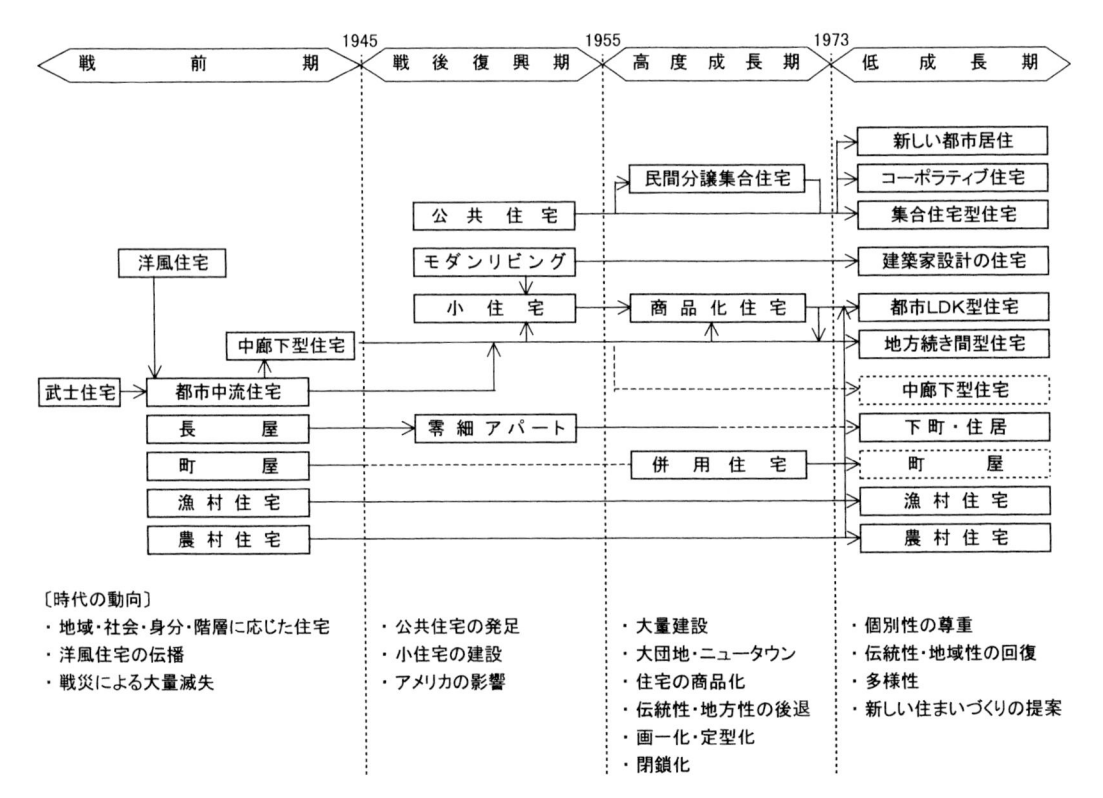

図 5.9 現代住居の系譜図

て好まれていた．ところが，戦後は地位・身分という概念がなくなり，このような住まいをつくる必要性はなくなった．では，何を考えて住まいをつくっているのだろうか．

すでに述べたように一般的には「暮らしやすく，造りやすく（経済的で），美しいまた象徴的な」住まいということになるが，これを現代に即して具体的に表現してみれば，「プライベートな楽しみ要求とコミュニケーションを媒介とする楽しみ要求とに支えられた『豊かさ志向』あるいは『生活の楽しみ志向』の住まい」といえるのではないだろうか．

個室は家族それぞれのプライベートな楽しみを実現する空間として機能している．しかし，プライベートな楽しみは，個室だけでなされるものではなく，居間や食堂・DKでも実現される．事実，子供は居間で宿題をするし，主婦は家族が外出していれば居間で読書をし，テレビを見る．要するに，あらゆる空間がプライベートな楽しみ空間なのである．そして，そこに家族の誰かがいれば，語らい，くつろぎ，ともに楽しむのである．招きたくない人は呼ばないという傾向から見ると，現代では接客もまた楽しみの一つといえるだろう．接客とは別に，誕生日・クリスマスなど家族そろってのイベントもこの種の楽しみの一つである．要するに，生活にはさまざまな「楽しみ」があり，このための空間として，個室と家族の共用室があり，和室と洋室があると思えるのである．

和室と洋室の違いをまとめてみると図5.10のようになり，ここには文化的な違いといえるほど大きな違いがある．そして，人々は和室は和室らしく，洋室は洋室らしく飾り，使い，その違いを楽しんでいるかのようである．

ところで，洋室は，西洋の洋室と同じ形態かといえばそうではない．基本的には類似しているが，たとえば履物を脱いで入ったり，低いソファがあったり，床面からの大きな窓があったり，隣室と続き間の形式となっていたりと，西洋の洋室とは違うところが多い．むしろわが国の伝統的な形式に近いものであり，日本風に変容してきたものといえる．和室もまた主に構法的な理由から現代風に変容しているが，真壁造，畳と障子・ふすまによる構成，融通性を基礎とする生活上の役割・位置づけなどはそう変わってはいない．

一方，住まいの室内環境については，設備機器の発展に伴い，人工調整の考え方が定着し，同時に住まいの「閉鎖化」が進んでいる．社会・地域の伝統との関係でも，伝統の規範性が弱まり，多様化・孤立化が進んでいる．

いずれにしても，新しい技術への依存と対社会性の希薄化のもと，和と洋の形式を用いて，より多様で豊富な家族の住要求を実現すると考えているかのようである．そして，より大切な，より多くの機能を包含する空間を広く，南面させて構成する（多くの場合，居間がこのような空間と位置づけられるが，地方都市・農村などに見られる続き間や座敷もこれに当たるだろう）というのが現代の住まいであるように思われる．現代の住まいに見られる要求と間取りの特徴（形式）の関係を考察すれば，図5.11のようにまとめられるだろう．

f. 住まいの共通性と多様化

現代はどんな住まいをつくろうと自由であるが，現代の住まいは共通性が高いといえる．これは，住要求に共通性が高いとともに住要求への対応形態に共通性

	かたちの形式	住み方・飾り方の対応
和室	①真壁づくり	a. 床座の住み方
	②たたみ床	b. しつらえて住む住み方
	③建具による部屋の分離と結合	c. 多目的な住み方
	④構造材・自然材による室表現	d. 定型化され限定された要素による飾り方
洋室	①大壁づくり	a. 椅子座の住み方
	②たたみ以外の床材	b. 家具で住む住み方
	③壁と開き戸による部屋の分離と結合	c. 部屋の用途を決めて住む住み方
	④構造と表現の分離	d. 自由な飾り方

図 5.10　和室と洋室のかたちと使われ方

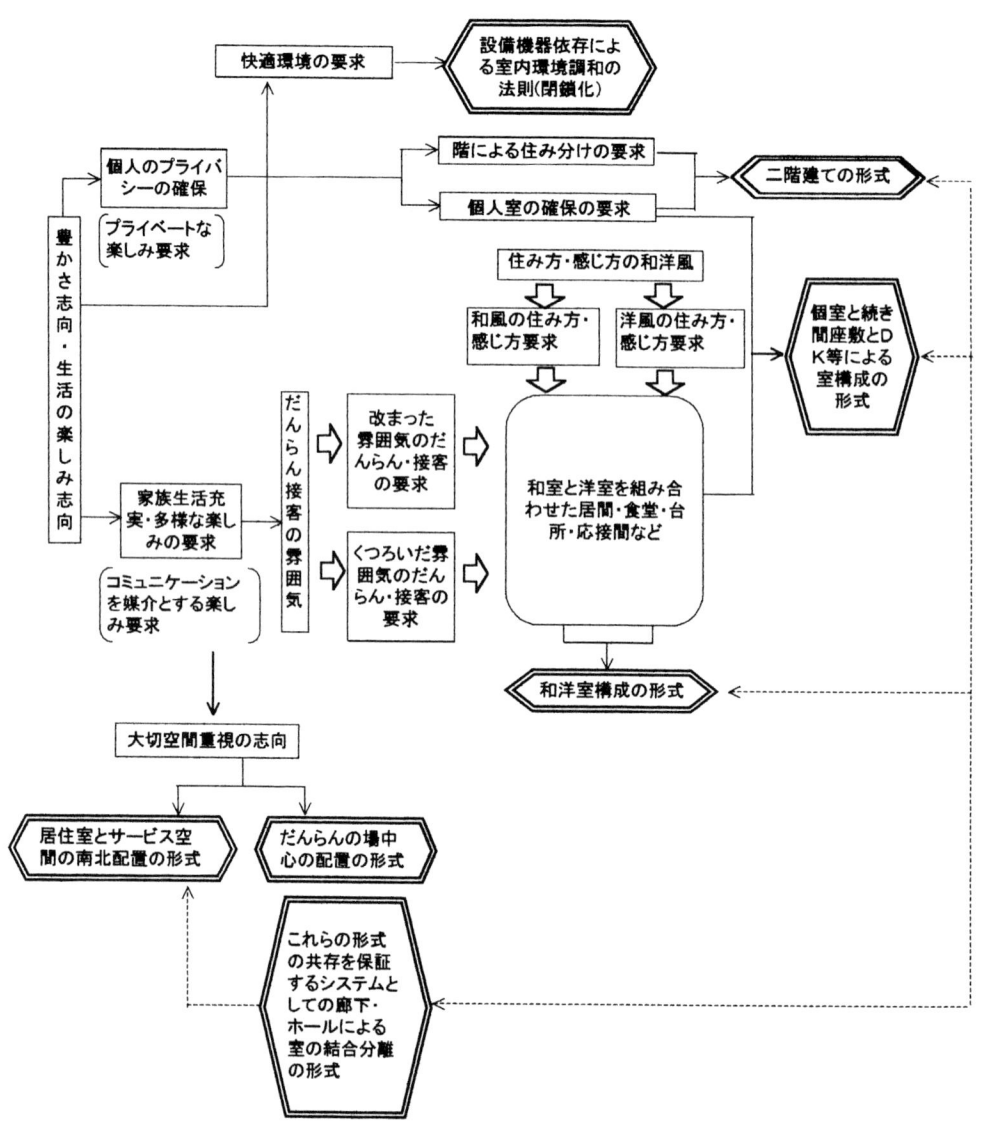

図 5.11 現代の住まいに見られる要求と形式の関係図

が高いからに違いない.

　いま,住要求への対応形態を,①機能的対応,②ゆとりの対応,③形式的対応,に分けてみる.①の「機能的対応」とは,人間工学・動線計画などに沿って,できるだけ無駄のないように合理的に計画することであり,台所・洗面・便所などのサービス空間では,特にこうした対応が求められる.②の「ゆとりの対応」とは,①ほど機能的である必要はなく,むしろゆとりを持って計画した方がよい空間などに用いられる対応形態である.たとえば,広いリビングルーム,吹き抜け,トップライトなど自分にとって家族にとって大切な空間に必要な視点となるだろう.

　最後の「形式的対応」とは,「決まりや約束事を決めて対応する」という方式を指している.たとえば,玄関から近いところを身近な人用にして粗くつくり,離れるに従って目上の人用にして豪華につくるといった決め方をする(これは伝統的な続き間座敷の空間序列であるが)といった例があげられ,ゾーニングとか方位による空間秩序などもこの形式的対応に属している.さらに,プライバシー空間とコミュニケーション空間によって構成するいわゆる「公私室型」の住まいも,個の確立と対等な家族関係の象徴としてのだんら

ん空間とによる構成という意味で「形式的対応」の一つと見ることもできる．いずれにしても，象徴的な意味を込めた形式によって空間をつくるということであり，ここに多様な住まいが生まれる可能性が秘められている．

それにもかかわらず，現代の住まいに共通性が高いのは，私たちが日本という共通の文化的環境の中で暮らしているからである．すでに多くの世代がいわゆる公私室型の住まいや個室・洋室で育ち，この住まいでの住まい方を学んできた．また，伝統的な住まいや続き間座敷を身近に眺め，漠然とはしていても，住まいとはこんなものだという観念を持ってきた（このような生まれ育ったときからの学習を「刷り込み」現象という）．こうした固定観念・刷り込みがあるために，住まいの共通性が形成されるものと思われる．都市部の戸建て住宅には，「都市 LDK 型」，集合住宅には「集合住宅型」，地方都市や農村部では「地方続き間型」と呼ぶことができる 3 つの型（形式）が成立している．

古く江戸時代までは，地方地方の特色ある住まいが存在しており，現在でも一部は残されているが，戦後の高度成長・大量生産の時期を経てそれらの多くは失われている．本来地域ごとの暮らしと文化があるはずであり，これを生かした住まいの継承という視点が必要なはずである．また，伝統的なものは多くの人々の目にさらされ，磨かれ，洗練されてきたのであって，その美しさは私たち日本人の心に訴えかけるものを持っている．環境，社会，家族，生活，技術などの変化・発展をよく見きわめつつ，地域の伝統や日本の伝統を基礎とした住まいを考えなければならないだろう．

また，次項以降に述べるように，家族・ライフスタイルなど住み手のニーズが多様化する一方，都市化の進展に伴い，新たに開発できる土地が限られ居住地の立地条件が多様化している．こうした諸条件が住まいの多様な対応を必要としている．

g. 新たなニーズと計画課題
1） 家族の変容

戦後の民主主義的家族に支えられた家族も少しずつ変容している．少子・高齢化が進むとともに，女性の社会進出が進み，家族それぞれの生活時間と生活空間のずれが出てきている．とりわけ，女性の社会進出と就業形態の多様化は，住まいのあり方を大きく変える原動力となろうとしている．

ごく最近までの家庭像とはサラリーマンの夫と専業主婦とそして幼い二人の子供で構成され，夫が外で仕事に専念する一方，妻が子育てをしつつ家事を切り盛りし，休日には家族そろって語らいくつろぐというものであったろう．しかし，いまや母親も外で働き，あるいは家庭内で仕事を持ち，家族がそれぞれ別の生活空間で暮らし，この結果別々の人間関係のもとで生活するようになっている．それまでの家庭像を「役割分

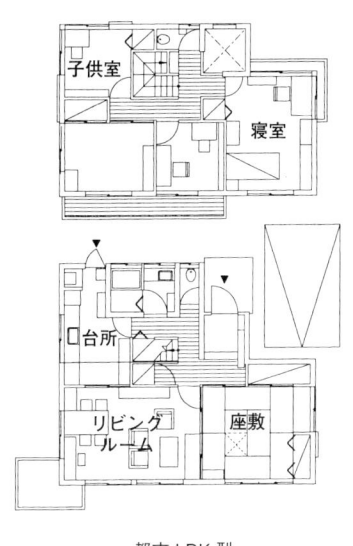

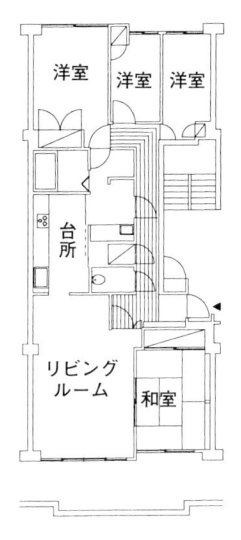

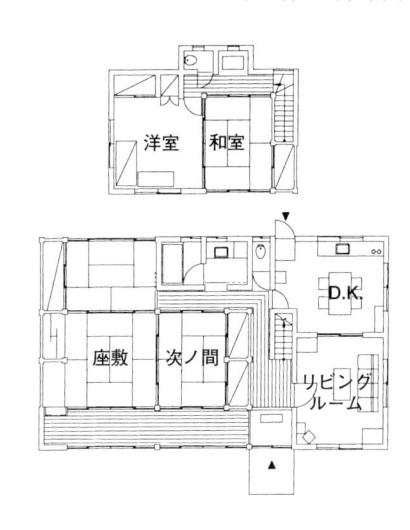

都市 LDK 型　　　　　　集合住宅型　　　　　　地方続き間型

図 5.12 現代住居の 3 つの型

担型の家庭」とするならば，これからは平等な夫婦関係，しかし家族バラバラな生活時間・空間・人間関係を背景とする「共同参画型の家庭」のもとでの住まいといえるだろう．また，親子の関係も保護者と被保護者，あるいは支配・上下関係から「友達のような親子」という言葉に代表されるようなパートナーとしての親子関係に変わりつつある．家族全員が対等な関係のパートナーシップを形成して家庭の運営に当たるという時代に変わりつつあるように思われる．

こうなると，たとえばこれまで暗黙のうちに見られた「女の空間」「男の空間」というものがなくなるだろうし，より機能的であるべき空間にはさらなる機能化が求められ，ゆとりの空間も夫婦・親子それぞれの視点から再検討することが求められるだろう．

また，家族の生活時間のずれ（生活時間の個人化）と生活空間のずれ（生活空間の個人化），さらに家族それぞれの人間関係のずれ（家族関係の個人化）は，家族それぞれの生活を成り立たせる仕組みと，家族のきずなを確かめる仕組みの必要性を高めている．前者に関しては，個人生活へのサービスシステムの充実が求められるが，これについては設備機器の発達，生活行為の外部化（いままで住まいでこなしていた行為を地域社会に依存するようになること），その典型としてのコンビニの発達などによって，ある程度対応されてきている．しかし，もう一方での家族のコミュニケーション・きずなの確認といった点への対応にはなお課題が多い．携帯電話の普及によって，家族が連絡を取り合うことは頻繁に行われているが，同時に家族がそろって過ごす時間と場が限られてくるため，この機会をどうつくるかまたどう過ごすかということが問題となる．海外旅行，家族旅行，キャンプ，レストランでの食事，観劇・コンサート，「～記念日」などの家族行事によって家族のきずなを確認するという行為はもちろん増えるだろうが，住まいにおいても，こうした大切な家族の時間を豊かにする必要性が高まるに違いない．このためにどんな空間や仕掛けが用意できるのかということを真剣に検討しなければならないだろう．

少子・高齢化の問題も住まいのあり方に多くの問題を投げかけている．一人っ子，親との接触時間の少ない子供，切れる子，子育てノイローゼの母親など子供をめぐる社会問題は数多く見られる．独居老人，寝たきり，介護など高齢者をめぐる問題も多い．

家族形態そのものも多様になっている．晩婚化・単身赴任などに伴う単身者の増加，DINKS（double income no kids）などと呼ばれる共稼ぎ世帯，高齢世帯，3世代居住，血縁関係にない人々が助け合って暮らす住まい（このような住まい方を「コレクティブハウジング」と呼ぶ），仕事上の理由などからいくつかの住まいに家族が分かれて住み，ときどき生活をともにする住まい（これを「複数拠点居住（マルチハビテーション）」「ネットワーク居住」などと呼ぶことがある）など，多様な形態が出てきている．

こうした状況の中で住まいで解決できることは限られるだろうが，新たな試みが求められる時代となっている．

2）環境意識の変容

家族の変容が進むとともに，住まいを支える条件のもう一方の柱である環境についての考え方の変容が進んでいる．これまでは，住まいの建設に際して，どれだけの資源を使うのか，また廃棄するとどれだけのごみが出るのかということをあまり考えずにいた．しかし，地球の温暖化，資源の枯渇などの問題を契機として，地球環境への負荷の少ない住まい・暮らし，自然環境の有効利用，ストック（社会資本・資源）となるような住まい，サスティナビリティ（長く永続的に利用するということ），さらにリサイクル，改修，いまあるストックの有効利用などへの関心が高まっている．住まいはその建設量が多いだけに，こうした問題への対応が迫られており，今後の大きな計画課題となっている．

また，住まいが原因となって健康を害するシックハウスの増加，阪神淡路大震災で明らかになった地震に弱い住まいの存在，安全性への要求など，住まいの質をめぐる要求が多様化・高度化している．法的には，性能表示制度（安全性や快適性などの性能をランクづけして表示する制度）を柱とする建築基準法の改正がなされているが，計画者としてもこうした問題に真剣に取り組まなければならない状況となっている．

3）住まいの計画課題

このような家族や社会の変容に対して，計画者は何を検討しなければならないのだろうか．ここでは，①生活の外部化と内部化，②徹底的な機能化の追求，③ゆとりの空間・大切空間の再検討，④環境・社会との関係の再構築，⑤住まいの秩序の再構成，について考えてみる．

(1) 生活の外部化と内部化： ここでは，従来住まいの中で行っていた生活行為を地域社会に依存することを「生活の外部化」といい，その逆を「内部化」という．たとえば，結婚式，葬式などは戦後まもなく外部化されてきた生活行為であり，最近では接客行為を外部化する傾向がある．親族・親しい人はともかく，あらたまった客は招かないという家庭が多くなっている．接客をさらに外部化してしまえば，住まいは家族だけの空間になり，より機能が限定される．したがって，新たな住まいの構成を考えやすくなる．しかし，接客の外部化が家庭の地域社会からの隔絶・孤立化をもたらすという批判もあり，むしろ接客を重視したあるいは家庭内の生活と矛盾しないように再構成すべきだという考え方もある．図 5.13 は「デュアルリビング方式」と呼ばれる住まい，特に公室の構成方法であるが，このように接客・大人の空間を意識した「フォーマルリビング」と家族・子供を意識した「ファミリールーム」によって住まいを再構成しようという考え方もある．

一方，今後「内部化」が進むと思われる生活は，「仕事」「趣味活動」である．インターネット，携帯電話など情報システムの発達に伴って自宅や外出先で仕事をすることが可能となり，住まいは「仕事場」としての機能をより強く持つようになるだろう．これまで「書斎」といえば父親が就寝前に本を読んだり手紙を書いたり寝酒を飲む空間というイメージが強かったが，これからはもっと違った性格を持つようになるだろう．同時に，仕事を持つ母親にも仕事のための空間が必要となり，この確保が要請されるだろう．どこで仕事をするか．書斎か居間かあるいは第三の空間か．課題は大きい．

このことは，趣味活動についても同様であり，余暇時間の増大，生きがい・価値観の転換に伴って，住まいに新たな要求を投げかける可能性を持っている．

(2) 徹底的な機能化の追求： 台所，洗面便所，収納など機能的であることが重要な空間は徹底的な機能化が追求されるだろう．ただし，その「機能的」の意味がこれまでとはやや変わる可能性がある．たとえば，男の厨房，男の家事・育児など家族の共同参画型の家庭運営によってその意味を再検討しなければならない空間が出てくるだろう．また，昨今の徹底したごみの分別収集への対応，食品の買い置きに対応したストックヤードの問題などライフスタイルの変更への対応が迫られるだろう．

このことは他のもの（生活財）についても同様である．家具，電化製品，衣服，調度品など各部屋には生活財があふれている．この計画的対応が必要であり，生活状態を想定した収納・押入，ウォークインクロゼット，納戸・倉庫などの機能的な処理が求められる．

高齢化の問題に関しても，段差の解消，車いすでも動ける動線確保，手すりの設置など機能的なバリアフリーについてさらに追求されねばならないだろう．しかし，これは障害の程度，個人の状態によって対策が異なっているということを忘れてはならず，その人の立場に立った検討が必要である．

(3) ゆとり空間・大切空間の再検討： 住まいの中でどこが最も大切かという問題のとらえ方によって，住まいは大きく変わるだろう．独立した子供部屋を与えられそこで育ってきた若い人たちにとっては，個室（自分の部屋）のない住まいなど考えられないという時代である．しかも，これまでの子供部屋は就寝だけでなく，勉強も遊びも，ときには接客までもこなす総合的空間であった．6畳とか8畳の部屋では狭かったと感じてきたに違いない．家族それぞれが自分の部屋としての個室を大切にする，すなわち個室の充実こそが今後の課題という考え方があっても不思議では

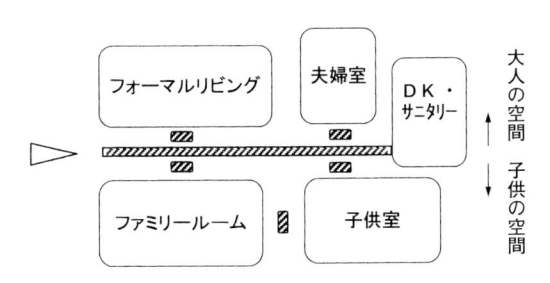

図 5.13 「デュアルリビング型住居」の構成概念図

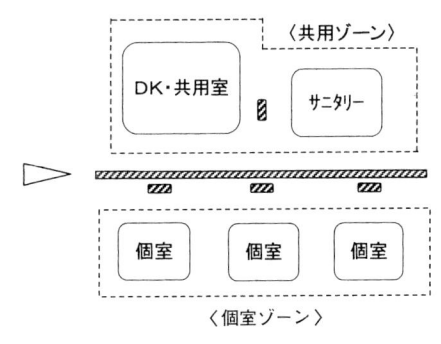

図 5.14 「居間のない家」の構成概念図

ない．事実「居間のない家」などというコンペや設計課題が出されたりしている．住み手によっては，こうした住まいのあり方が追求されてしかるべきだろう．

一方，「居間」の今後についてもさまざまな可能性がある．広々とはしているが家族そろって使われることの少ない居間に対して，だからこそいいという考え方もある．もちろん，居間は接客機能も果たすのだが，日常的には家族それぞれの生活空間の一部として機能すればよいと考えるのである．こうなると居間は個人のプライベートな活動の共同利用空間であり，そこには広い場所とパソコンとインターネットと大きなテレビ・情報設備があればいいことになる．後は家族がそれぞれぶつからないように，あるいは一緒にいて別のことをしていられるようになっていればいい．「居間は図書館あるいは情報センター」という考え方であり，こうなると個室（自分の部屋）はこの共同利用空間への出撃基地となる．このような住まいの構成を「共・個室型住宅」と呼んでいるが，こんな考え方もある．

これからの居間にはもっと別のことが大切だと考える人もいる．たとえば，生活時間の個人化の流れの中で，家族のきずなを確かめる活動を行いやすくすることこそ重要だという考え方がある．接客というよりは誕生日やクリスマス，「〜記念日」など特別な日に家族や仲間が集まって楽しめる住まいをつくりたいと考えれば，その核としての居間というとらえ方ができるだろう．ハレ舞台としての居間，状況に応じて多様な使い方ができる空間構成などが追求されるべきであろう．続き間，中庭（パティオ），アルコーブ，吹き抜け，トップライトなど舞台構成を整えるためのアイデアが望まれる．

こうなると居間とは呼ばない別の空間として理解する必要があるのかもしれない．いずれにしても，新しい時代・住要求に沿った空間のあり方を考えなければならないだろう．

(4) 環境・社会との関係の再構築：すでに述べた室内環境の人工調整化，住まいのコミュニティとの関係の希薄化などによる「閉鎖化」に対して，もっと自然を利用した住まい，あるいは隣人や地域社会を意識した住まいをつくるべきだとの考え方がある．こうした動向をふまえて，太陽熱や風の向き・流れを利用した住まい，地球環境への負荷の少ない住まい，リサイクル型の住まいなど新たな考え方の住まいがつくられている．また，街並みや近隣との関係を意識した玄関の向き，庭や門・塀・垣のつくり方について工夫した住まいが出てきている．建築協定によって建物をセットバックさせ，道からの景観を整えようとする住宅地などがつくられている．こうした試みだけでなく，環境や街並み・地域社会に対してどのような態度・関係で臨むのかということは，これからの住まいの課題の一つといえるだろう．

(5) 住まいの秩序の再構成：女性の社会進出，少子高齢化など家族のあり方が変われば，住まいに必要な空間，またその位置づけは大いに変わってくるだろう．南面・日当たり重視などの基本は変わらないとしても，新たな位置づけの空間をどのような原則で配置していくか，そのコンセプトが問われることになる．いま具体的な方式を提案することはできないが，個々の事例ごとに既成概念を取り払って検討しなければならないだろう．

これらの課題については，正解があるという性格のものではなく，いくつかの選択肢があって，それを状況に応じて検討しなければならないという性格のものである．これからの多様な住要求に対応できる多様な住まいの提案が待たれているといえよう．

5.2 いろいろな住まいの設計論

a. 住宅設計の2つの側面

前述のとおり，建築計画は人間の行為と建築の空間との関係を問題にする．住宅の場合ももちろん例外ではない．というより，むしろ，その性質上，その関係そのものに社会，家族，個人といった人間生活の根元的諸問題が表出されるといって過言でない．たとえば，家族が食事をする空間として食堂ないし食事室と呼ば

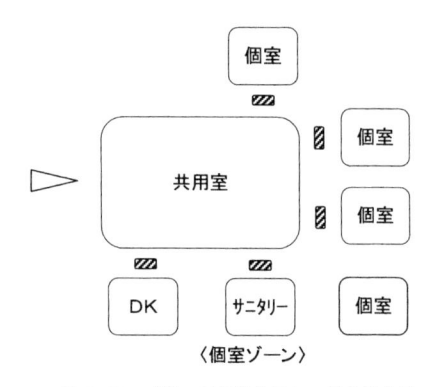

図 5.15　「共・個室型住居」の構成概念図

れる部屋がある．この場合，食事という行為のために主にそのために使用される空間が独立してあることが必要であるという考えが根底にある．あるいは，寝るための部屋として寝室がある．この場合も，就寝という行為のために専用の空間が求められていることになる．そして，食事室と寝室とが同一の住宅に別々に備わっている場合，そこに住む人たちは食事と就寝が同じ空間で行われることを否定的にとらえているのであろう，と考えることができる．しかし，そのような個別の用途を持った諸室は昔からあったわけではなく，それら諸室間の対応関係，さらにはそれら諸室と住宅外部との関係も決まっていたわけではない．そして，国や地域によって実にさまざまな異なる形式が現に存在している．つまり，用途に応じた個々の部屋の存在，さらに，それらの関係のさせ方自体に，その時代やその場所の社会的状況や個人のあり方などさまざまな様相が映し出される．

住宅の設計とは，そうした個々の場所に性格を与え，関係づけを行うことであるととらえることができる．そして，それを行うためには，関係づけられるべきそれぞれの要素についてまず考えることが求められる．行為と空間という2つの側面．個々の住宅設計のあり方は，その住宅の数だけあることに違いはないが，どんな場合にもいずれも欠くことのできないものである．実際の設計では，それらのどちらかに重きをおいた方法がとられることが一般的であろうが，一方のみで成立することはおそらくありえない．そして，今日のわれわれの問題はこれら2つの側面の乖離にある，という認識すら1980年頃から徐々に浸透してきた．ここではこの2つの側面に注目しながら，今日の住宅の形式をかたちづくってきた主に近代以降の事例に沿って，住宅設計のさまざまなあり方について考えていく．それは，主に個人と社会とのかかわり方，その中間単位としての家族という概念を明確化する作業であり，また一方で，ものとしての建築空間を成立させる方法について考えることである．それらの視点から，住まう形式と住宅の空間形式とを捕捉することを試みたい．

まず住宅における行為の主体の問題．近代以前の家族はおおむね大家族であり，生産をともに行う共同体としてあったと考えられる．農村の家族は農作業に必要な大人数で構成されていたし，さらに家族間の関係も緊密であった．ところが，近代における生産性の急激な向上によって，大家族は解体され核家族が成立していく．都市においても，住宅は生産と不可分であった．仕事場は住宅の一部としてあることがほとんどであり，それを支えるものはやはり家族を中心とした共同体であった．ところが蒸気機関の実用化を契機とする産業革命によって，生産は工場へと集約されていく．つまり，家の中で家族によって行われた生産行為は住宅の外へと移行し，住まうという行為は生産の場と離れて自律的にあることが可能になった．さらに都市環境の悪化に対する対応策の一つとして，都心を離れるという選択，すなわち郊外という新しい環境が形成される．このときはじめて，今日使われる意味での通勤という概念が登場し，またその逆に外で働く夫を支え，家事を専任に行う専業主婦なる概念が同時に誕生した．

家族が原則として夫婦とその子供たちの2世代で構成される核家族の一般化，そして通勤と専業主婦．これが近代家族の主たる特性であり，これに対応する住宅の形式として近代住宅が成立する．今日のわれわれの住宅の原型といってよい．それまでの制度としての「家」に代わって，夫婦が家族の中心となり，夫婦のきずなこそが家族を維持する力となった．その住宅の形式は一般的にはL（居間）＋nB（寝室）として表される．つまり，住宅はより私的なものとなり，家族の場としての居間と家族構成員の数（この場合，夫婦の寝室は1つであるから実際にはn−1）だけある寝室としての個室からなる住宅が一般化する．

ところが，そうした近代住宅がほぼ完成をみた1960年代頃から，行為の側がさらなる変化を始める．すなわち，夫婦を中心とする社会の最小単位すら今日危機に瀕している．さまざまな電子的デバイスによって個人は社会へと直接接続され，これまで社会と個人の中間に位置づけられてきた家族という単位の意味が問われることとなった．具体的には，家庭が，他者としての社会から家族を守る砦としての機能を失い，グループホームやシングルマザーなどの言葉で表現される形態が現実となり，近代家族は解体されつつある．そうした現代の家族形態に対応する住宅形式が今日の問題である．

このように，社会の大きな変化が住宅のあり方に直接的影響を与えるという側面が，住宅設計の一つの重要な決定因である．一方，いわゆる建築としての住宅，つまり，住宅の建築的空間をものに則して創り上げる

ということが住宅を形づくるもう一つの重要な側面である．社会的存在としての人間の行為が住宅の空間を決定する．そして，住宅の建築空間が人間の行為を規定する，あるいはもう少し積極的に誘発する，さらには時代の精神を表現する．

それらについては個々の例に沿って述べることとするが，近代の大きな特徴として，「空間」が住宅を含む建築の主要なテーマになったことがあげられる．すなわち，空間という概念が大きな意味を持たなかった19世紀半ばまでの様式建築に対して，近代という時代にふさわしい建築は空間的なものとしてとらえられた．その代表例として，近代において一般的に利用可能になった新しい技術，素材と建築空間の関係づけがある．フランク・ロイド・ライトは鉄とガラスによって可能になった内部空間と外部空間のあいまいな関係を達成した最初の建築家であったし，ル・コルビュジェは住宅を高く差し上げて，都市生活の崩壊を革命によってではなく，建築によって解決しようと試みた．また，石工の息子であるミース・ファン・デア・ローエは，微妙にサイズの異なるレンガを積むときに見せた細やかな配慮ないし絶対的なこだわりを，鉄と鉄，鉄とガラスの接合部に敷衍し，精妙なディテールによる美しい住宅，そして，ユニバーサルスペースという概念とそれによる建築空間を創り上げた．そして，一般的な意味での機能主義の名のもとに，それぞれの行為が特定の空間と緊密な関係を持ち，あるいは，その機能が建築形態を決定する．住宅はそれらの実験の場となり，近代建築の成立に大きな役割を果たすことになった．そのことは，鉄やコンクリートの柱梁構造による開放性の高い空間が，まさに近代的なものとして受け入れられていく過程を示している．

こうして近代社会あるいは近代家族の構造は，近代住宅という空間構造と一体となって，今日の住宅を形づくってきた．が，すでに述べたように，もはや近代ではない．家族形態のさらなる変化によって，住宅における行為と空間の関係は必ずしも従来どおりではなくなりつつある．もちろんこの問題に関してさまざまな論考が行われ，徐々に成果を生みつつある．が，いまだ不十分といわざるをえない．

b. 個々の住宅におけるそれぞれの設計テーマ

いうまでもなく住宅の大多数は大衆による産物である．が，今日の住宅が形成されてきた過程を見ると，転機となったような重要な事例の多くは建築家という専門家の手によるものである．ここでは通史的にではなく，いくつかのトピックを断続的に取り上げる．そして，それらの個別的な動機，意義と関係づけながら，人の行為と建築空間の関係を通して，個々の設計が何を問題としたのかを考える．

●**都市型住居**——ロウ・ハウス（テラス・ハウス，連棟式都市型住居）

近代以前に成立し，現在も欧米諸都市の最も重要な構成要素として機能し続けている住居形式の例として，1666年の大火後に一般化したロンドンのロウ・ハウスがある．同じ形式が長屋のように連続することからその名で知られるが，主階が街路から一段上がったレベルにあるという特徴をとらえてテラス・ハウスとも呼ばれる．各住戸は地上3ないし4層，地下1層からなり，地下に家事室，1階に店舗や居間という主要室，上階に寝室，さらに屋階に使用人室という構成を持つ．土地と一体の住戸が狭い間口の中で上下に積層され，それがパーティウォールと呼ばれる共有の戸境壁によって連続している．これが，多くの欧米の都市型住居に共通する構成上の特徴といえる．

道路からはドライエリアをまたぐストゥープと呼ばれる階段で主階の入口へと導かれる．このドライエリアとストゥープの空間が道路沿いに連続する帯状の空間を形成しており，都市空間の一部でありながらすでに私的空間でもあるという中間的な性質を持っている．また，主階の道路側には主室がとられるが，道路から一段高くなっていることによってプライバシーが守られ，かつ目前の都市空間とつながってもいる．外部環境としての都市との関係においてすばらしい形式といえる．

●**都市に留まる住居**——アパートメントハウスの誕生

19世紀，工場が排出する排煙や汚水などの環境汚染物質と低賃金労働者として農村から流入した人口によって都市環境はきわめて深刻な状況を呈する．欧米諸都市の都心部はおよそ人が住める状態ではなくなってしまう．この問題に対して大きく2つの解決策がとられる．一つは次に述べるイギリスやアメリカの解である郊外化であり，もう一つはパリをはじめとする大陸の諸都市で行われた都市改造である．

1850年，パリの人口は100万人を超え，人口密度

5.2 いろいろな住まいの設計論

4 階

3 階

2 階

1 階

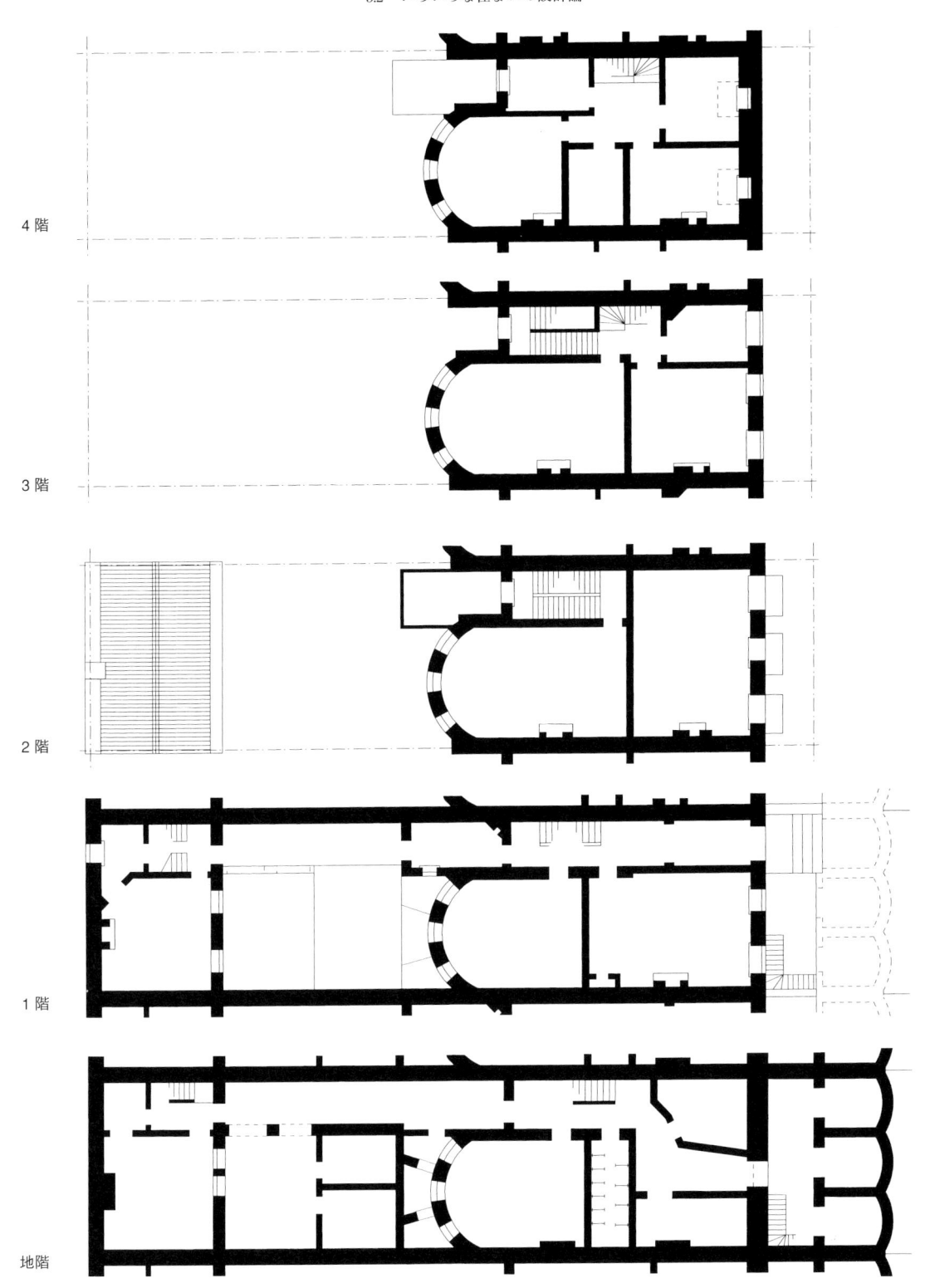

地階

図 5.16 ベッドフォード・スクウェアのロウ・ハウス（Row House at Bedford square）
設計：Thomas Leverton/London，イギリス/1775 — 80

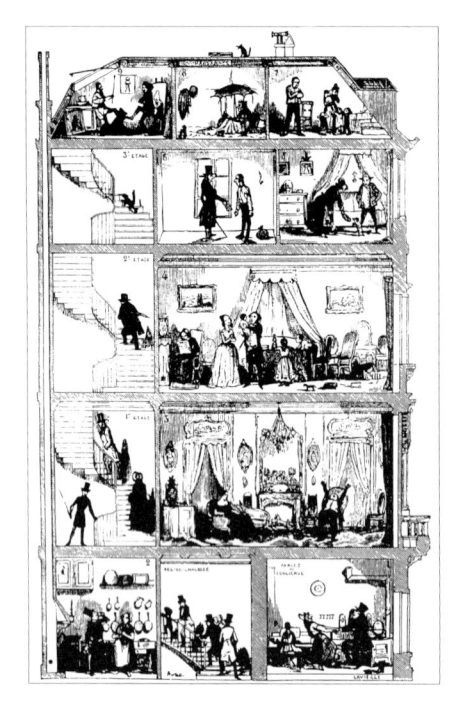

図 5.17 パリのアパートメントハウスの断面図／1853年頃の様子（Leonardo Benevolo：The History of the City, p.801, MIT Press, 1980）

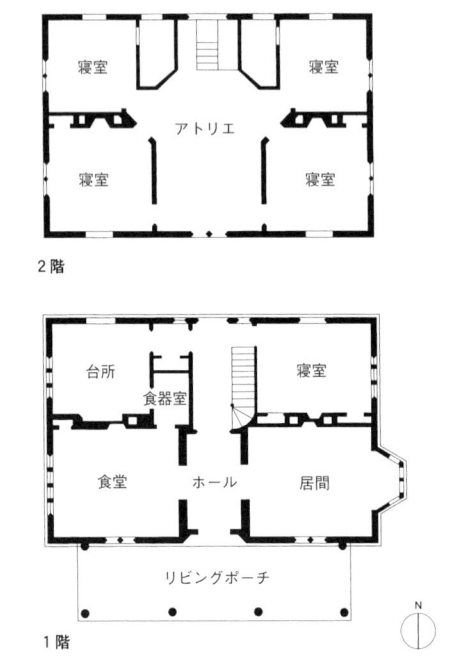

図 5.18 エドワード・W. ニコルス邸（Edward W. Nichols House）
設計：Alexander Jackson Davis／New Jersey, アメリカ／1859

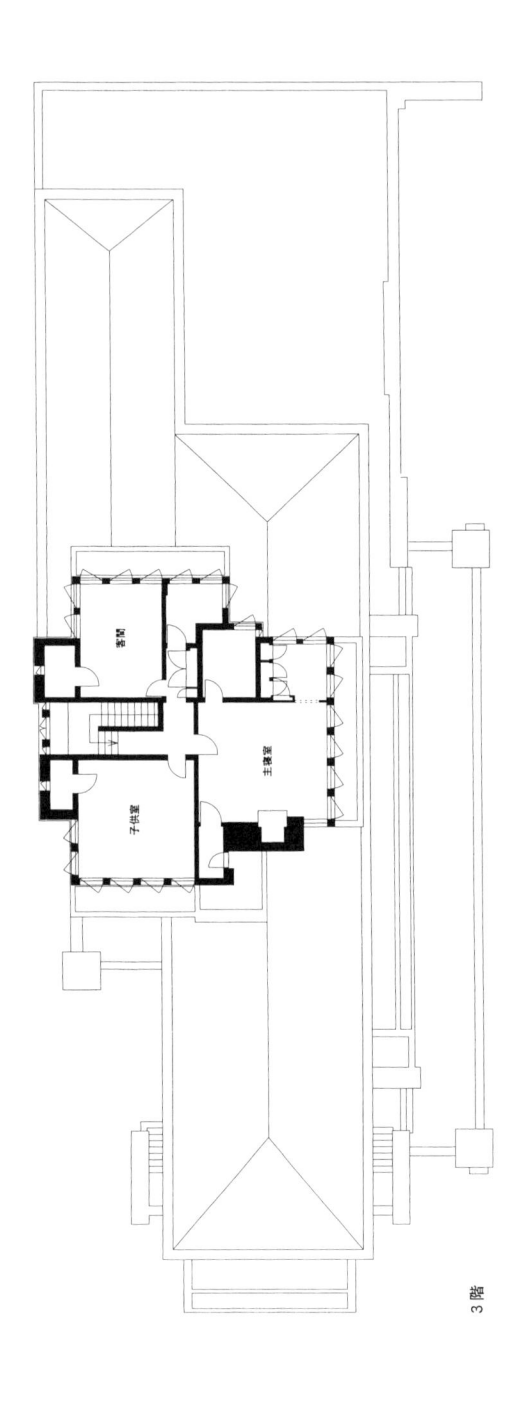

5.2 いろいろな住まいの設計論

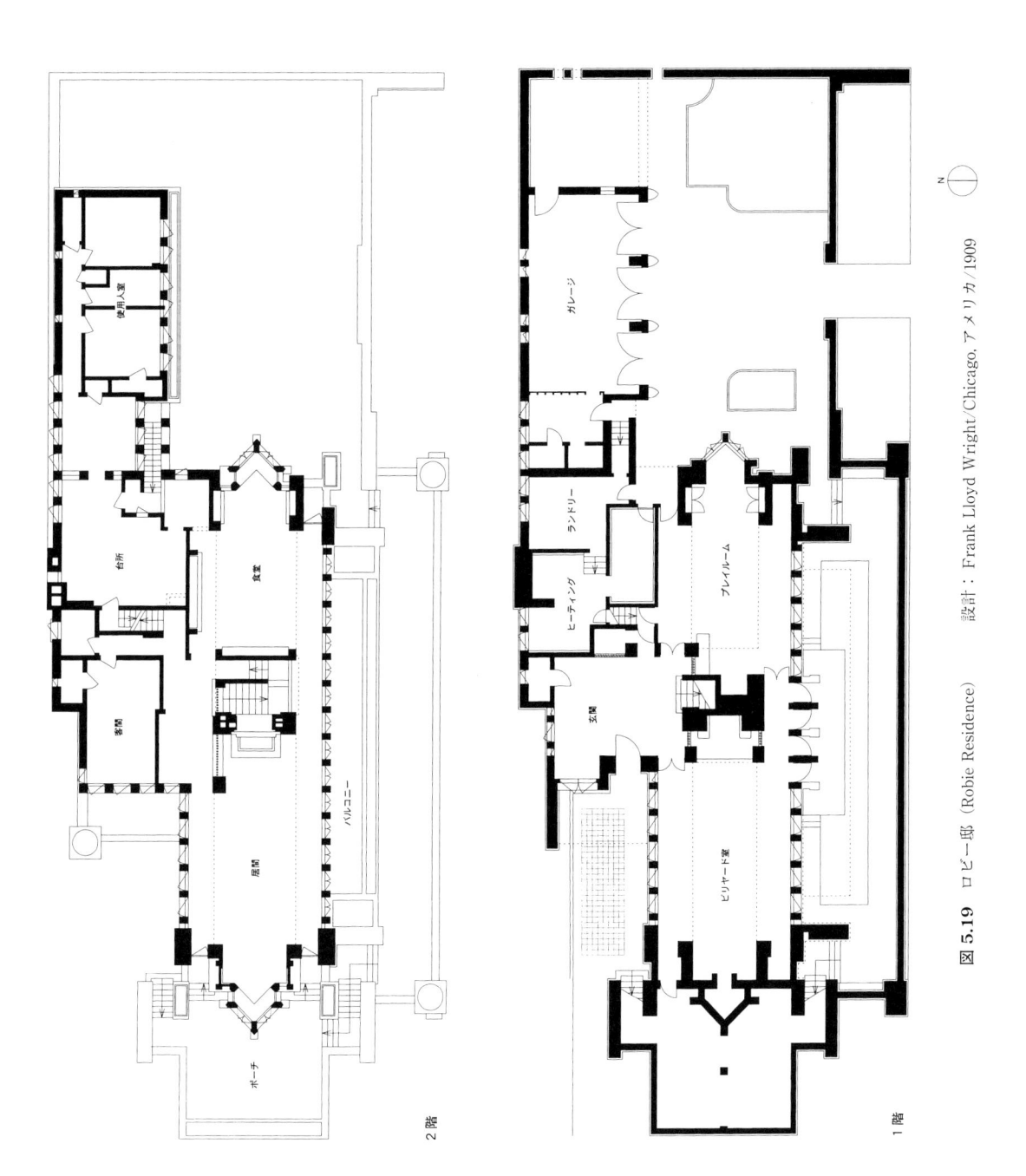

図 5.19 ロビー邸 (Robie Residence)　設計：Frank Lloyd Wright/Chicago, アメリカ/1909

は同時期のロンドン中心部の2倍以上であった．にもかかわらず，人々は都心に住み続けることを選択する．そしてその建築的答えが1840年代にショゼ・ダンドンにはじめて出現したアパートメントハウスである．それは，従来の，各室が縦に重なって住戸をなすロウ・ハウスとは全く異なる，各フロアが一住戸というフロア単位の形式であった．ロウ・ハウスが上に延びる，つまり密度を上げるのに限界があるのに対し，フロア単位の形式はより高層化が可能である．と同時に，それまで一体であった土地と住宅の関係がはじめて揺らぐこととなった．やや遅れてオースマンによるパリの大改造が行われ，スラムを壊して95kmに及ぶ大通りが新たにつくられる．これと高層アパートメントハウスが組み合わされることによってきわめて高密度な都市構造が成立することになった．ここに，古代ローマ都市や中世の城塞都市につながる大陸の人々の，あくまで都市に固執するという都市観を読み取ることも可能かもしれない．

●都市から離れる住居──郊外住宅の発生

都市環境の崩壊に対するもう一つの解として，都市からの脱出をあげた．ロンドンの人々はさっさと都心をあきらめ，都心に仕事を残したまま近郊に住むことを選択する．産業革命の先行したロンドンでは早くも1790年代に，実業家たちが，現在の地下鉄でいうとヴィクトリア駅から5つめのクラッパムという町に移り住み，近代的な意味での最初の郊外住宅地が形成された．ここに，家族とともに郊外に住み都心へ毎日通勤するという生活スタイルが確立された．この郊外という考え方は，イギリスとアメリカで普及する．特に広大な国土を有するアメリカでは，その文化の特徴を形づくっているといって過言ではないだろう．折しも建国を契機として，自国のアイデンティティを模索していた新興国家は，その雄大な自然に答を見つけた．植民地時代から無垢の自然としての荒野は抗しがたい敵であったが，その美しさや快適さが見出される．文学や風景画でそのことが称揚され，そこでの生活の具体像が，ランドスケープアーキテクト，A.J.ダウニングと建築家，A.J.デイヴィスによって示された．計画的につくられた住宅地と住宅はまさにアメリカ人の憧れとなり，爆発的に普及する．

それゆえ，郊外住宅の特徴は外部の自然と緊密な関係を持つことであった．最大の形態的特徴はリビングポーチという大きなポーチであり，外部環境を享受しながら日常のさまざまなシーンが展開された．ヴィクトリアンドメスティシティというキリスト教的な家族の理想像が教育され，それに対応するかたちで，ほぼ同時に居間と個室が成立した．これが近代住宅の原型の一つである．建築家による独立住宅は近代特有の現象であり，それは思想の直接的表現を可能にし，近代建築の実現が促されることとなった．

●ロビー邸（1909年）──フランク・ロイド・ライト

ライトはボストン郊外をドライブしながらアールトに，「郊外は私なしには実現しなかった」と自慢した．アメリカ文化の重要な一面が「郊外」であり，その風景は実にライト的である．その成立に際し，ライトの初期の住宅，つまりプレーリー住宅が与えた影響ははかりしれない．ロビー邸が完成した翌年の1910年，アメリカにおける家族の平均規模は4.5人であり，およそ核家族が浸透していたといってよい．ロビー邸のプランは，居間と食堂を主階におき，その上階に3つの個室が配されている．1階の諸室や，使用人室などが付設されてはいるが，基本的構成はL+nBであり，シカゴに通勤する主人とその家族のための，まさに郊外住宅である．そして，その意味で典型的な近代住居である．

「箱の建築を壊せ」といったライトは，プレーリー住宅でそれを実践してみせた．欧米の伝統である組積造の重たい壁に囲まれた建築ではなく，柱と梁によるフレーム構造と，それによって可能になる内部と外部の新たな関係．「外と内とは2つに区別できるものではないのだ．外は内に入り，内は外に表れて，互いに一体となるものであるべきなのだ」．あるいは，「ガラスの使用によって室内空間が明らかに「自然」として見えたとき，建物を庭の一部とし，庭を建物の一部に変え，大空もまた大地と同様に屋内の日常生活にとって貴重な要素に変えてくれた．……ガラスによって壁自体が窓になり，かつての壁をくりぬいた窓はもはや不要になった」．ロビー邸はそうした空間概念を，中西部の大平原という自然のコンテクストと関係づけることによって成立している．そしてもう一つの重要な要素は，植民地住宅からの伝統であるハースと呼ばれる家の中心としての暖炉．この物理的，精神的中心によって規定され，性格づけられる空間とガラスによる緩やかな境界，がこの作品の特質である．

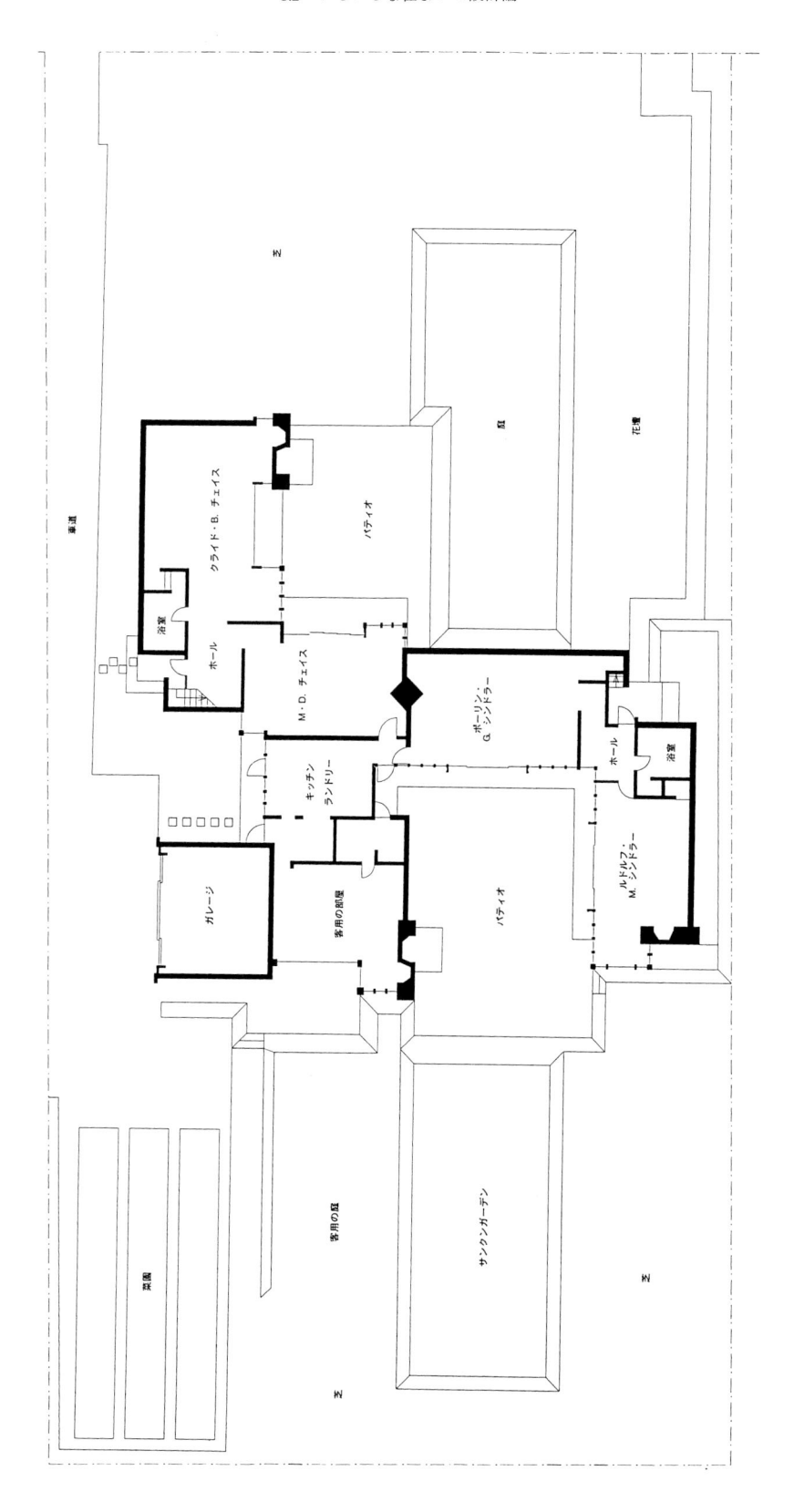

図 5.20 シンドラー夫婦とチェイス夫婦の住宅 (The Schindler House and the Friends of the Schindler House)
設計：Rudolf M. Schindler/West Hollywood, アメリカ/1922

●**シンドラー自邸**（1922年）——ルドルフ・M.シンドラー

　この作品のそれぞれの部屋は，「キャンパーのシェルターの基本的要求，つまり，守られた背面，開かれた前面，暖炉，そして屋根」でできている．2つのストゥーディオがホールとバスルームを接点にL字に組み合わされ，パティオ側に開く．2組のL字が組み合わされてZ字になり，接合部近くに台所とランドリーからなるユーティリティスペース，さらに客間とガレージがつながる．社会や家族，個人という概念との関係でのこのプランの最大の特徴は，上の本人の言葉が示すとおり，各室が自律的にあることにある．それぞれが十分な広さ，中心としての暖炉，庭との直接的関係，外部への個別のアクセスを与えられ，ここで働き，食べ，くつろぐ．親しい2組の夫婦のための住宅という特殊な条件下ではあるが，黒沢隆が個室群住居と呼ぶ，自立した個人が最小単位となり，社会へ直接接続された住居形式がここにすでにある．

　ライトの住宅が結果的に内部と外部の境界をあいまいにしたのに対し，シンドラーは，内部と外部を同じようにデザインした．つまり，やはり，もともと内部と外部とは別のものではないかのように．基礎を兼ねる床スラブ，壁のティルト・スラブ，木の陸屋根，フラットな芝，竹と低木の壁状の植え込み，それらの平面的要素が敷地全体のヴォリュームを水平にあるいは垂直に区切る．床スラブは地面とほぼ同レベルにあり，逆に庭はレベルを切り替えることによっても分節される．2つのレベルの陸屋根はクリアストーリーをつくって部屋に光を取り込み，また，壁より外に張り出した床スラブと陸屋根は内外の中間的であいまいな領域を構成する．そうして，囲われたゾーンと囲われないゾーンが切り分けられながら，かつ，決して閉じない．空間はあくまで連続している．自身，「内部と外部の区別は消滅する」と述べた．

●**サヴォア邸**（1931年）——ル・コルビュジェ

　「建築か，革命か」という言葉を引くまでもなく，近代の精神状態と旧来の環境との間の齟齬を問題として，コルビュジェは多くの言葉を発し，建築として具体化してみせた．ローマではなくギリシアに範をとる純白の幾何学形態．新しい素材，技術の直截的表現であるドミノ形式．荒廃した都市環境の中で労働者の安息の場所を確保するための近代建築の5つの要素，す

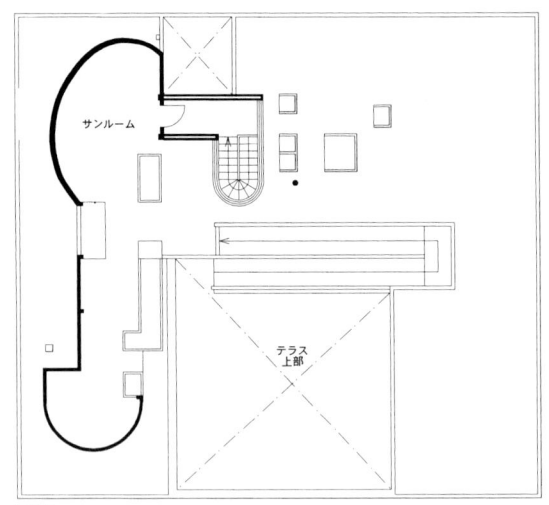

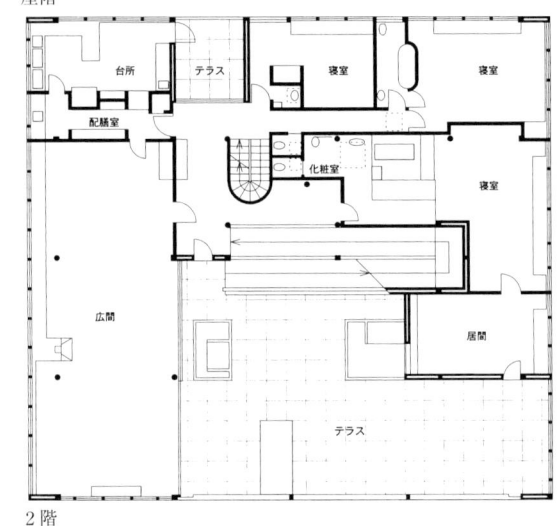

図 5.21 サヴォア邸（Villa Savoye）
設計：Le Corbusier/Poissy, フランス/1931

なわち，ピロティ，屋上庭園，自由な平面構成，横長窓，そして奔放なファサード．白の時代と呼ばれる1920年代までに展開されたそれらのさまざまな言説や活動の到達点として，サヴォア邸はある．パリ近郊，ポワッシーの丘の上に差し上げられた真っ白な直方体．しかしその単純な形態に内包された意味は，実に複合的である．ピロティと屋上庭園，さらに主階のテラスという中間的な領域のあり方は，内部と外部という直接的関係を拒否している．一方で横長窓によって開放的に扱われた外皮は，概念的には内部と外部が一体的にあること，あるいはその均質性を達成している．ラ・ロッシュ邸で試みた「建築的プロムナード」と称する空間の動的展開は，ここでは中心部に置かれた斜路に依拠して成立している．目の高さが連続的に変化する斜路を空間的にも概念的にも中心に据えることで，時間と空間とが同列の次元を得ている．さらに，均等グリッドのように見える柱の配置もこの斜路によって変形され，それぞれの構成が複雑に関係し合う．それら異なるレベルのさまざまな概念や実体としての要素が相互に複雑に関係しながら「困難な全体」を得ている．

パリに住むサヴォア夫妻の週末住宅として計画されたが，その平面形式はL+nBである．

●ファーンズワース邸（1950年）──ミース・ファン・デア・ローエ

「そこに人は住めるか？」ミースの空間概念が住宅としてはじめて具体化された1930年完成のトゥーゲントハット邸に対する問いである．主階の大きな部屋がパーティションによって仕切られているだけで，明確に「囲い」を形成していないこと，「部屋」や「機能」という伝統的な概念そのもの，そして，それらの限界が問題になった．ファーンズワース邸は，一婦人のウイークエンドハウスという与件によって，同じ問いを免れてはいる．しかし，ここで求められる行為は，その住宅を創った方法と実はより密接に関係している．

コアないしコアに含まれた暖炉を中心として拡がる空間は，ガラスの皮膜によってではなく，敷地内外の自然によって囲い込まれている．つまり，香山壽夫が措定した建築空間の基本構造，「内部空間の外部に対する開放は，他の位置での閉鎖によって補われている」は，環境全体の構造としてここでも当てはまる．そして，その内部空間の開放性の完全さがこの住宅の最大の特徴であり，郊外住宅の誕生以来一貫して希求された，外部の自然環境との一体的あり方はここで極致に達する．ミースは「建築は2つのレンガを注意深くつなげることから始まる」と語る．このことが，近代の材料である鉄やガラスにも当てはめられて，ファーンズワース邸の床と屋根の2つの水平スラブと8本の細い柱が接合され，ガラスがはめ込まれる．その接合方法の精妙さが，囲いの感覚をなくす上でおそらく大きく寄与している．さらに，ルネッサンス期に再整理が行われ，以降繰り返し用いられてきた，幾何学的な比例関係が周到に適用され，すばらしいプロポーション

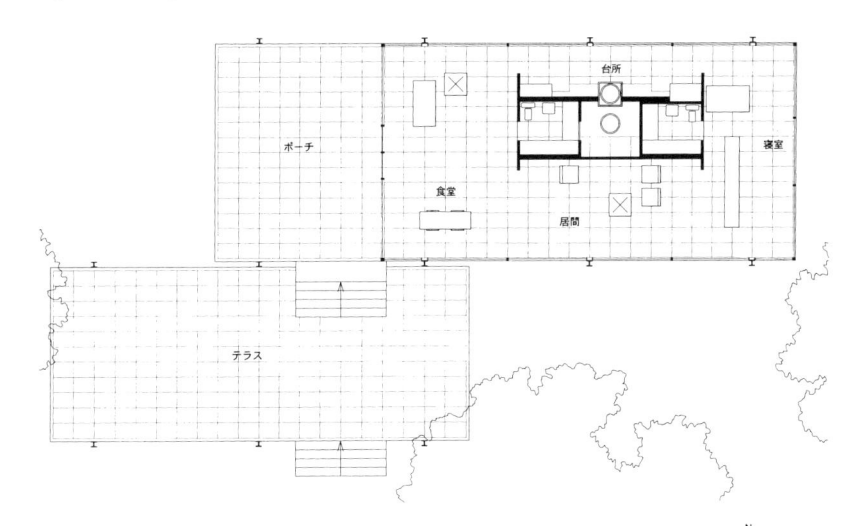

図 5.22 ファーンズワース邸（Farnsworth House）
設計：Mies van der Rohe／Plano, Illinois, アメリカ／1950

を生んでいる．平面的には内部やテラスはもちろん，2つの長方形によってできた入り隅の外部をも規定している．また柱の寸法がその体系の基準となっていると読むことができ，そうだとしたらそれは古典的なオーダーに通じる．

● **立体最小限住居**（1950年）——池辺陽

戦後数年間は戦災による約420万戸の住宅不足に対して，短期間の大量供給が必要であった．供給のためには住宅生産の工業化と組織の構築が急務とされた．同時に，それをいかにつくるかという意味では，徐々に浸透し始めた機能主義や女性解放などの民主的な考えに基づき，それを住居として具体化するさまざまな理論的探求が行われた．しかし，建築家が大衆の住宅を実践する機会は少なく，池辺のこの住宅はその極限的状況の中で実現した数少ない例である．

建築主に対して「畳に寝てはいけません」といったという池辺は，このような理論的展開の中心人物である．そのプランをあらためて見てみると，約47 m²というおよそ自虐的な狭さの中に夫婦と一人の子供の行為の空間，すなわち居間と寝室が押し込まれている．やはり極限的な狭さの中で食寝分離を実現した公営住宅51C型によって一般化するダイニングキッチンはここではリビングダイニングキッチンとしてあり，個の確立に不可欠とされた個室が確保されている．つまりL+nBはすでに成立している．その上，図面上ではベッドが描かれており寝室としての機能を期待されたと思われるが，書斎まである．ここにはこの後50年代前半にかけて小住宅設計の方法として定着していくさまざまな概念の多くが先駆的に実践されている．すなわち，従来の日本住宅の封建的要素である畳，床の間，障子などの追放．合理性の証としてのグリッドの採用，小屋裏など無駄なスペースの排除，空間をくまなく利用するための収納，小ささゆえ中心にはないものの設備の集約されたコア．主婦の家事労働を軽減するための動線計画．だんらんの場として茶の間に代わる居間．それらが最高高さわずか5.3 mほどの片流れ屋根の下にまさに立体的に集約されている．

● **丹下健三自邸**（1953年）——丹下健三

ロビー邸やファーンズワース邸の空間は中心が張る空間であり，そのことが壁による明確な囲い込みによる内部空間という西洋の伝統的な形式との根元的な相違である．そして，それはユニバーサルスペースという空間概念の一つのあり様を示している．ファーンズワース邸はプロジェクトの段階で1949年に日本に紹介され，その概念的にも具体的にも完成された作品が，日本の近代住宅が乗り越えるべき目標となった．丹下はもともと日本建築の持っている同形の構造，すなわち柱梁と畳による空間の無限定性に依拠しながら，ピロティによって主階のほぼ中央にアクセスすることによって，ユニバーサルという意味ではより進んだ解を示したと考えることができる．しかし，それでも実際の生活はL+nBという空間分節を要求する．つまり，ユニバーサルスペースは生きられた瞬間に解消せざるをえない．だからこそ，ミースの住宅平面には家具が描かれ，行為と空間の関係が明示されるのであろう．

この住宅は木造である．140 m²という「邸宅」をこの時期に木造でつくることの反動性に対する批判は無意味であろう．木造であるからこそ日本固有の空間

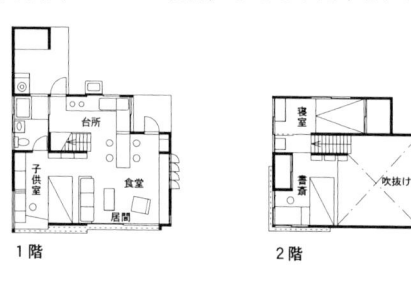

図5.23 立体最小限住居
設計：池辺陽／東京都新宿区／1950

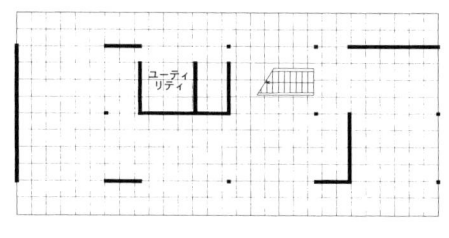

図5.24 丹下健三自邸
設計：丹下健三／東京都世田谷区／1953

構造なのであり，日本という地方性と近代という一般性とが同時に達成されるのである．さらに，畳の寸法が自動的にモデュールとなるため，平面はおよそ1：1，2：3，3：4という単純な整数比で構成され，さらに高さ方向にもその関係は敷衍されているかに読める．さらに唯一日本的ではないと思われるピロティの造形も，全体の構成と一体的に扱われ，特にその平面上の構成はいいがたい均衡を示している．おそらくそこでの行為との関係もおよそ完璧である．

●**清家清自邸**（1954年）──清家清

　篠原一男によれば，設計時に示されない将来の生活の可動性について建築家は責任を持つ必要はない．あるいは宮脇檀の，そうした変化を見越した戦略もある．しかし，もともと両親の家の裏庭に建てられたこの住宅は，2世代近居であり，世代交代に従って自然と時を得た改変が可能であった．ではあるが，地下の予備室を除けばわずか50 m²ほどの平屋建て住宅は，当初

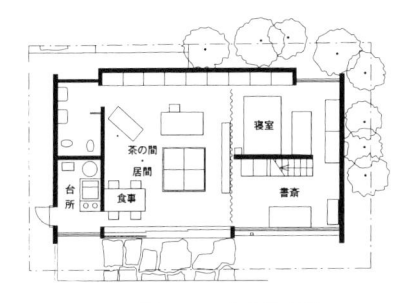

図 5.25　清家清自邸
設計：清家清／東京都大田区／1954

夫婦と子供二人，最終的には夫婦と子供四人の生活を包摂した．基本的にワンルームであり，自身の言葉によれば「鋪設」というきわめて日本的な考え方でそれは可能になっている．であるから，平面図からその生活の全貌を読み取ることは不可能であろう．居間，仕事場，寝室をしきるカーテンと移動畳だけでそれが可能であるとしたら，すばらしい．

　柱と梁からなるフレーム構造が近代建築の原点である．その意味で日本建築はもともとそれと同質のものであった．そのことが再び評価され，新日本調と呼ばれる伝統的デザインの傾向が生まれる．池辺の合理主義とこの日本的手法とが重なるところ，そしてその少しだけ先にこの住宅は成立しているようだ．機能と緊密な関係を持った構造壁の配置，その延長上にあり屋根スラブののるハブマイヤートラスはゆるやかに空間を分節し，そして連続する．また，両妻面の耐震壁によって方向づけられ，リビングガーデンと呼ぶ屋外住居としての前庭と一体につくられた空間は，その狭さの克服のためにきわめて有効であろう．靴を履き替えないという前提や，トイレにすら扉をつけないというラディカルさも持ってはいる．しかし，ここまでの個々の観念的試行の結果，それらが統一された豊かさを確かに示している．

●**スカイハウス**（1958年）──菊竹清訓

　篠原一男は戦後の小住宅のテーマをワンルームとピロティと表現したが，スカイハウスはその意味で極致を示しているといえよう．また黒沢隆はモダンリビン

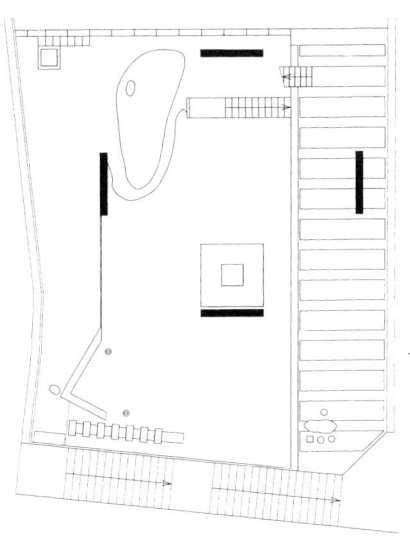

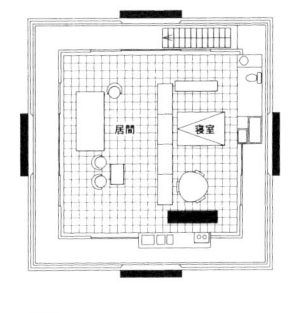

図 5.26　スカイハウス
設計：菊竹清訓／東京都文京区／1958

グの平面形式 L＋nB は，正しくは L＋B（夫婦の寝室）＋n 子供室であり，しかもその中の L＋B は夫婦のスペースであるから，夫婦の部屋＋n 子供室，ないし夫婦の部屋＋その他，と表記できるとする．スカイハウスはその意味でもおよそ完全な解としてある．

コルビュジェの近代建築の5つの要素を持ち出すまでもなく，じめじめして衛生的でない地面から切り離され，自由なプランのために堅牢な壁を持たない近代建築の特徴．その形態上の特質が，夫婦を中心とした近代家族の理念と直接的に結びついて具体化されている．およそ2層分の高さのピロティで，その名のとおり空中に差し上げられている．平面的には，4枚の壁柱だけが動かない要素であり，ムーブネットと呼ばれる設備ユニットを含めそれ以外のものはすべて，少なくとも概念的には可動，可変の装置としてある．都市基盤に連続する不動，不変の構造と，それに随時接続される可動，可変のユニット．そこに形づくられたものは正真正銘の，夫婦二人のためにある一室住居である．さらに，子供すらピロティにぶらさげて住まわせるという徹底した方法で，夫婦の空間が守られる．このようにスカイハウスは，近代住居の究極的な姿として見ることができる．そして，上記ワンルームの完成された姿であり，完全無欠のユニバーサルスペースとして見ることも不可能でないであろう．しかし，そうした概念的な自律性と裏腹に，その形態的完全性はいかなる改変をも拒絶する．そうした作品としての不可変性をも同時に達成してしまう．

● **から傘の家**（1962年）──篠原一男

「日本の主婦はもっと働くべきです」．ある大学の住宅設計課題を担当した際に，物干場への動線が長いことを気に病む学生に対する言葉である．あるいは台所の形態について，L型の方が使いやすいと主張し，それを求めるクライアントである主婦の反対を押し切っ

てI型を強行する．篠原にとって戦後の小住宅に適用され，また小住宅の中で極限的に試行された機能主義は重要ではない．前述のとおり1950年代半ばまでの戦後の住宅設計の主題をワンルームとピロティの2点に総括し，その2つのテーマに向かって多くのエネルギーが結集されたことによって，住宅設計の高揚期として記憶されることとなったとする．しかし，たとえば，ミースのファーンズワース邸を目標とするワンルームというテーマ．そもそもこの完成された住宅からの展開そのものが不能であり，さらに，日本では小住宅ゆえにワンルームにせざるをえなかったのであって，小住宅という問題が解消するとともに，意味を失ってしまう．このように，戦後の住宅理論が機能主義一辺倒であったことを批判し，人間と空間の関係に視座を回復しようと論陣を張る．そして，論文を書くことと建築を創ることは自身にとって同じであるとして，住宅設計を実践した．

「日常的生活機能を満足させるためにいまさら建築家が必要だと思わない」．そして，「小さな家では，まず何よりも，人間と空間の直截的なやりとりのなかで形成されていかなければならない」．建築家の役割は「住宅は芸術である」という言葉に集約され，その5年後に「住宅はすでに芸術になった」と書いた．すなわち，「今日の住宅設計はその空間に密度の高い芸術性を与えないかぎり社会的な存在理由はきわめて希薄になるだろう」．

● **塔の家**（1967年）──東孝光

郊外住宅を都市から離れる住居と書いた．都心に住み続けるには高密化のため何らかの集合化が必要であろうという意味が含まれている．しかし，この塔の家は東京都心の青山の非常に狭い土地に独立住宅として建っている．ここには，どうしても都心に住みたいという決意がかたちになった，郊外住宅やアパートメントハウスではない，都市型独立住居というもう一つの住居形式が構築されている．東自身，自給自足的であり独立性が高い農村住宅，都市の利便性に依存する都市型住宅を認め，独立性と利便性の両方を求める「郊外型住宅はつくられたときから破綻しているとしか思えない」と記した．郊外の風景に虚構を見るのは，生産する土地と乖離した住居のあり方の虚ろさと関係しているのであろう．

都心の大通りに面した20.56 m^2 の三角形の敷地．こ

図 5.27 から傘の家
設計：篠原一男／東京都練馬区／1962

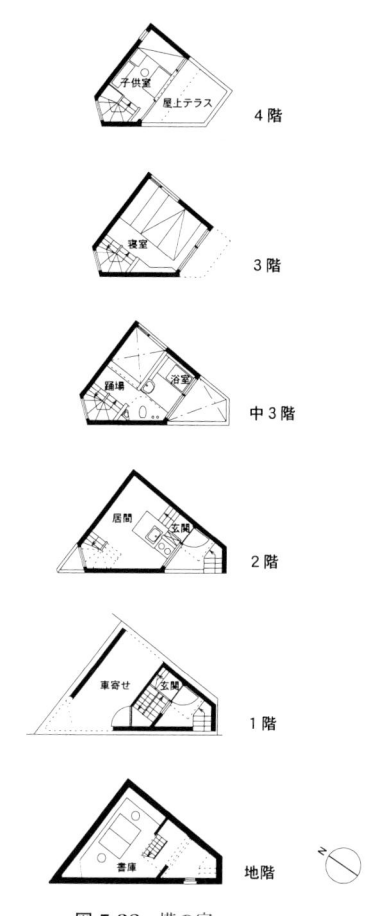

図 5.28 塔の家
設計：東孝光／東京都渋谷区／1967

の作品の特徴は，先の決意とこの敷地条件によって決定されているといってよい．今日の都市にはさまざまな機能があり，かつて家庭内でしか行われなかったさまざまな行為の多くは都市が代替することができる．食事はレストラン，客間はホテル，洗濯はコインランドリーなど，そして，コンビニエンスストアは冷蔵庫である．都市の機能に依存することによって，住居はどんどん身軽になる．たとえば，ワンルームマンションはそうして存在を保証されている．しかし，塔の家は住居の持つ基本的機能を棚上げして成立しているわけではない．全体で $65.05 m^2$ の構成は，地下から地上 5 階まで，書庫・作業室，ガレージ，LDK，浴室・便所，寝室，子供室で，LDK から上は立体的ワンルームである．通りから半階上がる玄関のあり方も含め，実は連棟でないロウ・ハウスといえる形式を持っている．

●ブルーボックスハウス（1971 年）──宮脇檀

宮脇檀の住宅作品の多くに「……ボックス」という作品名が付されている．そして，わずかな例外を除き，それらはいわゆる「混構造住宅」である．混構造住宅とは，建築家や都市計画家が「こうあるべき」とつくるものと人の行為とは必ずしも一致しないことを問題にし，都市的スケールに対応し人に対しては変化しない部分と，人の生活に伴って可変性を付与する部分とを意識的につくろうとする方法である．そして，前者に自身が「プライマリィ」と呼んだ単純形態の RC の箱を，後者に木の壁や家具を当てる．

ブルーボックスハウスは 1971 年に東京世田谷の多摩川に近い急傾斜地に建てられた．このとき，崖からキャンチレバーで突き出す単純な箱をつくるために RC の箱全体を構造体とし，その荷重を低減するために内部が木造でつくられた．つまり，前作である秋田相互銀行盛岡支店で模索されたプライマリィの最初の意識的適用であり，かつ次作の松川ボックスで自律的方法として用いられる混構造の最後の無意識的採用である．自身作家のエゴと表現した外形の初源的幾何学形態へのこだわりと，人の本能的な動きに対応する内部の細やかなあり様との対比が混構造住宅の特徴をよく示している．モダニズムに出自を求め，モダンリビングそのものをつくり続けながら，宮脇は居間と個室で構成される近代住宅に疑問を呈し続けた．それは「子供に個室はいらない」「リビング・ルームって何だろう」といったきわめて平易な言葉で表現されている．1 世紀前に誕生し戦後に移入された，近代家族に対応

図 5.29 ブルーボックスハウス
設計：宮脇檀／東京都世田谷区／1971

する近代住宅．その反省を求める声はモダンリビングが定着した70年代にようやく聞かれるようになった．

●住吉の長屋（1976年）──安藤忠雄

塔の家同様，それでも都市に住みたいという住み手の意志に支えられている．しかし，東のそれが都市肯定論であるのに対して，安藤は都市環境を否定的にとらえ，ゲリラ戦を挑む．1972年の「都市ゲリラ住居」と題された声明には，外部環境への嫌悪と拒絶が明言され，それゆえに意志を持つ個人の，都市におけるアジトとしての「Packaged Environment」が希求された．近代以降の自然と隔離された人間のあり方を問題としながら，それでも都市に住む．その矛盾を解決するには，空間的にはいったん都市と縁を切らざるをえない．あくまで個人が中心であり，その「住まう」意志を中心に据えることで，住居はそれを包み込むシェルターとしてイメージされている．その後あらためて，そこに自然との関係を呼び戻す．ここでの具体的方法は玄関以外開口らしい開口を持たない外壁と中庭である．間口の狭い長方形の敷地の中心が中庭であり，その手前と奥に4つの内部空間が配されている．各室の行き来にはいったん外部を通らなければならない．そうして「自然」とむりやり，しかも日常的に関係づけることで，住み手の意志がその都度確認される．そもそも，機能的建築への疑問があった．夜中の用足しに傘をさす計画はもちろん問題であろう．しかし，「そこでしかできない生活を原点から問い直すこと」，「抽象的な空間と具象的な人間生活を刺激的に衝突させること」，「使い勝手の善し悪しとは別の，感動という刺激を持つ場所」といった安藤の思いが愚直に表現されている．

家族については，あくまで自立した個人が先にある，とする．が，ゲリラ住居も含めて多くの住宅の構成は，夫婦を核として形成される正しい近代住宅といえる．そして，だからこそ，その空間の創り方が問われている．

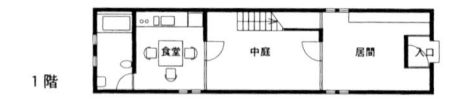

図 5.30 住吉の長家
設計：安藤忠雄／大阪府大阪市／1976

●シルバーハット（1984年）──伊東豊雄

伊東の住宅平面は正当なモダンリビングのそれである．すなわち，室名は言い換えられても，70年代，80年代を通して建てられた住宅のおよそすべてがL＋nBという構成をとっている．いくつかは建売住宅の典型例と位相的に同形である．であるから，そこに措定された家族像は近代家族そのものであろう．だとすると，何が問題になっているのだろうか．

伊東は1980年代半ばまでの自身の作品を，「風の変

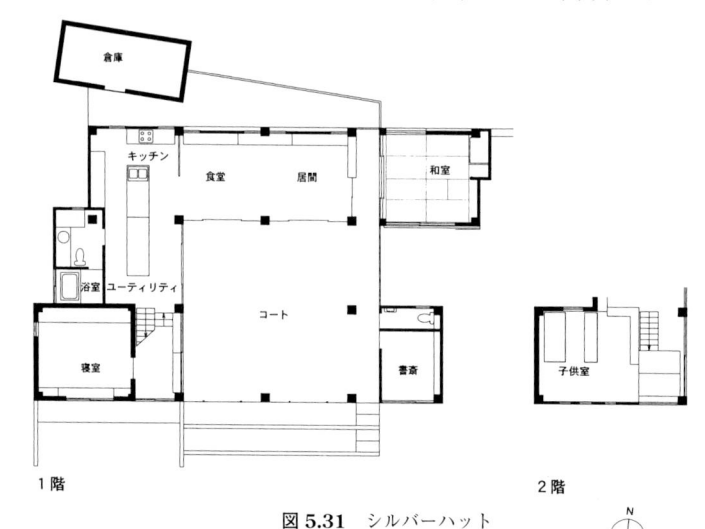

図 5.31 シルバーハット
設計：伊東豊雄／東京都中野区／1984

様体」と「光の変様体」の 2 つのグループに分ける．1971 年のアルミの家を除けば，1984 年のシルバーハット以降が風の変様体である．それは，ただ 1 枚の布片で柔らかく身体を覆うという心地よい状態を指し，また永続性の否定によって現在の心地よさが保証されるとしている．建築を身体の延長としてとらえ，そのことによって，身体との関係では衣服，いす，部屋，建築，都市空間は差がないことになる．つまり，ここでは 1 枚の布片で柔らかく身体を覆ったような建築が求められている．そして，それは有孔，無孔の金属パネルなどによる皮膜的な空間として実現された．3.6 m グリッドの上に立てられた鉄筋コンクリートの独立柱と，その上にのるスチールフレームの 7 つのヴォールトからなる．そのうち最も大きなヴォールトはコートを覆い，都市住宅でのオープンスペースの可能性という意図を具体化した．その半屋外のリビングスペースとしてのコートに対して各スペースは開かれ，また，各スペース間も同様に連続的である．「私は内部と外部の区別がない建築をつくりたい」．自身の建築を語る伊東の言葉である．しかしそれは近代のテーゼと同じではないはずである．

●熊本県営保田窪第 1 団地（1991 年），岡山の家（1992 年）──山本理顕

日本の現代住居の平面形式を決定してきたさまざまな要因のうち，いくつかの重要な問題は集合住宅の発展と密接な関係をもって考えられてきた．食寝分離はその初期の例であるし，いす座のダイニングキッチンは絶対的な狭さを克服して，それを実現するための具体策であった．あるいは L＋nB という形式自体，集合住宅の中でより明確に求められたといえるかもしれない．そして，住居のプライバシーの問題，集まって住むときのコモンスペースの意味などはより集約されたかたちで顕在化した．人間社会の特徴は個人，家族，コミュニティ，社会と階層を持っていることであり，そもそも個人が社会といかに関係するのかが問題であった．個々の住居について闘論を展開してきた山本は，熊本県営保田窪第 1 団地において，そうした社会的な関係を空間の関係として表すことを試み，個々の住居が閾となって，そこを通らなければ団地全体で共有するコモンスペースに行けないプランをつくった．つまり，道路に面して入口を持った 110 の住戸が環状につながり，コモンスペースを囲いとる．そしてすべての住戸はそちらにも入口を持っていて，共有空間を各住戸がコントロールする．

さらにその翌年，集合住宅における，社会-家族-コミュニティという関係を，1 戸の住宅にレベルを変えて，社会-個人-家族ないしコミュニティとし，岡山の住宅で実現した．これは家族のための住宅であるから実験であるが，同様の形式が家族ではない複数の個人，すなわち共同体でいかに成立するかという問いがこの延長上に見据えられている．つまり，夫婦を核とする

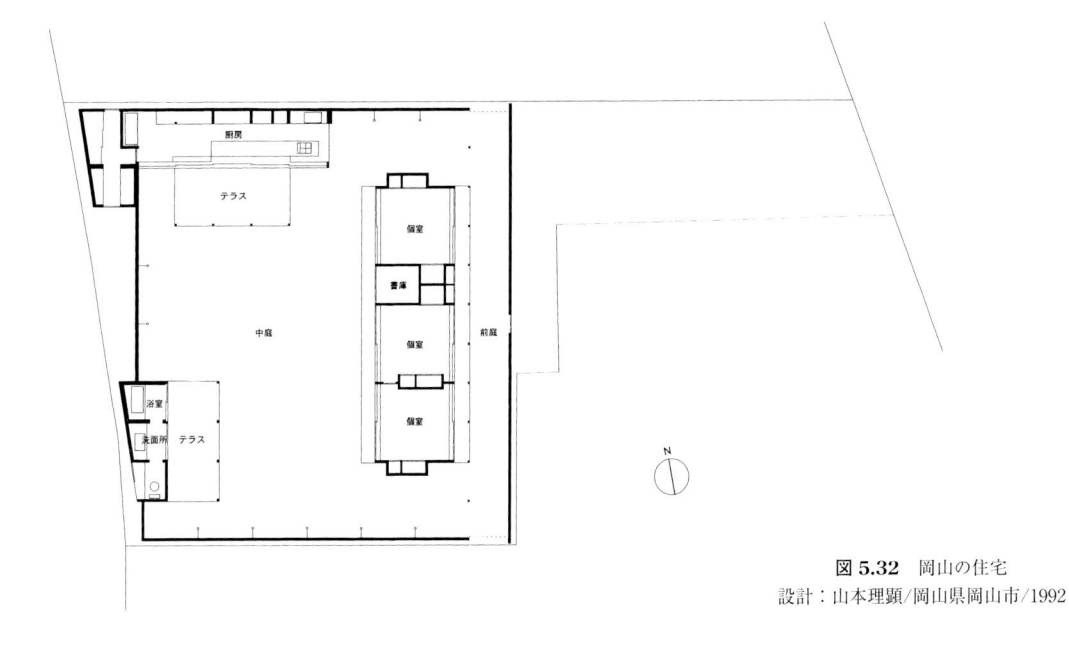

図 5.32　岡山の住宅
設計：山本理顕／岡山県岡山市／1992

近代家族が居間を中心に個室を配することで近代住居をつくったように，今日の家族のおかれた状況を解く今日的ないし近未来的住居形式の模索の端緒といってよい．

　夫が通勤し，妻が家事専任者であることによって役割を分担し，それによって夫婦が一体的にあること，言い換えればペアでなければ機能しないこと，つまり夫婦が社会の最小単位であることが構造的に約束されていた近代家族．そして，その家族のための近代住宅．しかし，女性の社会への復帰などの要因により，その前提である夫婦の一体的関係の確認が困難になりつつある現代．子供に個室はいらないとした宮脇檀のように人間のより初源的住居形式である一室住居に回帰するのか，あるいは社会の成り立ちを個人にまで解体し，コミュニティの新たな構築を模索する黒沢隆や山本理顕のように個室へと純化していくのか．篠原一男のようにそうした社会や家族の問題すら超越する態度をとるのか．

　生産活動が住宅の外部にあることを前提とした近代住宅と，それを原型とすると考えられる今日のわれわれの住宅を具体化している方法について，いくつかの例をあげて記述した．住宅における行為はなお変化し続けている．情報技術の急速な普及によって，仕事，つまり生産活動が家の中に回帰する現象すら日常化しつつあり，またすでに述べたようにそれら電子的デバイスは家族という概念の解消，ないし少なくとも変化をもたらしている．そうした技術革新が，近代におけるのと同様に建築自体を変革していく力になりうるのかは定かではない．が，それは生活と直接関係する問題であり，そのことが住宅に何らかの変化を要求するであろうことはもはや疑いをいれない．

［図版作成協力］　東條暁男，柾谷祐介
［図版（平面図）縮尺］　1：300

5. 住まいと環境

●住まいの空間構成原理●

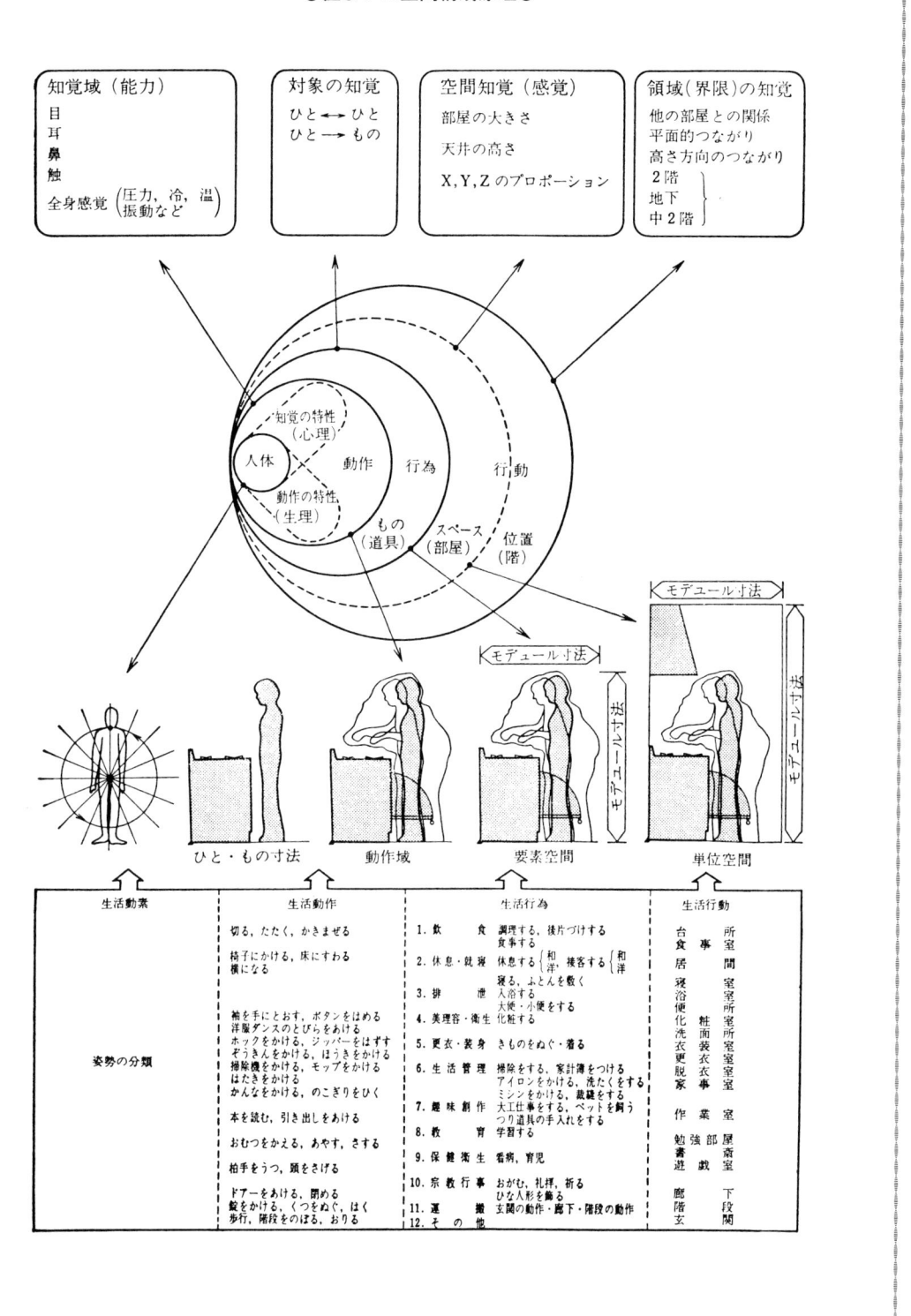

知覚域（能力）	対象の知覚	空間知覚（感覚）	領域（界限）の知覚
目 耳 鼻 触 全身感覚（圧力，冷，温 振動など）	ひと ⟷ ひと ひと → もの	部屋の大きさ 天井の高さ X, Y, Z のプロポーション	他の部屋との関係 平面的つながり 高さ方向のつながり 2階 地下 中2階

中心の図：
- 知覚の特性（心理）
- 人体
- 動作の特性（生理）
- 動作
- 行為
- 行動
- もの（道具）
- スペース（部屋）
- 位置（階）

下段図：ひと・もの寸法／動作域／要素空間（モデュール寸法）／単位空間（モデュール寸法）

生活動素	生活動作	生活行為	生活行動
姿勢の分類	切る，たたく，かきまぜる 椅子にかける，床にすわる 横になる 袖を手にとおす，ボタンをはめる 洋服ダンスのとびらをあける ホックをかける，ジッパーをはずす ぞうきんをかける，ほうきをかける 掃除機をかける，モップをかける はたきをかける かんなをかける，のこぎりをひく 本を読む，引き出しをあける おむつをかえる，あやす，さする 柏手をうつ，頭をさげる ドアーをあける，閉める 鍵をかける，くつをぬぐ，はく 歩行，階段をのぼる，おりる	1. 飲　食　調理する，後片づけする 　　　　　　食事をする 2. 休息・就寝　休息する｛和／洋｝接客する｛和／洋｝ 　　　　　　寝る，ふとんを敷く 3. 排　泄　入浴する 　　　　　　大便・小便をする 4. 美理容・衛生　化粧する 5. 更衣・装身　きものをぬぐ・着る 6. 生活管理　掃除をする，家計簿をつける 　　　　　　アイロンをかける，洗たくをする 　　　　　　ミシンをかける，裁縫をする 　　　　　　大工仕事をする 7. 趣味創作　大工仕事をする，ペットを飼う 　　　　　　つり道具の手入れをする 8. 教　育　学習する 9. 保健衛生　看病，育児 10. 宗教行事　おがむ，礼拝，祈る 　　　　　　ひな人形を飾る 11. 運　搬　玄関の動作・廊下・階段の動作 12. そ の 他	台　所 食事室 居　間 寝　室 浴　室 便　所 洗面室 化粧室 更衣室 脱衣室 家事室 作業室 勉強部屋 書斎 遊戯室 廊下 階段 玄関

6. 現代の建築設計

6.1 建築設計の現代的方法

a. はじめに：拡大する設計領域

 大量に建設し廃棄する建築のあり方が変わり始め，1つ1つの建築を丁寧につくり，大事に使うことが求められている．そのような時代において建築設計の意味は重い．どの建築にもそれにしかないユニークな価値が求められるからである．しかし建築は多面的で，何が価値あることか評価は多様である．印象的で美しい，よく利用される，愛着を持たれる，メディアの評価が高い……．どのユニークさも重要であるが，相互に関連しており，ときには相反する．

 現代において設計は，大海で小舟を操るような行為となっている．4.1節で指摘したように，考慮すべき項目は多岐にわたる．構造，構法，設備，素材などの技術上の選択肢は多く，設計の理論や手法もさまざまに提案されている．国内外の情報も豊富に手に入る．このような可能性に満ちた中にあって，どのプロジェクトも，ユニークな建築として実現することが求められているのである．

 本節では，現代の建築家による独創的な設計例を取り上げる．彼らは，建築の特定の側面に対し，独自の仕方で焦点を当て強調する．それによって，その建築は芸術的といえる際だったあり方を示し，ユニークな価値が与えられている．焦点が当てられる側面を次のように分類してみたい．

（1） 素材によって構成され，形を持つ「もの」としての側面

（2） 現象し知覚される側面

（3） 行動やできごとの生じる空間としての側面

（4） 都市，ランドスケープ，歴史などの大きな文脈に位置づけられる側面

 （1）の「もの」としての建築をつくることは，基本的な建築家の仕事である．一方，（2）から（4）は建築に必然的に伴う側面で，設計の結果であっても，対象とはならないことが多かった．しかし現代では領域が拡大し，（2）では現象としての現れ方が，（3）では人間の活動が，（4）では建築を含む環境や時間的変遷が扱われるのである．

 設計の領域拡大を示す例がラ・ヴィレット公園の設計競技（パリ，1982）である．実現したB.チュミの1等案（図6.1）も，注目を浴びたR.コールハース

図 6.1 ラ・ヴィレット公園 B.チュミ案（実施案 1982）（左）
GA DOCUMENT EXTRA 10
Bernard Tschumi, p.35

図 6.2 ラ・ヴィレット公園 R.コールハース（OMA）案（1982）（右）
"Rem Koolhaas OMA" Princeton Architectural Press, 1991, p.93

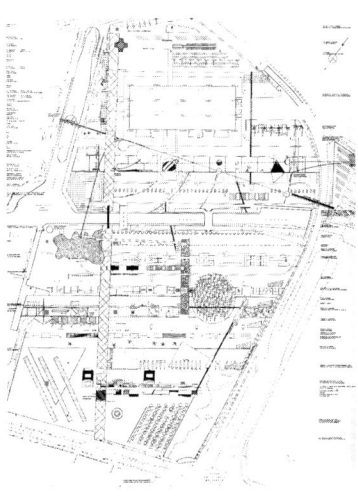

（OMA）案（図6.2）もダイアグラム（図式）のようで，従来の図面表現とかけ離れている．これは，彼らのテーマが，現代の都市公園に対して人の行動とそれに伴うシーンの変化を新たにプログラムすることであり（上記の（3）や（4）に該当），新しい表現方法自体を探る必要があったことをよく表している．

そもそも，この「建築をプログラムする」という発想は設計の領域拡大に伴うものである．考えてみれば，日本の建築計画が扱ってきたのは，近代化という時代の要請を背景に，空間とそこでの定型的活動（いわゆる用途）との新しい関係をプログラムすることであった．最近ではそのような定型化した関係が崩れてきて，もう一度建築のプログラムをとらえなおす動きが現れているのである．

以下に，4つの側面に沿って現代建築のアプローチを概観してみよう．

b. ものとしての建築

1) 複雑な形態

建築の形を決めるのは建築設計以外にない．そこには逃れられない責任と魅力的な自由がともにある．それだけに，建築家が形のユニークさに焦点を当て，常識的な四角や直角でない形を表現することはしばしばある．そのような場合，植物や動物の有機的形態を発想の源とすることが多かった．しかし，20世紀末には以前に比べはるかに複雑な形の建築が生まれている．F. O. ゲーリーのグッゲンハイム美術館ビルバオ（p.149参照）がその代表である．このような表現の背景には，初期のモデリングから模型作成，さらに実施設計から実際の部材作成まで一貫した，コンピュータによる設計の普及がある．

抽象的なものや変化するものが形のモチーフとなることもある．ゲーリーと同じアメリカの建築家 P. アイゼンマンは，コロンバス・コンベンション・センターを，動きやできごとのストップモーションのように設計している（図6.3）．

同様に極端に複雑な形の D. リベスキンドのユダヤ博物館（図6.4）は，ジグザグの形をした展示空間を直線の吹き抜けが貫き，断片となった吹き抜けが肋骨のような構造体として機能するものである．

これらは，形の持つ圧倒的力によって，周辺環境全体を読みかえている．建築の分野にとどまらず，環境芸術の動向との相互影響関係のある一群である．

図6.3 P. アイゼンマン：コロンバス・コンベンション・センター（オハイオ州コロンバス，1993）
photo：Jeff Goldberg. a+u 9309 pp.132-133, P. Eisenman "Diagram Diaries" Universe 1999

図6.4 D. リベスキンドのユダヤ博物館（ベルリン，1998）
photo：宮崎淳氏

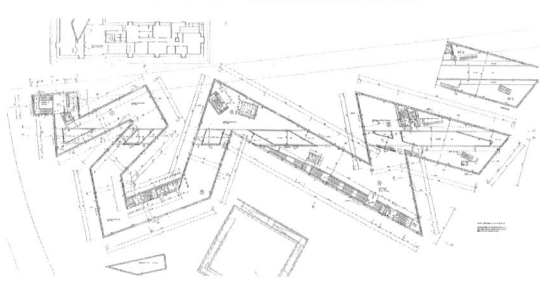

2) 構法と素材

構造や架構となる「もの」は，建築が人々の利用に供する内部空間を持つために欠くべからざる要素である．そのため，それら自体を工夫して表現とする建築は多く見られる．近代に開発された構造方式である鉄筋コンクリートはいつもそのようなテーマとして取り上げられてきた．中でも，仕上げ材で隠すことなく，極端に精巧な打ち放しで仕上げることで禁欲的な空間をつくり出すという表現が，安藤忠雄によって示され建築界に影響を与えてきた（図 6.5）．一方，内藤廣は架構方式を表現とすることに特徴のある建築家である．牧野富太郎記念館では，中庭を取り囲んで展開する展示空間を，木の集成材による架構で覆っている（図 6.6）．

近代建築では，構造方式の新たな技術的開発が表現と一体となる例は多かった．トラス，シェル，吊構造，膜構造などである．近年話題となったユニークなものとしては，坂茂が，軽量化とリサイクルを視野に入れた仮設建築として，紙管を構造体に用いる試みをしている（図 6.7）．

建築を構成する「もの」いっさいを一貫したシステムにのせるという考え方もある．標準化した寸法体系を採用し，部材，構法も規格化を図ることはそのような例で，もともと日本の木造伝統構法にはそのような体系があった．20世紀には，工業化と結びつき，新しい素材や構法の開発とともに低コストで大量に建設する手法としてさまざまに提案された．難波和彦は，このような考え方を，無駄なものを取り去ったシンプルな暮らしの美学としてリバイバルさせ，仕上げや建具，家具まで標準化，単純化を図り，単純な外形で内部が一室空間となった「箱の家シリーズ」を設計している（図 6.8）．

同じように素材を単純化していても隈研吾の馬頭町広重美術館の場合は対照的である（図 6.9）．木のルーバーによって内部も外部も統一されているが，架構はスチール造であり巧みに隠されている．この木のルーバーは，その「もの」自体への関心というより，境界をあいまいにするという視覚的効果をねらって被膜のように使われており，建築家の関心は次に取り上げる現象する建築の方にあるといってよいだろう．

図 6.5 安藤忠雄：光の教会（大阪府，1989，日曜学校 増築，1999）（上）
photo：新建築写真部
図 6.6 内藤廣：牧野富太郎記念館（高知県，2000）（右上）
photo：日色真帆
図 6.7 坂建築設計：紙の教会（兵庫県，1995）（右下）
photo：新建築写真部，JA42

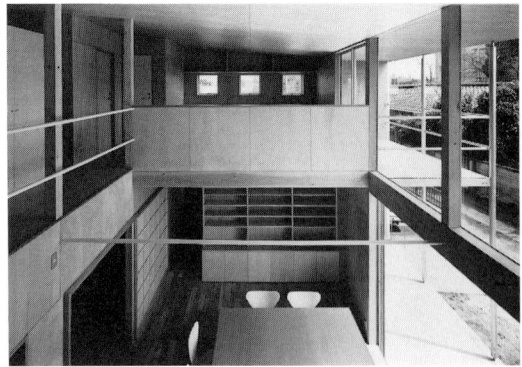

図 **6.8** 難波和彦：箱の家-I（東京都, 1995）
photo：新建築写真部, 新建築住宅特集 9508

図 **6.9** 隈研吾：馬頭町広重美術館（栃木県, 2000）
photo：新建築写真部, 新建築 0011, JA38
Kengo Kuma

図 **6.10** J. ヌーベル：カルティエ財団（パリ, 1994）(左)
photo：日色真帆
図 **6.11** ヘルツォーク＆ド・ムーロン：リコラヨーロッパ社工場・倉庫（ミュールーズ－ブリュンスタット, フランス, 1993）(中)
photo：日色真帆
図 **6.12** ヘルツォーク＆ド・ムーロン：バーゼルの信号所（バーゼル, 1995）(右)
photo：日色真帆

c. 現象する建築

1) 表 面

　建築は環境の中で否定しようのない存在感を持つ「もの」である．その存在感を軽くし，さらに映像のように移ろうものとして表現することは，建築家にとって大きな挑戦である．これは知覚されるものとしての建築という側面を極端に強調したアプローチであり，20世紀末にさかんに取り組まれてきた．

　存在感を消す努力は，建築の外観を形成する表面の，しかもディテールにもっぱら注がれることになる．フィルムを貼ったり模様をプリントしたガラス，アクリル，さまざまな素材のルーバーが試みられている．それらの持つ透明，半透明，反射，屈折，モアレなどの性質と色彩の効果などが組み合わされ，建築が不思議

な像となって立ち現れる．さらに天候や時間帯によってその表情をドラマチックに変化させる．映像的でイメージのような建築への追求が，精巧な「もの」の技術的開発に裏づけられていることも興味深いところである．

フランスのJ. ヌーベルは，アラブ世界研究所（パリ，1987）のように，80年代から透過や反射の光と建築の表面との関係を扱ってきた．カルティエ財団（1994）では，建物前面を越えて広がるガラスカーテンウォールと道路沿いのガラススクリーンとの重ね合わせによって，周辺の都市が複雑に映り込み建物が消えてしまうような効果を出している（図6.10）．

スイスのJ. ヘルツォークとP. ド・ムーロンは90年代に現代美術的な建築群を発表している．木の葉の写真を半透明ポリカーボネイトにシルクスクリーンでプリントして軒と壁に用いたり（図6.11），鉄道の信号所では電気的シールドを兼ねた銅ルーバーで建物全体をくるみ，そのルーバーの中央部分をねじることで不思議なファサードをつくり出している（図6.12）．同じくスイスのP. ズントーは，コンクリートの展示室を1層分の高さをあけながら4層重ね（横から天井を介して採光するため），その周囲に大型のすり板ガラスを鱗状に巡らしている．湖畔に建つこの美術館はまるでガラスの照明器具のように見える（図6.13）．

日本にも共通の動きがある．妹島和世と西沢立衛は，木目模様をセラミック印刷した強化ガラスで，ゆるやかにカーブした奥行きの浅い建物を覆っている（図6.14）．それによって，ガラス面の模様と周囲の緑が映り込んだり透過して見える．伊東豊雄が設計した仙台メディアテークは21世紀初めの話題の建物である（図6.15）．ガラスダブルスキンのファサードに前面道路のケヤキ並木が映り込み，ゆらめくように室内に建つ構造体のチューブと重なり合って見える効果がある．

2）知　覚

知覚されるものとしての建築という側面への関心は，建築の表面にのみ向かうわけではない．アメリカの建築家S. ホールは，「時間の経過，光，影と透明性，色彩現象，テクスチュア，素材と細部，すべては建築を全体的に経験することに関与して」おり，建築のみ

図 **6.13** P. ズントー：ブレゲンツ美術館
　　　　（ブレゲンツ・オーストリア，1997）
　　　　（上）
photo：日色真帆
図 **6.14** 妹島和世＋西沢立衛：小笠原資料館（長野県，1999）（右上）
photo：新建築写真部，新建築9907 p.154
図 **6.15** 伊東豊雄：仙台メディアテーク
　　　　（宮城県，2001）（右下）
photo：日色真帆

が「同時にすべての感覚，知覚の複合性を引き起こすことができる」(『知覚の問題：建築の現象学』(a+u 94年7月号別冊) p.41, 訳 p.173) と述べている．このような立場に立つと，建築の設計は知覚に働きかけるさまざまな要素の統合や調整が肝心な点ということになる．彼は，設計時に水彩画をいくつも描き，光や色の具合，壁の質感などをスタディするという．ヘルシンキ現代美術館のゆるやかにカーブしたエントランスホールでは，その成果を見ることができる (図 6.16, 6.17)．

光や影の知覚に焦点を当てるこのようなアプローチは，ル・コルビュジェやアルヴァ・アアルトらにも見られるもので，近代建築が継続して持っている傾向である．ポルトガルの A. シザもそのような一人で，彼が設計した礼拝空間に入って，内側にふくらむ白い壁に沿って差し込む光に満たされれば，人々は自らが全身で知覚する存在であることに気づくことだろう (図 6.18)．

このようなアプローチは，展示物以外の夾雑物のないことが求められる鑑賞空間の設計ではテーマとなることが多い．イギリスの N. フォスターが南仏のニームにつくったカレ・ダールは現代美術センター的なもので，強い日差しがルーバーによって制御された透明なガラスの箱となっている．ここからは，向かい合って建つローマ時代の遺跡「メゾン・ド・カレ」を眺めることができる (図 6.19)．イタリアの R. ピアノは，バイエラー財団美術館で，複層のガラス屋根の上に，さらに遮光用の細長いガラス屋根を簀のように並べて，十分に調節された自然光を展示空間に導いている．ここは，周辺のランドスケープも含めた計画がされており，近代美術の豊富なコレクションに合わせて，自然の光や景色の変化を鑑賞することができる (図 6.20)．谷口吉生も，上品に光を制御した空間をつくる建築家である．豊田市美術館では，内外の境界は二重の半透明ガラスウォールとなっていて，壁面や天井面から拡散した光を室内に取り入れている (図 6.21)．

d. 行動とできごとの起こる空間

1) ヴォイド

現象する建築という側面が，日が差し風が吹くこと

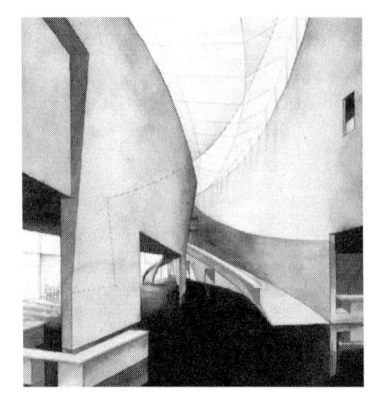

図 **6.16** S. ホール：ヘルシンキ現代美術館 (キアズマ) (ヘルシンキ, 1997) 水彩で描かれた内観 (左)
a+u 9808 no.335 p.19
図 **6.17** S. ホール：ヘルシンキ現代美術館 (キアズマ) (ヘルシンキ, 1997) (下左)
photo：日色真帆
図 **6.18** A. シザ：マルコ・デ・カナヴェーゼスの教会 (ポルトガル, 1997) (下右)
photo：矢萩喜従郎氏

6.1 建築設計の現代的方法

図 6.19 N. フォスター：カレ・ダール（ニーム・フランス，1993）（上）
photo：日色真帆
図 6.20 R. ピアノ：バイエラー財団美術館（バーゼル・スイス，1997）（右上）
photo：日色真帆
図 6.21 谷口吉生：豊田市美術館（愛知県，1995）（右下）
photo：新建築写真部，JA21 谷口吉生 p.42

図 6.22 P. ズントー：ヴァルスの温泉施設（ヴァルス・スイス，1996）（左）
photo：日色真帆
図 6.23 古谷誠章、八木佐千子：アンパンマンミュージアム（高知県，1996）（右）
photo：日色真帆

や人が知覚することのように繊細で静的であるのに対し，より動的な側面，つまり人々が登場して行動し，できごとが起こることに注目するアプローチがある．この視点では，「もの」よりむしろ「もの」の間の空いた部分，人が登場する空隙（ヴォイド）に関心が向かうことになる．建築は，起きる「こと」（事象）の背景あるいは舞台となる．

P. ズントーの温泉施設は，回遊性のあるヴォイドからなる（図 6.22）．構造体が石の塊のように散在し，それらの残余となるヴォイド部分が，内外に連続する温泉なのである．人々はそこを泳ぎながら石の塊にくり抜かれたさまざまな種類の温泉を巡る．一方，スリットを通した光が積層した石の表面を照らし出していて，現象する建築として見ても印象深い．

古谷誠章と八木佐千子がアンパンマンミュージアム(1996)でつくった3層分のヴォイドには,シアター上部の大階段と3階から4階展示室に至る階段,エレベーターがあり,行きかう人があちこちに見える楽しさがある(図6.23).

ヴォイドへの関心は,ヴォイドを実体化しそれ自体を造形するという傾向を生んでいる.特に,R.コールハース(OMA)のフランス国立図書館コンペ案(1989)が話題を呼んだものである(図6.24).巨大な書庫の中に,パブリックな閲覧室である,5つのさまざまなかたちをしたヴォイドが穿たれている.

2) ヴォイドの立体的構成

ヴォイドの実体化をさらにすすめて,複数のヴォイドを組み合わせ,集合体を造形するというアイデアもある.小嶋一浩/C+Aが設計したスペースブロック上新庄は,立体的に折れ曲がった形をしたワンルーム住戸を組み合わせた集合住宅である(図6.25).このスペースブロックは,内部であれ外部であれ壁などに囲まれたひとまとまりのヴォイドを取り出し積木のように扱うものである.これは,設計集団のシーラカンスが,高密度な住空間の調査から着想した表現法で,立体的で複雑な都市空間のデザインに適用が図られている(『立体化した住空間に関する研究』,ハウジング・アンド・コミュニティ財団,1994).

同様の関心が,オランダの設計集団MVRDVのダブルハウスに見られる.奥行きが浅く,寝室と水回り以外は立体的にひとつながりの住戸を2戸組み合わせて,道路から庭まで見通せるユニークな建物としている(図6.26).

S.ホールが福岡でつくった集合住宅は,2層より上の住棟部分をくし形に配置して襞の多い構成とし,住棟に挟まれて水盤を持つ印象的な4つのヴォイドをつ

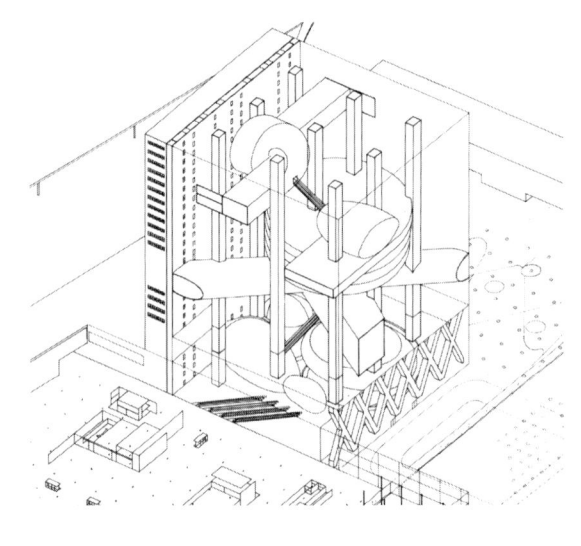

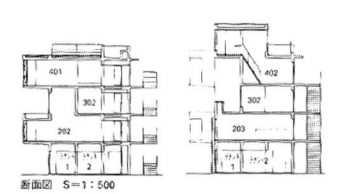

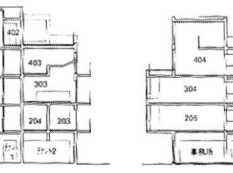

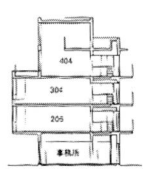

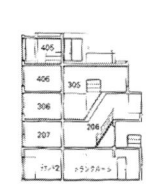

図 **6.24** R.コールハース(OMA)(フランス国立図書館コンペ案,1989)
el croquise 53+79 p.71,"KOOLHAAS OMA" Princeton Architectural Press p.135, S,M,L,XL p.658, a+u 0005 特集 OMA p.250

図 **6.25** 小嶋一浩/シーラカンス・アンド・アソシエーツ:スペースブロック上新庄(大阪府,1998)
photo:日色真帆

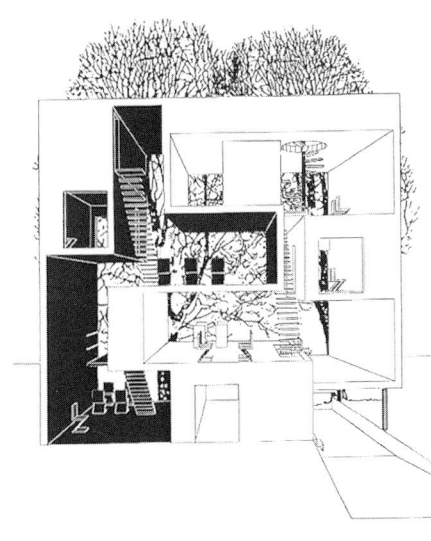

図 6.26 MVRDV：ダブルハウス（ユトレヒト，1997）（左）
El Croquis 86 p.122, a+u 9809 no.336
図 6.27 S. ホール：ネクサスワールド香椎，スティーブン・ホール棟（福岡県，1991）（上）
photo：日色真帆

くっている（図 6.27）．各住戸についてもそれぞれが立体的構成を持ち，軸回転する建具によって仕切られたり一体化したりする．

3）傾いた床と穴のあいた床

傾いた床や，多くの穴があいた床によって，通路とも部屋ともつかない空間をつくり，常識的でない行動や出会いを誘発しようとすることもある．

R. コールハースは，3つのスロープ（通りから公園へ下りる，オーディトリアムになっている，上階へ至る）の交差からなる，アートセンターをつくっている．この建築には，周遊するサーキットという彼のコンセプトがよく表れている（図 6.28）（p.149 も参照）．MVRDV は，約 50 m 角の正方形平面に，めくれあがったような床，階段状の床，吹き抜け，パティオなどを持つオフィスをつくっている（図 6.29）．青木淳も，動線体というコンセプトのもと，ギャラリーを兼ねた展望スペースで螺旋状に構成された潟博物館をつくっている（図 6.30）．

前項で取り上げた仙台メディアテークは，不規則に林立するチューブが床に多くの穴をあけている．チューブを避けるように間仕切りがされ，人々はチューブの間を行き来し，チューブを通してエレベータで上下移動をしたり，下階をのぞき込んだりする（図 0.2 参照）．

空間とそこで起こるできごとの意外な組み合わせについて，さらに極端にとらえている B. チュミは，『建築と断絶』（鹿島出版会，1996）の中で，「空間のつくられ方と，その中のプログラムの間には，単純な相関関係は存在しないし，さらにこの現代社会においては，プログラムはその定義上不安定なのである」（p.23）と述べ，「建築に本質的に内在する切断こそがその強みであり，破壊的な力なのだ」（p.20）と言明している．この認識に共感する建築家は多いだろうが，この切断を，実現する建築に形として表すのか表さないのか，表すとしたらどのようになのか，意見の分かれるところである．

e. 文脈の中の建築：都市，ランドスケープ，歴史

これまで取り上げたのは，設計者が制御可能な規模である単体の建築をどう設計するかという側面であった．しかし当然のことながら，建築は，個別の制御を超えた都市や自然の環境に位置づけられ，そこに継続する歴史の中に登場する．設計者はそのような文脈をどう受けとめ，どう影響を与えるかを問われることになる．それが設計の重要な焦点となることも多い．

1）都市のパブリックスペース

際だって高層の建築は，都市のランドマークとしてのユニークさを求められる．原広司の梅田スカイビルは，超高層建築の上部を連結した「連結超高層」によって，170 m の高さに中央が円形にくり抜かれた「空中庭園」をつくりだしている（図 6.31）．遠方からもそれとわかるゲート状のシルエットと，はるか上空で外部に出て展望する場所はきわめてユニークで，これは建築家の想像力と時代の要請との幸運な出会いによ

図 6.28　R. コールハース：クンストハル（ロッテルダム，1992）（上）
photo：多羅尾直子

図 6.29　MVRDV：ヴィラ VPRO（ヒルヴェルスム，オランダ，1997）（右上）
photo：多羅尾直子

図 6.30　青木淳：潟博物館（新潟県，1997）（右下）
photo：多羅尾直子

図 6.31　原広司：梅田スカイビル（大阪府，1993）（左）
photo：日色真帆

図 6.32　R. ヴィニオリ：東京国際フォーラム（東京都，1996）（右）
photo：日色真帆

ってもたらされたといえる．

巨大建築は，街区全体を占めることもあり，パブリックスペースのとらえ方がその建築の質を決めることが多い．東京国際フォーラムでR. ヴィニオリはレンズ型のガラスアトリウムと，3つのホールが並んだ棟との間に，自由に通行できるオープンスペースをつくっている（図6.32）．けやきがグリッド状に植えられ，ベンチやパブリックアートが配されている．照明計画にも工夫がなされ，昼夜を問わず東京都心の貴重なパブリックスペースとなっている．

パブリックスペースは建築群の設計においても鍵になる．槇文彦のヒルサイドテラス（1968－92）とヒルサイドウェスト（1997－98）は，7期30年を超える間，建築家とオーナーとのコラボレーションによって形成された都市景観である（図6.33，6.34）．道路に沿って展開し，1棟ずつの規模は小さいが，各棟の間に，小広場，中庭や路地のような場所，社のある塚，駐車場地下の集会室など，多様なパブリックスペース

を持つ．槇が「空間に〈時〉を刻む」と表現しているように，状況の変化や建築家のスタイルの変化につれて表情を変える，漸進的な開発がなされている．門内輝行はこの景観を，モダニズムの建築言語によって，伝統的街並みに見られるような，建築要素の「類似と差異のネットワーク」が形成されていると評している（SD 2000 年 1 月号 特集槇文彦，pp.26-35，「門内輝行・槇文彦 対談：街並みとしてのヒルサイドテラス／ウェストの解読」）．

2）ランドスケープ

建築とそれを取り巻く周辺の自然環境が一体で切り離せないことは当然であり，日本の伝統的建築もそのようなあり方をしていた．しかし，現代建築でランドスケープの重要さが本当に理解されるようになったのは，近年，建築家とランドスケープデザイナーのコラボレーション（磯崎新や谷口吉生と P. ウォーカー，栗生明と宮城俊作など）が現れてからである．

かつて「第 2 の自然としての建築」というコンセプトで湘南台文化センター（1990）を設計した長谷川逸子は，建築とランドスケープを不可分にとらえる建築家である．新潟市民芸術文化会館（1998）では，信濃川の水辺に浮島の群をつくるというイメージを提出している（図 6.35，6.36）．最も大きな浮島として，コンサートホールと劇場，能楽堂をガラスの幔幕で囲んだ卵形平面の建築がつくられている．その中央を横切る共通ロビーと，6 つの空中庭園（駐車スペースをところどころ被ったり，川の堤につづく），さらにすでにある施設群の 2 階レベルのロビーが，空中ブリッジによって結び合わされ，地域全体を回遊するネットワークが形成されている．

3）歴史の解釈

これまで都市やランドスケープで見たように，環境の中に建築を位置づけることには，そこに継続している歴史をどう解釈するかという問いが伴う．ここで注目したいのは，より直接に古い建物を再利用することである．なぜなら再利用は，何を重要として保存し，何を除き，何を加えるか，設計者の解釈と創造を問われるからである．この分野は，以下の例のように，欧米では多くの蓄積があるが，日本でも戦後半世紀を経てようやくテーマとなり始めている．

一つめの例は，J. ヌーベルによる，リヨンの中心部，市庁舎と向かい合って建つ 1831 年につくられた古いオペラ劇場の改築（1993）である（図 6.37，6.38）．ここでは，ファサードと金色のレリーフで装飾された

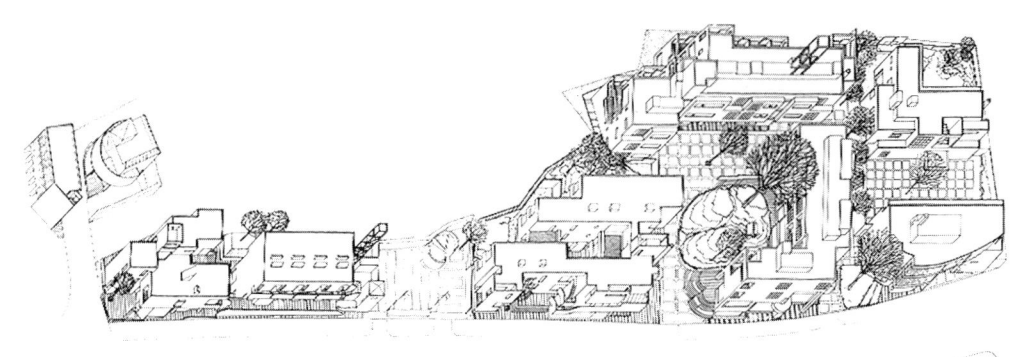

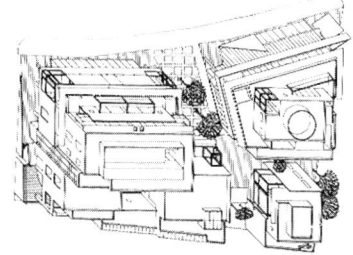

図 6.33 槇文彦：ヒルサイドテラス　アクソメ（東京都，1968 — 92）（上）
新建築 9206 pp.234-235, 資料集成総合編 p.510
図 6.34 槇文彦：ヒルサイドテラス（左）
photo：日色真帆

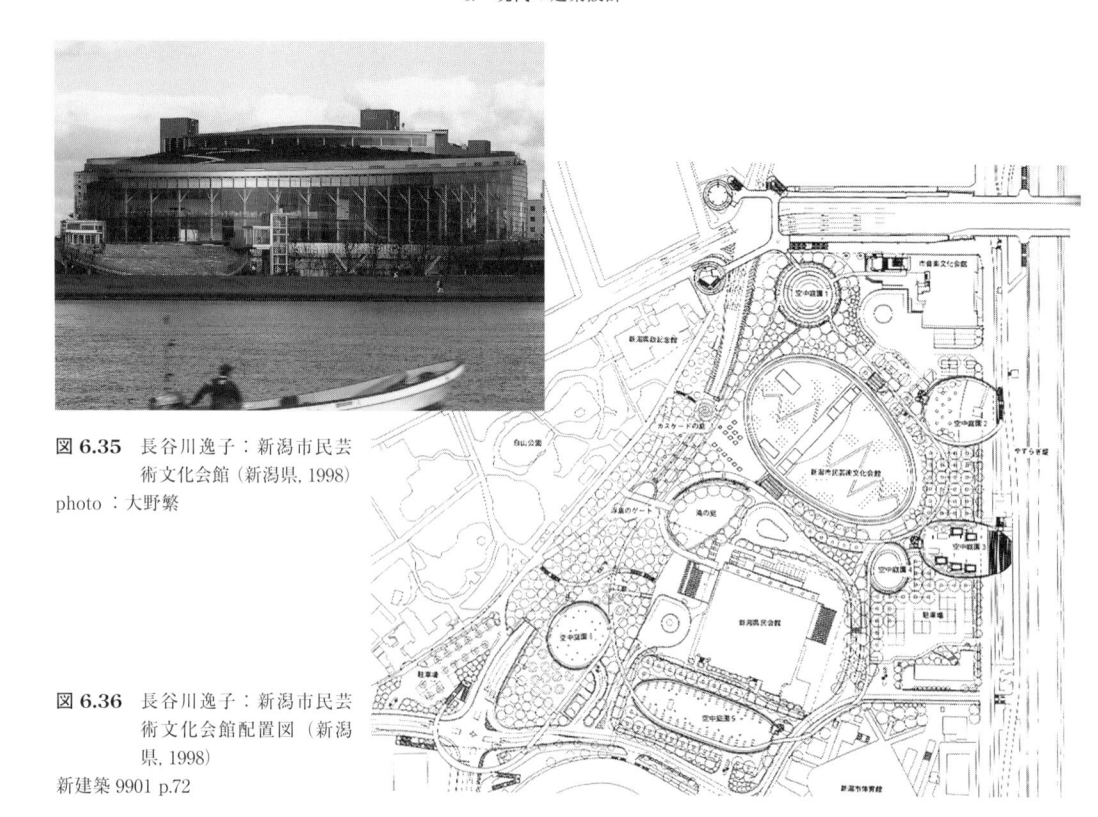

図 6.35 長谷川逸子：新潟市民芸術文化会館（新潟県, 1998）
photo：大野繁

図 6.36 長谷川逸子：新潟市民芸術文化会館配置図（新潟県, 1998）
新建築 9901 p.72

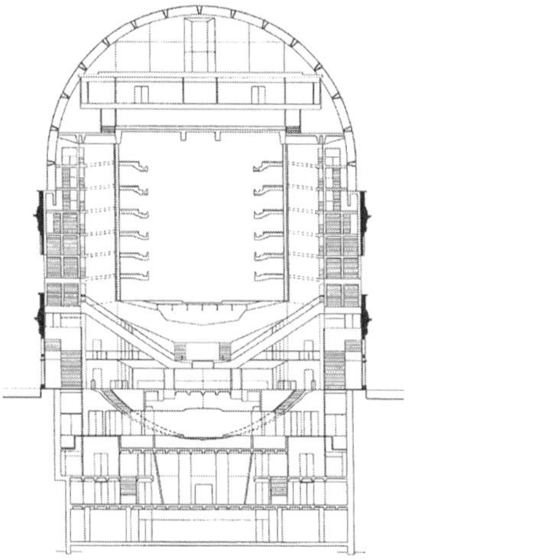

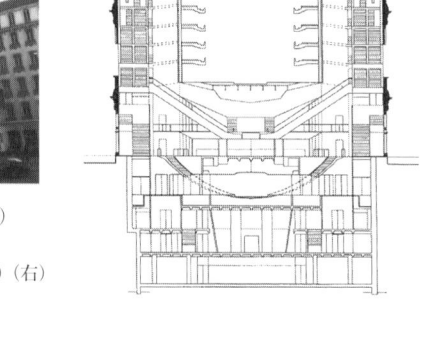

図 6.37 J. ヌーベル：リヨンオペラ劇場（改築 1993）（上）
photo：日色真帆
図 6.38 J. ヌーベル：リヨンオペラ劇場断面（改築 1993）（右）
SD 0010 特集：改造建築 p.27

ホワイエを保存する一方で，要求された機能の充実を満たすため，地下を大幅に増築し，上部にも二重のガラスヴォールトをのせている．大ホールは，歴史的な殻にはめ込まれた黒光りする巨大な物体（ヴォールト部分の梁で吊られている）として設計され，内部も黒で統一されている．ヴォールト屋根は，アーティストと共同でデザインした照明システムによって，夜になると赤く浮かび上がって見える．

もう一つの例は，火力発電所を改築したテート・モダンである（図 6.39）．この発電所は 1947 年に設計された巨大建築物で，ロンドンのテムズ川のほとり，セントポール寺院と向き合う位置に建っていたのだが，決して美しいものとはいえなかった．この建物をテートギャラリーの現代美術部門にする改築を J. ヘルツ

6.1 建築設計の現代的方法

ォークとP.ド・ムーロンが行っている．中央に煙突がそびえ立つ長大なボイラー室部分の外観はほぼそのままに，上部に建物と同じ長さで2層分の高さをしたガラスの箱「ライトビーム」を置いている．このライトビームは，レストランや下階展示室のハイサイドライトとなっている．タービン室であった大空間は，エントランスロビーとして整備された．ここには，スロープで下りながら入るため，産業施設らしいダイナミックさがいっそう強調される．タービン室にあった門型クレーンは大型作品設置に利用されている．

このほかに，大都市の主要なプロジェクトを見ると，I.M.ペイによってなされた，パリのルーブル美術館中庭にガラスピラミッドを置き，地下に設けたエントランスホールへの入口とする改築（1989），トリノにあるフィアット社の自動車工場「リンゴット」のR.ピアノによる改築（1988−95），N.フォスターが，議場の上にガラスのキューポラを載せたベルリンのドイツ連邦議会議事堂「ライヒスターク」改築（1999），同じN.フォスターの大英博物館中庭の改築（2000），

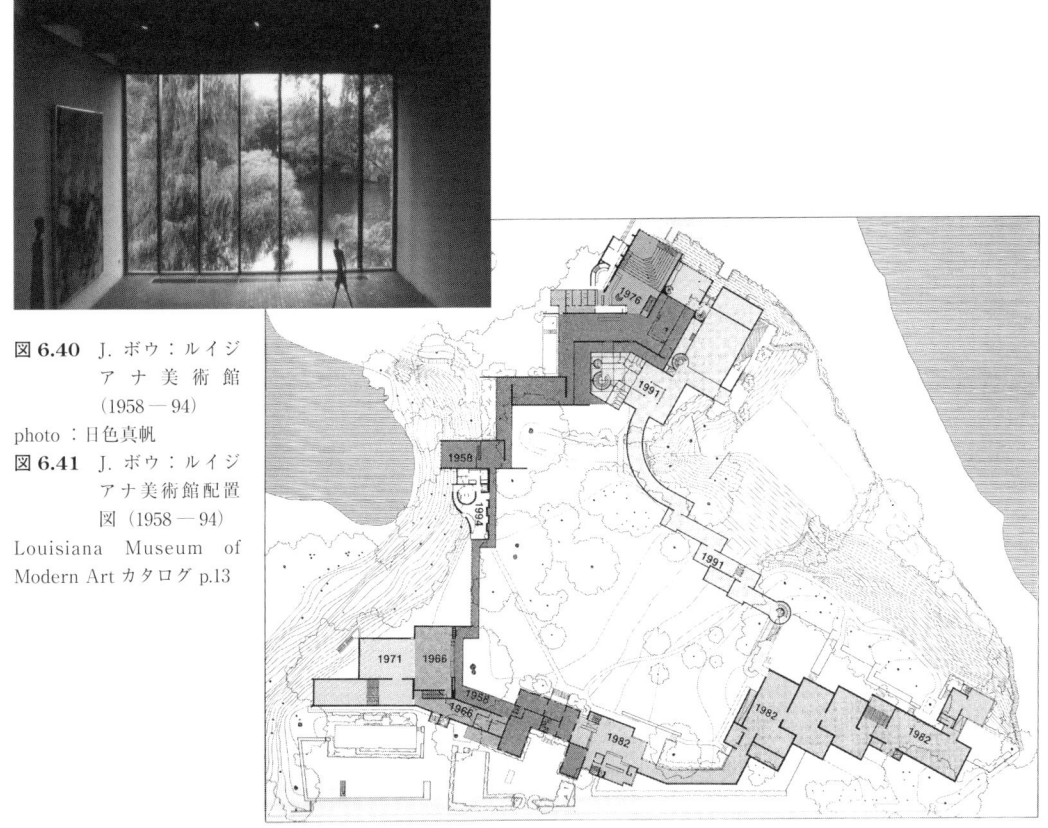

図 6.39 ヘルツォーク＆ド・ムーロン：テート・モダン（ロンドン，2000）
photo：日色真帆

図 6.40 J.ボウ：ルイジアナ美術館（1958−94）
photo：日色真帆

図 6.41 J.ボウ：ルイジアナ美術館配置図（1958−94）
Louisiana Museum of Modern Art カタログ p.13

そして，2004年完成予定のニューヨーク近代美術館（MOMA）の谷口吉生による改築，といったように数多くあげられる．このようなプロジェクトは，構想から完成まで長い期間かかることが多い．さらに，設計者はいずれも，設計競技によって選ばれている．つまり，古い建物の再利用は，新築以上に，設計者の発想，知識，経験，判断といった多面的能力が問われるのである．

f. おわりに：ガーデニングのような建築

これまで，ユニークな建築に至るアプローチを，もの，現象と知覚，できごとと空間，文脈の4つの側面から見てきた．しかし，繰り返し述べたように，建築は多面的である．ある側面に焦点を当てて設計された建築も，いつも他の側面からの評価を受ける．多様な評価に耐える建築こそよい建築といえるだろう．実際，ここであげた4つの側面についても，それらの境界はあいまいである．ものにこだわることはその知覚される像への繊細さと表裏であるし，知覚されるわずかな現象も空間におけるできごとに違いない．空間における人々の活動は，その建築の都市におけるあり方と切り離せないのである．そのため，ある建築をある側面の例と断言すると途端に居心地悪く見えるのである．これまでにあげた事例についても，写真だけを通して見れば，連続的で共通の印象を抱くかもしれない．もしそうだとすれば，それが同時代性であろう．

最後に触れておきたい点は，建築家だけにまかせるのでなくオーナーやユーザーがともに，建築を育てていくということである．図6.40，6.41は，コペンハーゲン郊外のルイジアナ美術館である．この美術館は，K.W.イェンセンによって1958年に開館したもので，そのときに選ばれたJ.ボウとW.ヴォーラートが，これまで8期にわたって漸進的に増改築をしている．入り江や湖に面する木立の中に展開する低層の展示室群を，現代美術の作品を見ながら回遊する構成となっている．この美術館はいつも高い評価を得ており，世界中のアーティストにとってあこがれの場所となっている．これは，ランドスケープと一体になった建築のあり方と，コレクションと企画される展示のよさが一体となった評価といえる．つまり，建築の評価は完成時に決まるのではなく，利用されていく中で継続的になされるのである．

ここで参考になるのは，ガーデニングの考え方である．ガーデニングには完成状態というものはなく，植物の生長や季節の変化，庭の利用の変化などに応じて手を加え続けることが特徴で，いつも進行形である．建築に関しても，オーナーやユーザーが建築家と共同して，よい状態をつくりだしていくことが重要である．したがって，建築家の側にも「かかりつけの医者」のようなあり方が求められるのである．

6.2 近代建築史——年表と言説——

a. 20世紀の建築思想の言葉（世界）

（1）　ジュリアン・ガデ（19世紀後半から20世紀初頭）　**建築の諸要素と諸理論**

本書の目的は，建築物の構成をその諸要素と全体性において研究することにある．そして建築物の規定のプログラムへの適合，および素材の必然性への適合という二重の観点からなされる．……構成するとは既知のものを活用するということである．建造と同様に，構成には，そのもとになる素材がある．そしてこのような素材が「建築の諸要素」なのである．……実に構成ということばほど興味をひき，魅力的なものはない．それこそが芸術家の真の領分であり，そこには原理的に不可能なこと以外には限界はない．構成するとは，……諸部分を集め，融合し，結合して，一つの全体とすることである．したがって，……これらの諸部分は構成の要素である．構想が具体的に，建築の諸要素である壁や窓やヴォールトや屋根によって現実のものとなるのとまったく同じように，構成は，部屋や玄関や出口や階段によって確立される．　（文献1）より）

（2）　オットー・ワグナー（1895）　**現代建築**

どのような種類の設計であろうと，常に見る人の水平視角と垂直視角を考慮する．

個々の建築作品を一つの総合的な効果（建築作品，群，広場の壁などのシルエット）にまとめる．日光と雨雪の影響（方位に対する配慮）．

地形と背後の風景を十分に利用する．

屋外でも，室内でも，既存の眺めや見通しの新しく正しい使い方を受け入れる．

街路の計画にあたって，常に突き当たりの姿を考慮する．

視線を停める点を正しく強調し，よい位置に定める．

屋外でも，室内でも，軸線の折れを正しく位置づけ，示す．

重要な街路（並木通り）の終結点の十分な強調．

都市，広場，街路の姿に関連づけて考量された建物と記念像の大きさと意味．

明快で直ちに容易に理解される作品の性格．

どの作品でも目的を十分に満足させること．

どの建物の中でも容易に勝手がわかること．

室内における寸法，並べ方，彩色，音響，可視性，十分な採光による効果を考量する．（文献2）より）

（3）　アドルフ・ロース（1908）　**装飾と罪**

このように，時代の落伍者達のために，民族と人類の文化の進展のテンポは遅滞させられているのである．また装飾は犯罪者達によって産み出されるだけではない．装飾は国民経済や健康，それに文化の進展を損うことで，罪を犯しているのだ．……（中略）……装飾はもはや我々の文化とは有機的なつながりがないのだから，それは，もはや我々の文化を表現するものでもない．今日，産み出される装飾は我々とは関連がないし，人間的なつながりは全くない．まして世界の秩序とはなんらの関連もない．また装飾自体，それが発展していく能力もない．例えばオットー・エクマンの装飾はその後，どうなったというのだろうか？　それにヴァン・デ・ヴェルデの装飾もその後，どうなったというのだろうか？　過去においては，芸術家達は常に，健康で活力に溢れ，人類の先頭に立ってこれをリードしていたものだ．だが近代の装飾家達はどうだろう？　時代の落伍者か，病的人間なのである．彼等がつくったものは，三年も経たぬうちに，自身によって否定されてしまう運命にあるのだ．

(文献3）より）

（4）　ワルター・グロピウス（1914）　**バウハウス宣言**

バウハウスは，すべての芸術的創造活動の統合……彫刻，絵画，工芸，手工作を，新しい建築芸術へ向かって，その離しがたい構成要素として再統一することをめざすものである．……バウハウスは，あらゆる段階の建築家，画家，彫刻家を，その能力にしたがって，有能な職人もしくは独立して創造する芸術家へ教育する．そうして，建築作品全体を……全体の精神から統一的に形成することを知っているような，したがって，発展途上にある作家たちの労働協同体を創造しようとするものである．　　　　　　　　（文献4）より）

（5）　ル・コルビュジェ（1924）　**建築をめざして**

飛行機

〈飛行機は精選の結果の産物である．〉

〈飛行機の教訓は，課題の提起からその実現までを貫く論理にある．〉

〈家屋の課題は設問されていない．〉

〈現今の建築の世界はもはやわれわれの要求を充していない．〉

〈にも拘わらず住居のいろいろな標準がある．〉

〈機械はそれ自身経済要因を持ち，それが選択をしてゆく．〉

〈家屋は住むための機械である．〉（文献5）より）

（6）　ミース・ファン・デア・ローエ（1923）　**制作綱領**

すべての美学的思弁，すべての教義，およびすべての形式主義，

それらをわれわれは拒否する

建築は空間に翻訳された時代意志である，生き生きとして変わりやすく新しい

昨日でなく明日でなく今日のみが形成しうるのだ

課題の本質から現代の手段で形式を創造しよう

それが我々の仕事だ　　　　　　（文献4）より）

（7）　ル・コルビュジェ（1926）　**近代建築の5つの原則**

建築現場での実務経験から，以下の理論を見いだした．理論は簡潔な公式化を要求する．ここでは，美的なファンタジーや流行が問題ではない．住宅から大邸宅，会館まで，新しい建築になるための建築の現象が問題である．

①ピロティー……，②屋上庭園……，③自由なプラン……，④横長の窓……，⑤自由なファサード……（説明略）．

構造についての考察　建築構造とは建築の諸要素を合目的に，また的確に結合する．このような要素の創造に関する作業や技術に関する技術的な企てが生まれる．大量生産によって，こうした要素は，精確で，正しく，よくなる．……かくて建築家というものは，積み木箱を処理するようなものだ．そうした才能のみが，建築計画を通じてかれの建築を決定するということになる．建築家の時代が来たのだ．　（文献4）より）

（8）　CIAM（1935）**ラ・サラ宣言**

ル・コルビュジェ始め24人の署名

建築と世論

肝心なことは，建築家たちが世論を動かす力を持ち，新しい建築の技術方法を公衆に理解させることである．型にはまったアカデミックな教育は，一般人の建

築に対する趣味をだいなしにしたのであり，多くの場合住居について真に問題点となるようなことは，論議の対象にさえなっていないのである．

一般大衆は十分な認識を与えられておらず，住む人びとは，その住む家への希望を表明するのに舌足らずな言い回しさえろくにできない状態である．なにしろ，住居は，建築家にとって情熱のはけ口として第一にとり上げる対象物外のものとして，長いこと閑却視されていたのであった．

初歩的な一連の真理を小学校で授けることによって，家についての教育の土台を築き上げることができるであろう．この教育によって，やがて自ら，このあまりにも長い間ゆるがせにされてきた住宅の問題の解決を要求するような世代，将来の建築家の顧客を形成する効果が上がるだろう．　　　　　（文献6）より）

(9) フランク・ロイド・ライト（1931）　**建築における機械のあり方**

家は，住むための機械であるが，しかし建築は，家に対するこの概念が終わるところから出発するものであるということを，よくよく考慮すべきである．根本的な感覚からすれば，あらゆる生命は機械的なものであるが，しかし，機械はどのような生命をも持たないものである．生命のゆえに，機械は単なる機械である．一般的なものから特殊なものへと進みゆくのがよいのであって，機械から生活を合理化すべきではない．なぜ生命という点から機械を考えてみないのだろう？家庭用器具，武器，自動人形——すべては，仕掛けである．歌，作品，建造物，これらは人間の心が，外部に迸り出た暖かいものである——生命が凱歌を奏でる人間の輝かしさであり，われわれはそこに不朽のものを垣間見る．

このビジョンが，芸術を内面的経験の問題とする——したがって神聖なそして現代においては個人性のより少ないものではなくむしろより多いものとする．諸君に断言する．それがかつてなかったほどに個性的なものであることを．

建築は，人間の生命を表現する．機械はそうしないし，いかなる器具もいまだかつてそうしたためしはない．器具は，単に生命に奉仕するだけである．

　　　　　　　　　　　　　　　　（文献7）より）

(10) ハンス・シャロウン（1952）　**有機的建築**

家をも，もっぱらひとつの〈有機的形象〉として発展させること，それを〈性能を発揮する実用形式〉から育てていくこと，つまり家を〈人間の外皮〉とみ，従って器官（オルガン）とみることは，多くの人々にはいまだ考えられないことのように思われる．……軽量構造や弾力性のある柔軟な建築材料で仕事をすすめる新しい技術は，もはや矩形の家，立体の家を強要しないだろう．家を〈居住の器官〉として作り上げるような，すべての形成をゆるし，また具体化するであろう．

それは，幾何学的なものから有機的なものへと徐々に進んでいく構造の推移である．……

　　　　　　　　　　　　　　　　（文献5）より）

(11) ルイ・カーン（1960）　**オーダー在る**

デザインはオーダーに典る造形
形は　建設のシステムから生まれる
成長は　建設
オーダーの中に創造力あり
デザインの中に手段あり——場所　方法　時　資金
空間は　存在の意志の反映
　　　オーディトリアムはストラディヴァリウスのヴァイオリンかさもなくば馬の耳
　　　はたまたバッハやバルトークを奏でる妙なる楽器かさもなくばただの集会場
空間の本質は　選びとった存在を生き抜いた精神と意志
　　　デザインはこの意志に忠実であれ
　　　馬に縞を描いても縞馬ではない
　　　駅は駅舎である前に道でありたい
　　　それは道の要求——往来のオーダーから生まれる
　　　それは輝く軌線の集うところ

　　　　　　　　　　　　　　　　（文献8）より）

(12) アドルフ・ベーネ（1923）　**現代目的建築**

機能主義者はできるだけ特殊化された目的にできるだけ適応しようとするが，合理主義者は最も普遍的な場合への適応を求めるものである．機能主義者は特殊な場合に対する絶対的適応，すなわち唯一的形態を求めるが，合理主義者は一般的な必要にもっともよく適応するもの，すなわち一般的適応を求めるものである．機能主義者はただ単に機能的適応，関係，非主観主義による形態の否定，擬態等を求めるのであるが，合理主義者は自己の意志，自己の知覚，シュピール，形態を主張するのである．　　　　　　（文献9）より）

(13) C. アレクサンダー（1965） **パターン**

「パターン」の概念は，表象学的アプローチの利点と，高い水準の機能分析を結びつける一つの試みである．「パターン」とはいくつかの行動の"傾向"（tendency）または"力"（force）がある状況の下で"葛藤"（conflict）することなく共存できるような，フィジカルな物体（パーツという）の空間内における典型的な配列として定義されよう．人間活動の中で何が問題となるかを見つけ出すため，"傾向"や"葛藤"の概念を導入することが必要である．"傾向"とは，要求を満足しようとする人間の外に現れた行動であり，その"要求"（need）とはマリノフスキーによれば，人間組織または文化的背景，およびその両者の自然環境に対する関係の中にあって，集団や組織が生存を続けるために必要かつ十分な条件に関するシステムである．傾向と類似しているが，時にはそれらと反対の作用をするのに非人間的な力，すなわち風や雨のような自然力，引張力や圧縮力のような構造的な力，また需要・供給などの経済的な力，すなわち種々の集団がもつ傾向が経済システムに及ぼす影響力などがある．"葛藤"は，傾向または力が明らかな対立を示したときに現れる．葛藤を見出すこと，葛藤を解決することが，パターンの概念の中心テーマである．しかしながら，他の表現方法をとった方が良い場合もいくつかある．葛藤がない場合は，"規格"（standard）の方がパターンより適切である．"脈絡"（context）は，傾向が葛藤に至るために必要な環境であり，パーツは脈絡やパターンの，名前のつけられた構成要素である．
（文献 10）より）

(14) レム・コールハース（1992） **不安定な総体**

私がニューヨークを調査していたとき……以前の建築全体とは異なる変化が，主に4つあることに興味をいだきました．……一つ目は……一定の規模……を越えると，中核と周囲との距離，中心と表面の距離が有意の可能性の範囲をこえてしまう．したがって，建物は内部で起こることをあらわにすべきだという……人文科学的な期待が永遠に裏切られてしまう．第二の変化は……巨大な建物は構成要素相互間の文字通りの距離が，結合とか有意の関係が生まれるにはあまりにも離れすぎていることである．……第三の変化は，テクノロジーへの依存であるが……私にとってエレベーターは伝統的な建築の考え方には，大いなる敵である．……大規模な建物でもはや構成要素に意味ある結合がないのにもかかわらず，エレベーターは要素を結びつけてしまう．……このような4点の変化によって，都市が完全に圧倒的に変形した．（文献 11）より）

(15) レム・コールハース（1999） **インタビュー**

（作家として，事実を見つめ読み結論を出す，生きたレトリックを活用することと，必ずしも一般化されない方法論の関係について）私は「知識」に非常に関心があると同時に，非常に懐疑的でもある．今までこのふたつに支えられるように新しい場所へ向かってきた．だが発見を洗練し，ついには共有されうる価値にまで高めていくことには怠惰なのかもしれない．私は，知識や革新のように，いわば集団による決断に非常に懐疑的である．……ロラン・バルトの場合も間違いなく同じ現象だと思う．……想像力を介して事実を魅力的な方法で解釈する方法に彼の影響は大きい．日本的でもある「重要でないものは何にもない」という彼の教えが，ロラン・バルトの所業を……非常に重要な存在にしている．……私たちとほかの人たちと違うのは，計画途中で発見する物事を無理なくリニアに結びつけうる点である．……
（文献 12）より）

b． 20世紀の建築思想の言葉（日本）

(1) ジョサイア・コンドル（1878） **建築とは何か**

学生諸君　我々が建築家という職業を全うする上で，学ぶべき事柄は少なくない．……諸君は，建物に関する……科学的研究の法則や成果を修得しなくてはならないし……しかし，建築家養成の教育は，科学的教育であると同時に芸術教育であることを肝に銘じておく必要がある．……偉大な建築著述家は，最上の建築家と同じく，純粋芸術の配列表において音楽に次ぐ第二の位置を建築に与えた．元々絵画や彫刻といった純粋芸術は初期の段階では意匠や装飾の一部で，建築の中から生み出されたものと見なされている．……このようなわけで……大規模な国家目的に寄与する建築工事を依頼されるに値する建築家は，少なくとも装飾的な彫刻と絵画の選択と配列のあんばいおよび設計の方針を示すことができなければいけない．……私はこの国に立っているヨーロッパ風の建物から，あまり例を引きすぎないようにと重ねて警告したい．これらは異国に作られた住居に過ぎないことを忘れてはならない．……しかし，日本の建築に変化が起こるであろうことは疑うべくもない．……諸君の都市の永遠性と美

がこの帝国のすこやかなる成長に寄与するように，絶えざる修練を怠らぬことこそ諸君のつとめである．
……
(文献 13) より)

(2) 西山夘三 (1953) **住宅計画における民族的伝統と国民的課題**（新建築 1953.11）

「機能にしたがって建築を作る」ということが機能主義であるならば……機能主義とは古今東西を通じてすべての建築がたよるべき自明の原則である．……「機能」をモダニズム探求の手段と考え，宣伝文句を工夫する機能主義……そのような歴史的「機能主義」の末路については国民に奉仕する建築計画を科学的に発展させようとするわれわれには，何の関係もない．
(文献 14) より)

(3) 丹下健三 (1955) **現代日本において近代建築をいかに理解するか**（新建築 1955.01）

機能的なものは美しい，という素朴なしかも魅惑的な言葉ほど，罪深いものはない．これほど多くの気の弱い建築家たちを，技術至上主義の狭い道に迷い込ませ……再び希望に満ちた建築に帰ってくることを不可能にしてしまうに十分であった．……しかしだからといって，生活空間に対応する建築空間が美しいものでなければならず，その美しさを通じてのみ，建築空間が機能を人に伝えることができるということを否定しうるものではない．このような意味において「美しき」もののみが機能的である，といいうるのである．
(文献 15) より)

(4) 吉武泰水 (1964) **平面計画論**

われわれはプランを，建築における空間のつながりをうまくあらわし，人から人へ伝える最上のことばとして認め，使い，育ててきた．建築の設計がはじまる前から，完成して後までも，その空間構成のわかりやすい要約として，広く人々に親しまれ，時には深く味わわれもすることばとしてである．プランには，生活空間（白い部分）と構造体（黒い部分）とが同時にあらわされている．というより生活空間は構築体によってはじめて実在し，この不可分離の統一体をわれわれは建築と呼んでいるのである．……

現実には，建築の主要な空間の組み合わせおよびそれらを結ぶ主要動線の組み合わせのパターンから，建築を主に使う人々の立場に立ってよい解決を選び出すことがプランニングの重要な過程となっている．歴史上はじめてデザインにおける機能の優位を説いたオットー・ワグナーが平面計画の意義を強調した最初の人であったことを思うべきであろう．(文献 16) より)

(5) 鈴木成文 (1934) **建築計画の研究**（学位論文）

建築は人間生活を容れる構築物である．したがってこれは，人間生活の要求をみたすという機能と構築物として施工され耐えるという機能とがある．学問分野としては前者は計画系に，後者は構造系に対応する．

計画系の学問はさらに2つに分化する．人間生活の主として生理的側面に対応するものが室内環境工学であり，主として社会的側面に対応するものが建築計画学である．……建築計画学において扱うのは，建築に対する人間生活の主として社会的側面からの要求と，建築空間との対応関係である．したがってここで扱うカテゴリーは，利用者・利用方式・平面型式・配置型式・施設規模などである．これらのカテゴリーのうち，主導的なものは人間主体である．したがって利用者層を明確化し，その利用要求を明らかにすることがまずはじめに必要とされる．……要求の内的矛盾（要求相互の矛盾）および外的矛盾（要求と建築の間の矛盾）の把握から，今後の発展方向に対した新しい建築空間の型を創り，これを遅れた生活を持つ例に適用することによって，その生活自体をよりすすんだ段階に引き上げることができる．……
(文献 17) より)

(6) 磯崎新 (1970) **手法へ**

このあらゆる事象が解体をつづけている状況の中から，20年代をふりかえってみると，近代建築にとって，そのときはまさに英雄時代であったことがうなずけよう．……未来派とダダイズムをうけついで，建築の分野に構成派，デ・スティール，ノイエ・ザッハリッヒカイトといった，さまざまな流派や思想が乱立した……近代建築は，鉄，コンクリート，機能といった，それぞれ単一系の理論をつくりあげることで成立してきたといえるのだが，いまや混成系，あるいはモザイク的で不連続な共生系しかみとめられなくなっている．その不安定な要素の結合を可能にするのは，対象に内在する論理ではない．むしろ個別に開発されてきた視覚言語を組み合わせることが必要になる．……かくして〈手法〉は，空間内に混成系を成立するために生み出されるのだが，それは，対象に応じていくつも開発されていい．個人の痕跡をひたすらもとめようとするのは，必ずしも手法になりえない．常に選択可能で，無名化した操作の系としてとらえられるべきだろう．……
(文献 18) より)

(7) 原広司（1967） 建築に何が可能か

「建築とは何か」という問は，「人間とは何か」という問が不毛であると同様に，行動の指標とはなりえない．もし私たちが人間について問うなら，「人間に何ができるか」を問うべきである．同様に建築についても「建築に何ができるか」を問うべきであろう．……「建築とは何か」なる問の背後に，真の建築あるいは建築のイデーが存在し，それを把握したという期待がうかがわれる．それが建築の本質と表現されてきた．……こうした動的な本質のとらえ方は，弁証法の示す基本的な性格であるが，時間と存在の価値を肯定するであろうし，人間の尊厳を回復するために有効な唯一の価値判断の形式であると思われる．私たちは微分学の世界に生きていることを了解せねばならない．しかし，この際重要なのは，変化することに価値のすべてを置くべきでなく，変化させること，さらにはある方向に変化させることに価値をおくという姿勢である．

（文献 19）より）

(8) 槇文彦（1987） デザイン・プロセスの型

設計は多くの場合，〈分析–統合–評価〉というプロセスに基づいて提案されている．……ここでは設計主体がどのようなテーマに設計の前提をおくかということと，……さまざまな前提をおいてはみたもののどうやって統合化へもっていくかということが問題であり，この辺の所に建築の設計そのものに不思議な曖昧さが存在すると同時に，われわれ設計する者にとっていちばんロマンをかきたてられるところでもある．……

モデルⅠ Issue-oriented model（説明略，文化性を重視するモデル）

モデルⅡ Solution-oriented model（説明略，与条件に総合的に適合するモデル）

モデルⅢ Search-oriented model（説明略，新規な発見を重視するモデル）……

この三つのモデルは，それぞれ特有の合理性を有している．……モデルⅠにおいては，主体の強い意志が客体の解釈，選択，その変容に強い指示力を持つ．……一方，客体が主体に優越すべきであると信ずるものにとってもっとも許容しやすいのはモデルⅡであろう．……しかし一方，こうした主体–客体の二元論を許容することなく，たえず主体と客体の相対化を図ろうとするものも，もうひとつの合理的方法といえよう．

（文献 20）より）

(9) 安藤忠雄（1999） 建築を語る

「私にとって，建築とは相反する概念の止揚，その微妙な狭間で成立するものであり，それは内と外，西洋と東洋，部分と全体，歴史と現在，芸術と現実，過去と未来，抽象と具象，単純性と複雑性といったまさに両極にあるものを同時に自らの表現する意志を介在させた一つの表現へと昇華させることです．そこに自らの意志をもって一つの「建築のあり方」を見出すことが，私にとっての建築という行為です．

自分なりの「闘い」のスタイルができあがってきた当時においても，建築と風土，あるいは理念と現実とのギャップと言い換えてもいいかもしれませんが，この普遍性と固有性の葛藤につながる問題は私にとって，建築の根幹をなす命題のように思えました．」

モダニズムが過去の様式建築を否定するなかで，形とともにその精神的な豊かさをも排除してしまったのに対して，風土や地域性にモダニズムの行き詰まりの突破口を見出そうとする傾向は，既に 1960 年代にその萌芽を見ることができます．バーナード・ルドフスキーのヴァナキュラーなものを再評価する『建築家なしの建築』などがその源流にあると思います．しかし，モダニズムの遺産の上に立ちながらも見事に風土と結び付いた建築も生まれる一方で，地域主義を表明するそのほとんどは単なる表層的な形態の引用にとどまっていました．

私は，一つの建築のなかには地理的文脈や文化的文脈，さまざまな歴史，精神風土といったマクロな要素から個人的な体験や，何気ない一木一草が与える印象や記憶のような小さな要素に至る，風土や生活文化に根差した，人が五感で感じ取れるものが強く刻み込まれていなければならない，それが建築に課された責務ではないかと思い始めていました．

「形」を受け継ぐのではなく，そこにある目に見えない「精神」を受け継ぐことで，建築に地域，個人といった固有性，具体性を取り戻したかったのです．

1976 年の住吉の長屋，それに続く 1981 年の小篠邸で，そのような問題に対し自分なりの方向性が見えてきた 1980 年代，私の建築を「クリティカル・リージョナリズム」という概念を用いて評価するケネス・フランプトンに出会いました．

（文献 21）より）

(10) 伊東豊雄（2000） **都市の透明な森＋境界思想の交換を**

「しかしこうしたルールに一応は従いながらも、そのようなグリッドから意図的に外れた柱配置を形成することに魅力を感じてきた。それはおそらく、林や森のような自然の存在に単に近づき得るからではなく、ランダムな柱配置を採用することによって空間の流動性が増すように感じるからである。自然界における生命体の形態と運動の関係が、シンメトリーとアシンメトリーの相互作用によって生じている事実がそれを証している。不規則性や不安定性は絶えず動きを誘発するのである。

こうした流動性を建築に導くことは、停滞し澱んだ空間に新鮮な空気を吹き込む作業となる。内と外との連続性を生み出す結果にもつながるであろう。そしてこの内と外との連続性こそが、今日の建築における最大の課題のように私には思われる。なぜならそれは今日の建築的課題が、今日われわれの身体に対して与えられている課題とまったくパラレルだからである」
……（中略）……（以上，都市の透明な森）

「わが国の公共施設は近代の計画論を忠実に受容しつつつくられてきたように思われる。その結果として、新幹線システムのように、ある意味では優れた性能を備えた、しかし地域とは無関係な個性に乏しい施設を各地に蔓延させる結果となった。いずれも完結性のきわめて強い閉鎖系でつくられているからである。

以前，ホールの設計に携わった折にも触れたのだが、たとえば今日わが国の自治体が計画するホールや劇場の設計に際しては、客席数や残響時間、遮音性能、稼動率といった数値ばかりが求められる。いい換えれば、ホールや劇場の評価基準はデジタル化された数値にすぎないのである。こうした数値は健康診断における各臓器の働きのデータのごときものである。それらの数値を足し合わせて健康度が判断されたとしても、個人の生き生きとした魅力とはまったく別の問題である。ホールや劇場がいかに生き生きとした魅力のある空間か否かも残響時間や遮音性能で測られるわけでは決してない。こんなことは常識以前の問題なのだが、いざ公共施設の設計に携わってみると、デジタル化された数値の壁を突き破ることがいかに困難であるかを痛感する。音楽や演劇やダンスをもっとリラックスして楽しめる自由な空間を求めても、数値が突きつけられて否定されるケースがほとんどなのである。これは単にホールや劇場だけの問題ではない。図書館や博物館や美術館のような文化施設から学校、病院、老人ホームやデイケア・センター、コミュニティ・センター、集合住宅にいたるあらゆる公共施設に共通する問題である。

共通しているのはそれぞれの施設における利用者の多様で複合的なアクティヴィティを、数量化可能な一義的機能に置き換え、単純に図式化してしまう点である。自由にふるまうことが可能なはずの人びとは、計画という制度化の手続きの過程で、いつの間にか明確な空間図式にコントロールされてしまうのである。

このような計画過程には、数量化可能な単純な機能への抽象が、あたかも唯一の絶対正義であるかのようにオーソライズされる巧妙なトリックがある。機能的な空間＝一般性のある普遍的な空間＝人びとの従うべき絶対的な空間＝管理されるべき空間、という転換の図式が巧妙に成立するのである。大きな自治体になればなるほど、管理システムは徹底されるから、設計において性能の壁はより厚く築かれることになる。そしてそのような厚い壁に囲まれた閉鎖系で成立する建築が、成熟した社会における安全で成熟した建築であるかのように受容されていくのである。

「市民に開かれた建築を」というのは行政にかかわる人びとの常套句であるが、「市民」が主体性をもって息づいている人間として語られた試しがないし、性能のみに頼って公共施設がつくられ続けるかぎり、厚い壁に囲まれた建築が開かれようはずもない。」……（中略）……（以上境界思想の交換を）

（文献22）より）

(11) 山本理顕（1985） **空間配列論**

……何がパブリックで何がプライベートなのか、あるいはプライバシーとは、コミュニティーとは、そうした問に答えることがきわめて困難なのである。……答えられない理由は単純であるようにも思う。こうした問には理念が深く関わっているからである。そして、その理念が、空間あるいは建築に密着しているからである。……「何がパブリックで何がプライベートなのか」という問いと、「何がパブリックな空間で何がプライベートな空間なのか」という問いの境界など、もともとあり得ないのかもしれない。……単純化していえば、パブリック、プライベートあるいはコミュニティー、プライバシーという概念は、空間的な概念である。つまり開いている、あるいは閉じているという空

間との関係で記述することができる．……〈閾〉という概念については……簡単にいうと「ふたつの相互に性格の異なる空間の間にあって，そのふたつの空間を互いに遮断し，あるいは接続するための空間的な装置」のことである．……もし〈閾〉によって閉じた空間を作り出すことができるのなら，その閉じた空間こそが外部に対してもっともプライバシーの高い空間であるはずである．……　　　　　　　　（文献 23）より）

(12) 小嶋一浩（1998） **アクティビティーと空間**

行為や移動の起点で，人はまず他の人や人の群れに影響される．あるいはある空間のなかで居場所を求めるときには平面や断面よりは家具やコーナーを手がかりにしている．それに比して建築の空間が，人の行為に働きかける度合はささやかなものである．100人いたら100人に確実に働きかけるような圧倒的に強い働きかけだとファッシズムの空間になってしまう．実際に設計する場合，この場所ではこうしてほしいと素朴なイメージに基づいて行為と空間を1体に対応させて作業を進めることは，強制的か，さもなければ退屈な空間を作ってしまうだろうという点で危険である．……私たちは個々の行為のきっかけの総体が発生させるパーソナルなアクティビティーの総量が，全体のアクティビティーを想像できないような多くの仕掛けを，ヒエラルキーを排除しながら設定している．それは行き止まりの場所（ヒエラルキーを発生させやすい）や音に干渉（距離か壁などの境界が必要になる）などの空間が明瞭な意味を伴って人に働きかけるケースを避けるための手続きと言っていいかもしれない．
　　　　　　　　　　　　　　　　（文献 24）より）

(13) 内藤廣（2000） **建築の素形へ**

時間にこだわると，建築形態はその素形に収斂していく．……時間を中心に考えると，空間のさまざまな問題点が明らかになる．……たとえば，一時間しか存在しないものの最適解と，千年存在させようとするものの最適解は，まったく違うものになるはずだ．……計画される建築の存在する時間を引き伸ばしていくと，設定する条件が変わらなければ，解の選択肢が狭くなっていく．狭くなる選択肢の中で，最後に残る解を「素形」と呼びたい．　　　（文献 25）より）

■文　献

建築家の言葉は，筆者によって要約されている．要約は，中略とまとめによっている．

1) レイナー・バンハム著，石原達二ほか訳：第一次機械時代の理論とデザイン，鹿島出版会，1977．
2) オットー・ワグナー著，樋口清ほか訳：近代建築，中央公論美術出版，1985．
3) アドルフ・ロース著，伊藤哲夫訳：装飾と罪，中央公論美術出版，1987．
4) ウルリヒ・コンラーツ著，阿部公正訳：「バウハウス宣言」他世界建築宣言文集，彰国社，1970．
5) ル・コルビュジェ著，吉阪隆正訳：建築をめざして，鹿島出版会，1967．
6) ル・コルビュジェ著，吉阪隆正訳：アテネ憲章，鹿島出版会，1976．
7) フランク・ロイド・ライト著，谷川正己ほか訳：ライトの建築論，彰国社，1970．
8) 工藤国雄：ルイス・カーン論，彰国社，1980．
9) アドルフ・ベーネ著，川北練七郎訳：現代目的建築，建築新潮社，1928．
10) C. アレクサンダー：パターン，新しい建築・都市，環境デザインの方法，鹿島出版会，1969．
11) レム・コールハース著，竹本憲昭訳：不安定な総体．批評空間臨時増刊号 Anyone，1992．
12) レム・コールハース著，上原雄史訳：インタビュー，SD 1999.02，1999．
13) ジョサイア・コンドル著，藤森照信校閲：建築とは何か，日本近代思想大系「都市建築」，岩波書店，1878．
14) 西山夘三：住宅計画における民族的伝統と国民的課題．新建築 1953.11，1953．
15) 丹下健三：現代日本において近代建築をいかに理解するか．新建築 1955.01，1955．
16) 吉武泰水：平面計画論．建築学大系「建築計画・設計」，彰国社，1964．
17) 鈴木成文：建築計画の研究（学位論文），東京大学，1934．
18) 磯崎　新：手法へ，手法へ，美術出版社，1970．
19) 原　廣司：建築に何が可能か，学芸書林，1967．
20) 槇　文彦：デザイン・プロセスの型．記憶の形象，筑摩書房，1987．
21) 安藤忠雄：建築を語る，東京大学出版会，1999．
22) 伊東豊雄：透徹する建築，彰国社，1999．
23) 山本理顕：空間配列論，建築文化，1985．
24) 小嶋一浩：アクティビティーと空間，SD 1998.07，1998．
25) 内藤　廣：建築のはじまりに向かって，王国社，1999．

社会の動き	年代	思想・出来事	国外の建築	日本の建築
59 ダーウィン『種の起源』 68 明治維新 61 南北戦争 63 奴隷解放宣言 94 日清戦争	1800—1899	51 ロンドン万国博 82 アーツ・アンド・クラフツ運動 84 パリ万国博 97 ゼツェッション結成 98 『明日の田園都市』 　　E.ハワード	51 クリスタル・パレス　J.パクストン[英] 59 赤の家　F.ウェッブ+W.モリス[英] 87 ロウ邸[英] 　　マッキム・ミード・アンド・ホワイト 89 エッフェル塔　G.エッフェル[仏] 99 カーソンピリースコット百貨店 　　L.サリヴァン[米]	68 築地ホテル館　清水喜助 76 開智学校　立石清重 78 銀座煉瓦街　T.J.ウォートルス 96 日本銀行本店　辰野金吾
03 ライト兄弟人類初飛行 04 日露戦争 05 アインシュタイン 　　『特殊相対性理論』	1900	04 工業都市　T.ガルニエ 07 ドイツ工作連盟成立 08 『装飾と罪悪』A.ロース	00 パリの地下鉄入口　E.ギマール[仏] 02 レッチワース田園都市 　　E.ハワード+パーカー+アンウィン[英] 03 フランクリン街のアパート　A.ペレ[仏] 06 ウィーン郵便貯金局　O.ワーグナー[墺] 09 ロビー邸　F.L.ライト[米]	02 三井銀行本店　横河民輔 05 日本勧業銀行本店　妻木頼黄 09 両国国技館　辰野・葛西事務所 09 赤坂離宮　片山東熊
12 タイタニック号の沈没 14 第一次世界大戦 17 ロシア革命 19 ガンジーの反英運動 19 パリ講和会議	1910	11 キャンベラの都市計画 14 ドミノ・システム コルビュジエ 16 ゾーニング法[米] 17 デ・ステイル結成 19 バウハウス設立	10 AFGタービン工場　P.ベーレンス[独] 14 グエル公園　A.ガウディ[西] 14 ドイツ工作連盟展ガラスパヴィリオン 　　B.タウト[独] 14 ヘルシンキ中央駅 　　E.サーリネン[フィンランド] 19 フリードリヒ街のオフィスビル 　　ミース・ファン・デル・ローエ[独]	14 東京駅　辰野金吾 15 三越本店　横河民輔
20 ラジオ放送開始 20 国際連盟正式成立 23 関東大震災 29 世界恐慌	1920	20 『エスプリヌーヴォー』誌創刊 22 300万人の現代都市計画 23 『建築をめざして』 　　コルビュジエ 28 CIAMの創立 28 近隣住区理論　C.A.ペリー	22 シンドラー自邸　R.シンドラー[米] 24 シュレーダー邸　G.リートフェルト[蘭] 26 サグラダ・ファミリア　A.ガウディ[西] 26 バウハウス校舎（デッサウ） 　　W.グロピウス[独] 29 バルセロナパヴィリオン　ミース[西]	23 帝国ホテル　F.L.ライト 24 レーモンド自邸　A.レーモンド 27 同潤会青山アパート 27 聴竹居　藤井厚二
31 満州事変 32 五・一五事件 33 ナチス、政権を掌握 36 二・二六事件 39 第二次世界大戦	1930	33 バウハウス閉鎖 33 『アテネ憲章』　CIAM 35 『輝く都市』　コルビュジエ	31 サヴォア邸　コルビュジエ[仏] 33 パイミオのサナトリウム 　　A.アアルト[フィンランド] 36 カサ・デル・ファッショ J.テラーニ[伊] 36 落水荘　F.L.ライト[米] 39 ジョンソンワックス本社　F.L.ライト[米]	34 築地本願寺　伊東忠太 35 そごう百貨店　村野藤吾 36 国会議事堂 37 パリ万国博覧会館　坂倉準三 38 東京国立博物館　渡辺仁
41 太平洋戦争 45 長崎・広島へ原爆投下 45 国際連合の成立 47 日本国憲法施行 49 北大西洋条約機構（NATO）	1940	41 『空間・時間・建築』 　　G.ギーディオン 45 『有機的建築に向けて』 　　B.セーヴィ	40 森の火葬場 　　G.アスプルンド[スウェーデン] 47 バラガン自邸　L.バラガン[メキシコ] 47 ブロイヤー自邸　M.ブロイヤー[米] 49 グラス・ハウス　F.ジョンソン[米] 49 イームズ自邸　C.イームズ[米]	41 岸記念体育会館　前川國男 45 原爆ドーム　ヤン・レツル 47 紀伊國屋書店　前川國男 47 藤村記念堂　谷口吉郎

6.2 近代建築史——年表と言説——

社会の動き	年代	思想・出来事	国外の建築	日本の建築
50 朝鮮戦争 51 日米安全保障条約 55 ディズニーランド[米] 59 安保闘争 59 キューバでカストロ政権	1950	57 シドニーオペラハウスコンペ	50 ファンズ・ワース邸　ミース[米] 51 チャンディガール　コルビュジエ[印] 52 ユニテダビタシオン・マルセイユ 　　コルビュジエ[仏] 55 ロンシャンの教会　コルビュジエ[仏] 58 シーグラムビル 　　ミース+F.ジョンソン[米]	50 立体最小限住居　池辺陽 52 斎藤教授の家　清家清 52 広島平和会館　丹下健三 58 晴海高層アパート　前川國男 59 国立西洋美術館　コルビュジエ
61 人間衛星成功[ソ] 64 東京オリンピック 65 ヴェトナム戦争 68 プラハの春 69 アポロ11号月面着陸	1960	60 『都市のイメージ』　K.リンチ 64 「建築家なしの建築」展 　　　　　　　　　MoMA	61 ペンシルヴァニア大学 　　リチャーズ医学研究所　L.カーン[米] 62 TWA空港ターミナル　E.サーリネン[米] 63 ベルリン・フィルハーモニー　H.シャウロ 65 シーランチ・コンドミニアム 　　C.ムーア[米] 68 国立美術館　ミース[独]	60 東京計画1960　丹下健三 62 軽井沢の山荘　吉村順三 64 国立屋内総合競技場　丹下健三 66 塔の家　東孝光 69 代官山ヒルサイドテラス　槇文彦
70 日航機よど号 　　ハイジャック事件 70 大阪万国博覧会 71 沖縄返還協定調印 73 オイル・ショック 76 ロッキード事件	1970	71 ポンピドゥー・センターコンペ 78 『コラージュ・シティ』 　　コーリン・ロウ 78 『デリリアス・ニューヨーク』 　　レム・コールハース	72 キンベル美術館　L.カーン[米] 72 ブリオン・ヴェガ墓地　C.スカルパ[伊] 73 シドニーオペラハウス 　　Y.ウッツォン他[豪] 77 ポンピドゥー・センター 　　ピアノ+R.ロジャース[仏] 79 パリ・グラン・プロジェ[仏]	71 ブルーボックスハウス　宮脇檀 74 群馬県立近代美術館　磯崎新 74 最高裁判所　岡田新一 76 住吉の長家　安藤忠雄 77 国立民族学博物館　黒川紀章
80 イラン・イラク戦争 80 モスクワオリンピック 87 ペレストロイカ 89 ベルリンの壁崩壊 89 天安門事件	1980	82 ラ・ヴィレット公園国際コンペ 87 ベルリン国際建築展(IBA) 89 東京国際フォーラムコンペ	86 香港上海銀行　N.フォスター[香港] 87 アラブ世界研究所　J.ヌーベル[仏] 87 バルセロナの橋　S.カラトラヴァ[西] 89 ルーブル美術館ピラミッド 　　I.M.ペイ[仏] 89 ラ・ヴィレット公園　B.チュミ[仏] 89 ミュージアムパーク　E.ブリュニエ[蘭]	81 名護市庁舎　象設計集団 83 つくばセンタービル　磯崎新 85 世田谷美術館　内井昭蔵 87 東京工業大学百年記念館 　　篠原一男 89 幕張メッセ　槇文彦 89 光の教会　安藤忠雄
90 東西ドイツ統一 91 ソ連邦崩壊 91 湾岸戦争 92 ロサンゼルス暴動 95 阪神・淡路大震災 98 長野オリンピック	1990	90 熊本アートポリス 94 『S,M,L,XL』R.コールハース 95 仙台メディアテークコンペ 95 フランス新国立図書館コンペ 97 MoMA増改築コンペ	92 クンストハル　R.コールハース[蘭] 95 フランス新国立図書館　D.ペロー[仏] 96 サーマル・バス　P.ズントー[スイス] 97 高齢者アパート　mvrdv[蘭] 98 ビルバオ・グッゲンハイム美術館 　　F.O.ゲーリー[西] 98 ゲティ・センター　R.マイヤー[米] 98 ユダヤ博物館　D.リベスキンド[独]	91 東京都新庁舎　丹下健三 92 海の博物館　内藤廣 94 関西国際空港　R.ピアノ 95 打瀬小学校　シーラカンス 95 豊田市美術館　谷口吉生 98 京都駅　原広司 98 岐阜県営住宅 　　妹島和世、高橋晶子他
	2000—		00 テート・モダン　H.ミューロン[英]	01 仙台メディアテーク　伊東豊雄

● 建物・街並みの保存・再生デザイン

　一般的に日本では建築はスクラップ・アンド・ビルドがあたりまえになっている．しかし，既存の建物や街並みに価値を見出し，さまざまな手法で保存・改修・再生し，現代の要求に適合させて蘇らせる方法も建築の一つの潮流として存在し，多くの事例を見る．こうした方法により，まちの文脈や伝統構法や職人の技を後世に伝えることができる．また，まち固有の特徴を保持することができるため，まちづくりにおいて大きなインパクトとなる．

　建築の保存・再生という概念は日本よりもヨーロッパなどの方が古くから存在し，事例も多く見られる．最近の例でいえばロンドンにあるテート・モダンは火力発電所だった大きな建物をみごとにモダン・アートの殿堂として再生したもので，その大きな煙突がシンボルとなっている．パリではバスティーユ地区に残されている古い高架という土木建造物が改修され，アトリエや店舗として使われている．オルセー美術館はもともと駅舎であった大空間をそのコンテクストを残しつつインテリアの改造を図り，美術品を展示する空間として再利用している．近年では国内においても事例が増えつつある．千葉市美術館は，現存する旧銀行の建物を新しい建物のフレームの中に抱え込むようにしてその保存と再生を図っている．洲本市立図書館は，明治42年に建設された紡績工場の跡地で旧工場外壁や防火壁として工場内を区画していた古い煉瓦壁を歴史的建造物として保存・再生し，基本モジュールの異なる図書館平面計画に可能な限り取り込んだのが特徴である．

　街並みの保存運動に全国に先駆けて取り組んだのは妻籠（長野県）である．ここでは保存がすべてに優先し「壊さない・売らない・貸さない」の三原則が貫かれている．今日では文化財を多く残す地区が一丸となってその街並みを守ろうという動きが全国各地で見られるようになった．また，倉敷では，その中心にある倉敷アイビースクエア——明治期の紡績工場という文化財を保存するだけでなく，改修してホテルやアトリエなど，文化施設のゾーンとして積極的に利用している．また，これとは別に小布施町のように地域の伝統や文脈を継承するデザインで一帯を統一し，街並みの修景が試みられている例もある．

　街が変貌を続け，都市がその歴史性や由緒を喪失し，文化としての地域も流出・解体しつつある現代において，保存・再生のデザインを追求することは都市の個性を保持する一つの解決策である．

建物・街並みの保存・再生デザイン

テート・モダン

外観写真

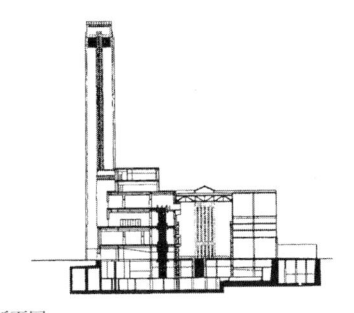

断面図

内観写真（地下1階）

内観写真（3階）

所在地　イギリス，ロンドン
設　計　ヘルツォーク・ド・ムーロン
竣　工　2000年

ジル・スコットが設計した発電所という工業建築のランドマーク性を保ちながら新しいエレメント（ガラス）を挿入し，周辺に新しいランドスケープを提供した．内外空間を都市に開放することにより，近寄りがたい場所からより市民が近づきやすい場所となるよう計画された．

バスティーユ高架鉄道改修

外観写真1

外観写真2

所在地　フランス，パリ
設　計　パトリック・ベルジェ
竣　工　1995年

1859年に建設された高架鉄道の高架上は歩行者用プロムナードとして整備された．高さ10 m，長さ1.4 kmにわたり60個のヴォールトが連続する高架下は店舗に改修された．かつてのオープンな空間を継承するため，アーチ部分には木製サッシュにより，軽量なガラスエレメントが装着されている．この地区の伝統的なショップタイプであるアートショップやクラフトショップが主である．

オルセー美術館

内観写真

断面図

所在地　フランス，パリ
設　計　ガエ・アウレンティ
竣　工　1986年
延床面積　20,000 m²

1900年に設計したヴィクトール・ラルーのオリジナルコンセプトを尊重し，多量の自然光の導入を図り，さらに人工照明をそれとわからぬように巧みに加え，光量を増している．内部のデザインはほとんど既存のイメージを残し，空間の長軸方向に添って両側に石造りのプラットホームがデザインされている．

千葉市美術館

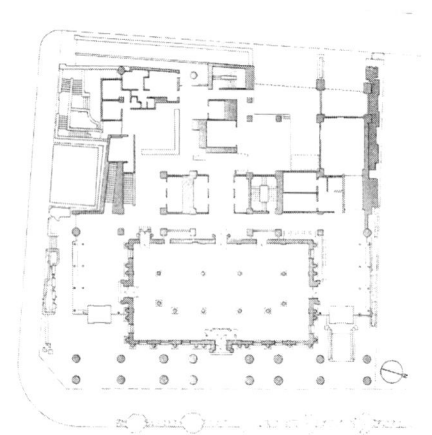

1階平面図

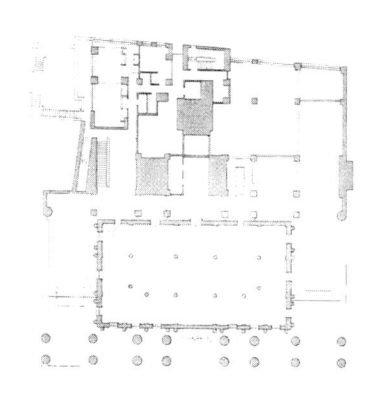

2階平面図

内観写真

所在地　千葉県，千葉市
設　計　大谷幸夫
竣　工　1994年
延床面積　17,499 m²

昭和2年に竣工した既存の建物を，新しい建物のフレームの中に抱え込むようにして（鞘堂方式）その保存と再生を図っている．

洲本市立図書館

外観写真1

外観写真2

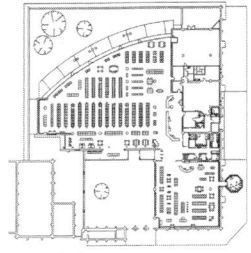

1階平面図

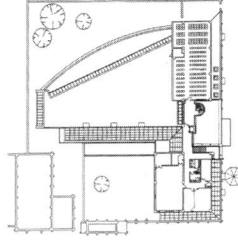

2階平面図

所在地　兵庫県，洲本市
設　計　鬼頭梓，佐田祐一
竣　工　1998年
延床面積　3,191 m²

旧煉瓦壁の保存・再生とともに構造的に壁の転倒防止を図るなどの工夫がなされているとともに，自然光の採り入れや照明制御など省エネルギーに関する配慮もなされている．

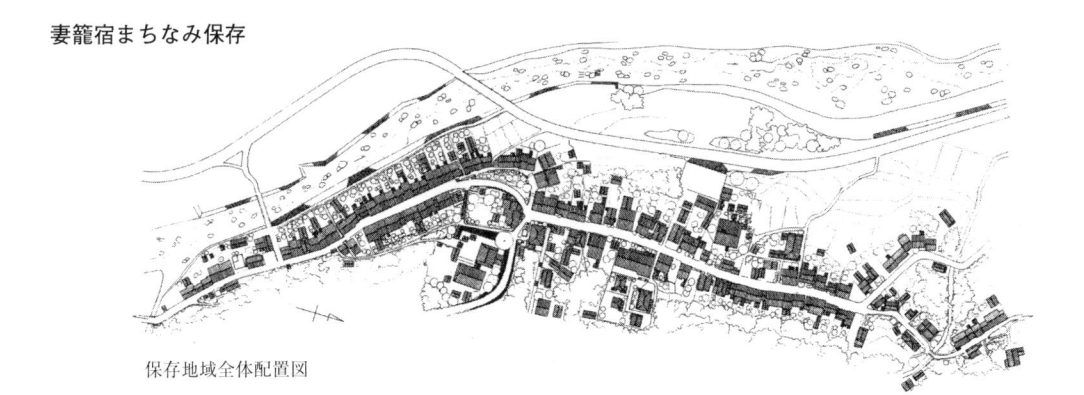

妻籠宿まちなみ保存

保存地域全体配置図

町並み写真

所在地　長野県，南木曽町

日本の町並み保全運動の先駆けとなった地域である．地域住民が一体となって運動に取り組んでいる．

小布施町並修景計画

町並み写真1

町並み写真2

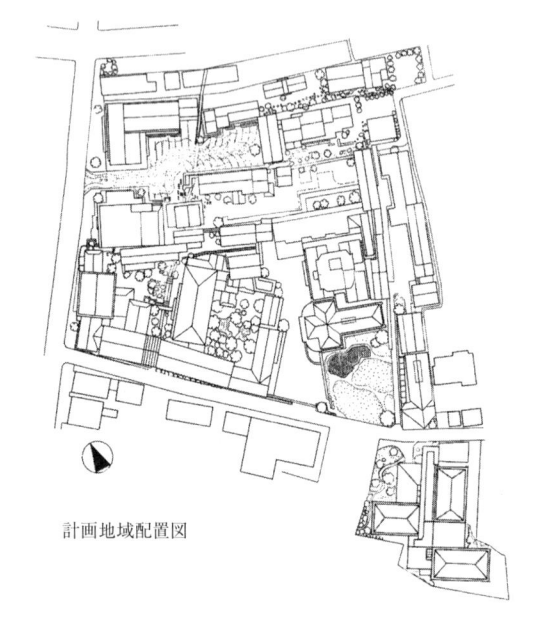

計画地域配置図

所在地　長野県，小布施町
設　計　宮本忠長建築設計事務所
竣　工　1987～1992年

この計画は再開発につきもののマスタープランを用意せず，その都度最良と思われる解決策をとりながら15年以上も連綿と継続されているにもかかわらず，一帯がみごとに統一されている．

●図書館

1950年に施行された図書館法で，図書館は「図書，記録，その他必要な資料を収集し，整理し，保存して，一般公衆の利用に供し，その教養，調査研究，レクリエーションなどに資する事を目的とする」とある．図書館は資料を提供する機関であった．しかし，利用者のほとんどが学生であり，「学生が勉強するスペース」と化していた．

1970年代に入って，貸出を主体とした中小図書館による全域サービスが大切であるとして，開架式で主婦や子供が気軽に利用できる「貸出型図書館」が広く普及するようになった．成人開架と児童開架は最も利用しやすい位置に連続して置く，児童開架は入口近くに置く，閲覧座席は少数しか配置しない，レファレンス部門は参考図書と郷土資料をまとめて奥まった静かなところに置く，メインカウンターは入口近くにする，学生のための自習室は設けない，などの現在に続いている考え方が広まった．

1980年以降は高機能化した大規模図書館と中小図書館をネットワークで結ぶ運営が発展してきた．

そして，余暇時間の活用や高齢期の自己向上などの豊かな社会の生活観に対応し，1990年代に入ってから図書館の姿が変わってきている．生涯学習の場，高度な情報を入手する場として図書館は位置づけられてきたのである．利用者は週末に車で大規模な図書館に訪れるというのが一般的になりつつあり，図書館はコンピュータの活用により少人数の職員が専門的な仕事をするようになった．またメディアの多様化が図られ，開架の大規模化が起きている．このような背景のもとに図書館は安全，快適であることはもちろん，入りやすく，使いやすく，変化に対応できることや，バリアフリーの性能も求められてきている．

しかし，図書館は情報の電子化が進む中で，インターネットで図書館の蔵書が検索できるようになり，活字メディアとしての図書の位置が低下し，人々があえて図書館に訪れる価値は何なのかを考えるときにきているといえる．また，公共施設として単なる図書サービスのような施設的なものではなく，地域コミュニティ活動への貢献を視野に入れるサービスの必要性が指摘されてきた．

宮城県図書館

外観写真

内観写真

所在地　宮城県，仙台市
設　計　原広司＋アトリエ・ファイ建築研究所
竣　工　1998 年
延床面積　18,227 m²

谷に架かる橋のように計画された図書館である．ここでは「自然の中の図書館」「公園としての図書館」「街路の延長としての図書館」が意図されており，もとの地形，樹木の加工が最小限になるよう検討が重ねられた．

杉並区立中央図書館

内観写真

外観写真

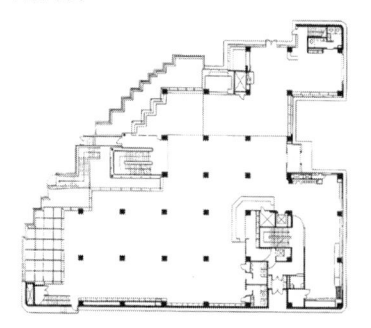

1 階平面図

所在地　東京都，杉並区
設　計　黒川紀章建築都市設計事務所
竣　工　1982 年
延床面積　4,397 m²

区内 4 か所の図書館とネットワークを持つ中央館として多用途，多目的に対応するよう計画された．周辺環境を考慮し，地上のヴォリュームをおさえ，積極的に緑化に努めた．利用度の高いスペースを 1 階に開放的にとり，正面にあるメイン階段により，動線が単純明快に感じ取れるようになっている．

豊の国情報ライブラリー

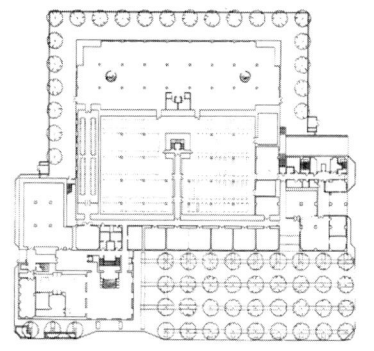

1階平面図 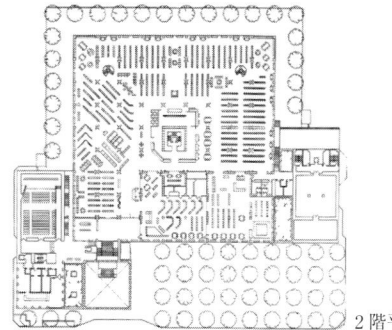　　2階平面図

所在地　大分県，大分市
設　計　磯崎新アトリエ
竣　工　1995年
延床面積　23,002 m²

外観写真　　内観写真

図書館の主室ともいうべき開架閲覧室は，構造壁を全く持たない1辺7.5 mの立方体フレームを9列×9列配列した100本の柱を持つ4,500 m²の1つの間である．公共図書館という性質ゆえ常に抱えるであろう書籍の増加や収蔵形式の変化に伴うレイアウトの変更，ITへの対応などの諸問題を受容する．

筑波大学中央図書館

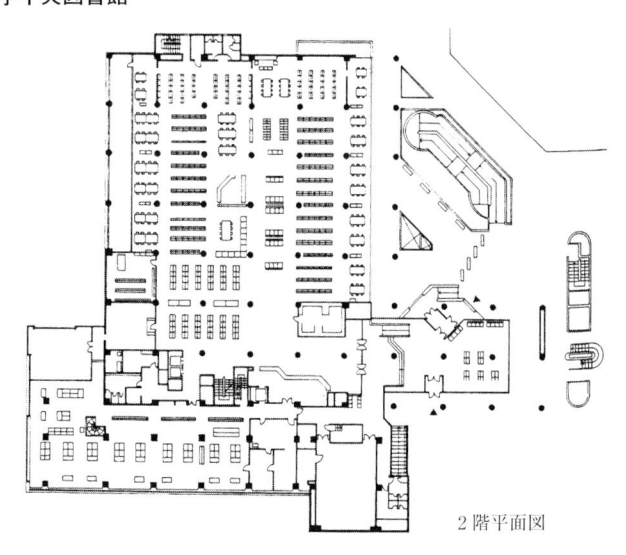

2階平面図

外観写真

吹き抜け部写真

所在地　茨城県，桜村
設　計　筑波大学中央図書館設計小委員会
　　　　岡田新一設計事務所
竣　工　1979年
延床面積　14,960 m²

アメリカなどの大学図書館に比べて，水準の点でかなりのギャップがあるわが国の従来の大学図書館を打破すべく本格的な大学図書館建築の計画に努力が続けられた．

フランス国立図書館

外観写真

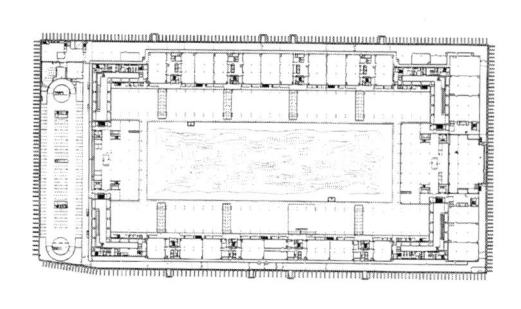

平面図

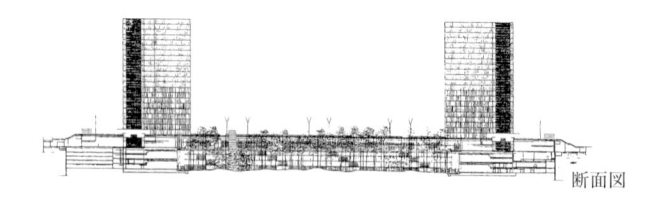

断面図

所在地　フランス，パリ
設　計　ドミニク・ペロー
竣　工　1997年
延床面積　365,178 m²

「パリのための広場」「フランスのための図書館」という考え方のもと計画された．建物の巨大さを統制するため，内側の大きな領域を開放的にしている．四隅に本を開いたような「タワー」が建ち，場所を象徴的にしている．

デルフト工科大学図書館

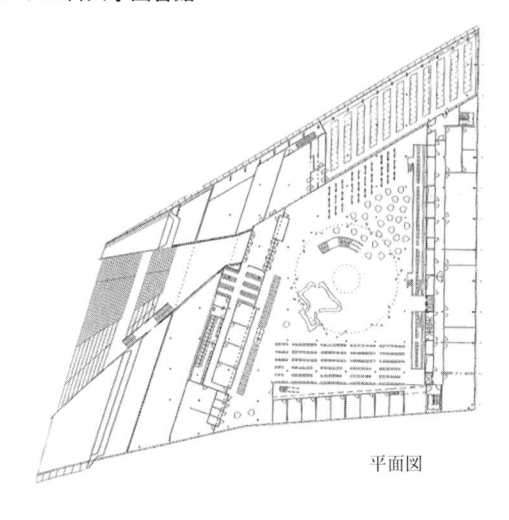

平面図

外観写真

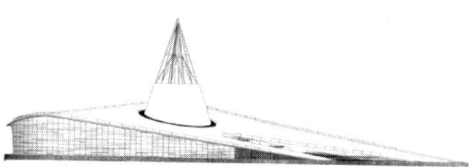

立面図

所在地　オランダ，デルフト
設　計　メカノー
竣　工　1997年
延床面積　15,000 m²

芝生で緑化したスロープ状の屋根で建物全体をシェルター化した．緑化した屋上を断熱・遮音に活かすだけでなく，学生たちが集うパブリックな広場として計画している．従来の図書館が持つ静的な空間組織を排除して，よりダイナミックな空間コンセプトを志向したランドスケープ的な建築を完成させた．

図書館

ロッテルダム図書館

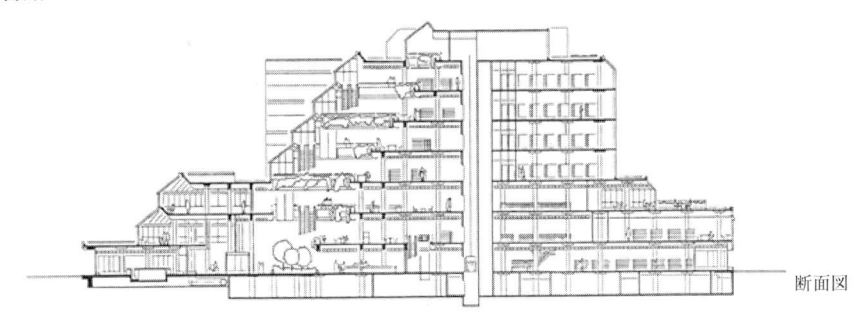

断面図

外観写真　　内観写真

所在地　オランダ，ロッテルダム
設　計　ヴァン・デン・ブローク・アンド・バケマ
竣　工　1983年
延床面積　24,000 m²

オランダにしては大規模な図書館である．「オープンで誰でも引き入れられるような魅力的な建物であること」という要求に対し，滝のように流れ落ちる斜のガラスのファサードでこたえている．

ジョン・F. ケネディ記念図書館

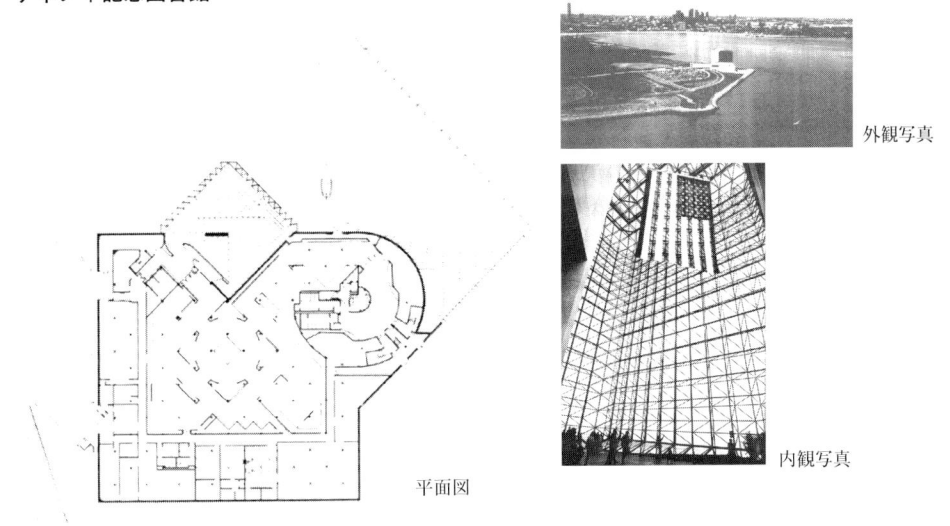

外観写真

内観写真

平面図

所在地　アメリカ，マサチューセッツ州
設　計　I. M. ペイ・アンド・パートナーズ
竣　工　1979年
延床面積　10,230 m²

建物は三角形平面を持つ9層の図書館部分，260人収容の講堂2つを背中合わせに組み込んだ円形平面のブロック，およびその2つの幾何学的なブロックの間に拡がる展示空間と，110フィートの巨大な高さを持つスペースフレームで囲んだパヴィリオン空間とから構成されている．

● 博物館・美術館

　欧米では博物館・美術館は古くから市民に親しまれ，大切にされてきたので，各都市ごとに豊かなコレクションに裏づけられた施設が数多く存在している．それらの計画には，運営，利用の仕方，建物のあり方など十分な蓄積が感じられる．一方でわが国では，まだまだ生活の中にしっかりと根づいた存在とはなりきってはいない．さまざまな点で考えるべきことが山積みし，建築的にも十分な答えがでたとはいえない状況ではあるが，現在に至るまで博物館・美術館のあり方に対する建築的な追求が各設計者により多様に試みられ，すぐれた作品もたくさん生み出されている．

　建物の計画のポイントは，動線計画，内・外の空間演出，採光・照明計画，材料の選択が主となる．20世紀の美術館の原型はフランク・ロイド・ライトのグッゲンハイム美術館（アメリカ，1959）である．ル・コルビュジェが提案したかたつむり美術館のアイデアを具現化し，人々に新しい建築体験を与えた．来訪者の動線をはじめにエレベータで最上階まで持ち上げ，らせんを描く線状展示空間によって導き，自然に1階まで戻すものである．これは交錯してしまう美術館の動線に対しての一つの回答であった．

　その街の文化や歴史，風土などが反映されるため，地元の人々にとってはシンボルであり，アイデンティティとなる．また，来訪者にとってはその土地のイメージとして心に残る場所である．「芸術鑑賞」という雰囲気や，その行為の非日常性から，公園・緑地の一角などのゆったりした敷地が選定され，ランドスケープと一体で計画されることが多い．また，都市のコンテクストを継承し，市街地に計画される場合もある．パリのオルセー美術館やロンドンのテート・モダンなどのように，文化的に重要な建物を保存・活用する手段として転用される例も見られる．

　博物館・美術館の役割は，貴重な文化財を収集，保存，展示し，調査・研究活動が行われる場であることである．空間は大きく公開部分と非公開部分に分けられる．公開部分はなるべく外部に開放された空間であることが望ましいが，展示物の保存のために，閉鎖的になることが多い．非公開部分でも，調査・研究活動が行われるような部門は積極的に外部に開かれるべきであろう．近年では，具体的な物質の保存・展示をするだけでなく，先端技術を駆使し，あるテーマに沿った展示がされ，体験ができる館がつくられるようになってきた．求められる空間は変化し続けている．

ライトのグッゲンハイム美術館

グッゲンハイム美術館

外観写真

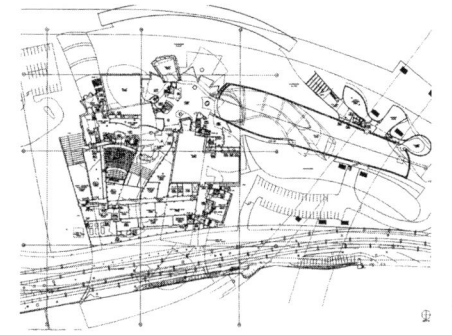

平面図

内観写真

所在地　スペイン，ビルバオ
設　計　フランク・O. ゲーリー
竣　工　1997 年
延床面積　24,290 m²

造船・製鉄業で栄えた都市の河岸に建つ，うねるような表現主義的彫刻的な形態は町の新しいランドマークである．施工のプロセスで活躍したのが，航空機などのように微妙な形を要求されるデザイン設計に使われるコンピュータプログラム Catia で，この複雑な面を解析した．

クンストハル

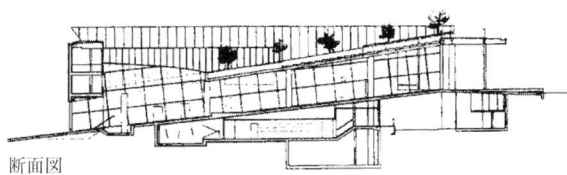

外観写真

内観写真

断面図

所在地　オランダ，ロッテルダム
設　計　レム・コールハース
竣　工　1992 年

3 層で四分割されたヴォリュームに必要とされるさまざまな空間をはめ込み，それらをいかにスムースな動線でつなぐかというテーマに対し，4 つのスロープを織り交ぜたサーキット（回路）でつなぐという解を示した．従来のフラットスラブでは階段やエレベータなしには垂直移動が不可能であった建築を，それらなしで可能にした．

ゲティ・センター

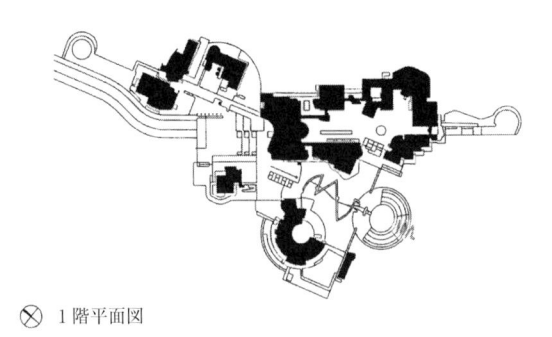

1階平面図

航空写真

所在地　アメリカ，ロサンゼルス
設　計　リチャード・マイヤー
竣　工　1997年
延床面積　87,000 m^2

丘の上に建つ一種の山上都市のようである．建築群は，その自然の地形を反映して互いに22.5度ずれた2つの軸線に従って配置されている．

宇都宮美術館

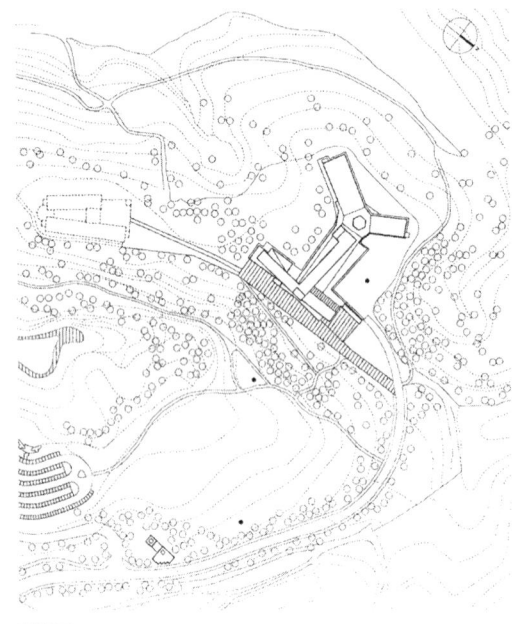

配置図

外観写真

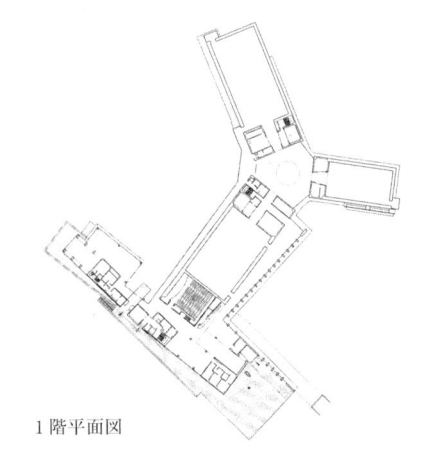

1階平面図

所在地　栃木県，宇都宮市
設　計　岡田新一設計事務所
竣　工　1996年
延床面積　9,388 m^2

広大な森の中に建てられ，自然との融合を図った美術館である．外装に地場産材である大谷石を使い，特徴的でシンボル的なランドスケープを創り出している．

豊田市美術館

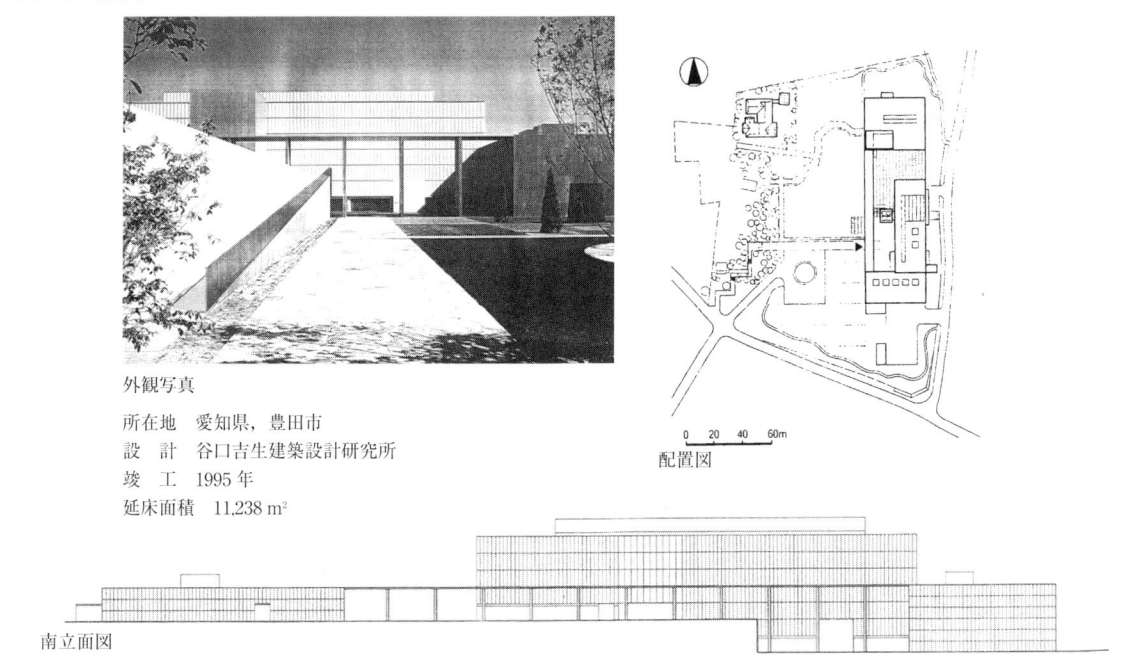

外観写真

所在地　愛知県，豊田市
設　計　谷口吉生建築設計研究所
竣　工　1995 年
延床面積　11,238 m²

配置図

南立面図

敷地の高低差を利用して建築内部の構成は立体的に機能配分され，展示・建築・外部景観を視覚的に結び付けるよう計画されている．

世田谷美術館

エントランス内部写真

外観写真

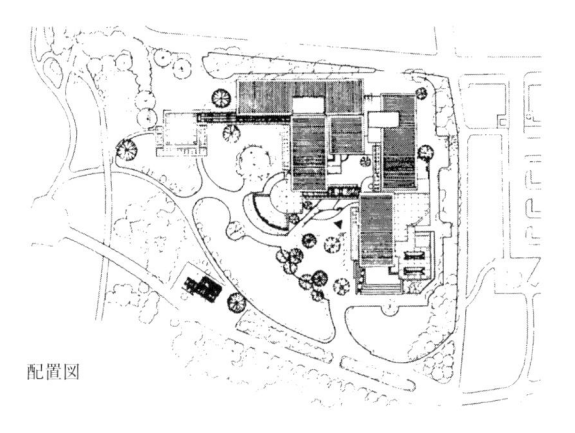

所在地　東京都，世田谷区
設　計　内井昭蔵建築設計事務所
竣　工　1985 年
延床面積　8,223 m²

配置図

公園美術館，美術館の空間の日常化，オープン化という3つのコンセプトのもと設計され，美術館の枠を取り払い，この美術館すべての場所が展示空間であり，パフォーマンスできる空間として計画された．

潟博物館

外観写真

内観写真

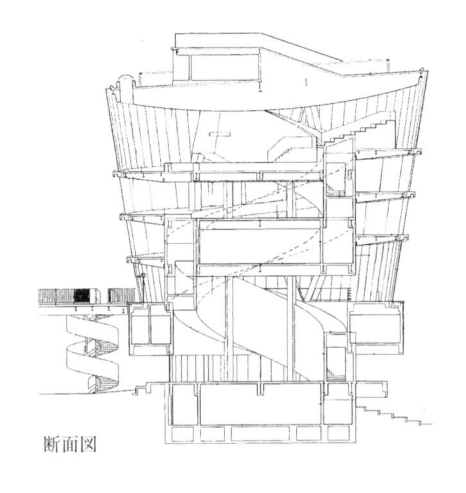

断面図

所在地　新潟県，豊栄市
設　計　青木淳建築計画事務所
竣　工　1997年
延床面積　2,608 m²

「動線体」として計画され，立体的な人の動きを生み，たくみに外部景観の見え方を操作しているプランである．

直島コンテンポラリーアートミュージアム

地中に埋め込まれた建物

海の見える展示室

階段のある展示室

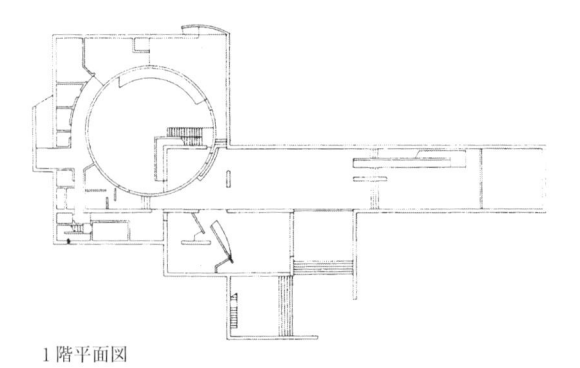

1階平面図

所在地　香川県，直島町
設　計　安藤忠雄建築研究所
竣　工　1992年
延床面積　3,643 m²

景勝地に建てられるために周辺環境との調和を考えヴォリュームの計画をされるとともに，アプローチからの誘導に凝っている計画である．

●病院・高齢者施設

　最近の病院は巨大で複雑である．病院建築はよりよい医療サービスを効率的に享受できるよう配慮される．しかし，機能を機械的に追うあまり，最も大切で，人間的なこころを忘れてはならない．病院は多くの患者の生活の場であり，それらの人々の苦痛を癒したり，やわらげたりする場である．今日，医療技術におけるハイテクノロジー化，オートメーション化がめざましく進歩している．こうした状況の中で，病院建築の設計は高度に専門的知識と経験が要求される仕事になった．医療の場は，ハイテクノロジーと共存した最も人間的な空間でなくてはならない．

　病棟の計画には歴史がある．今日に至るまでさまざまなプランが提案されてきた．病院の原形となる施設はいまから約3,000年前に現れ，ローマ帝国には軍用病院が建てられた．5〜13世紀になると，カソリック教会による広大な病院がまちや村のはずれに建てられた．これらが現代の医療センターの起源である．ルネサンス期以降病院建築も新古典主義の様式が取り入れられるようになった．その後，様式はそのままに1850年代クリミアン戦争中イギリスの夜戦病院で活躍したフローレンス・ナイチンゲールの理論に基づく病棟計画が行われた．第二次世界大戦後から1980年代にかけて医学の専門性が増すにつれてより多くの部屋が必要となり，より大きな設備が装備されるようになり，メガホスピタルと呼ばれる大きな病院が建てられた．最近では待ち合い空間やロビーなどに緑や水などを多く用いたり，大開口を設けたりアトリウムなどにして外光を多く取り入れ，開放的でアメニティの高い空間が計画されている．さらにアメリカなどではホスピタルモールにカフェや商店が並び，まるで街路のような空間が作られている．また，近年，欧米では以前からあった医療概念——リハビリテーションのための病院やホスピスなどが日本でも積極的に取り入れられるようになり，それらにあった計画が模索されている．

　高齢化社会を迎え，これからさらに需要を増すのが高齢者施設である．これらの施設は以前はお払い箱のようなものとしてとらえられ，あまりよいイメージは持たれなかった．日本には，ノーマリゼーションやユニバーサルデザインの施設計画の思想が十分に認識されていなかった．特に障害者のためのバリアフリー環境では欧米の考え方や技術が最近導入されたばかりである．高齢者施設については，先進国といわれるヨーロッパ，特に北欧の施設計画と運営方法，コミュニティとのかかわりについて研究されてきた．最近ではよりよい余生を送るための場所として見直され，施設から居住環境へと考え方が変わり積極的に計画がされるようになり，介護の必要度に応じて，老人ホーム，デイケアセンター，ケア付き老人専用住宅など，その形態はさまざまである．

けいゆう病院

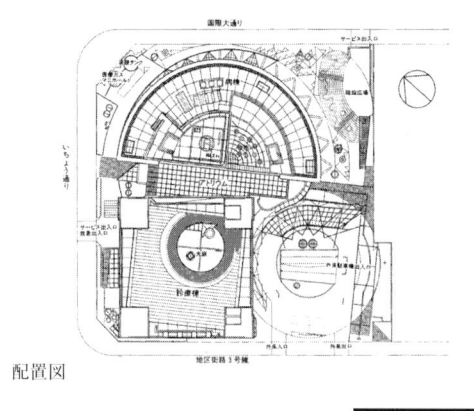

配置図

外観写真

ブロック構成

アトリウム

所在地　神奈川県，横浜市
設　計　伊藤喜三郎建築研究所
竣　工　1995年
延床面積　35,500 m^2

21世紀を展望する総合病院を実現するために「アメニティ」「ホスピタリティ」「インターナショナリティ」という3つのテーマを掲げ，それらを実現する上で「ホスピタル・リゾート」をデザインのコンセプトとし，計画が進められた．

聖路加国際病院

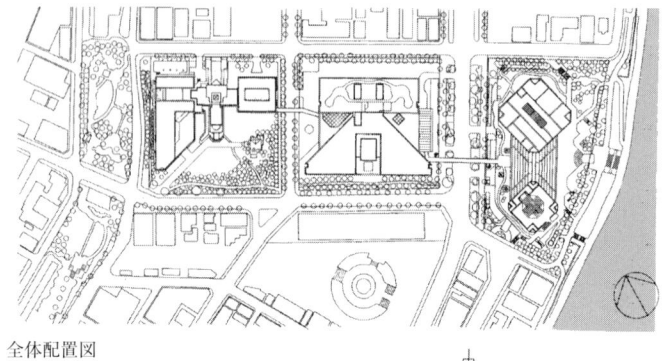

全体配置図

鳥瞰写真

全体断面図

所在地　東京都，中央区
設　計　日建設計
竣　工　1989年
延床面積　60,730 m^2

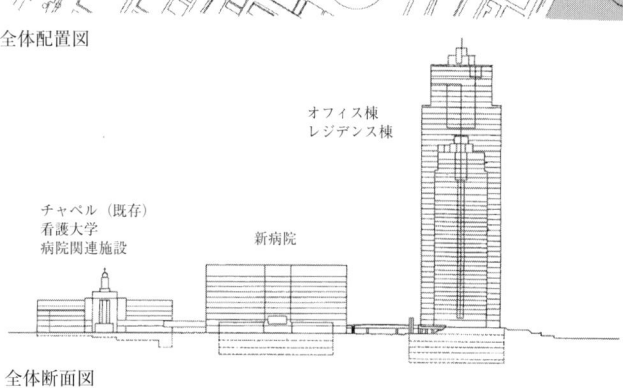

3ブロックにわたる約4万 m^2 の敷地を，ライフ・サイエンス・センターとして総合的に再開発する計画である．看護大学，病院関連施設，新病院，オフィス棟，レジデンス棟が建設された．

オレブロ地区中央病院

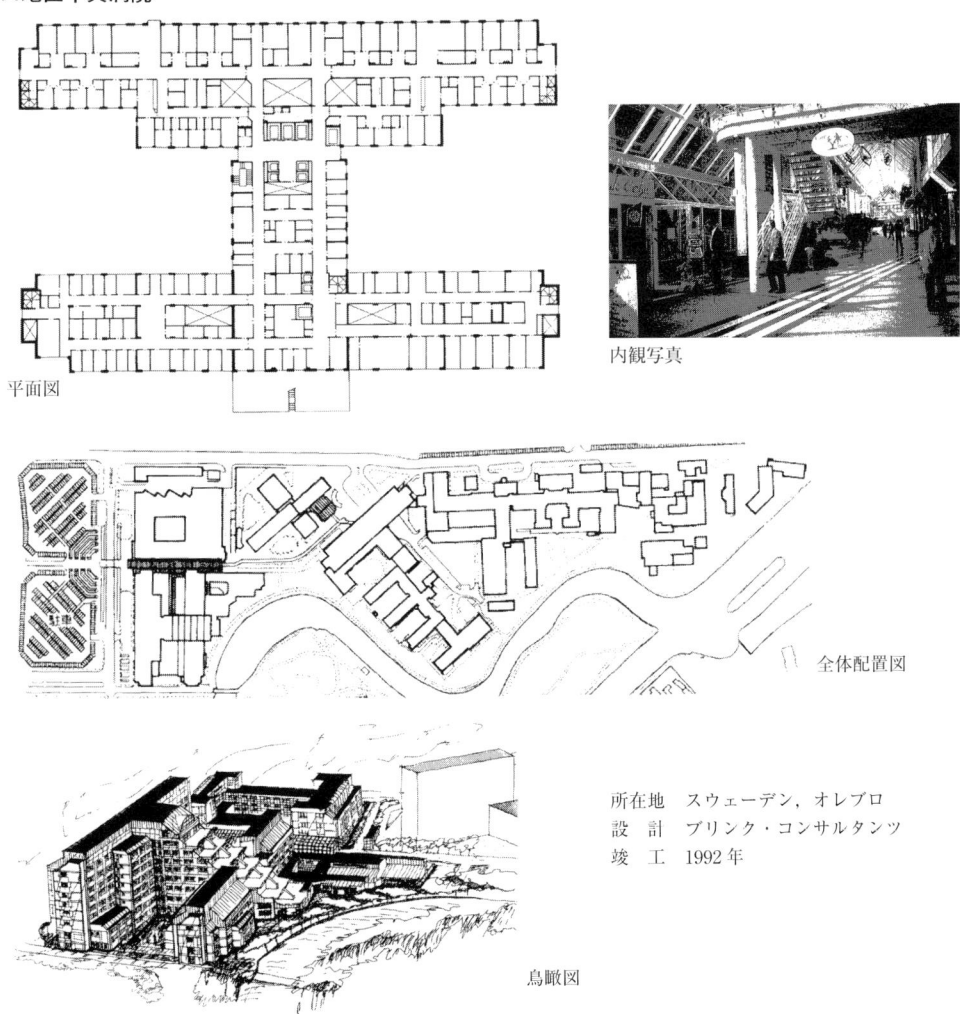

平面図

内観写真

全体配置図

鳥瞰図

所在地　スウェーデン，オレブロ
設　計　ブリンク・コンサルタンツ
竣　工　1992年

正面玄関から真直ぐに伸び，ガラス屋根から自然光が降りしきる明るいモールに面して喫茶店，売店，花屋，理髪店，美容院などが並び，あたかも街路のような空間が全体の骨格を形成している．病室はすべて個室と2床室で，トイレ・シャワー付きである．患者と職員のアメニティを追求した事例である．

フランシスコ・ホスピス

1階平面図

2階平面図

内観写真

外観写真

所在地　ドイツ，レクリングハウゼン
竣　工　1987年

先進国の中でもドイツでは早くから終末期医療に対してさまざまな試みが行われている．このホスピスは提供された家屋を増築したものである．

世田谷区立高齢者センター・新樹苑

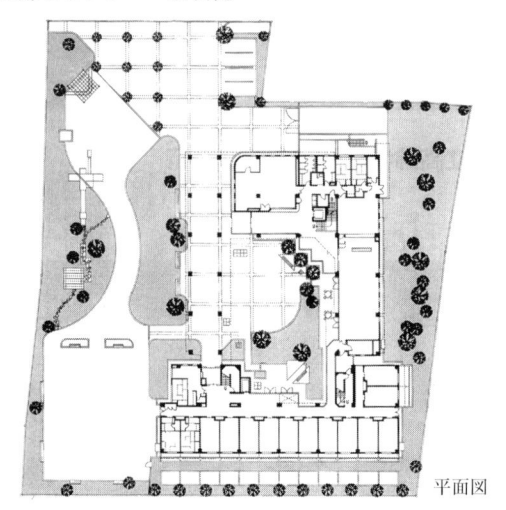

平面図

所在地　東京都，世田谷区
設　計　石本建築事務所
竣　工　1987年
延床面積　2,879 m²

内観写真

外観写真

ノーマライゼーションの理念のもと，生活自立援助施設として，地域に溶け込んだ「都市型老人施設」という構想で計画された．中庭を挟んで居住棟と福祉棟の2つにゾーニングし，居住者と利用者を明確に区別しつつも，互いに意識の触れ合いができるよう，内部の共有空間や隣接する公園とのつながり方が計画されている．

● 集合住宅

　集合住宅の計画では最近2つの動きが注目されている．一つは人々のライフスタイルをパターン分けし，個性的なプランを提案すること，もう一つは集合住宅において新しい共用空間を提案し，景観デザインを重視することである．

　日本の戦後の住宅設計は，アメリカをモデルとしたモダンリビングによって発展してきた．しかし，定型化したプランが見直され，人々の生活の多様性が見直されてくると，住み手の設計参加や間仕切りの可変性が求められるようになった．コーポラティブ住宅ははじめから入居者が決定しており，設計を進めていくうちに入居者どうしのコミュニティも創られていく．また，スケルトン&インフィルの考え方から，スケルトンを社会資本とすれば，スケルトンはストックとして，インフィルは住み手が変化させていく部分としていく，という考え方も生まれた．多様性に対応する方向として，家具による間仕切りなど，住み手が気軽に変更できるように可変性を持たせる仕掛けも考えられている．

　プランとしては，リビングが家族だんらんの場となっていない，個室は子供の自立に役立っていない，などのモダンリビングと実際の生活があっていない部分を考慮し，日本の住文化と合ったプランの提案が求められている．

　また，高度成長期における高層化・大規模化が反省され，低層集合住宅（タウンハウス）が一時的に普及し，その後，超高層住宅による高密度住宅の再登場があった．都市内に適した典型的な中低層の集合住宅ではヒューマンスケールに合った開発手法が求められることが多く，街区型の計画手法を発展させることが期待されている．

　現在では超高層住宅などの大規模なプロジェクトが特に大都市の中心部で進行し，住宅とその他の施設が複合化する一方で，生活支援サービス・高齢者向けサービスなどと住宅供給をセットにした動きもある．個人のニーズとまちづくりを満足させられる住宅設計が求められる．

NEXT21

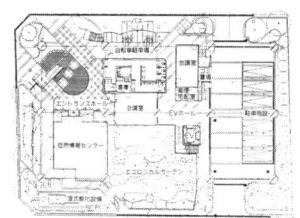

1階平面図

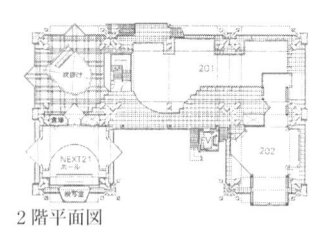

2階平面図

立体街路構成図

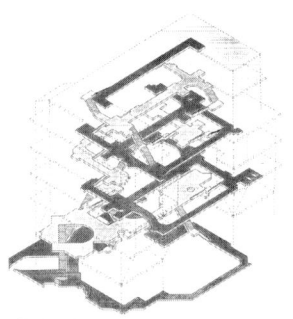

外観写真

所在地　大阪府，大阪市
設　計　大阪ガスNEXT21建設委員会
竣　工　1993年
延床面積　4,577 m^2

21世紀の住まいを考えるモデルとして環境，設備，構造，構法など多くの技術者の参加を得，計画されたものである．特徴としては，躯体・住戸分離方式により専有ないし専用部分の計画上の自立性が高められている．また，ブリッジを含んだロの字型の立体街路の構成も，集まって住むことを視覚化する上で有効である．

東雲計画

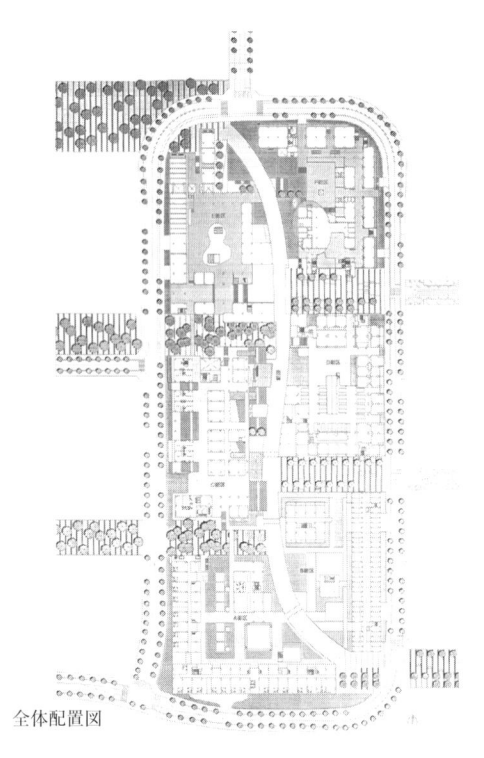

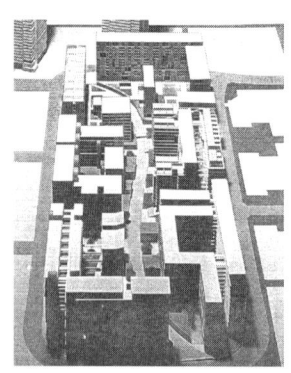

全体配置図

模型写真

所在地　東京都，江東区
基本設計　都市基盤整備公団東京支社
　A街区　山本理顕設計工場
　B街区　伊東豊雄建築設計事務所
　C街区　隈研吾建築都市設計事務所
　　　　　アール・アイ・エー設計共同体
　D街区　山設計工房
　E街区　ADH/WORKSTATION設計共同体
　F街区　元倉眞琴・山本圭介・堀啓二設計共同体

A〜Fの6つの街区に分け，それぞれ別の建築家，設計共同体により計画が進められている．埋め立て地である元工業地域の再開発で，商業施設・生活支援施設などを併設した集合住宅の計画案である．家族構成やライフスタイルなどがますます多様化する中で，建築家はどのような提案をするのかが注目される．

集合住宅

長町アパート

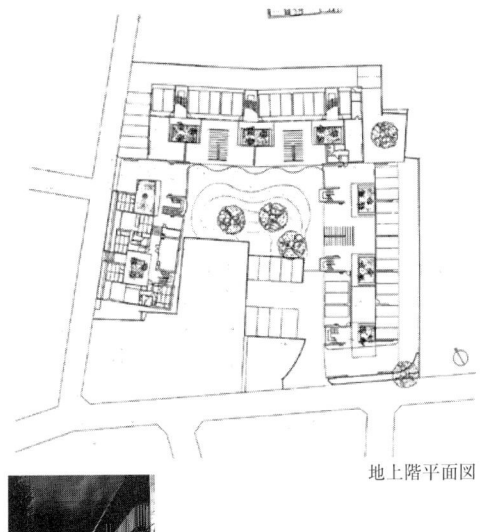

断面図

地上階平面図

所在地　茨城県，水戸市
設　計　富永譲＋フォルムシステム設計研究所
　　　　横須賀満夫建築設計事務所
竣　工　1996年
延床面積　4,773 m²

ファサード写真

シンプルであればあるほど，フレキシビリティがあり，長持ちし，豊かな生活を保証するだろうという考えのもと「住まいの床面をどのように構築するか」という課題が設計のテーマとされた．

笠間アパート

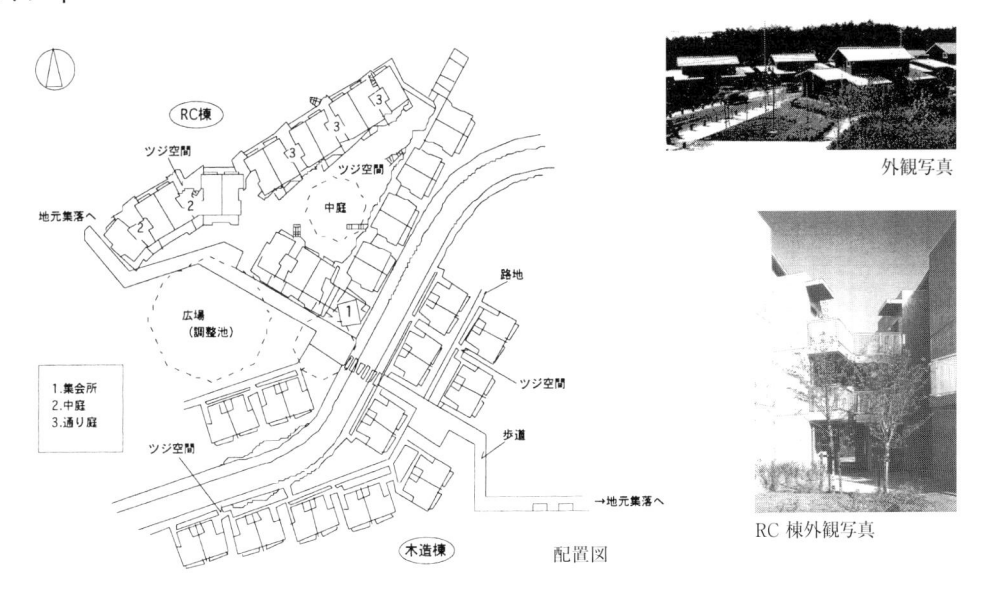

配置図

外観写真

RC棟外観写真

所在地　茨城県，笠間市
設　計　藤本昌也＋現代計画研究所
竣　工　2001年
延床面積　7,168 m²

自然を残し，地域環境をつなげ，地域の「農」とつながるヴァナキュラー集住体として計画された．

中島ガーデン

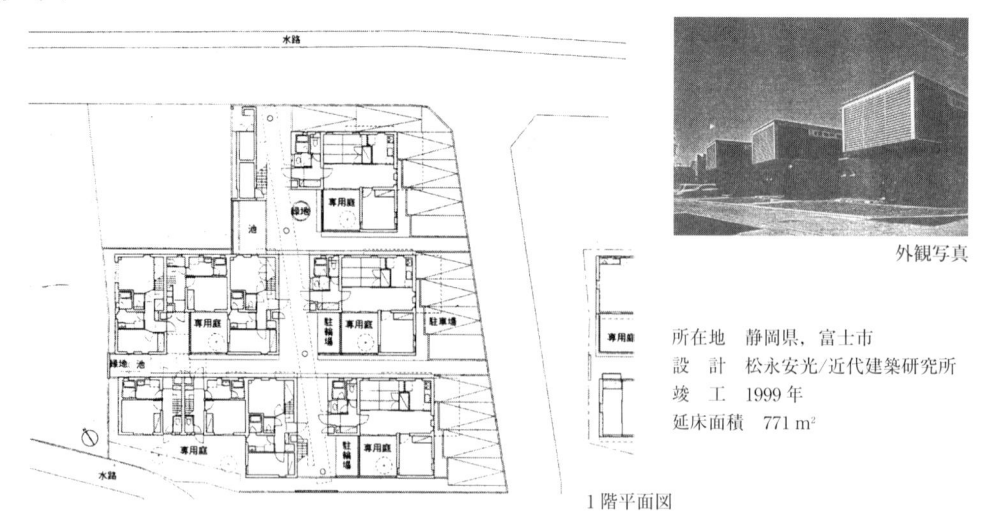

外観写真

1階平面図

所在地　静岡県，富士市
設　計　松永安光/近代建築研究所
竣　工　1999年
延床面積　771 m²

従来の集落のスケール感を取り戻した低層高密度住宅を見直した計画．2階建ての住棟間のスペースには居室と板塀で囲まれた坪庭が交互に配置され，その南側に幅2mの路地が走っている．全戸が庭を持つよう計画されている．

熊本県立農業大学校学生寮

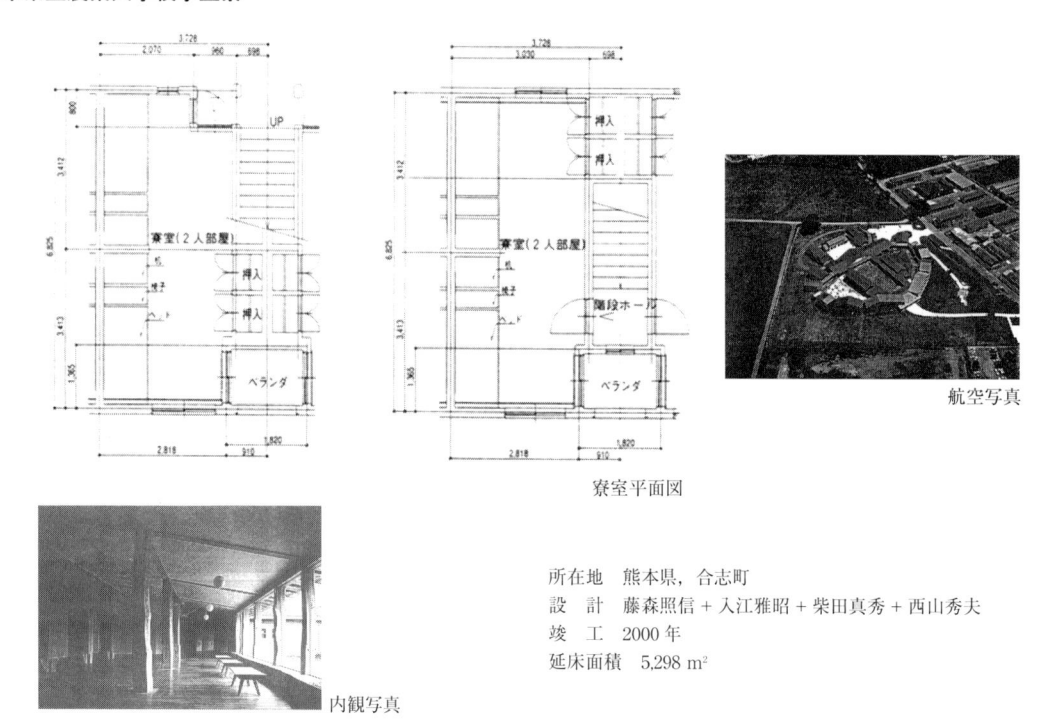

航空写真

寮室平面図

内観写真

所在地　熊本県，合志町
設　計　藤森照信＋入江雅昭＋柴田真秀＋西山秀夫
竣　工　2000年
延床面積　5,298 m²

学生寮という性質から「共同性」の創出に重点を置き，中庭＋回廊という配置計画が決定された．

FH・HOYA-Ⅱ

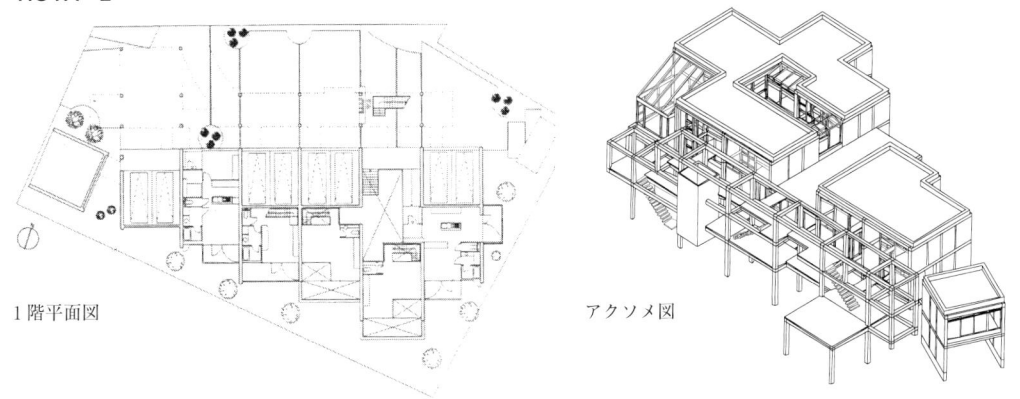

1階平面図

アクソメ図

屋上庭園写真

所在地　東京都，保谷町
設　計　スタジオ建築計画
竣　工　1996年
延床面積　1,273 m²

これからの新しい集合住宅を工業化工法の役割を可能性という視点から考えるというテーマで計画された．
集合住宅という複雑に入り組んで構成されているものを，一度単純なシステムに分解してみる．各システムはそれぞれ独自のライフサイクルを持ち，それに応じた可変性（フレキシビリティ）が求められたゆえ，よりシステムとして自立しているべきだという視点に立ち，システムの検討・提案が行われている．

● 複合施設

　近年，複合施設の計画が著しく進み，各地の都市部で見られるようになった．それだけに，今後の複合施設づくりの課題は量的水準の達成から，個性などを追求した質的水準の達成へと移行しており，テーマを明確に絞り込み，それを実現するためのプログラムをどう持ちうるかが重要になってきた．

　大規模な複合施設としては，駅前の再開発やまちづくりとして計画されるものがある．京都駅（1997）は，従来の駅舎の建て替えとともに，ホテルやデパート，公共通路や広場を複合させ，観光都市の玄関という意味を強く持つ施設である．東京オペラシティ（1997）においては，「劇場都市」という明確なコンセプトのもと，街がしつらえられている．また，品川インターシティ（1998）はまちづくりの視点から計画され，品川駅から超高層オフィスタワーまでをつなぐ都市骨格が現れている．クイーンズスクエア横浜（1997）はさらに規模の大きな計画で，3つの街区をネットワーク化し，港ヨコハマの風景を決定づける重要な意味を持つものとして，全体で調和するような配慮がなされている．海から陸にゆるやかに上昇していくスカイラインに沿ってそれぞれの棟の高さが設定されることで，臨海都市にふさわしい都市景観が創出されるような全体計画となっている．

　大都市の下町や地方都市では，市街地の再生プロジェクトやまちのイメージアップの戦略として，複合施設が建設されている．亀戸サンストリートは，界隈型商業施設という新しいコンセプトで計画され，定期借地権付きの施設であることが特徴である．金沢では，都市の特性を活かし，文化・創造の複合拠点というテーマのもと，建築の再利用を絡めた計画が少しずつ進められている．その蓄積と成長過程が金沢という都市の文化プログラムとなり，個性の発信力となる．（金沢市民芸術村，1996）．

　昨今，一般的にコミュニティが喪失しているといわれる一方で，地域住民のための施設は，利用率が非常に高い．そこで，利用者層の異なる公共施設を複合化し，コミュニティの再構築をねらう事例が見られるようになってきた．横浜市下和泉地区センター・地域ケアプラザ（1997）は，広い年齢層の利用が見込まれる，図書コーナー・プレイルーム・体育室・料理室・会議室などを内包する地域住民のためのコミュニティ施設と，在宅で介護を必要とする高齢者に対するデイサービスを提供し，また地域の福祉・保健活動の拠点の場となる福祉施設の複合施設である．

　複合施設の計画で大切なことは複合のメリットを模索することである．画一化され，細分化されてきた諸施設を複合化することにより，何らかの関係性が生まれてくる．その関係性が施設どうしをつなぐ手がかりとなるし，複合施設としての魅力を創出する場面となる．

京都駅

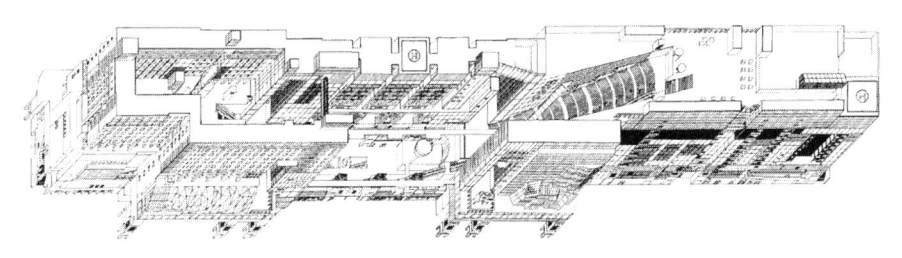

アクソメ図

所在地　京都府，京都市
設　計　原広司＋アトリエ・ファイ建築研究所
竣　工　1997年
延床面積　237,689 m²

ホテル，文化施設，商業施設，駐車場，駅の機能という5つのカテゴリーを内包し，観光都市京都の玄関として計画されている．

東京オペラシティ

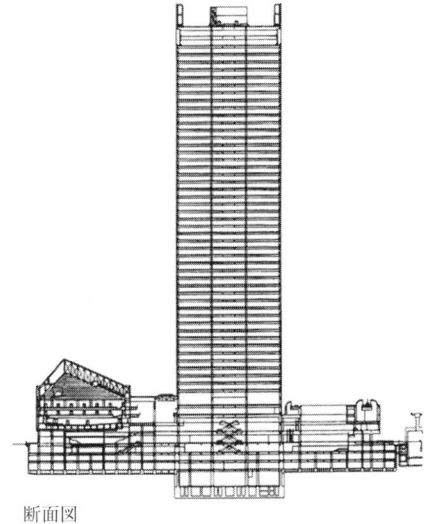

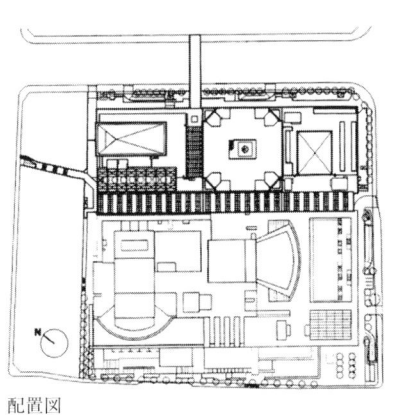

断面図

ガレリア内部写真

配置図

所在地　東京都，新宿区
設　計　NTTファシリティーズ
　　　　都市計画研究所
　　　　TAK建築・都市計画研究所
竣　工　1997年
延床面積　242,015 m²

ビジネスゾーン，芸術・文化ゾーン，アメニティ・商業ゾーンの複合した街区であり，低層部分全体を一般に開放された都市空間としている．街区全体で「劇場都市」を創り上げている．

品川インターシティ

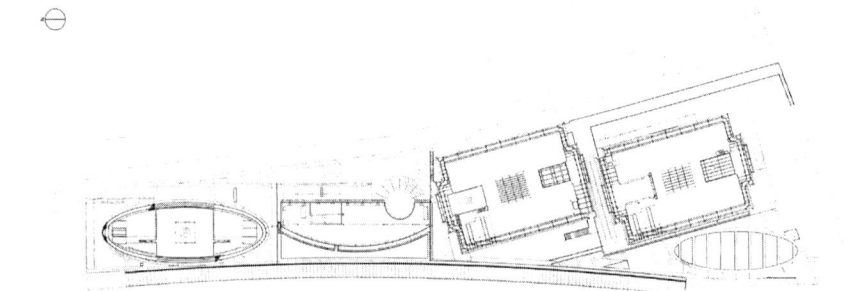

配置図

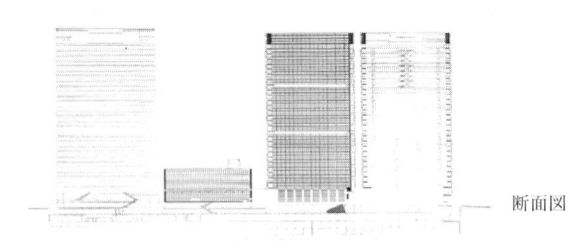

断面図

所在地　東京都，品川区
設　計　日本設計，大林組
竣　工　1998 年
延床面積　337,126 m²

品川駅東口 16 ha 開発の先駆としての「まちづくり」として取り組まれた計画である．建築群が都市に貢献できるかたちとして，建築と建築の間に生まれるヴォイドの空間が強く意識されている．

横浜クイーンズスクエア

ステーションコア

外観写真

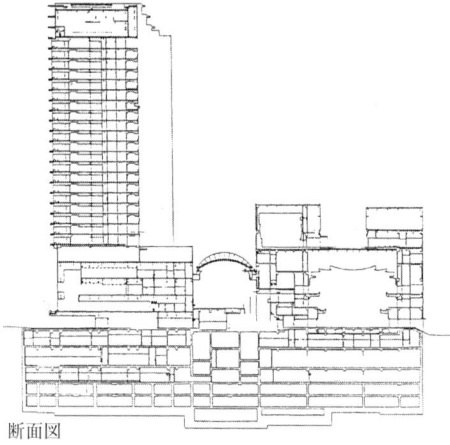

所在地　神奈川県，横浜市
設　計　日本設計，三菱地所一級建築士事務所
竣　工　1997 年
延床面積　196,386 m²

断面図

街区計画の特徴は歩行者のための公共空間が，街区を超えて 3 つの街区をさまざまなかたちでネットワーク化し，一体化された計画がされていることと，3 つの街区全体で，建築群によってできるスカイラインを調和させていることである．

亀戸サンストリート

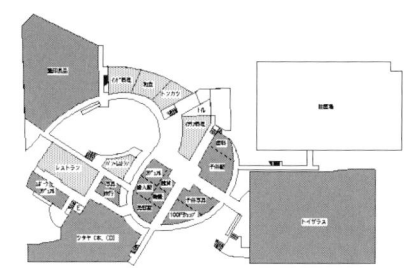

2 階平面図

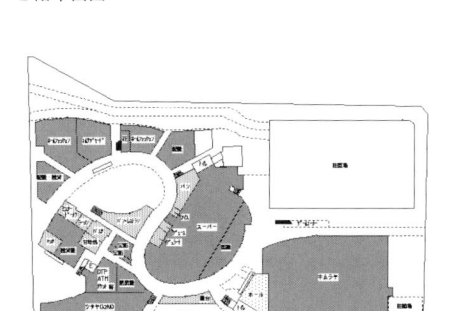

1 階平面図

所在地　東京都，江東区
設　計　北山孝二郎
竣　工　1997 年
延床面積　37,855 m²

亀戸駅南側，工場跡地に 15 年間の限定使用を前提に建てられた（定期借地権付）．高層化や高密度化を求めず，S 字型のみちや広場，テラスなどの公共空間に沿って 2 層の仮設に近い構造体に，日常の祝祭を楽しむというコンセプトで店舗や施設が計画されている．

金沢市民芸術村

外観写真

内観写真

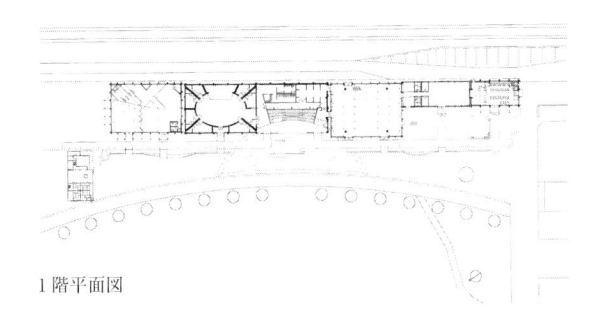

1 階平面図

所在地　石川県，金沢市
設　計　水野一郎＋金沢計画研究所
竣　工　1996 年
延床面積　4,017 m²

「金沢市民芸術村」は，広大な紡績工場跡地の隅に残っていた倉庫群をリサイクルし，稽古場，練習場，アトリエ，工房など，若者やアマチュア向けの創造活動の場を提供している．その後，敷地内に村落部のいろりのある民家を「里山の家」として移築したり，「金沢職人大学校」が創られ，金沢の特性を活かした文化・創造の複合拠点の計画が成長している．

横浜市下和泉地区センター・地域ケアプラザ

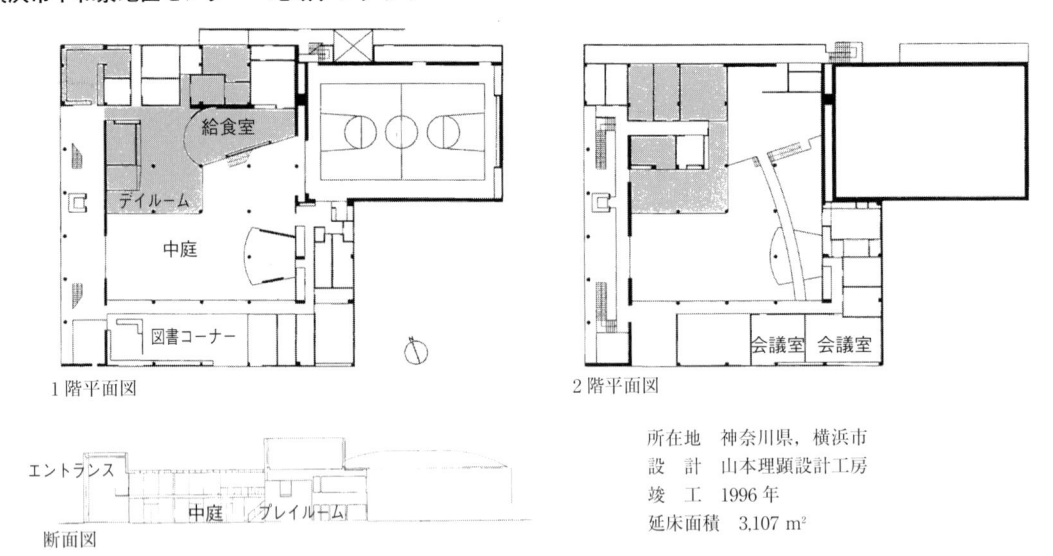

1階平面図

2階平面図

断面図

所在地　神奈川県，横浜市
設　計　山本理顕設計工房
竣　工　1996年
延床面積　3,107 m^2

在宅介護を必要とする高齢者にデイサービスを提供し，また地域の福祉・保健活動の拠点の場となる福祉施設と，地域住民のためのコミュニティ施設の複合施設である．両施設の緩衝帯あるいは交流の場として中庭が計画されている．また，内部空間では，施設の構成を視覚的にわかりやすくするために，人々が活動する空間に応じて色分けするという工夫がされている．

● オフィス

　オフィスというと，いままで交通機関とのアクセスがよく，周辺の金融機関や店舗など利便施設が充実していることが好条件となっていたが，今後は都市的施設が充実し，複数の高速通信網にアクセスできる地区が優位になるとともに，パソコンをはじめとした情報通信の進歩により，より住宅と近い郊外型オフィスも増えていくと考えられる．

　オフィススペースは組織の一体性・移動の効率性・融通性から整形で大きなフロア・より深い奥行，高い天井が求められている．特にテナントビルは整形の連続した平面とすることでフロア貸し・分割貸しに対応できるようにしている．ノンテリトリアル・オフィスと呼ばれる仕事を共有してスペースを有効利用することにより，集中できる場所，チームワークのやりやすい場所，作業スペースの大小などを自由に選択できるなどのオフィス環境を実現している例もある．

　また，家具メーカーもオフィス設計やコンサルティングに力を入れ始めており，働き方，オフィス環境および情報環境のバランスがとれてはじめて生産性の上がるオフィスが実現できるというコンセプトのもと，さまざまな試みを展開している．

　また，構造においては建築基準法の性能規定化に伴い，耐震設計のほか，免震や制振が求められることもある．床荷重はファイル書架・OA機器などの重物やレイアウトの自由度のためにいままで標準的だった $300 \, kg/m^2$ から $500 \, kg/m^2$ が主流になっている．また，配管容量増加や床吹出し空調のために高さ 20 cm 以上の床高が求められている．

　電気設備としてはワークスペースがパーソナル化していく中で，いままでの均質な照明方式から細かく対応できるタスクアンビエント照明に変わりつつある．電源容量は個人用パソコンの普及や情報通信機器対応のため $50 \, VA/m^2$ 以上が求められており，照明は 700 lx 以上の明るさが求められるとともに光の質のよさも求められている．

　室内環境もより細かい個別空調が求められている．また，熱負荷軽減・断熱性向上のため，外部負荷の影響を抑えた室内環境を得られる窓の構造が採用されている．

　メンテナンスに関しては，さまざまなテナントの業務に支障がないように，機械室を分割して設けたり，各階の設備メンテナンスは共用部から行えるようにするなどの工夫がなされている．

　また，高齢者・身障者の雇用促進に向けて，ハートビル法などで求められる車いす対応エレベーターや車いすトイレの設置だけでなく，オフィスフロアでの身障者に対応したトイレや扉の配慮が必要になってくると考えられる．

梅田ダイビル

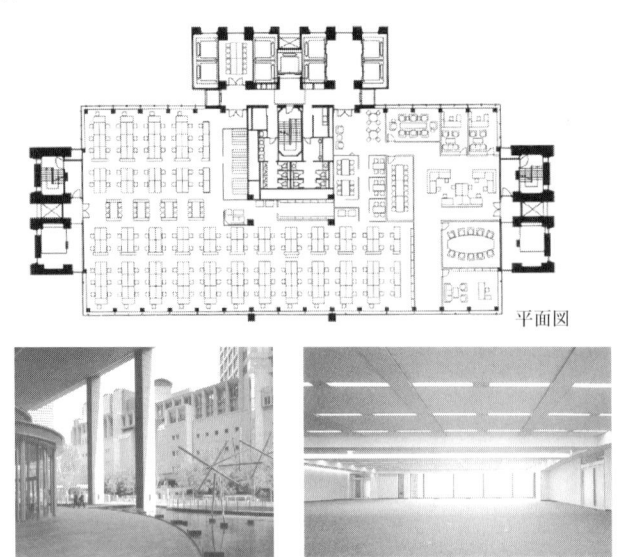

平面図

外観写真

ピロティ　　　　オフィススペース

所在地　大阪府，大阪市
設　計　レールシティ西開発
　　　　日建設計
延床面積　42,300 m²
竣　工　2000 年
構　造　S 造/SRC 造

「超高密度な開発プログラムの中での，街区全体としての高度なアメニティ形成」をコンセプトとし，広場，ピロティ，歩行者空間，サンクンガーデンなど，立体的都市環境をダイナミックな都市景観とともに創り出した．

パシフィックセンチュリープレイス丸の内

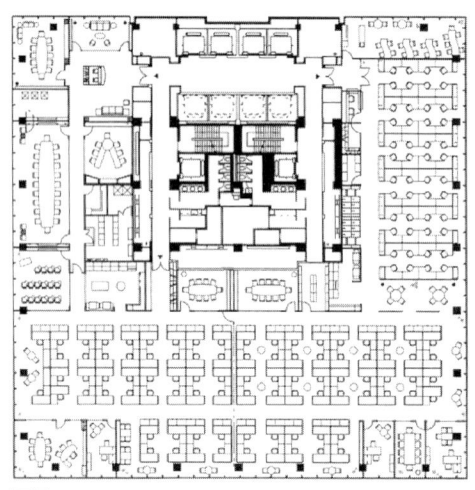

平面図

外観写真

所在地　東京都，千代田区
設　計　日建設計
延床面積　81,700 m²
竣　工　2002 年
構　造　S 造/SRC 造/RC 造

国際水準のオフィスに求められる最大限のフレキシビリティの確保に留意した計画が行われている．賃貸オフィス，ホテル，商業施設からなる複合超高層ビルである．

エニックス本社ビル

外観写真

外からコラボレーションの様子が
うかがえる

ミニアトリウム

所在地　東京都，渋谷区
設　計　日建設計
延床面積　5,380 m²
竣　工　1996 年
構　造　SRC 造/S 造

コラボレーションを支援するオフィス空間の提案として，2 層ごとのヒューマンスケールのミニアトリウムが計画されている．

高知工科大学　教育研究棟

外観写真 　　コモンスペース 　　教員研究室

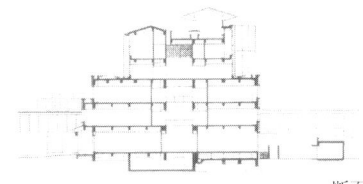

断面図 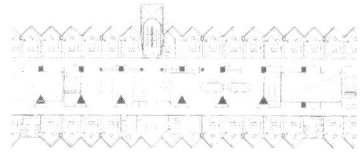　　平面図

所在地　高知県，土佐山田町
設　計　日建設計
延床面積　31,000 m²
竣　工　1997 年
構　造　SRC 造

プライバシーをある程度確保しつつ利用者側に連帯感が生まれるような研究施設を実現すべく，ガラスで仕切った「個人ブース」とオープンな「コモンスペース」の組み合わせが採用されている．

● 学　校

　学校の計画はいままで，北側が片廊下で南側のグラウンドに向けて開口部が設けられたビルディングタイプが主流であった．しかし，学校のあり方，使われ方が見直されていき，新しいビルディングタイプを創造する試みが生まれるに従って，学校の計画・プログラムにも変化が見られるようになってきた．

　学校は教育の場である．多種・多様な学習方法に対応するため，最近ではオープンスペースを設けたり，多目的スペースを設ける学校計画が増えている（例：世田谷区立中町小学校，玉川中学校）．ここでは小学校の場合，机に向かうだけではない学習や，学年を超えた学習，中学校においては教科教室を運営のホームベースとしたり，メディアスペースとしている例が見られる（例：岩出山町立岩出山中学校）．しかし，これらの計画は本来，児童・生徒の自発的学習を目的としたスペースづくりとして，ただ大きなスペースが与えられただけでは学校側がうまく使いこなせなかったり，壁がないだけでは熱効率が悪く空調が機能しなかったりという問題が出てきている場合がある．子供たちのアクティビティを誘発するようなきっかけを空間または家具配置などで創る必要がある．また，内外のつなぎ方により屋外・屋内の学習ができるプラン，動線計画も求められる．

　また，学校は地域施設としての役割もある．地域住民が通り抜け可能であったり，グラウンドが公園と一体化していたり，体育館やプールを市民に開放したりする例が見られる（例：千葉市立打瀬小学校）．開放することで管理上の問題は出てくるが，親が子供の教育の場をいつでも見ることができたり，地域住民と子供たちとがふれあうきっかけをつくることができる．また，学校の授業では使わない時間帯に地域住民が学校を使用するということは学校空間を有効利用できる．小中学校は学区域ごとに建てられていることから，地域住民にとってはそれほど遠くないところに学校が存在し，それが生涯学習施設となれば身近な施設となりうる．

　学校がもっと公的な場としてとらえられている例もある．御杖小学校の場合，「小学校」としての計画というよりも「必要な公共施設」としての計画が必要だという考えで設計されている．敷地の中に広場を作り出し，それに小学校としての機能を重ねている．そうすることで地域住民が必要とする空間の中に小学校化されていく部分が出てきて，村に合った小学校が完成する．小学校としてのビルディングタイプではなく，地形と地域住民の必要からプログラムが作られている点が特徴的である．特に過疎化して子供たちの数が少ない地域では，このように地域のための施設としての側面が強調されることで，学校はより地域に開かれた施設となる．

世田谷区立中町小学校／玉川中学校

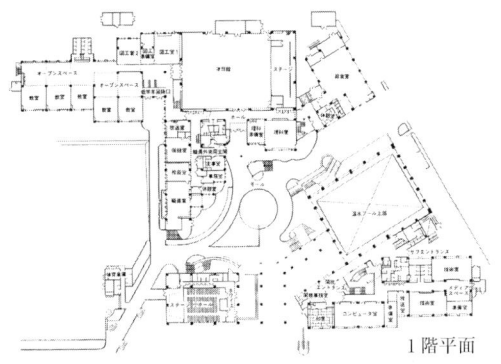

1階平面

2階平面

モール

多目的スペース

所在地　東京都，世田谷区
設　計　世田谷区建設部営繕第2課
　　　　内井昭蔵建築設計事務所

小学校と中学校が一体として計画されており，共有空間および市民の通り抜けパスとしてもモールを設けている．小学校は多様な学習方法に対応できるようオープンスペースなどを設けている．中学校は教科教室型のシステムに移行できるよう，多目的スペースを設け，メディアスペースを中心に設けている．

岩出山町立岩出山中学校

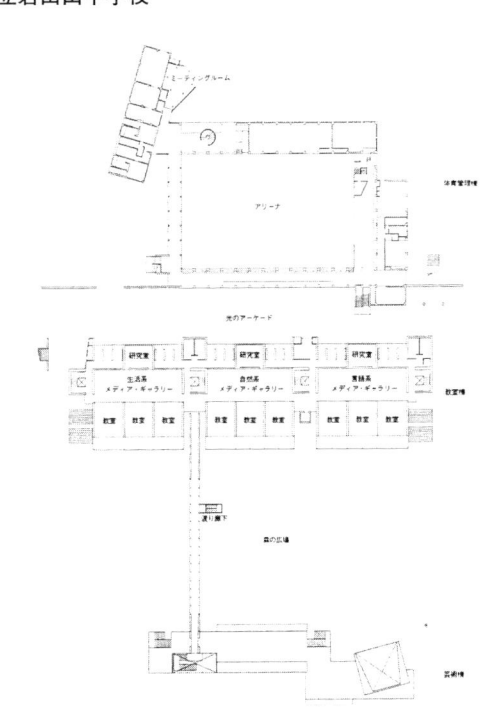

1階平面

生徒フォーラムより見下ろす

所在地　宮城県，岩出山町
設　計　山本理顕設計工場
竣　工　1996年
延床面積　10,879 m²

系列教科型システムの教育のため，自主性を重んじる環境と系列教科ごとのまとまりのある計画である．建物は芸術棟，教室棟，体育管理棟の3棟配置であり，周囲は公園のようになっている．全体は帯状の層が他の層を挟むように並んでいる構成になっている．

千葉市立打瀬小学校

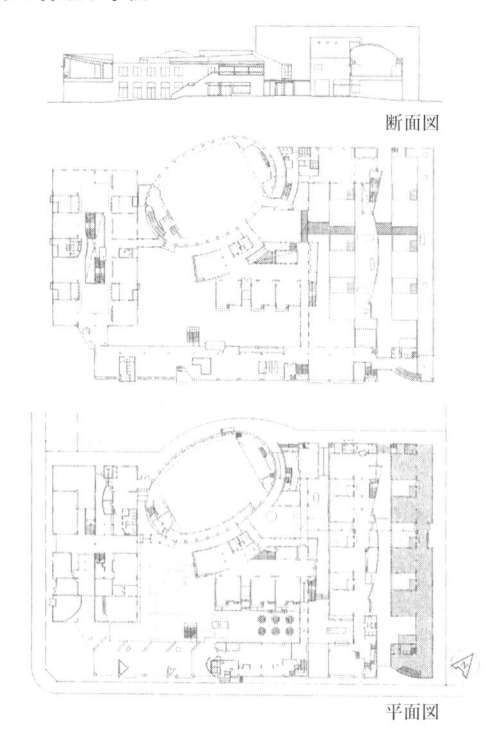

断面図

平面図

中庭での授業風景

所在地　千葉県，千葉市
設　計　シーラカンス
竣　工　1995年
延床面積　7,584 m²

千葉市と共同で新しい学校のあり方を提案した事例である．周辺地域とのかかわりとしては市民も通れるパスや公園と一体化したグラウンドなどを設け，周辺住民の利便性を高めている．空間構成としては，オープンスクール形式のモデル提案として，壁をなくし，移動経路の自由度を高めることで，児童のアクティビティを空間が誘発するように工夫している．

御杖小学校

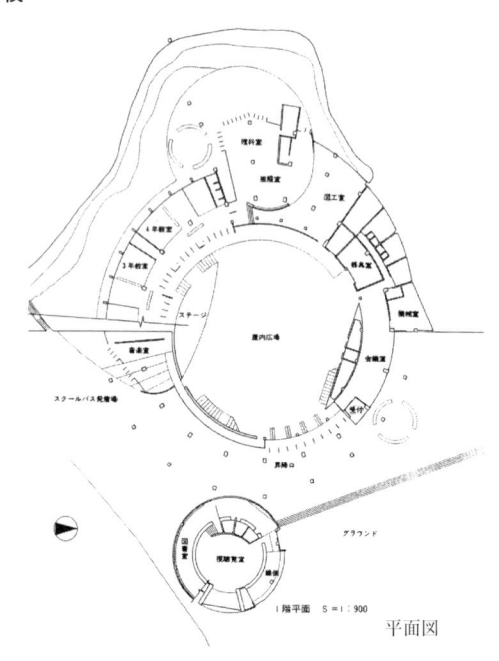

平面図

体育館

所在地　奈良県，御杖村
設　計　青木淳建築計画事務所
竣　工　1998年
延床面積　4,510 m²

「小学校」ではなく「小学校として使われる」空間として，らせん状の床に教室を配置し，中央に体育館でもある屋内広場が設けられている．この小学校のある御杖村は過疎村であり，小学校を公共性を持った空間として"行けば誰かのいる空間"ともなるようにしている．

●20世紀の建築・住宅●

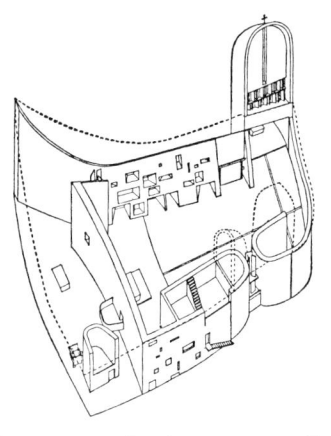

図1 ル・コルビュジェ：ロンシャン教会 (1955)
非定形の造形により，神秘的な感じを生み出した先駆例．

図2 丹下健三：東京都都庁舎 (1991)
装飾的なファサードで都のシンボルであることを表現した．隣にモダンな住友ビルが見える．

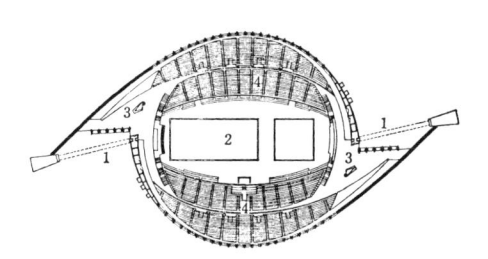

図3 丹下健三：代々木国立室内競技場（平面図）(1974)
巨大な吊り構造で，斬新な造形と求心的な内部を実現した．

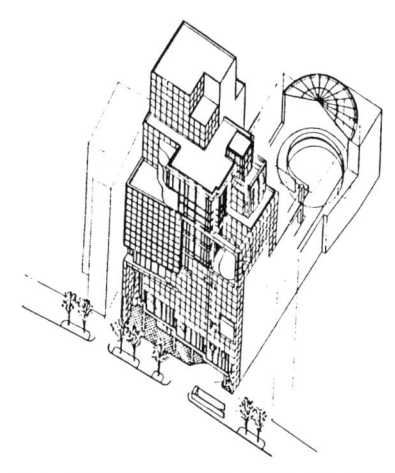

図4 槇文彦：東京青山スパイラルビル (1985)
街並みに融け込む，多様で洒脱なデザイン．

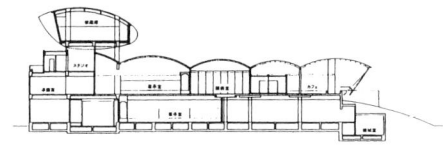

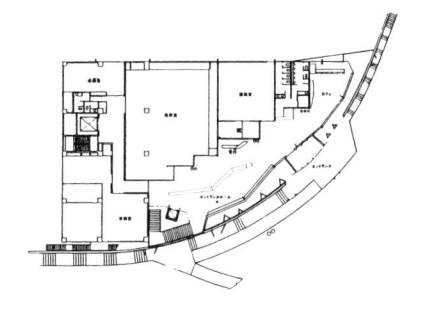

図5 伊東豊雄：八代市立美術館 (1992)
金属造形により，地形に沿う軽くしなやかな美しさを表現した．左上：外観（写真），左下：断面図，上：2階平面図．

●20 世紀の建築・住宅●

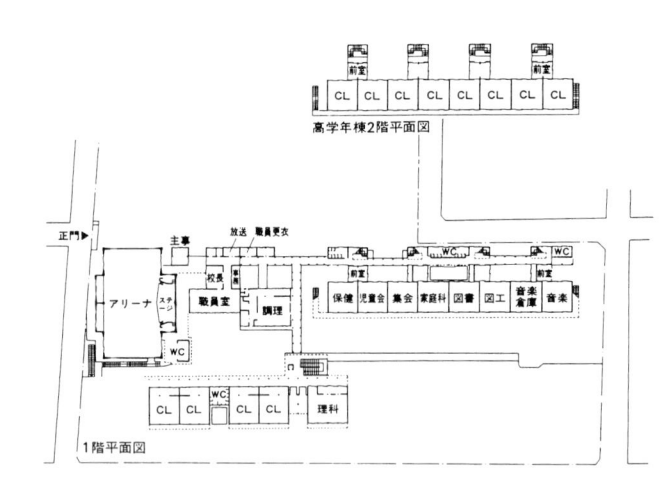

図6 東京大学吉武研：旧宮前小学校（1955）
動線領域が分離され，部屋領域と独立した例．

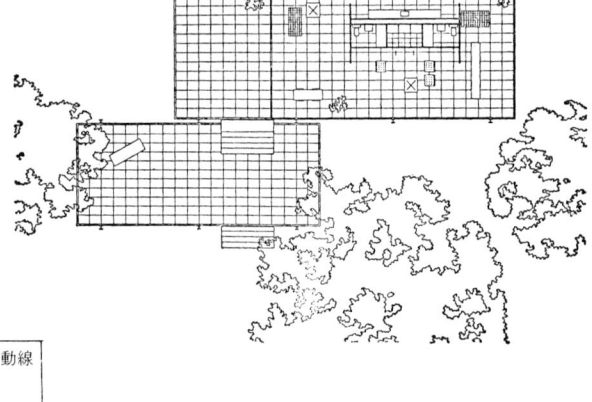

図7 ミース：ファーンズワース邸平面図（A. Drelxer：Ludwig Mies van der Rohe, 1960）
ユニバーサルスペースの実現例．ほとんど間仕切りのない自由な空間．

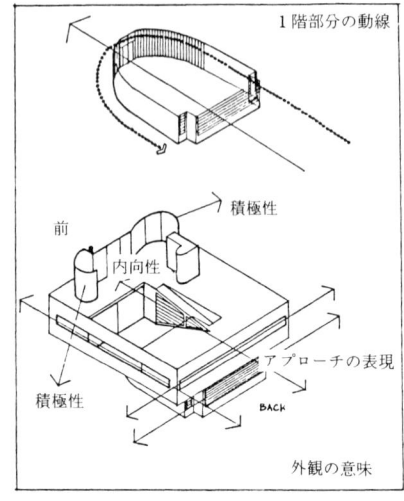

図8 ル・コルビュジェ：サヴォア邸（1929）
ほぼ25 m角の立体をピロティによって持ち上げ，1階にサービス部分，2，3階に住居部分をとり，立体的な領域構成を示している．

6. 現代の建築設計

●20世紀の建築・住宅●

図9 L. カーン：ゴールドバーグ邸（プロジェクト）(1958)
中心と周縁を意識した構成．カーンは，玄関のめだたない空間構成が多い．

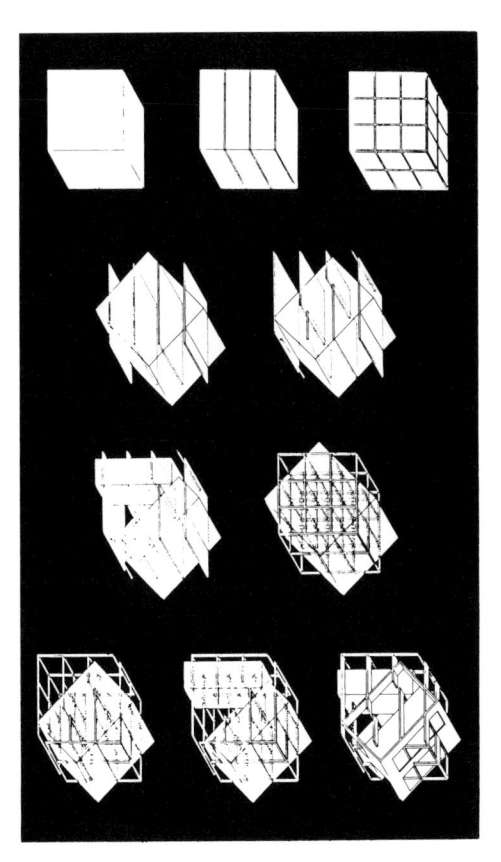

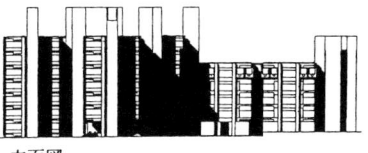

立面図

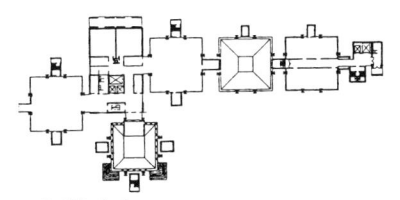

基準階平面

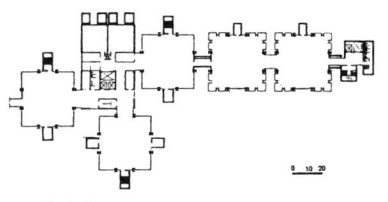

1階平面

図10 L. カーン：リチャード医学研究所（1961）
サービスされる領域とサービスする領域を分節化した建築．構法計画も特色がある．

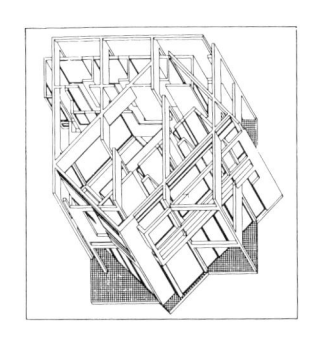

図11 P. アイゼンマン：R. ミラー邸（1971）
コンセプチュアルな建築デザインの方法が示されている．

7. 建築計画の研究

7.1 研究の歴史とこれからのテーマ

建築計画の研究は，建築計画の初めから終わりまでの作業，すなわちプログラムからデザイニングまでの作業に役立つ科学的・技術的な答えを出すために行われる．

建築計画には，最初に建築の機能や働きについて目的あるいはコンセプトが必要である．最も歴史と伝統のある，建築計画の第一の研究の種類は，建築の目的やその具体的な内容について計画し決定を支援する建築の使われ方の研究である．その成果は，建築の機能などを定めていくプログラムの段階の科学的・技術的な知識として，活用される．さらに，第二の種類として，デザインの方法やデザインの最重要な関心である建築の形態について研究する，デザインに関する研究がある．この成果は，建築のプランニングを行うための建築の空間の構成を発見していく方法の技術として，また最後のデザイニングに関しても，たとえば外観の形態の実態や形態や材料が町並みに調和するかどうかの知識として，重要な成果である．このように，建築計画には多様な目的があり，すでに多くの研究成果がある．

(1) 研究のはじまり： 建築計画の研究は，使用者の要求に応えて建築づくりを行うようになった20世紀から始まったものである．日本では，特に建築計画の研究が独自に発達してきた．1941年頃，西山夘三が，当時の建築づくりが経験と勘による非科学的な方法によっていた点を批判して「住宅計画学の方法論」を提案した．これが始まりとなり，後に吉武泰水が住宅だけでなく，日常的に使われる地域施設全般に科学的な研究を行い，大きく普及していった．第二次世界大戦の敗戦（1945）後，欧米の社会制度，生活文化が移入され，大きな社会変化があった．その際に，建築計画の研究，特に使われ方の研究が，人々の生活の要求を調査し，地域施設の建築づくりに基本的な技術を提供してきた．これが現在の，建築のビルディングタイプの考え方の基礎になったといえる．

これに対して，デザインに関する研究は，遅れて始まった．機能的な観点を重視しすぎた点が反省され，豊かな建築が求められるようになった1970年代後半からである．その始まりは，伝統的な集落や文化財としての建築について，デザインサーベイといわれる研究が始められた時期である．

(2) 成果と影響： 20世紀後半になり，住宅では，西山夘三による都市住宅の研究と調査結果に基づく，公共住宅の標準的な住宅計画の提案，さらに吉武泰水と鈴木成文による公共集合住宅の研究と51C型住戸の提案などが，戦後の研究史に大きな足跡を残した．学校建築では，吉武泰水と青木正夫による教室配置の研究によって，それまでの形式的な配置が捨てられ，新しい教室の計画が行われた．その他，病院，図書館などの地域施設について，欧米の建築計画の調査，使用の実態や要求の調査が行われ，建築関連の制度の整備，『建築設計資料集成』，『建築学大系』などの刊行によって，普及していった．

デザインサーベイは，日本の文化的な価値を認められた町並みや神社などで行われ，特に群としての建築デザインに有効であった．しかし，デザインの方法については，建築CADの道具づくりは進んでいったが，必ずしも根本的な研究開発は試みられていない．

(3) 課題： しかし，西山夘三の科学的方法論が，その象徴的な「食寝分離論」に見られるように，使用のあり方を制御する役割を持ち，また建築づくりが平面計画や規模計画などの，主に建築の機能的な側面から建築を計画する考えを前提にしていたことが，批判されるようになった．より自由な人間の主体的な活動を受け止めるべきではないか，建築づくりの自由が抑えられていたのではないかという考え方である．また，機能重視の批判は，豊かな建築空間の創造が抑えられてきたという考え方からであった．20世紀の

中頃から提案されてきた建築計画の方法が，時代遅れになってきたからである．その批判の基礎には，21世紀に入り，人々が20世紀のモダニズムといわれる考え方に疑問を抱くようになったからである．

(4) 反省の試み： 確かに，住宅の研究では，人間の心理的・生態的な面での要求や，個性化するライフスタイルの研究など新しい展開が見られるようになった．同時に，設計の現場でもこれまでにない斬新な住宅が提案されている．同様に学校建築でも，教育制度の課題に応えようと，開放的で自由な教室づくり，地域に開放的な学校づくりなど研究と設計の現場の革新が見られる．これらは，20世紀の建築づくりがともすれば無視してきた課題に取り組んだものである．

しかし現代の社会課題の多様性を考えると，建築づくりが待望している建築計画の，まだまだ無数に未着手の研究課題がある．たとえば住宅では，住宅の閉鎖化，住宅の個性化，新しい家族像に対応する住宅像，ノーマライゼーションの方法など多数多様に及んでいる．特に，最近の建築計画研究が，実務の要望とは離れたテーマ設定になりがちで，具体的・技術的な取り組みには有効性を失っている点も配慮が必要であろう．たとえば，環境問題と建築づくりのかかわり，コストや性能と建築計画のかかわりなどは，これまで取り組みが十分でなく，建築計画の研究の大きな課題であろう．

(5) コンピュータの活用： コンピュータ性能の向上と一般への普及によって，CADの発展はめざましい．特に製図のCADは多くの実務現場で普及している．CGの技術，シュミレーションCGなど多くのアイデアが実用化されてきた．また，コンピュータの計算能力の向上により，建築デザイン・エンジニアリングの分野に技術革新の波が生じている．デザイン問題の最適化は，現在最も華やかな分野である（7.3節参照）．

7.2 研究のまとめ方

a. 研究の意義と個人的意味

科学研究は「未知であることを既往の科学的方法で既知にすること」である．新しく既知になったことの有益性は問われない．ゆえに，研究を行うに当たって，まず必要なことはこの「未知であること」を探すことである．また，有益性を問われないのは，知の探求は人間の基本的な欲求であるからであり，新しい知見や技術が仮にすぐに役立たなくても，何十年も経てから，その知見や技術がきわめて重要な発見であり，社会を大きく進歩させることがあるからである．

建築計画研究も同様である．すぐ役に立たないからといって無益な研究であると批判することは慎むべきである．

がしかし，工学研究あるいは建築計画研究では，有効性が問われるのが一般的である．いったんつくられた物や建築は利用され始めた瞬間からつくり手の意思とは無関係に利用者に何らかの影響を与え，場合によってはその利用者に被害を与える可能性があるからである．

以下に，「未知であったことが招いた悲劇（重大なミス）」を2題紹介する．

(1) 事例1

図7.1は，1974年に，建設のわずか19年後に取り壊されたアメリカのセントルイスにあるプルーイット・アイゴー住宅団地の写真である．この団地は，住宅団地の設計競技で低価格住宅の模範案として受賞

図7.1 壊されるアメリカの住宅団地（オスカー・ニューマン著，湯川利和・湯川聰子共訳：まもりやすい住空間，表紙，鹿島出版会，1976）

し，建設された団地である．

しかし，完成後数年で団地は犯罪者と麻薬常習者のアジトと化し，空家率も70%に達してしまった．

取り壊された理由は，犯罪多発の原因が住宅団地の空間構成に起因することがその後の研究ではじめて明らかにされたからである（ニューマン，1976）．

(2) 事例2

図7.2は，東京ディズニーランドの近くに建てられた入船中央エステート団地における2階建て路地アクセス型タウンハウス部分の配置図である．

設計者は，道が居住者の触れ合いを誘発する重要な役割を演じることは知っていたが，共用庭を確保し，かつ住戸の向きを共用庭側に向けることにより，共用

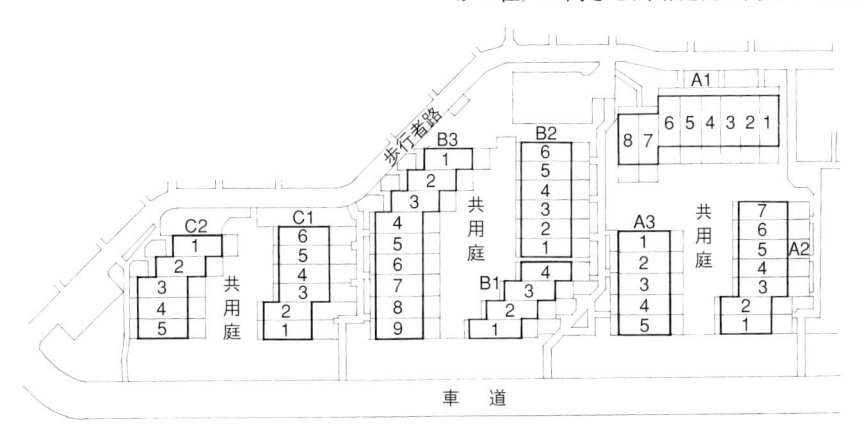

図 **7.2** 入船中央団地の配置図（一部）

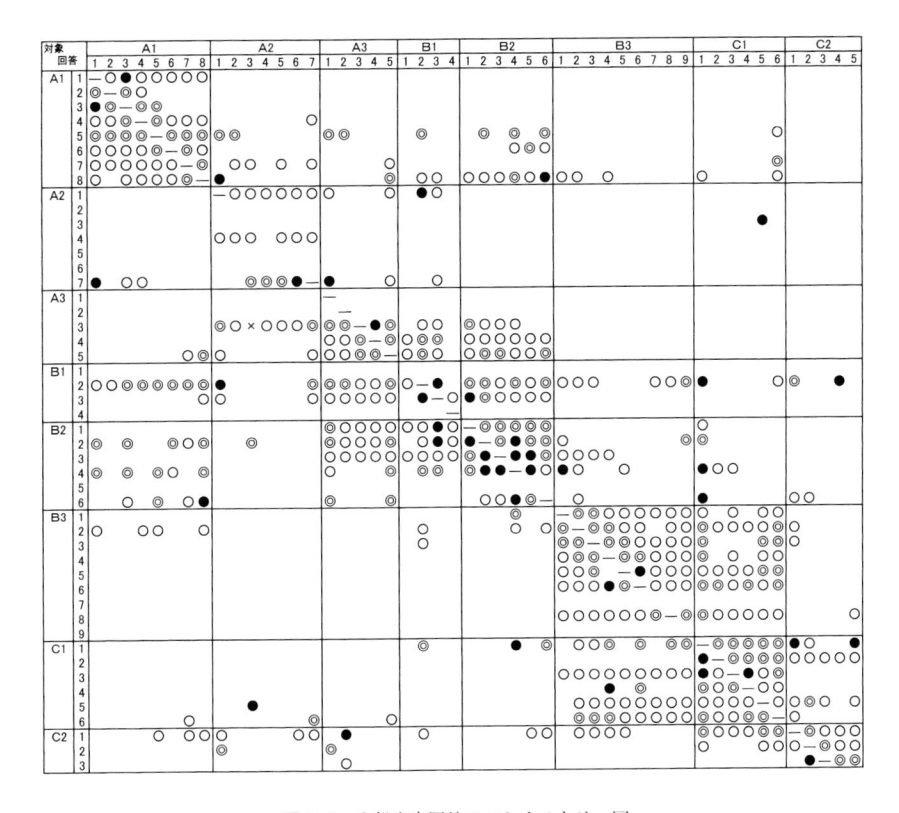

図 **7.3** 入船中央団地のソシオメトリー図

●：訪問し合う程度につきあっている， ◎：立ち話をしたりする， ○：顔を合わせればあいさつをする．

庭を中心とした近隣形成ができ上がると考えていた．

しかし，入居後2年を経過した時点での近隣交際の結果は図7.3に示したソシオメトリーの図のとおりであった．すなわち，タウンハウス部分の近隣形成は，共用庭を中心としたグループ化は認められず，路地を中心としたグループ化が認められるだけであった．

事例1のミスは，設計者の無知から生じたものではない．社会的に未知であったがゆえに起こったミスである．このような未知は，われわれの周りに現在も数多く存在する可能性がある．こうした社会的問題に結びつく未知を1つでも多く，またできるだけ早く発見し，それを科学的方法で既知とする必要がある．このことが，建築計画研究の社会的使命の一つである．

一方事例2のミスは，建築設計の現場にときどき見られることである．特に，人間の行動や心理作用に果敢に挑戦している設計現場に多く見出せるできごとである．

新しい建築的提案をするとき，どのような選択が妥当かで頭を悩ますことが多い．既存の文献を漁っても，答えが見つからないことがよくある．そのようなとき，設計者は自分の知識や体験および感性を総動員し，設計を進めざるをえない．

がしかし，建物の完成後，その建物の中で行われている行為や行動が，自分の想定したようにはなっていない体験をさせられることがよくある．創造的な設計者であればあるほど，より多くこのような経験をする．真摯な設計者はこの「実践→観察と考察→実践」を繰り返しているのである．間違いを犯したくないためでもあるが，同時に次の作品づくりに向けた新しいテーマ探しのためでもある．この点で，創造的で真摯な設計者はすでに研究者でもある．こうした創造的な設計作業の中で立ち現れてくる人間に対する未知な空間作用に対して，科学的手続きを踏まえた選択の拠り所を提供することが，建築計画研究のもう一つの役割である．この点で，建築計画の研究を試みる者は，建築空間の設計者であるといえる．

b. 建築計画研究の対象

自分で見つけた研究課題が本当に建築計画研究の課題に該当するのか不安であることがある．特に，建築に携わり始めたばかりの者の多くが，この不安を持つ．「科学研究は有益性を問われない」ことを盾にして，研究課題の設定は自由であると主張したくなるところ

であるが，お門違いの場合もある．課題によっては，他の分野で研究をした方がよい課題もある．以下，建築計画研究の対象について，一つはその内容から，一つは実現手段から概説する．

一般的に，建築計画学の研究対象は，建築と人間の生活とにかかわる問題と建築の「設計方法」に関する問題の2つに大別できる．

前者の「建築と人間とのかかわり」に関する研究は，さらに3つに分類できよう．建築は「企画・事業計画」→「設計」→「建設」という3段階を経て誕生するが，1つめの対象は，この3段階の最初に位置する「企画・事業計画」段階に機能することが多い研究である．すなわち，その時代の経済的状況と住宅や施設との現状を鑑み決定される政策や設計の条件，基準などに関する研究，および利用圏，誘致距離，商圏などの研究から割り出される施設需要に関する研究がこれに当たる．住宅金融公庫の融資事例を対象に新築戸建住宅の間取りの傾向を類型化し，続き間型間取りの根強い存続を明らかにすることにより，公共や公団から設計者に示される住戸の平面形に対する形骸化した設計条件や考え方に警鐘を鳴らした研究（服部，1980）や設計の与条件とアウトプットされる建物の計画内容との関係に関する研究（杉浦，1981）もこれに含まれよう．

2つめの対象は，建築空間の使われ方の実態把握や意識調査から人間の建築空間に対する要求を明らかにし，この人間の要求と建築空間との間に存在するズレや問題から建築空間のあるべき姿を求めようとする研究である．人間の要求と建築空間との対応を見ることは建築計画の固有の研究領域であり，建築計画研究において最も基本的な研究対象であるとともに，建築の平面や断面あるいは空間形態を決定する段階で最も多くの示唆を与えてきた研究である．

3つめの対象は，建築空間のあるべき姿を，建築空間と人間の心理や生理との関係からとらえようとする研究である．2つめの研究対象が，建築空間に影響された人間の行動や意識を把握し，それを解釈する方法であるのに対し，3つめは建築空間と人間の脳との関係を直接的に把握しようとする研究である．

いずれにしても，建築計画研究が建築の企画や設計に関係した学問であることが理解できよう．

ところで，温熱などの設備的問題，阪神淡路大震災の悲劇と直接的に関連する構造上の問題，市民の間で現在最も話題にされているシックハウスと関係の大き

い建築材料上の問題なども，建築と人間との関係の問題である．建築計画研究が「建築と人間とのかかわり」に関する学問と述べたが，この定義だけでは，建築計画研究の領域の定義としては不十分であろう．この問題を補うために以下では，その実現手段から建築計画研究の対象を述べる．

建築の目標を表す言葉として「用・強・美」という言葉が使われてきた．現代ではこれに「快」を加えるのが一般的である．「用」とは使いやすさのこと，「強」とは地震や風に耐える強さのあること，「美」とは字のごとく美しいこと，「快」とは快いあるいは心地よいことである．一般に，「強」に関する課題は構造関係の研究者が，「美」は歴史・意匠関係の研究者が，「快」は設備工学や環境技術関係の研究者が担当し，「用」を担当するのが計画関係の研究者である．しかし，建築計画研究が「用」だけを対象としているかといえば，そうではない．たとえば，外部空間の「快適感」「窮屈感」などや「居場所」などの環境心理に関する一見環境工学的研究も建築計画の研究として発表されている．

建築の設計段階の一つに，実施設計がある．建築に関して素人である建て主に説明する基本設計が完了し，工務店や建設業者などのプロに設計の意図を伝えるための設計段階のことである．この実施設計の図面には，意匠図，構造図，設備図の3つの種類があり，小規模建築の設計の場合を除いて，それぞれ専門の設計者がこれを担当する場合が一般的である．意匠担当の設計者は，構造や設備のことも統括しながら，建物の意匠，すなわち，建築の形態，平面，断面，空間形態などを決定する役割を担う．建築計画の研究対象は，この意匠担当の設計者が決定することがらを対象とするのである．

要は，その研究成果の実現手段を何にするか，あるいは何にしようとしているのかで研究のジャンルが決定されるのである．心理的なことであれ，形や景観に関することであれ，あるいは環境にかかわることであれ，その研究成果を建築の企画段階や計画・設計段階で，構造，設備あるいは環境に関する工学的技術で解決するのではなく，空間や建築形態を操作する方法で問題の解決を図ることを目的とする研究であれば，それは建築計画の研究なのである．

c. はじめの第一歩

研究課題が簡単に見つかればよいが，なかなか具体的に定まらないことが多い．課題の見つからない原因がいくつか想定される．

①「著名な建築家の作品はすべてがすごい」と作品に疑いを持たない．②建物の美しさや雰囲気ばかりに目を奪われて，空間構成の骨格に意識が向かない．③既存の建築の空間構成の型が十分に理解できていない，などが考えられる．

図7.4は，岐阜県に建設された公営住宅ハイタウン北方の配置図である．ある高名な建築家がマスターアーキテクトとなり，四人の有名な女流建築家に設計を依頼してでき上がった集合住宅である．北西にある住棟と南東にある住棟を日本人の，ほか2棟を外国人の女流建築家が設計した．図7.5は，北西に位置するT棟の中に収められた住戸の，図7.6は南東に位置するS棟の中に収められた住戸平面である．

T棟の住戸平面の特徴は畳の続き間があること，廊下沿いの2室へは玄関から続いた土間で直接アプローチできることなどである．これに対し，S棟のそれは，外部の廊下と直接つながる大きなテラスのあること，厚さ300 mmの厚い壁で各室が仕切られていること，個室群の中の和室は外部廊下への出入口（現在は空調設備設置のため使用できなくなっている）を持つことなどである．

S棟の住戸平面が，日本の住戸平面を発展させてきた基本的思想の一つである個室の充実という課題に対して，個室に出入口を設けることにより個室の独立性

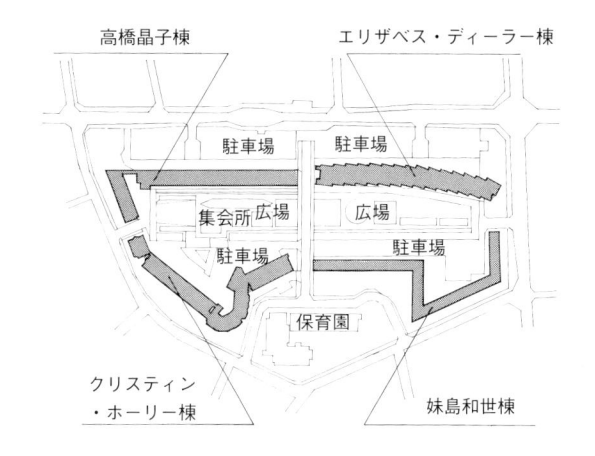

図7.4 岐阜ハイタウン北方の配置図（岐阜県土木部住宅課：岐阜県営住宅ハイタウン北方パンフレット）

図 7.5 ハイタウン北方 T 棟住戸平面図（岐阜県土木部住宅課：岐阜県営住宅ハイタウン北方パンフレット）

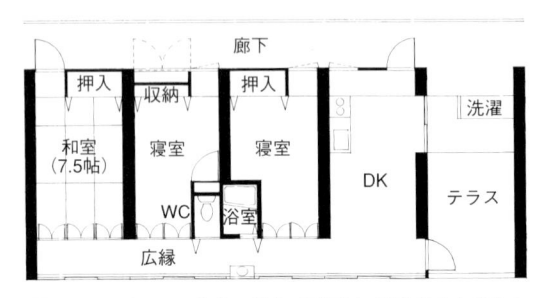

図 7.6 ハイタウン北方 S 棟住戸平面図（岐阜県土木部住宅課：岐阜県営住宅ハイタウン北方パンフレット）

を高めるという方法で応えた戦後の日本における集合住宅の進化の延長線上にある計画であるのに対し，T棟のそれは，玄関から通じた土間から直接個室群にアプローチできるようにすることにより個室の独立性を高めた点はS棟と同様であるが，一方空間の連続性と非連続性を両立させる続き間という一見伝統的なシステムを取り入れているところに，両者の相違がある．

この現代住宅内の空間の連続化と非連続化あるいは個室の充実の問題に対して，建築設計者はどのように対処したらよいのであろうか．ほかにも疑問が浮かぶ．T棟住戸の北側2室へは廊下沿いの土間から直接アプローチできるが履き替えが必要となり，不便である．T棟の各室はプライバシーを侵害されることにならないであろうか，続き間の各室を隔てているのは板戸であるが，板戸が壁の機能を果たしえるのか，S棟の和室には外廊下への出入口が備えられているが，この和室に落ち着きがあるのであろうか，あるいは居住者は恐怖心を抱くことはないのであろうか，などである．

こうした疑問に対して，多くの場合，既存の研究成果や資料が不安や疑問を解消してくれる．しかし，既存の資料をいくら調べても答えが見つからない場合もある．そのときが，建築計画研究の課題発見の瞬間なのである．

以上のように，既存の建築空間構成の型を十分理解しながら，新しい計画事例に疑いを持ちながら見ることは，課題発見の第一歩となる．課題を発見することは，建築計画研究においてきわめて重要なことである．日進月歩が激しい他の科学分野では，解明しなければならない未知の問題が山のように存在するのに対し，「建築空間と人間とのかかわり」を対象とする建築計画研究は，その問題にかかわる要因がきわめて多く，問題が潜在化し，課題がきわめて見えづらくなっているからである．

d. 研究のフレーム

未知である課題を発見することが重要であること，およびその実現手段をイメージすることとが，建築計画研究にとって重要なことであると述べた．前者が研究の始まり部分であり，後者が終わりの部分であるからである．

建築計画の研究に限らず，研究は一般に，「課題の設定」→「実態調査，実験」→「分析・考察」→「結果報告と提案」というフレームででき上がる．

しかし実際に調査を行うと，考えたフレームどおりに進まない場合が少なくない．調査や実験後の分析結果が，課題設定時に想定した「仮説」とは異なるのである．このような状況は，むしろ研究にとって幸運なことである．課題をより具体的にかつより深化した形で再検討できるからである（図7.7，フィードバック1）．しかし，この仮説づくりと調査とを何回も繰り返すのは問題である．調査を繰り返されることは，被調査者にとってきわめて迷惑なことだからである．一方，分析方法によって調査方法を変更することもある（図7.7，フィードバック2）．たとえば，住宅地の空間構成に関する居住者の空間認知に関する研究がある．代表的な調査方法としてイメージマップという方法がとられてきた．居住者に住宅地の地図を描いてもらい，その正確さから，認知の度合いを確かめる調査方法であるが，これに対し数理的な解析方法を駆使して，同じ課題を明らかにしようとする方法がある．クラスター分析，主成分分析，数量化理論を使う方法である．このときに必要になるのは，イメージマップのような

7.2 研究のまとめ方

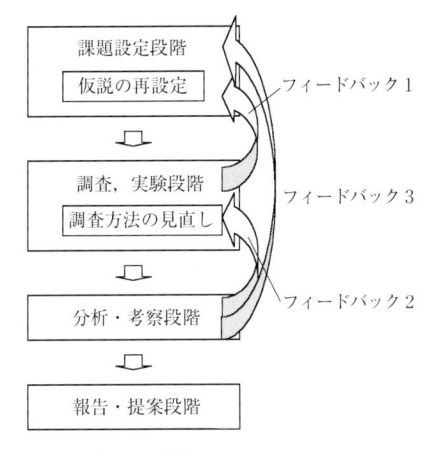

図7.7 研究のフレーム

表7.1 居住に関する主要な統計資料

名称	内容
国勢調査	人口，世帯などに対する統計
人口動態調査	出生，死亡，死産，婚姻など全数調査
住宅統計	住宅数，居住室数，空き家数，敷地面積，居住水準，居住密度，居住室使用状況など
家計調査	1世帯当たり1か月間の収入と支出，品目別支出金額など
社会生活基本調査	平均時間，行動者数，行動者率，学習活動・社会奉仕活動・スポーツ・旅行の行動者率，医療施設の利用者率
国民生活実態調査	所得，有業人員，世帯数，家庭教育費，国民各層の生活実態の把握調査
国民生活時間調査	曜日ごとの国民の生活パターンを男女別，年齢別，職業別，地域別に把握

定性的データではなく，量的または量的データに変換できるデータである．さらに，この分析方法は調査方法に関連するばかりでなく，課題設定そのものも変える場合さえある．いままで不可能であった研究や，新しい分析方法に誘発されて新しい課題が創出されるからである（図7.7，フィードバック3）．

いずれにしろ，研究を進めるに当たって，「実態調査，実験」方法および「分析」方法も含め，上述した研究フレームの4つの段階を想定しておく必要がある．

以下ではこの4段階の中の2段階めと3段階めについて述べる．

1） 調査の種類

建築空間と人間とのかかわりを研究対象とする建築計画研究にとって，データ収集は大きなウエイトを占める．データ収集の方法は，既存の統計調査を利用する方法と，後述する実態調査を行う場合とに大別される．

多数の事例を対象としている既存の統計資料を利用する方法は，広域的な対象，長期間にわたる動向を調べたい場合などに適するが，建築空間と人間とのかかわりに関する統計資料は少なく，統計資料の多くは建築空間か人間のどちらか一方を対象としている（表7.1）．さらに，建築計画学の主要な課題である平面形に関するデータも既存の統計資料の中には見出せず，こうした調査は建築計画研究者に委ねられている（図7.8）．

これに対し，実態調査は建築空間と人間とのかかわりについての調査が可能で，両者の相互関係について

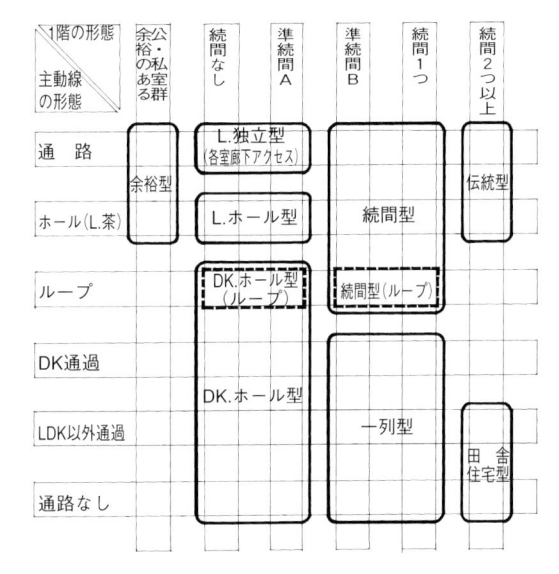

図7.8 新築戸建て住宅の平面類型（服部岑生：平面類型からみた住様式の動向に関する研究(1). 住宅建築研究所報, No.7, pp.87-116, 1980）

明らかにするのに適した方法である．

実態調査は，大きく「観察調査」「聞き取り調査」「自記記載アンケート調査」の3つに分類できる．以下それぞれの調査の特徴と留意点を述べる．

（1） 観察調査

観察調査は，予備調査段階では問題意識の醸成や問題点の発見として，本調査段階ではデータを収集するほか，分析結果の妥当性の確認，分析考察のヒントなどを得るために行われる．観察調査は，今和次郎の説いた考現学をあげるまでもなく，古くから行われてきた方法であり，建築計画研究の最も基本的な調査法の一つである．

観察調査には，主に建築内部を対象とした「家具・物品採取調査」，外部空間を対象とした「デザインサーベイ」，人間の生活や行動を対象とした「行動観察調査」などがある．「家具・物品採取調査」とは，住居や施設内の物品の種類やその配置をつぶさに観察記録する調査である．たとえば，住居内の生活実態を把握するために，住居内での生活行為のすべてを追跡しようとしても不可能なことであろう．そこで，生活行為を調査する代わりに，この生活行為の投影として家の中に置かれる家具や物品の種類とその配置を記録し，そのしつらえ方から生活ぶりをうかがい知ろうとするものである（図7.9参照）．

「デザインサーベイ」は，調査内容・方法とも多岐にわたるため一定の型が見えにくいが，何らかの空間的魅力を持った集落，街路空間，都市空間などを対象とし，それを実測する一方，対象地域の歴史学的，地理学的および社会学的資料を収集し，対象物の中に隠された空間的仕掛けに関する知見を得ることを目的とした調査である場合が多い．

「行動観察調査」とは，空間の中での人間の行動をさまざまな方法でとらえ，記述する調査であり，現在も多く使われている調査方法である．この行動観察調査の方法は，直接観察と間接観察の2つに分類できる．直接観察はさらに定点観察と移動観察に分類できる．定点観察とは，一定の視点から一定の空間にいる人間の行動や空間的分布状態を目，ビデオカメラなどでとらえ，図化する方法である．これに対し，移動観察とはいわゆる尾行調査のことで，被調査者を尾行し，そ

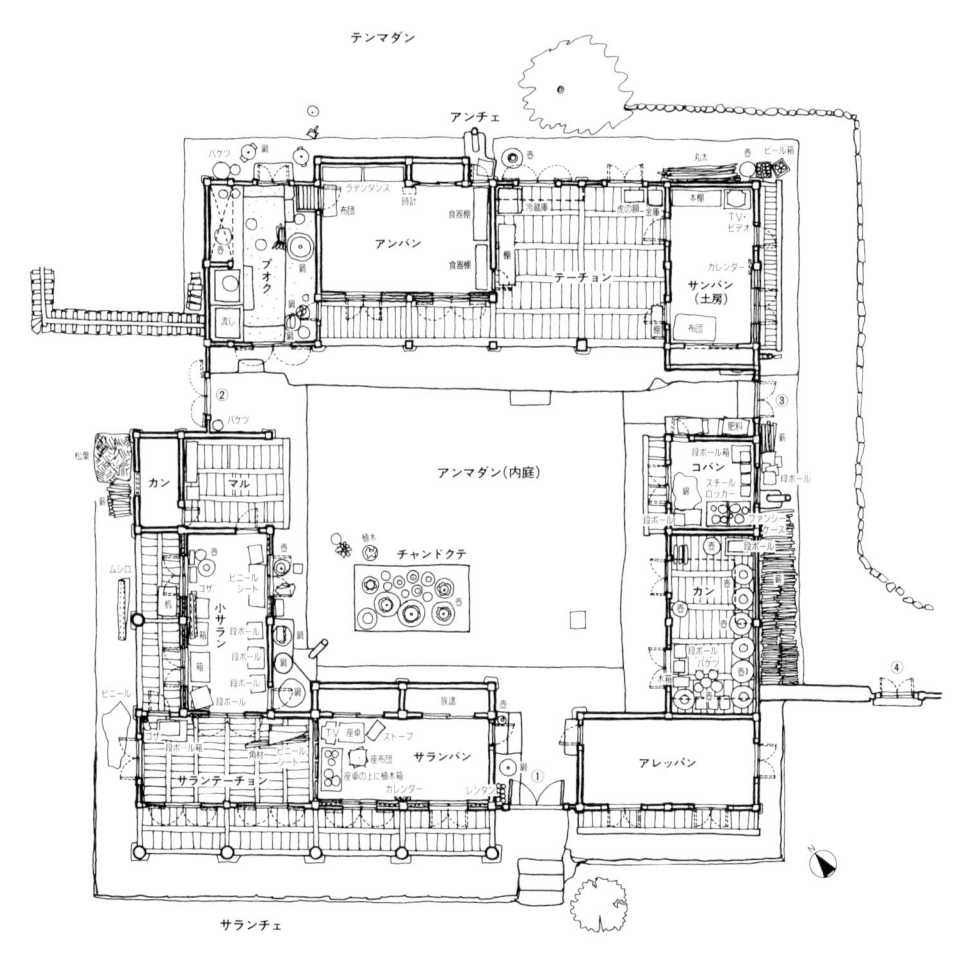

主棟はアンチェとサランチェに分かれる．アンマダンへと通じる3つの入口は使い分けられている．主要な入口①に対し，②は主としてサダンやチェーチョンへの，③はテンマダンとの連絡口として使用．嫁の母親の訪問時は，③と④を使用した．

図 7.9 韓国伝統型の住居の家具・物品採取例（鈴木成文ほかハウジングスタディグループ：韓国現代住居学，p.110, 建築知識，1990）（縮尺 1:200）

7.2　研究のまとめ方

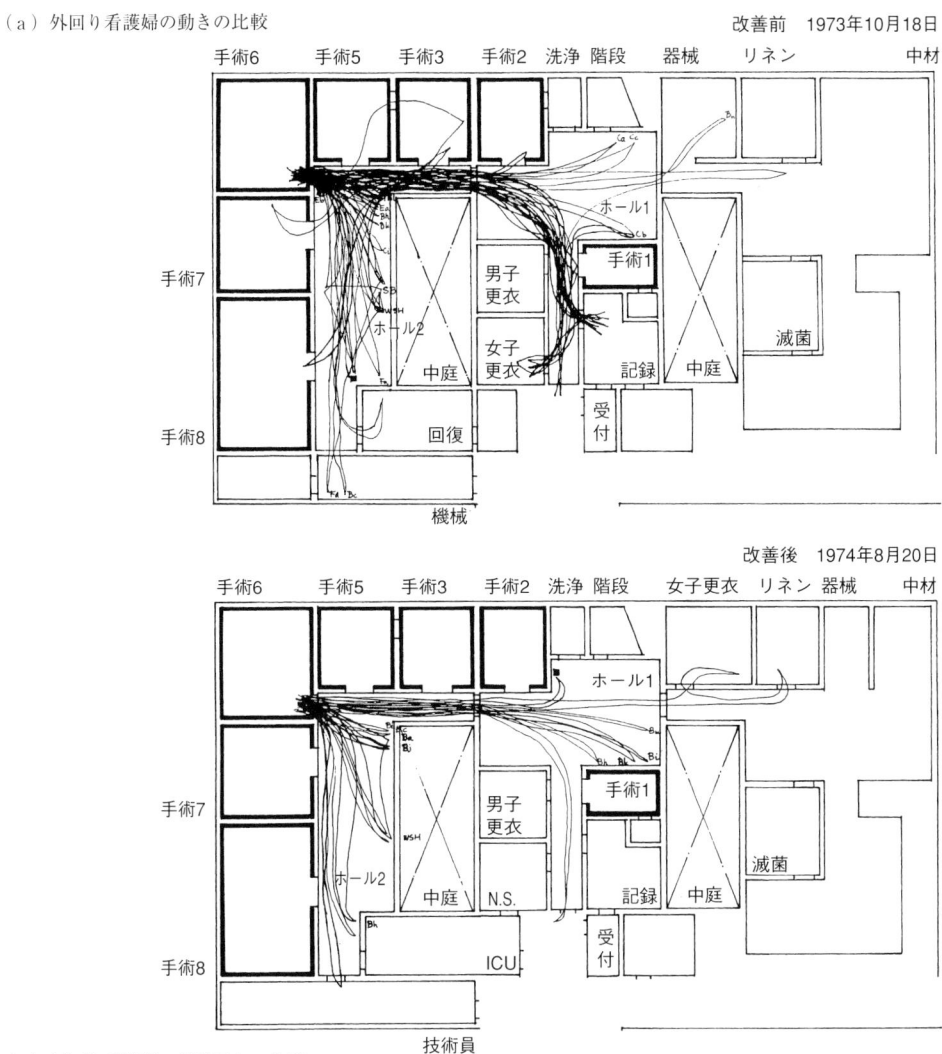

（a）外回り看護婦の動きの比較　　　　　　　　　　　改善前　1973年10月18日

（b）外回り看護婦の動線長さの比較

外回り看護婦の動線長さ

人の状態変化に関する動線の長さ　物に関する動線の長さ　情報に関する動線の長さ

1,161 m（合計）
10 m　723 m　428 m　改善前 1973.10.18

550 m
36 m　477 m　36 m　改善後 1974.8.20

看護婦の出回数（手術中の手術室の出回数）

外回り看護婦　他

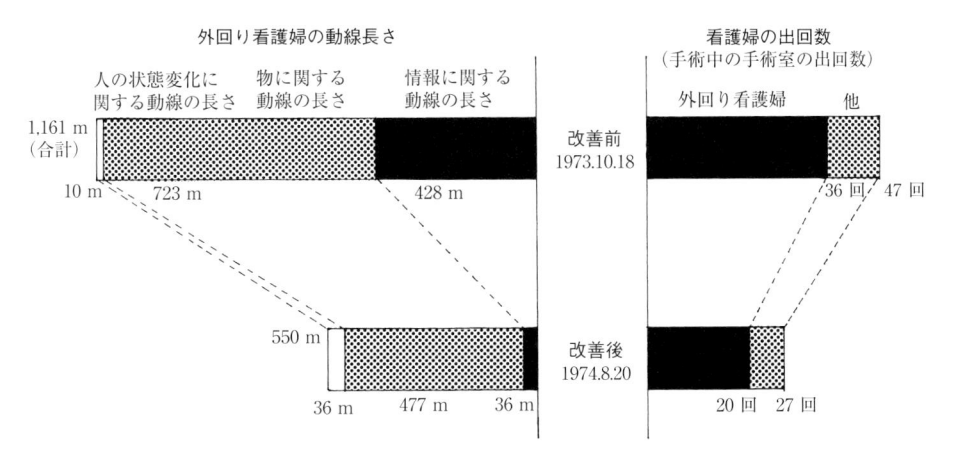

36 回　47 回
20 回　27 回

図 7.10　動線モデルによる平面評価（柳沢忠・今井正次：中央手術部のサーキュレーションに関する研究（その3），日本建築学会論文報告集，No.236, pp.69–78, 1975）

の軌跡や行動を観察する方法である．図7.10はこの直接観察で得られた病院手術部の外回り看護婦の動線をモデル化し，ある病院の手術室の改善前と改善後の平面にこのモデルを適用し，平面の評価を行った例である．

一方行動観察調査の間接調査には，浜辺・運動場などにできた踏み跡から行動軌跡を求める踏み跡調査，観察点での通過人数や通過時間を記録する計量・計時調査，住居内など行動観察ができない場合に採用される聞き取り調査などがある．

観察調査で最も留意しなければならないことは，観察者が調査対象の常態的な行動に影響を与えないようにすることである．このためには，調査者を調査対象から物理的に隔離する方法と，心理的に隔離する方法とがある．しかし，観察者と調査者を隔離できない場合もある．たとえば，外国や農村部の集落調査では，下手に隠れると疑いを持たれたりし，逆効果となってしまう．このような場合は，観察者は調査対象の社会に溶け込み，生活をともにしながら観察を続けるのである．こうした方法を参与型観察という．

(2) 聞き取り調査

聞き取り調査は，調査対象者から直接生活や行動あるいは意見などを聞く方法である．あらかじめ質問項目を用意するのが一般的であるが，調査対象者の興味に従って自由に質問ができるようにしておくことも重要である．予想していなかった問題や見方を聞くことができる可能性があるからである．一般的に，予備調査や問題の発見や仮説の構築に使われる調査であるが，集落調査や民家調査などでは本調査としても使用される．

(3) 自記記載アンケート調査

自記記載アンケート調査とは，住居内の生活や行動など直接観察できない調査の場合使う方法で，調査員が記入する場合もあるが，調査対象者が記入する方法が一般的である．

調査内容は，居住者や利用者の属性，住居内や施設内の行為の種類とその行為場所，居住者や入院患者の団地内や病棟内交流関係などに関する生活や利用の実態調査（前述した間接行動観察調査に相当する）と意識調査とに分けられる．後者の意識調査はさらに，間取りや施設内容に対する選好・評価とイメージマップ調査やSD法調査に代表される調査対象空間の知覚または認知レベルの把握などに関する意識調査とに分けられる．

アンケート調査は，質問項目が統一され，比較的多くのサンプルを収集できるので，その後の分析には便利である反面，期待した結果を得られないことも多い．生活や利用の実態調査は，質問項目をわかりやすいものに限定すれば，比較的実際に近い形でデータを得られるが，意識に関する調査は，質問の仕方次第でいろいろに解釈されたり，最悪の場合恣意的になってしまう場合さえある．調査の信憑性を失うことにならないように，アンケートによる意識調査は，質問項目や質問の仕方に対して慎重な検討が必要であるとともに，さまざまな分析方法と組み合わせた調査計画を検討する必要がある．

2) 分析の種類

研究は，課題が明確になってから調査計画を立案し，調査を行うのが一般的である．しかし，調査で得られたデータだけでは十分な分析が不可能であったり，課題を解明するのに適した分析方法があるにもかかわらず，データがないためにそれを実行できない場合もある．調査方法・内容と分析方法とは「鶏と卵」の関係にあることが少なくなく，既存の分析方法にどのような方法があるのかを知っておくことは研究を始めようとする者にとって重要なことである．

建築計画研究においても，数理統計学や心理学で使用された分析方法を利用した多くの分析方法が提案されてきた．特に，住宅問題が「量から質」に移行した昭和50年以降，さかんになった．建築計画研究の対象が，人間の生活や行動ばかりでなく，「心」の問題も扱うようになってきたからであり，空間と人間にかかわるきわめて多くの要因を同時に分析できる方法が研究に必要となったからである．

ここでは，この多くの要因どうしの関係や構造を解明する主要な分析方法（「多変量解析」と呼ばれている）について，どのような研究目的の場合どのような分析方法を使用するのかを中心に概説することとし，各分析方法の詳細説明はそれぞれの専門書に譲ることとする．

表7.2は，外的基準変数（目的変数，従属変数，外部変数と呼ぶ分析もある）の種類と個数，説明変数（内的基準変数，独立変数，予測変数と呼ぶ分析もある）の種類で，多変量解析の主要なものを整理したものである．外的基準変数とは，いま仮に2組の変数があって，一方の組の値を他方の組の値から予測，判別

表 7.2 多変量解析の種類

外的基準の有無	外的基準の種類	説明変数の種類	分 析 方 法
外的基準あり	数量である	数量である	重回帰分析，正準相関分析
		数量でない	数量化Ⅰ類
	数量でない	数量である	判別関数，重判別分析
		数量でない	数量化Ⅱ類
外的基準なし		数量である	主成分分析，因子分析，数量化Ⅳ類，クラスター分析，メトリック多次元尺度法
		数量でない	数量化Ⅲ類，潜在構造分析，ノンメトリック多次元尺度法

するときの前者を指し，説明変数とは後者をいう．この多変量解析の分析方法は，表7.2のように，外的基準変数がある場合とない場合に大別でき，さらに外的基準変数がある場合はその外的基準変数が数量である場合と数量でない場合とに分けられる．一方，説明変数は，説明変数が数量である場合と数量でない場合とに分けられる．

表7.2に示した各種分析方法は，その使われ方からも分類できる．調査で収集された互いに相関する多くのデータを単純化するために互いに無相関な特性値に要約する場合は主成分分析を，収集された多項目にわたる多数のデータから共通因子を取り出し，これを解釈することによりデータ内に隠された構造を見る場合は因子分析や数量化Ⅲ類を，互いに関係する対象間の相違性や類似性が数値で与えられたとき，この数値で対象を類型化したり，樹形図状に分類する場合はクラスター分析を，既知である外的基準変数と説明変数とが収集でき，同じ項目，尺度の新たな説明変数が得られたとき，新たに得られた説明変数に対応する未知な外的基準変数の値や判別結果を予測する場合は，重回帰分析，数量化Ⅰ類，判別関数，数量化Ⅱ類（使い分けは表7.2を参照）などの分析方法が使われる．

なお，多変量解析はコンピュータやそのパッケージプログラムの普及とともに，手軽に利用されるようになるとともに，安易な利用に対しての批判も多くなりだした．批判の多くは，調査項目や得られたデータを十分吟味せずに用いていること，課題そのものが明快でないことなどである．

研究を始める者にとって，高度な分析方法を巧みに利用することは楽しいことであるが，建築空間と人間とにかかわる問題に対する透徹された目を養い，見えないものを見ようとする意思を持つことが，まずもって重要であることを忘れるべきでない．

7.3 デザイン研究の対象とまとめ方

a. 研究の意義と対象

デザイン研究は，建築設計で重要なデザインの方法や形態を主な対象として行われる．デザインの方法は，建築づくりにおいて，主に機能的条件から空間や形態を構成する方法を開発することが目的となる．建築づくりに関心ある人々は，従来から建築デザインの方法の秘密に関心を寄せてきた．建築のデザイン方法を明らかにしていくことは，よりすぐれた建築が容易に合理的に構成できることにつながる．この研究には，建築デザインの方法の論理を見出そうとするものと，デザインの重要課題である形態や空間の実態とその意味を明らかにするものがある．

また，建築デザインの課題において，最も重視される形態と空間については，事例分析が多く行われてきた．直接建築デザインの方法とならないが，すぐれた建築の秘密に関する興味から，研究のテーマとされてきた．この成果も，たとえば形態や空間を選択するようなデザイン方法を組み立てる場合に，有効な知識となる．先駆的な研究としては，過去の建築や都市のデザインを調査し，その秘密を探る，いわゆるデザインサーベイの研究があげられる．近年では，高度な分析方法が開発されてきたことに伴い，普通のバナキュラーな建築や都市について，数理解析が行われている．

現代では，特にコンピュータによる建築デザインが普及し，コンピュータを使う建築づくり（CAD, computer aided design）の方法に強い期待がある．また，従来とは異なるゆとりと豊かさのある建築が求められ，新しい建築づくりの方法は，大いに関心を持たれている．

近年建築づくりのプロセスが，コンピュータ化してきた．関連するコンピュータによる方法の開発が，徐々に発達してきた．これは，その問題処理能力，データ蓄積能力および画像表示能力の進歩によっている．その初期には，最適な建築を自動的に計算する方法の開発に大きなエネルギーが注がれたが，有益な成果は得られなかった．現在は，必ずしも最終的にすぐれた建築を生み出すことにつながるとはいえないが，コンピュータグラフィックス（CG）を適用した建築図のプレゼンテーションが広く一般化している．またモデリング（modeling）できるソフトにより，エスキースを合理的に進めて，図面データをデジタル化してデータベースとすることも普及している．このような事情から，建築デザインの方法に関する研究は，単に建築計画の範囲にとどまらず，広く建築技術やコンピュータ工学の技術を適用し総合化する方法として開発に取り組まれている．

b. 研究の方法

（1）デザインサーベイの研究： 倉敷，今井町（奈良）や大内村（福島）などで，文化的な価値を発見したデザインサーベイが好例である．その成果は，現地調査で対象地の建築や町並みを実測し，復元的に図面を起こす作業による．現代に維持保存された建築や町並みは，歴史の中で多くの変化を経由している．その位相を，建築だけでなく，ハードとしては家具，調度の生活用品から町のインフラの位相まで，ソフトとしては家族史から都市史の位相まで多面的に明らかにする．これによって，建築や町の文化的な意味を明らかにする．近年のすぐれた成果としては，畑聰一の漁村集落，齋木崇人の農村集落のデザインサーベイ，門内輝之の街並みのデザインサーベイなどがある．坂本一成の研究は，現代のバナキュラーな建築や都市デザインに取り組んでいる．

（2）デザイン方法の研究： そのはじめは，C.アレクサンダーの「形の合成に関する研究」（1963）である．そこでは，デザインの与条件を矛盾関係が最小化するグループに分割する数理的な処理方法が開発され，デザインの課題をいくつかのグループに分け，それぞれに最適な解決を探り合成する方法が提案された．当時，多くの研究者はコンピュータによる自動設計（automatism）に関心を持っており，その一般的なモデルを開発しようとしていた．しかし，建築デザイン問題の性質から，アレクサンダーを代表とする方法は必ずしも有効でなかった．その後，P.スティードマン，吉田勝行などの矩形分割による形態辞書づくりの試みを代表とする，選択的な設計方法の開発が行われてきた．同種の研究として，建築空間が平面グラフとして抽象化され，グラフと空間が双対性を持つことを前提にした自動設計の研究，与条件に対応する矩形分割に通路を最適に埋め込む方法などがあげられる．最近では，J.ミッチェル，青木義次や服部岑生な

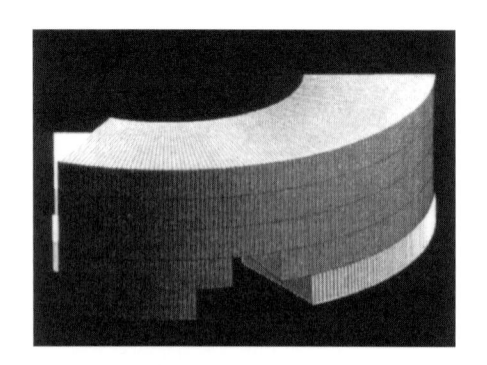

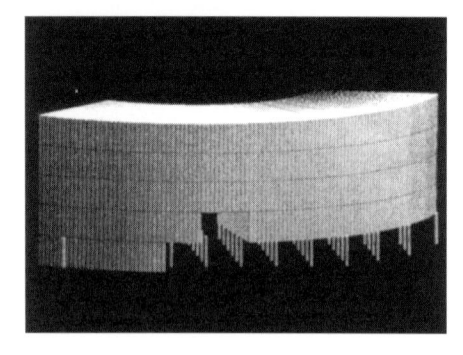

最初のスケッチをもとに検討した建築のイメージモデル

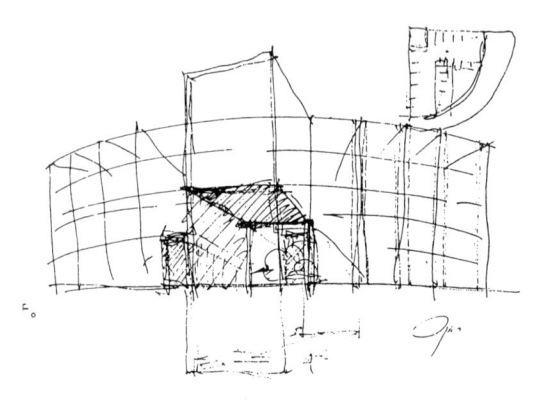

木島氏が示した最初のスケッチ．通りからアトリウムの樹木が見えるよう建物を切り取る．

図 7.11 モデリングCADの事例
（両角光男：建築設計の新しい形，丸善，1998）

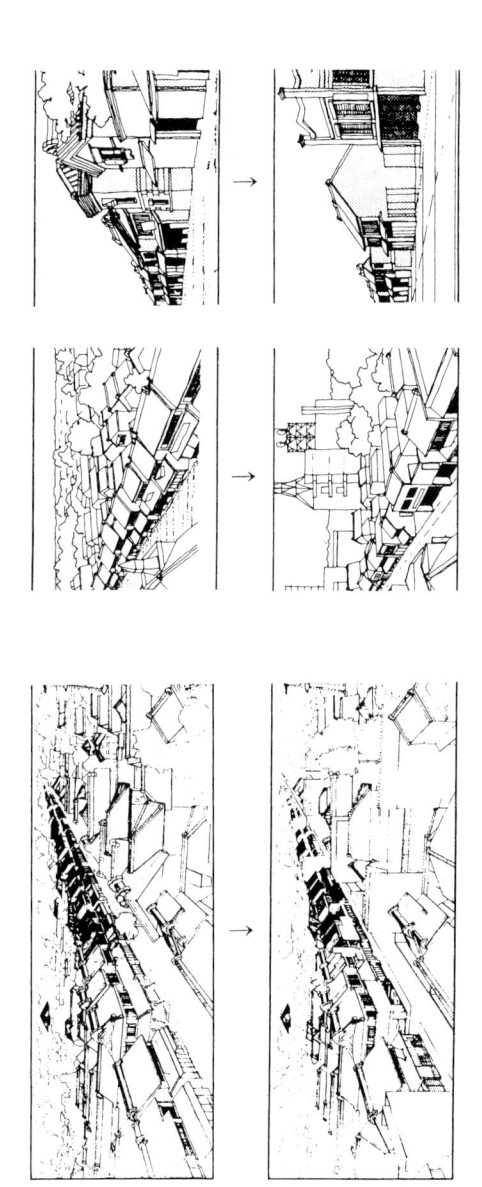

7.3 デザイン研究の対象とまとめ方

図 7.12 デザインサーベイから保存修復へ——川越の事例（建築計画教科書，彰国社，1989）
デザインサーベイから保存修復へ——川越の事例

丹波篠山
$C_\alpha = $ [相関／直接／妻入り／屋根部分：x_1／勾配：……／瓦葺き：桟瓦葺き／軒下部分：軒の出：……／ファサード部分：x_2／要素：x_3／x_4／大壁・真壁造り]
$S_\alpha = [x_1, x_2, x_3, x_4]$, $x_1 = $ (切妻,入母屋,半入母屋), $x_2 = $ (2階,つし2階), $x_3 = $ (格子,——), $x_4 = $ (むしこ窓,——)

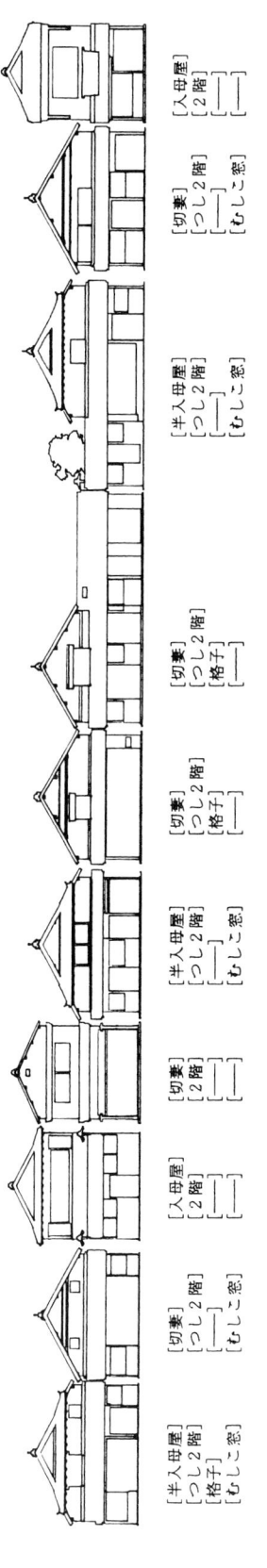

図 7.13 記号論による町並み記述例——外観要素の形態言語
（門内輝行，早稲田大学学位論文，1995）

190　　7. 建築計画の研究

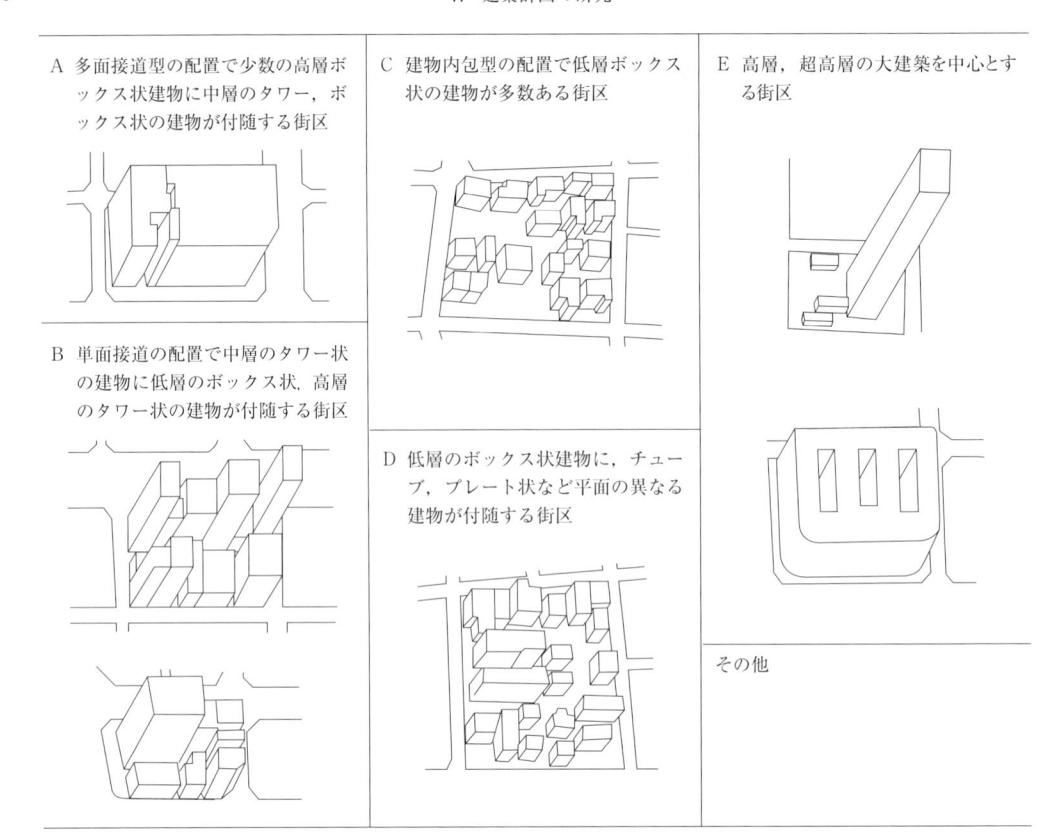

A 多面接道型の配置で少数の高層ボックス状建物に中層のタワー，ボックス状の建物が付随する街区

B 単面接道の配置で中層のタワー状の建物に低層のボックス状，高層のタワー状の建物が付随する街区

C 建物内包型の配置で低層ボックス状の建物が多数ある街区

D 低層のボックス状建物に，チューブ，プレート状など平面の異なる建物が付随する街区

E 高層，超高層の大建築を中心とする街区

その他

図 7.14 都市空間の分類（坂本一成ほか：東京区部における〈まち〉の空間構成の類型，建築学会論文，1995）

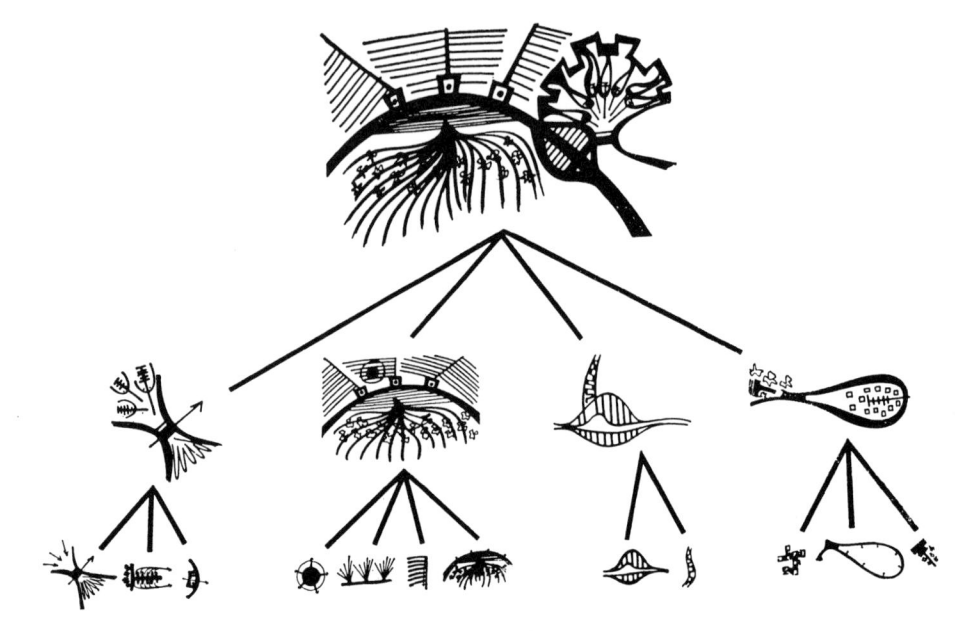

図 7.15 インドの問題分割のダイアグラム
（C. アレクサンダー著，稲葉武司訳：形の合成に関するノート，鹿島出版会，1998）

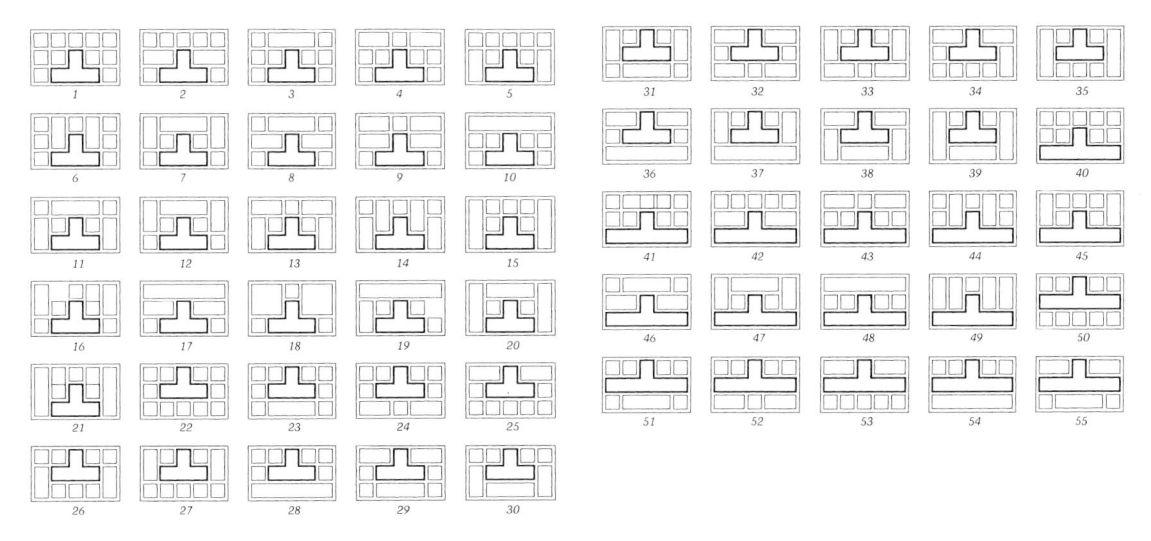

7.3 デザイン研究の対象とまとめ方

図 7.16 形態辞書——パラディオ風のプランリスト（3×5 の場合）
（W. J. ミッチェル：The Logic of Architecture, MIT, 1989）

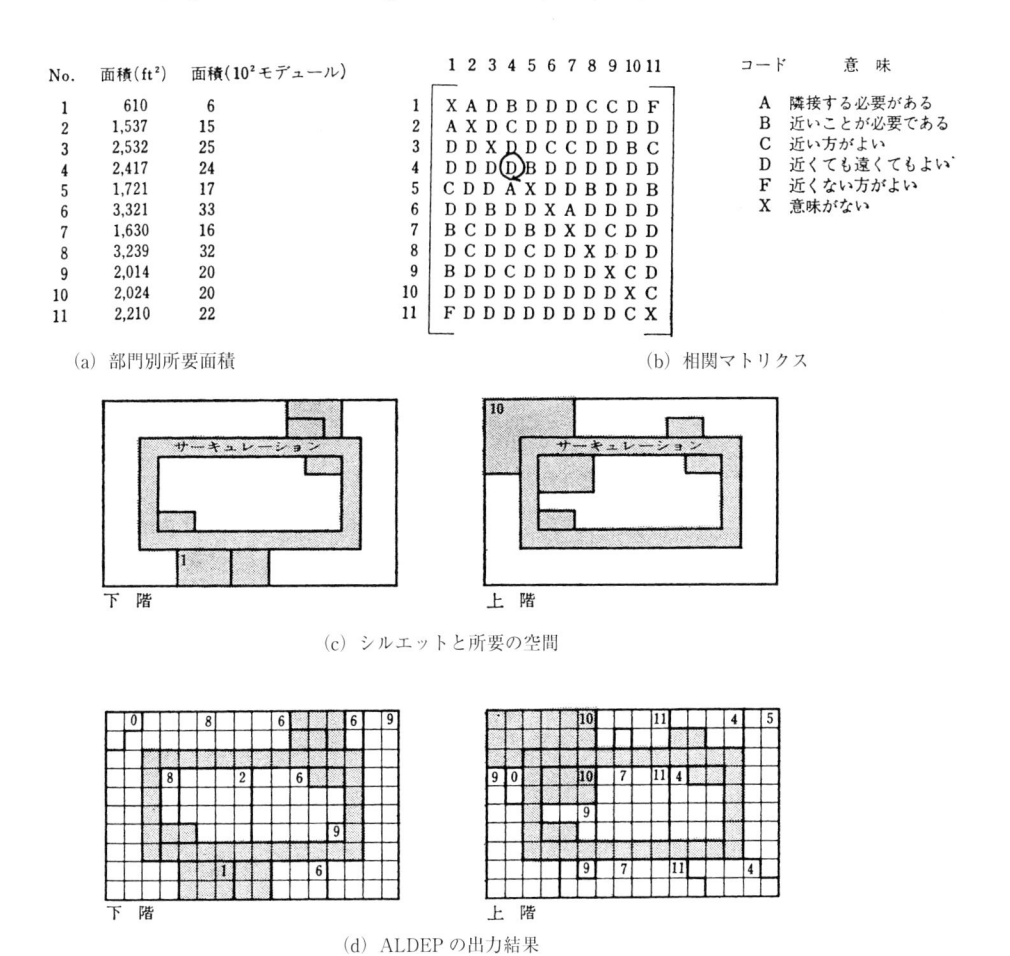

No.	面積(ft²)	面積(10²モジュール)
1	610	6
2	1,537	15
3	2,532	25
4	2,417	24
5	1,721	17
6	3,321	33
7	1,630	16
8	3,239	32
9	2,014	20
10	2,024	20
11	2,210	22

(a) 部門別所要面積

```
   1 2 3 4 5 6 7 8 9 10 11
 1  X A D B D D D C C D F
 2  A X D C D D D D D D D
 3  D D X D D C C D D B C
 4  D D D B D D D D D D
 5  C D D A X D B D D B D
 6  D D B D D X A D D D D
 7  B C D D B D X D C D D
 8  D C D D C D D X D D D
 9  B D D C D D D D X C D
10  D D D D D D D D C X C
11  F D D D D D D D D C X
```

コード	意味
A	隣接する必要がある
B	近いことが必要である
C	近い方がよい
D	近くても遠くてもよい
F	近くない方がよい
X	意味がない

(b) 相関マトリクス

(c) シルエットと所要の空間

(d) ALDEP の出力結果

図 7.17 与条件から平面計画を導出する ALDEP の模式図（Seehof, J.M. and Evans, W.O.: Automated Layout Design Program. Journal of Industrial Engineering, Vol.18, No.12, 1967）

どによる建築空間の記述方法の開発とそれによる建築設計ツールの開発が試みられている．いずれの成果も，実用という点からは必ずしも十分ではなかった．

最近は，デザイン課題の条件を分析的に処理して最重要条件を洗い出し，問題の解決の方向性を指示するシステマティックデザインが注目を集めている．ISM（interactive structural modeling）といわれる方法は，アレクサンダーの問題分割の方法を発展させ，どのグループをはじめに解決するかを指示する．最も本質的な問題グループを最適化することで，段階的に全体を最適化する考え方である．このような方法の開発は，建築に限らず創造行為において，問題を解く論理を明らかにするものである．

（3）デザイン方法を支援するツール：デザインを定めていく作業には，その周辺で寸法や面積を算定するツール，提案されたデザインで動線計画をチェックするツールなど多種多様なツールが必要である．その多くは，建築構造の計算のようにコンピュータのソフトとして開発されている．建築基準法で定義される面積の計算方法，日影に関する数量や影の軌跡を計算し作図するツールなどは一般によく知られている．また，避難動線の有効性を，避難距離，避難時間，危険性などについてシミュレーションし評価するソフトは，近年開発され普及したものである．いまだあまり広まってはいないが，GIS（地理情報システム）のデータを活用する，利用人口の予測と対応する建築計画の方法，多数の施設の最適配置の計算ツールなどは，今後研究開発の対象となるであろう．

（4）その他の研究：デザインについて感覚的な効果を計量化するなど明らかにする研究は，これまで恒常的に試みられてきた．対象となる空間や形態から受ける刺激 S（stimulus）と反応 R（response）の間には，一定の関数関係があるといわれる．SD法（セマンティック・ディファレンシャル法）といわれる，刺激の意味を分析する方法が多用され，建築の特性の効果が分析されてきた．近年，感性工学といわれる分野である．得られた効果を最大化するために，建築特性を制御するのに有効である．

また，建築デザインの方法や思想を分析する研究も近年多く行われている．なかでも，坂本一成の思想に関する研究は網羅的なもので，20世紀を締めくくるような意味を持っている．

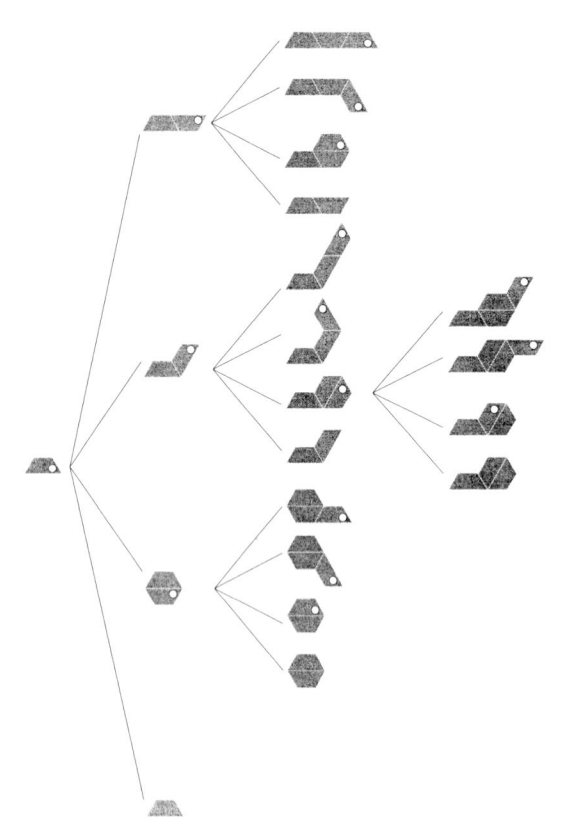

図 7.18 シェープ・グラマーの一種の展開ツリー
（W. J. ミッチェル：The Logic of Architecture, MIT, 1989）

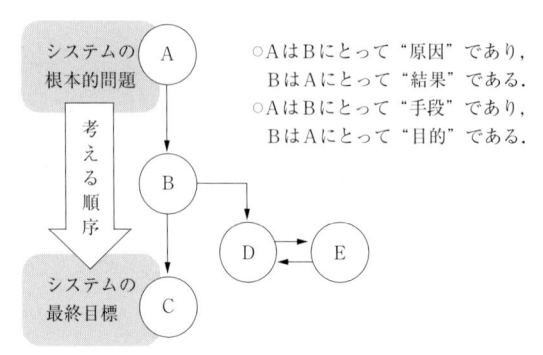

図 7.19 構造モデルの解釈
システムの根本問題を構造分析で発見し，改良するモデル
（原田利宣：システマティック・デザインの方法論と応用．デザイン方法論の試み，東海大学出版会，1996）

7.4 建築デザインの最適化

a. 建築デザインの最適化

建築は，そのほとんどが，特定の場所に建てられる1回きりの生産物である．しかも完成後の変更は大変な費用がかかり失敗は許されない．万が一にも失敗しないように，十分に検討を重ね，綿密な計画を立てて最適なデザインをするように努める必要がある．しかし，全体の規模が大きくなるとデザイン要素とそれに関係する要素も増大し，デザインは複雑になり，知識と経験だけでは十分な検討ができない場合も多い．より確実に最適なデザインを行うためには，デザイン課題の的確な「モデリング」とそれを用いた「シミュレーション」が重要である．「シミュレーション」とは，模擬実験である．実物とは別の，あるモデルを用いて性能をあらかじめ検証することである．「モデル」とは，検討するシステムを記述・表現するものと定義される．実物を単純化したもの．不要な要素を捨象して，その本質が際立つように，あるいは実物よりも都合のよい形に再構成させたものである．ここでは，そのモデルとシミュレーションによる最適デザインの手法について解説する．

b. シミュレーションとモデリング

1) 物理/縮尺モデルによるシミュレーション

最もなじみのあるモデルは建築模型であるが，これは建築の形そのものを違う縮尺で模擬的に作成してシミュレーションしたものといえる．このようなモデルを縮尺モデルと呼ぶ．室内模型から建築単体にとどまらず，街路全体，地区全体の大規模な模型をつくり，大きな都市景観のシミュレーションを行う場合もある．意匠デザイン，音響デザイン，空調デザインなど，さまざまな分野で用いられる．近年では，模型をつくらず，コンピュータ上でシミュレーションするケースも多い．

2) 数学モデルを用いたシミュレーション

数学モデルとは，論理式や数式によって表されるモデルである．建築デザインは，その骨組みを決定する計画の段階と，具体的な部位のディテールに及ぶデザインの段階に分けられるが，計画段階では，論理的な数学モデルによるシミュレーションが有効である．たとえばコンセプトのデザイン，形態デザイン，配置のデザイン，規模のデザイン，設備のデザインなど，適用対象は特に限定されない．数学モデルを用いれば，デザイン対象がどんなに複雑になっても，コンピュータを駆使したシミュレーションを行うことで，強力に最適なデザインを見つけることができる．

数学モデルは，①偶然的要因を含まない決定論モデル，②偶然的要因を含む確率論的モデルに分けられる．さらに，③時間的要因を含む動態的モデルと，④時間要因を含まない静態的モデルに分けることができる．

一般に，決定論モデルよりも確率論モデル，静態的モデルよりも動態的モデルの方が最適化は困難である．モデルを作成するときに偶然的な要因を考慮しなければならないとき（たとえば災害の発生など）は，それをモデルに組み込むと確率論的モデルとなる．時間とともに変化するシステムを対象とするときは，動態的モデルとなる．

c. デザイン目的の設定，計画問題，モデリング

建築のデザイン計画は，社会システム，人間システム，人工物システム，経済システムなど，さまざまなシステムと関連しており，デザイン計画の課題は多岐にわたる．「建築の諸室をどのようにレイアウトすべきか？」「どのような面積で配分すべきか？」という平面計画のデザイン，エレベータの最適な機種と個数は？」というような交通計画のデザイン，「建物をどこに建設すればよいのか？」という施設配置のデザイン，「環境負荷を下げるためにはどのような設備にすればよいのか？」というような環境・設備計画のデザインなど，さまざまなデザインの問題がある．通常，デザインの最適化を考えるときには，このようなデザイン目的の問題化を行う．このような問題を「計画問題（programming problem）」と呼ぶ．計画問題とは，各要素のディテールを決める前段階の，建築デザインの骨格を決定する問題である．

計画問題の設定は，デザイン計画の第一のステップである．これによりデザインの目的が明確になる．デザインの初期段階では，効率性，安全性，快適性，公平性などの一般的な性能の向上がその目的として設定されるが，それがデザインの構成要素との図式的な関係で表現できるようになるまで，目的を具体化する．一方モデリングとは，デザインの目的とあわせて，複雑なメカニズムを持つシステムを，より単純な図式で仮定することである．計画問題の具体化とモデリングとがうまく噛み合っていることがよいシミュレーショ

ンを行う条件である．モデルがどの程度単純化されるかということも重要な要素である．複雑すぎるモデルでは，より実物に近い精度の高いシミュレーションが可能となるが，その手間は大変に大きくなる．単純すぎるモデルは，シミュレーションは容易なかわりに，必要とする精度が得られない可能性もある．よいシミュレーションには，バランスのとれた問題設定とモデリングが必要である．

d． モデルとシミュレーション

シミュレーションの概念は大変幅の広いもので，シミュレーションによるデザイン最適化の手法は，以下の3つのタイプに分類して整理できる．

1) 数理計画的手法：さまざまな条件が既知の場合で，最適化の目的がはっきりしており，デザインのコンセプトも明確な設定が可能であり，デザインの優劣を容易に判断でき，技術的にも最適なデザインを求めることができる場合に用いられる．規模が小さく，要素数が少なければ手計算によっても求められる場合があるが，通常建築デザインでは，要素の数が非常に多いため，コンピュータの力を借りたデザインの最適化が求められる場合も多い．

2) 調査分析による手法：デザインのコンセプトが明確ではなく，モデルの具体化が困難な場合には，通常デザインコンセプトを最適化するために，既存デザインに対する実態調査や，建築の利用者やクライアントに対するアンケートやインタビューなどの実態調査を行い，その結果から分析を通して，モデルの再構成を行い，それを通じてデザインの最適化を図る．モデルの再構成によって最適デザインが見つかる場合もあるし，さらに数理計画的手法などを用いて最適デザインをシミュレーションしなければならない場合もある．

3) シミュレーションによる手法：狭義のシミュレーションで，条件を変えてあれこれと試行してみる方法である．明確なコンセプトがあり，目的もはっきりしているが，デザイン対象のシステムがきわめて複雑な場合や，時間的要素を含む場合など，モデル化はできてもそこから最適解を導き出せない場合に用いられる．さまざまなプランを構築し，複数の案を作成してその結果を比較して最適案を検討する．物理モデルや縮尺モデルを用いた検討ではこのパターンが多い．

これらの手法は，それだけでも有効な場合が多いが，場合によっては，1)と2)，2)と3)など，複数の手法を併用して検討しなければならない場合もある．数理計画的手法でも，複雑なシステムの場合は，シミュレーション的に最適化しなければならないときもあるし，実態調査からモデルを再構成する必要がある場合もある．現実のデザインの諸問題では，単純な手法は通用しない場合も多く，さまざまな手法を組み合わせて計画しなければならないケースも多い．

e． 最適化の手法

これまでの計画学の研究成果により，さまざまなモデリングとシミュレーションの手法が確立されており，建築デザインのさまざまな局面で用いられている．次に，上に述べたような3種類の手法について，これらの代表的なデザイン技術について紹介しよう．

1) 数理計画的アプローチ──施設配置モデル

数理計画的アプローチとは，数理的に最適解を求めてしまう方法である．数理計画法（mathematical programming）によるデザインの最適化には，室レイアウトの最適化，個数，規模の最適化など多数のモデルが開発されている．ここでは施設の最適配置モデルについて紹介する．施設配置のモデルは，数理計画的アプローチによる最適化手法の中でも最も代表的なモデルである．

問題1 「ある利用者の分布があるとき，施設までの距離の総和を最小とするためには施設をどこへ配置したらよいか？」（ミニサム問題）

この問題は，「施設までの距離の総和」を，配置デザイン上の最も重要な指標として，利用距離の総和が最も小さくなる配置を求めることをデザインの目的に設定した施設配置モデルである．現実に施設配置をデザインする場合にも，平均距離が最小となるのは，アクセスの利便性を考慮するとデザインの参照となりうる重要な場所であり，それをシミュレートすることは，実践的な場でのデザインの一つの手がかりとなる．

問題2 「ある利用者の分布があるとき，最も近い施設を利用するとすると，施設までの距離の総和を最小とするためには，n 個の施設をそれぞれどこへ配置すればよいか？」

この問題では，①施設までの距離の総和を指標とする，②一番近い施設だけを利用する，という2つのモデルを用いて，距離の総和を最小化する n 個の施設の配置を求めるというデザイン目標を設定した施設配

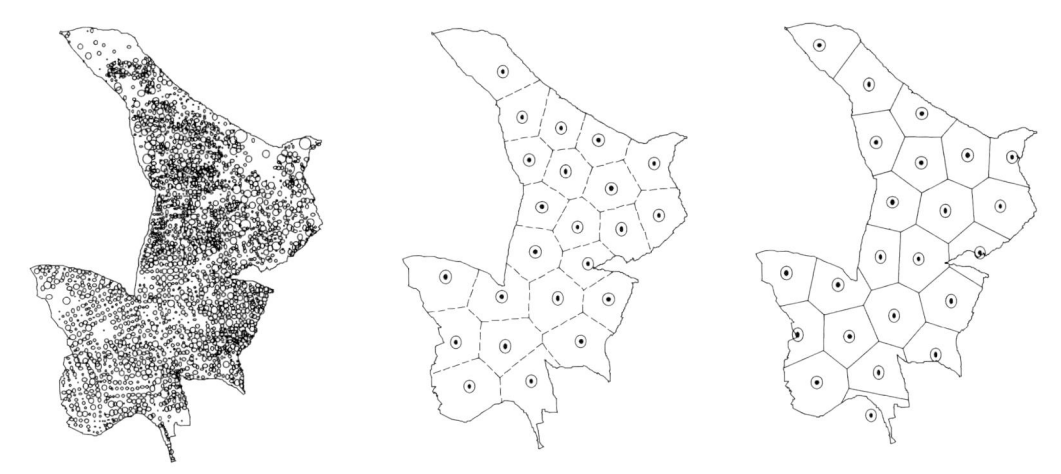

図 7.20 人口分布(左)とミニサム問題の最適配置例(中)とミニマックス問題の最適配置例(右)
(岸本達也:都市計画論文集, pp.109-114, 1997)

置モデルである.

問題1と2を比較すると,問題2の方が最適配置を求めるのは難しい.一般に,モデルが複雑になるほど,変数の数が増えるほど,数理計画法により最適デザインを求めることは難しくなる.問題2では,厳密な最適解を求める方法はまだ明らかではなく,さまざまな発見的な解法が研究されている.

施設配置のデザインには,ほかにもさまざまなモデルがある.

「施設までの最大距離を最小化する配置は?」(ミニマックス問題)

「施設までの最小距離を最大化する配置は?」(マクシミン)問題

「施設から x km 以内の利用者を最大化する配置は?」(カバリング問題)

施設配置モデルは,このような単純な問題ばかりではなく,出動要請の確率を考慮した消防署の最適配置や,キャパシティのある避難所の配置,駐車場の最適配置,階層的なサービス構造を持った施設の配置など,施設用途それぞれに対応した施設配置モデルが提案され,デザインに生かされている.

2) 調査によるアプローチ──デザインコンセプトの最適化

デザインの目標は定まっても,それをどのようなコンセプトに具体化すればよいのかわからない場合.たとえば「いま最も求められているマンションのコンセプトは?」というように,デザインの問題がユーザーの好みやライフスタイルにある場合,前述の施設配置問題のように,あらかじめ用意したモデルをもとに最適解を演繹することはできない.まずモデルの構造を帰納的に明らかにする必要がある.アンケート調査や面接調査などによって,ユーザーの好みを把握して何が重要なデザイン要素なのかを明らかにし,モデルの再構成を行う必要がある.

モデル構造の把握方法には,さまざまな方法がある.体系的に把握するのは難しいが,①何もわからない無の状態からおぼろげな構造を見出そうとする定性的分析手法,②ある程度構造がわかっている状態でどのデザイン要素がどの程度重要なのかを明らかにしようとする定量的分析手法,の2タイプに分けられる.前者は調査によってモデルの構造を同定するもの,後者はモデルのパラメータを同定するものといい換えることもできる.

①の方法として,最もよく行われてきたのが,SD (semantic differential) 法である.複数のデザインサンプルと,形容詞対(「明るい⇔暗い」,「重い感じ⇔軽い感じ」など)を用意し,サンプルそれぞれについて形容詞対の当てはまり度合いをアンケートによって調査し,その結果を因子分析,主成分分析などの統計解析をして,サンプルの構造とユーザー評価の構造を明らかにするものである.ユーザーの視点からのデザインの特徴と,デザイン評価に基づくユーザーの特徴を分析することができる.そのほかにも,複数のデザインサンプルについて,その評価とその理由を「~だと良いのはなぜですか?」,「~であるためにはどうあればよいですか?」とインタビュー形式で述べてもら

う調査を繰り返し，評価に影響を与えている要因とその構造を明らかにしようとするレパートリーグリッド法などがある．これらは，主にデザイン要素の定性的な構造を明らかにしようとするものである．

②の方法は，重要なデザイン要素がある程度絞られている場合に，それぞれの要素の選好度をどのように評価すべきなのか，定量的に明らかにしようとするものである．通常，複数のデザイン要素はトレードオフの関係にあり，すべての要素を最適な選択にすることはできない．たとえば分譲マンションで，通勤20分圏内，駅前徒歩5分，2,000万円，広さ130m²，20戸の小規模マンションという計画は現実には不可能である．ユーザーが立地，広さ，規模などのどれに対して，どの程度価値を置いているのかが明らかになれば，定量的に最適な企画を作ることができる場合もある．そのような定量的な性質を明らかにする分析モデルとして，コンジョイントモデル，AHP (analytical hierarchy process, 階層分析) モデルなどがある．コンジョイントモデルは，要素の値が異なる組み合わせのデザインサンプル（プロファイルと呼ぶ）を複数作成し，それに対して一対比較による評価，または順位づけなどを行い，要素の値ごとの選好度を解析的に求める方法である．AHPは，コンジョイントモデルの一種とも位置づけられるが，デザイン要素を階層構造のある複数の要素（概念）に分解することで，一対比較による評価によるが上位から下位へと要素の重みを継承し

て分析する方法で，デザインコンセプトが複雑な場合に有効である．

これらの手法は，主に心理学の研究において発展してきたものであるが，近年，建築分野に限らず商品開発，マーケティングリサーチの分野で広く用いられている．

3) 狭義のシミュレーションによるアプローチ
── さまざまな事例

建築のデザインの最適化は容易にできない場合も多い．建築デザインは，膨大な数の要素を含む3次元空間上の形態のデザインであること，優劣を評価することが困難な場合も多いこと，時間の要素を考慮しなければならない場合も多いことなどがその理由としてあげられる．そのような場合に，モデルを作成してあれこれと試行してみるという狭い意味でのシミュレーション手法が用いられる．

一般に行われている建築模型によるスタディは，形態の意匠面でのシミュレーションである．室内から街区，都市レベルの模型までさまざまである．近年では，小型ビデオCCDカメラを用いて，室内模型の内観シミュレーションや，街路の景観シミュレーションなども行われている．

意匠設計だけではなく，音響設計や，空調設計においても縮尺模型によるシミュレーションが行われるケースが多い．コンサートホールの音響設計は，縮尺模

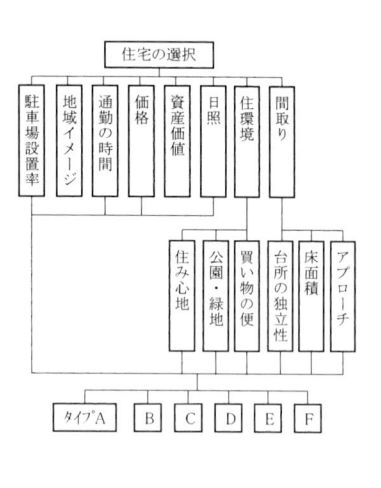

図7.21 AHPやコンジョイントモデルによるモデル再構成とパラメータ同定の例

7.4 建築デザインの最適化

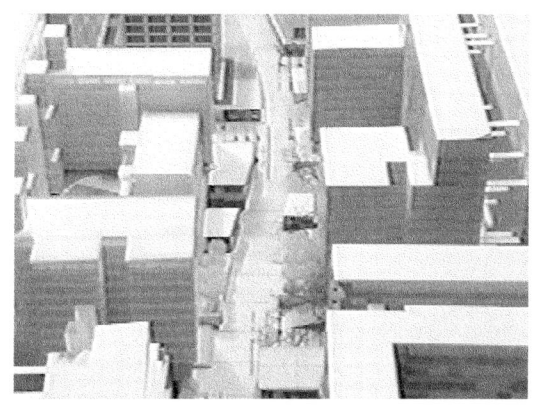

図 7.22 縮尺モデルによる街路空間シミュレーション（都市基盤整備公団，東雲プロジェクト）

図 7.23 縮尺模型とコンピュータによる気流のシミュレーション（慶應義塾大学村上研究室）

初期入力画面
- ストレッチャー避難者
- 車椅子避難者
- 自力避難者
- 介助者
- 防火戸

出火2分後の状況
煙はまだ拡がっていない

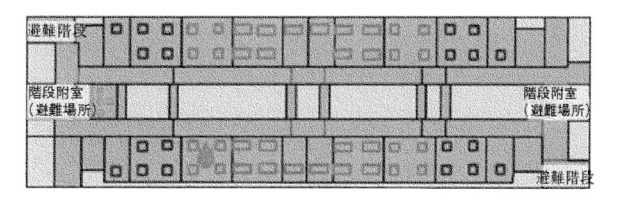

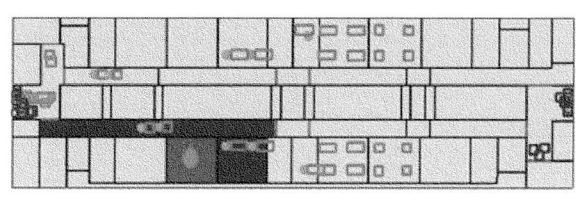

出火4分後の状況
出火区画の避難は完了

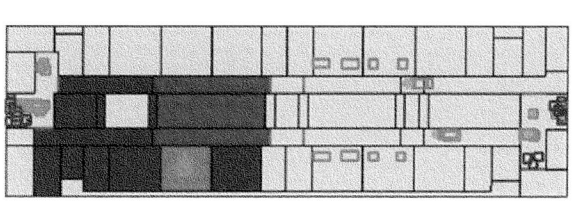

図 7.24 病棟フロアにおける避難シミュレーション（竹中工務店技術研究所）

型を作成して音響シミュレーションの実験を行って検討されているし，大空間の空調設計では，噴出し口の形状およびその位置など，気流のシミュレーションを通したデザインの検討がなされている．都市レベルにおいても，超高層建築や，大規模開発では，気流のシミュレーションを通した形態の検討がなされる．

近年では，縮尺模型を作成するのは，大変な時間と費用を要することから，コンピュータ上でのシミュレーションが広く行われるようになっている．CADを用いて3D形状のモデリングを行い，それを用いたCGやアニメーションを作成してデザインの検討がなされている．音響や気流のシミュレーションなどもコンピュータ性能の向上によりパソコンレベルで行えるようになっている．ただし景観デザインや，建築形態のデザインでは，コンピュータによる3DのCGは，実際にはスクリーン平面上に描かれる仮想の3次元であり，本当の3次元ではない点に注意する必要がある．

そのほかにも，シミュレーションが必要となる重要な計画課題として，防災と安全計画があげられる．これらは，縮尺模型ではシミュレーション不可能であり，また実物でもシミュレーションできないから，もっぱらコンピュータを用いたシミュレーションによって，最適デザインの検討がなされる．安全計画には，歩行者流動のシミュレーション，避難シミュレーション，延焼シミュレーションなど，建築単体のレベルから広域都市域のレベルまで，幅広く行われている．

参 考 文 献

■全 章
磯崎 新：建築の解体，美術出版社，1975．
稲垣栄三：日本の近代建築 上・下，鹿島出版会，1979．
大江 宏ほか：新建築学大系1 建築概論，彰国社，1982．
岡田光正：建築人間工学 空間デザインの原点，理工学社，1993．
岡田光正ほか：建築計画 上・下，鹿島出版会，1987．
建築計画教科書研究会編著：建築計画教科書，彰国社，1989．
鈴木成文，服部岑生ほか：新建築学大系23 建築計画，彰国社，1982．
鈴木成文，守屋秀夫ほか：建築計画，実教出版，1975．
丹下健三：人間と建築，彰国社．
日本建築学会編：新建築設計資料集成，丸善，2001～．
日本建築学会編：建築学便覧 計画編，丸善，1980．
日本建築学会編：近代日本建築学発達史，丸善，1972．
原 広司：集落への旅，岩波新書，1988．
原 広司：空間〈機能から様相へ〉，岩波書店，1987．
吉武泰水：建築計画学1–12，丸善，1972～79．
R.ルドフスキー著，渡辺武信訳：建築家なしの建築，鹿島出版会，1984．
M.A.ロージェ著，三宅理一訳：建築試論，中央公論美術出版．

■第0章
ウイトルウイス著，森田慶一訳注：ウイトルウイス建築書，東海大学出版会，1979．

■第1章
O.ヴァグナー著，樋口 清ほか訳：近代建築，中央公論美術出版，1985．
伊東豊雄：透層する建築，青土社，2000．

■第2章
網野正親，池田 賢ほか：SI住宅の技術開発に関する研究．建築学会大会学術講梗概集，E–1，pp.723–730，2000．
大野隆司：建築構法計画資料，市ヶ谷出版社．
S.ギーディオン著，太田 実訳：空間・時間・建築1，2，丸善，1969．
栗原嘉一郎，富江伸二，吉田あこ，佐藤 平：社会福祉の建築計画，オーム社，1978．
佐藤 平：身体障害者と都市環境，建築知識，1974．
佐藤 平ほか：心身の障害と新しい施設計画，ソフトサイエンス社，1978．
嶋本恒雄，相川三郎編：建築学小辞典，理工学社，1980．
仙田 満：「地球環境・建築憲章」の制定について．建築雑誌，No.1458，p.3，2000．
R.ソマー：人間の空間，鹿島出版会，1972．
田村 明：都市における建築の外部空間．外部空間のディテール別冊，彰国社，1976．
E.T.ホール：かくれた次元，みすず書房，1970．
O.F.ボルノウ：人間の空間，せりか書房，1978．
宮田紀元：窓の機能と視覚，Glass & Architecture，1977．

■第3章
B.ゼーヴィ著，栗田 勇訳：空間としての建築 上・下，鹿島出版会，1977．
日本建築学会編：人間環境系のデザイン，彰国社，2001．
日本建築学会編：建築法規用教科書，日本建築学会，1988．
ル・コルビュジェ著，吉阪隆正訳：建築をめざして，鹿島出版会，1975．
和辻哲郎：風土，岩波文庫，1979．

■第4章
芦原義信：街並みの美学 上・下，岩波文庫，1979．
東 孝光：日本人の建築空間，彰国社，1981．
C.アレクサンダー著，稲葉武司訳：形の合成に関するノート，鹿島出版会，1978．
C.アレクサンダー著，平田幹那訳：パターン・ランゲージ，鹿島出版会，1984．
C.アレクサンダーほか著，岡田信一訳：コミュニティーとプライバシー，鹿島出版会，1967．
岡田光正，高橋鷹志ほか：新建築学大系13 建築規模論，彰国社，1988．
柏原士郎ほか：建築デザインと構造計画，朝倉書店，1994．
陣内秀信：東京の文化人類学，筑摩書房，1985．
中埜 肇：空間と人間，中公新書，1989．
日経アーキテクチュア編：建築批評講座，日経アーキテクチュア，1996．
日本建築学会編：地域施設の計画，丸善，2001．
日本建築学会編：建築企画論—建築のソフトテクノロジー，技報堂出版，1998．

■第5章
東 孝光：「塔の家」白書，住まいの図書館出版局，1988．
安藤忠雄：家，住まいの図書館出版局，1997．
市原 出：リビングポーチ／アメリカ郊外住宅の夢，住ま

いの図書館出版局，1997．
上田　篤：日本人と住まい，岩波新書，1974．
延藤安弘：こんな家に住みたいな，晶文社，1984．
延藤安弘：これからの集合住宅づくり，晶文社，1995．
大河直躬：住まいの人類学，平凡社，1986．
太田博太郎編：住宅近代史，雄山閣，1967．
I.カフーンほか著，湯川利和訳：ハウジング・デザイン，鹿島出版会，1993．
黒沢　隆：個室群住居，住まいの図書館出版局，1997．
香山壽夫：都市を造る住居／イギリス，アメリカのタウンハウス，丸善，1990．
小泉正太郎：居住学覚え書き，相模書房，2002．
小林秀樹：集住のなわばり学，彰国社，1991．
小谷部育子：コレクティブハウジングの勧め，丸善，2002．
篠原一男：住宅論 正・続，鹿島出版会，1970，75．
鈴木成文：住まいの計画 住まいの文化，彰国社，1988．
鈴木成文：住まいを読む―現代日本住居論，建築資料研究社，1999．
鈴木成文ほか：「いえ」と「まち」，鹿島出版会，1984．
清家　清：「私の家」白書，住まいの図書館出版局，1997．
巽　和夫編：現代ハウジング論，学芸出版，1986．
鳴海邦碩：アーバン・クライマクス―現象としての生活空間学，筑摩書房，1987．
西山夘三：日本のすまいⅠ～Ⅲ，勁草書房，1976-77．
日本建築学会編：集合住宅計画研究史，日本建築学会，1989．
O.ニューマン著，湯川利和ほか訳：まもりやすい住空間，鹿島出版会，1982．
藤本昌也ほか：新建築学大系28 住宅の設計，彰国社，1968．
布野修司：スラムとウサギ小屋，青弓社，1985．
布野修司：住まいの夢と夢の住まい アジアの住居論，朝日選書，1997．
C.A.ペリー著，倉田和四生訳：近隣住区理論，鹿島出版会，1975．
C.C.マーカスほか著，湯川利和訳：人間のための住環境デザイン，鹿島出版会，1989．
宮脇　檀：日本の住宅設計／作家と作品―その背景，彰国社，1976．
山本理顕：住居論，住まいの図書館出版局，1993．
T.ライナー著，太田　実訳：理想都市と都市計画，日本評論社，1967．

■第6章
伊藤　誠ほか：新建築学大系31 病院の設計，彰国社，1987．
R.ヴェンチューリ著，伊藤公文訳：建築の複合性と対立性，鹿島出版会，1982．
オフィスビル総合研究所：次世代ビルの条件，鹿島出版会，2000．
筧　和夫ほか：新建築学大系32 福祉施設・レクレーション施設の設計，彰国社，1988．
門内輝行・槇　文彦対談：街並みとしてのヒルサイドテラス／ウェストの解読．SD 2000年1月号，特集槇文彦 pp.26-35，2000．
栗原嘉一郎ほか：新建築学大系30 図書館・博物館の設計，彰国社，1983．
是枝英子，野瀬里久子ほか：現代の公共図書館・半世紀の歩み，日本図書館協会，1995．
清水裕之：劇場の構図，鹿島出版会，1985．
シーラカンス：立体化した住空間に関する研究，ハウジング・アンド・コミュニティ財団，1994．
鈴木博之，山口　廣著：新建築学大系5 近代・現代建築史，彰国社，1986．
B.チュミ：建築と断絶，鹿島出版会，1996．
長倉康彦：学校建築，理工図書，1977．
長倉康彦，長沢　悟，上野　淳ほか：新建築学大系29 学校の設計，彰国社，1983．
日本建築学会編：計画と設計，日本建築学会，1979．
日本建築学会編：空間演出 世界の建築・都市のデザイン，井上書院，2001．
田辺健雄ほか：新建築学大系33 劇場の設計，彰国社，1988．
船越　徹：S.D.S.（スペースデザインシリーズ）1-10，新日本法規出版，1996-．
S.ホール：知覚の問題；建築の現象学．a+u 1994年7月号別冊，p.41，訳p.173，1994．
村尾成文ほか：新建築学大系34 事務所・複合建築の設計，彰国社，1982．
山本理顕：PLOT（01）山本理顕―建築のプロセス，A.D.A.EDITA，2000．
ル・コルビュジェ作品集，A.D.A.EDITA，1979．
アルヴァー・アルトー作品集，A.D.A.EDITA，1979．
ミース・ファン・デア・ローエ作品集，A.D.A.EDITA，1976．
フランク・ロイド・ライト作品集，A.D.A.EDITA，1976．
アントニオ・ガウディー，パルコ出版，1985．

■第7章
伊藤　滋監修：都市デザインとシミュレーション，鹿島出版会，1999．
岩下豊彦：SD法によるイメージ測定，川島書店，1983．
D.カンター著，宮田紀元ほか訳：場所の心理学，彰国社，1982．
岐阜県土木部住宅課：岐阜県営住宅ハイタウン北方パンフレット．
杉浦　進：住居の集合方式の計画に係わる諸要素間の研究，東京大學学位論文，1981．
鈴木成文ほかハウジングスタディグループ：韓国現代住居学，建築知識，1990．
中村良夫：風景学入門，中公新書，1982．
日本建築学会編：建築・都市のための調査・分析手法，井上書院，1987．
日本建築学会編：建築・都市計画のための空間学，井上書院，1999．

日本建築学会編：建築・都市計画のための空間学辞典，井上書院，2001.

O.ニューマン著，湯川利和ほか訳：まもりやすい住空間，鹿島出版会，1976.

服部岑生：平面類型からみた住様式の動向に関する研究（1）．住宅建築研究所報，No.7, pp.87–116, 1980.

J.ファーンスタイン著，高橋鷹志訳：場所との対話，TOTO出版，1991.

柳沢 忠，今井正次：中央手術部のサーキュレーションに関する研究（その3）．日本建築学会論文報告集，No.236, pp.69–78, 1975.

ロラン・バルト著，花輪 光訳：記号学の冒険，みすず書房，1999.

両角光男：エコロジー建築・都市007 建築設計の新しいかたち，丸善，1998.

K.リンチ著，丹下健三ほか訳：都市のイメージ，岩波書店，1968.

索　引

ア　行

ISM　192
アイゼンマン，P.　116
青木茂　40
青木淳　123
青木正夫　177
青木義次　188
アカウンタビリティ　50, 53, 59
アーキテクチャー　1
アクティビティ　62, 64
アクティビティ空間　23, 24
上尾オクタビアヒル　43
東孝光　108
圧迫感　64, 66
アパートメントハウス　98
アフォーダンス　37
アリストテレス　38
RC造　19
アルファー法　63
アレクサンダー，C.　10, 12, 41, 45, 68, 188, 192
アンカーボルト　19
安全性　33, 43
安定する空間　25
安藤忠雄　110, 117, 133

池辺陽　106
磯崎新　40, 132
一室住居　112
移動観察　184
伊東豊雄　1, 40, 50, 110, 119, 134
居間のない家　96
意味性　33, 65
イメージマップ　182
因子分析　187
インターンシップ　8
インフィル　49
インボルブメント　68

ヴィニオリ，R.　124
ヴォイド　120
内田祥哉　49
美しさ・象徴性の要求　86
梅田スカイビル　123
運営者　61

AHP　196
AM　8
ALDEP　191
エジュカブル　8
S・I建築　22
S造　21
SD法　186, 192, 195
エッジ　45
nLDK型　90
FM　8, 64
MC　32
MVRDV　122
LCC　9, 10, 54
L（居間）＋nB（寝室）　97

大壁式　19
岡山の家　111
オーディトリアム　3
小布施　43
オープンシステム　12
オープンスペーススクール　24
表と裏　39

カ　行

開架方式　41
外的基準変数　186
快適性　43
外部空間　16
外部変数　186
開放広場的外部空間　16
街路空間　16
カウンタープラン　68
寝具・物品採取調査　184
家族
　　——と生活行為　87
　　——のコミュニケーション・きずなの
　　　確認　94
　　——の成長変化　87
　　——の変容　93
形の合成方法　41
ガデ，J.　37, 40, 128
壁式構造　21
鴨長明　39
から傘の家　108
ガラス　118
カルチェ・ダムール　43

環境意識の変容　94
環境決定論　36
環境・社会との関係　96
環境調整機能　17
環境負荷　54
還元主義　37
観察調査　183
緩衝空間　16
感性工学　65
間接観察　184

企画　70
聞き取り調査　183
菊竹清訓　107
記号　65
技術性　51
気積　62
基檀堂塔型　47
ギーデオン，S.　15
機能化の追求　95
機能空間　16
機能主義建築　65
機能性　33, 43, 51
機能的景観的外部空間　16
機能の形態　28
機能の対応　92
機能の耐久性　45, 58
機能の耐用年数　21, 22
ギブソン　37
規模計画　62
CAD　187
共・個室型住宅　96
共同参型の家庭　94
郷土資料館　71
共領域　24
気流のシミュレーション　198
近代家族　97
近代建築の5つの要素　40, 104
近代住居　102
近代住宅　97

空間観　37
空間形式　37, 39-41
隈研吾　117
熊本県営保田窪第1団地　111
暮らしやすさの要求　86
クラスター分析　182, 187

索　引

グリーンアーキテクチャー　54
黒沢隆　104
グロピウス，W.　36, 40, 129
群建築　66

計画問題　193
景観シミュレーション　196
形式的対応　92
芸術性　33, 51
形態辞書づくり　188
形態授与　41
形態モデル　36, 38, 40
KEP　49
軽量鉄骨　21
ゲニウス・ロチ　64
ゲーリー，F. O.　116
圏域人口　58
健康性　43
現象する建築　118
建築家　115
建築許可　67
建築士　7
建築生産　8
建築的プロムナード　105
建築統計　5
建築のコスト　9
建築の性能　9
建ぺい率　82

コア　106
郊外化　98
郊外住宅　102
郊外住宅地　102
公共性　45
考現学　183
公私室型　90
構造的耐用年数　21, 22
公団実験住宅　49
行動観察調査　184
行動圏　25
構法　117
香山壽夫　105
合理的形態　28
国際リハビリテーション協会　55
個室群住居　104
小嶋一浩　40, 122, 135
51C型住戸　177
個人生活へのサービスシステム　94
コストパフォーマンス　54
コストマネージメント　10
骨格空間　16
コートハウス　16
コモンズスペース　24
コールハース，R.　115, 122
コレクティブハウジング　94
コンカレンツ方式　9
コンクリート造　19

混構造住宅　109
コンジョイントモデル　196
コンストラクションマネージメント　10
コンセプチャルアーキテクチャー　40
コンセプト　59
コンドル，J.　131
コンピュータグラフィックス　188
コンペティション　68

サ　行

齋木崇人　188
最小限住居　39
最適化　193
最適配置　195
再利用　125
サヴォア邸　104
坂茂　117
坂本一成　188, 192
サーキュレーション　64
サーキュレーション空間　23, 24
サスティナビリティ　94
サービス=サービスド　39
サービスを受ける利用者　61
サービスを提供する運営者　61
サポート　49
座面高さ　31
参加のデザイン　68
残部空間　16

GIS　192
CHS住宅　22, 49
ジェネラリスト　8
シェープ・グラマー　191
CM　10
シェル構造　21
自記記載アンケート調査　183
事業主　8
軸組造　19
シザ，A.　120
CG　188
自主管理　75
システマティックデザイン　192
施設配置モデル　194
シックビルディング　44
自動設計　188
篠原一男　40, 108
シミュレーション　193
指名建築設計競技　68
社会・環境との「住みあい」　87
遮蔽因子　18
シャロウン，H.　130
重回帰分析　187
自由空間　16
修景機能　17
集合住宅型　93
従属変数　186

住宅需要　6
住要求　86
　　──の構成　87
重量形鋼　21
縮尺モデル　193
主成分分析　182, 187
書院造　88
商圏　180
省コスト性　54
省資源性　54
使用者　61
象徴性　65
食寝分離論　177
所要室　57
所要室計画　62
序列づけ　26
シルバーハット　110
真壁式　19
人体寸法　62
寝殿造　88
シンドラー，R. M.　104
シンドラー自邸　104

数学モデル　193
数理計画法　194
数量化Ⅰ類　187
数量化Ⅱ類　187
数量化Ⅲ類　187
数量化理論　182
スカイハウス　107
スケルトン　49
スケルトン住宅　48
鈴木成文　45, 132, 177
ストック　6, 7
スペシャリスト　8
住まい
　　──と暮らしの環境　86
　　──の秩序の再構成　96
　　──の閉鎖化　91
住吉の長屋　110
すみわけ　25
刷り込み　93
ズントー，P.　119, 121
寸法計画　79

生活空間　16
生活時間の個人化　94
生活の外部化　95
生活の内部化　95
生活保全空間　16
清家清　107
清家清自邸　107
成長変化の計画　47
静と動　39
世界建築家連盟　8
妹島和世　119
設計施工一貫　7

説明変数　186
ゼネコン　7
ゼビ，B.　42
専業主婦　97
先見性　41
戦後の住居の変遷　90
仙台メディアテーク　50, 123
センチュリーハウジングシステム　49

相互作用　36
相互的共同空間　16
象設計集団　50
装備空間　16
ソシオメトリー　180
組積造　19
ゾーン　45

タ 行

大切空間　95
タウンハウス　179
巽和夫　49
谷口吉生　120, 128
多変量解析　186
多目的空間　16
多翼型　47
丹下健三　40, 106
丹下健三自邸　106

地域性　73
チェックリスト　59
知覚　119
地方続き間型　93
着工統計　5
チュミ，B.　115, 123
直接観察　184

通過性　50
通勤　97
造りやすさの要求　86
つなぎ　65
　──の空間　66
ツリー型　27

D/H　67
ディストリクト　45
定点観察　184
DINKS　94
できごと　120
デザイニング　34, 57
デザイン計画　4, 33, 34
デザインサーベイ　177, 184, 188
鉄筋コンクリート造建築　19
鉄骨造　21
テート・モダン　126
テーマミュージアム　72
デュアルリビング方式　95

透過因子　18
東京国際フォーラム　124
動作寸法　62
動線　186
動線計画　64
塔の家　108
透明　118
透明性　53
独立変数　186
都市　123
　──のイメージ　45
都市LDK型　93
都市改造　98
都市空間　16
都市ゲリラ住居　110
都市的共同空間　16
とびら型　27
ドミノの原理　2, 39-41
ド・ムーロン，P.　119, 127
トラス　19
トラス構造　17

ナ 行

内的基準変数　186
内藤廣　40, 117, 135
内部空間　16
中廊下式住宅　89
なわばり　25
難波和彦　117

新潟市民芸術文化会館　125
西沢立衛　119
西山夘三　132, 177

ヌーベル，J.　119, 125

ネット型　27

農家の間取りと秩序　89
ノーマライゼーション　43, 44, 178

ハ 行

バウハウス　129
場所性　64
パス　45
長谷川逸子　125
畑聰一　188
パターンランゲージ　68
Packaged Environment　110
服部岑生　188
バナキュラー住居　86
パブリック　45
パブリックスペス　123
パブリック‐プライベート　39
原広司　36, 40, 123, 133

バリアフリー　43
　──の建築基準　55
バリアフリー建築　23
はりぼて　65
バンダリズム　44
半透明　118
判別関数　187

ピアノ，R.　120, 127
PM　8, 10
BL　32
POE　54
光　119
人の居場所　31
病棟集約型　47
表面　118
ヒルサイドテラス　124
ビルディングタイプ　10, 13, 57
ピロティ　108

ファシリティマネージメント　8, 61, 64
ファシリティマネージャー　8, 13
ファシリテーター　68
ファーンズワース邸　105
フィードバック　182
フォスター，N.　120, 127
複雑な形態　116
福沢諭吉　41
複数拠点居住　94
フーコー，M.　36
普通形鋼　21
物質性　33
物理的空間　16
物理的耐久性　45, 64
不特定多数の利用者　6, 51, 58, 59, 67
プライバシー　45
フラットスラブ構造　21
フーラードーム　17
フランクリン，B.　41
プランニング　40, 57
ブリーフィング　61
古谷誠章　122
ブルーボックスハウス　109
プレーリー住宅　102
プロクセミクス　80
プログラミング　40, 51
プログラム　37, 57, 116, 123
プロジェクトマネージメント　10
プロジェクトマネージャー　8
分割の手法　27
文脈の中の建築　123

ペイ，I. M.　127
閉鎖感　66
平面グラフ　188
ベターリビング　32
ベーネ，A.　130

ヘルツォーク, J. 119, 126

ボウ, J. 128
方丈記 39
ボザール 37
ポストモダニズム 40
保存・再利用 74
ホール, E. 15, 80
ホール, S. 119, 122
ホール型 27
ボルノウ, O. F. 15

マ 行

槇文彦 124, 133
マクシミン問題 195
マスターアーキテクト 181
マネージメント 61
マネージメントデザイン 10

ミース・ファン・デア・ローエ 36, 40, 105
ミッチェル, J. 188
緑町団地 43
ミニサム問題 194
ミニマックス問題 195
宮脇檀 109

無限定空間 16
ムーブネット 108

メンテナンス 21

木造建築 19
目的空間 16
目的建築 130
目的変数 186
モダニズム 40, 178

モデリング 193
ものとしての建築 116
問題解決 41

ヤ 行

八木佐千子 122
役割分担型の家庭 93
安らぎ・高揚・感動の計画 87
山本理顕 111, 134

UIA 8
有機的空間 16
有機的建築 130
誘致距離 180
優良住宅部品認定制度 32
ゆとりの空間 95
ゆとりの対応 92
ユニバーサルスペース 40, 43, 98
ユニバーサルデザイン 55

用・強・美 181
洋小屋 19
容積率 67, 83
要素主義 37
洋風小屋 19
洋間 89
よく定義されない問題 58, 60
吉坂隆正 40
吉田勝行 188
吉武泰水 177
予測変数 186

ラ 行

ライト, F. L. 34, 40, 102
ライフサイクルコスト 10, 54
ライフライン 22

らしさ 38
ラーメン構造 20
ランドスケープ 125
ランドマーク 45

リエンジニアリング方式 9
立体最小限住居 106
リニューアル 23
リビングポーチ 102
リファインメント 1
リフォーム 6
リベスキンド, D. 116
利用圏 58, 180
利用者 61
リンチ, K. 45

ルイジアナ美術館 128
類似性 65
ル・コルビュジェ 36, 38, 39, 104, 129
ルーバー 118

歴史 125
レパートリーグリッド法 196
連結の手法 27

廊下型 27
ロウ・ハウス 98
ロビー邸 102

ワ 行

ワークショップ 68
ワグナー, O. 40, 128
和小屋 19
和室と洋室の違い 91
和風小屋 19
ワンルーム 108

［建築作品・プラン等の索引］

アンパンマンミュージアム（古谷誠章，八木佐千子） 121

今帰仁村公会堂（象設計集団） 50
岩出山町立岩出山中学校（山本理顕） 171

ヴァルスの温泉施設（P. ズントー） 121
ヴィラ VPRO（MVRDV） 124
宇都宮美術館（岡田新一） 150
梅田スカイビル（原広司） 124
梅田ダイビル（日建設計） 168

エニックス本社ビル（日建設計） 169
FH・HOYA-Ⅱ 161
小笠原資料館（妹島和世，西沢立衛） 119
岡山の住宅（山本理顕） 111
小布施町並修景計画（宮本忠長） 142
オルセー美術館（G. アウレンティ） 140
オレブロ地区中央病院（ブリンク・コンサルタンツ） 155
園城寺光浄院客殿 38

笠間アパート（藤本昌也） 159
潟博物館（青木淳） 124, 152
金沢市民芸術村（水野一郎） 76, 165
金沢市立図書館（谷口吉生ほか） 66
紙の教会（坂建築設計） 117
亀戸サンストリート（北山孝二郎） 165
から傘の家（篠原一男） 108
カルティエ財団（J. ヌーベル） 118
カレ・ダール（N. フォスター） 121

旧宮前小学校（東京大学吉武研） 174
京都駅（原広司） 163

グッゲンハイム美術館（F. O. ゲーリー）　149
熊本県立農業大学校学生寮（藤森照信）　160
クンストハル（R. コールハース）　124, 149
けいゆう病院（伊東喜三郎）　154
ゲティ・センター（R. マイヤー）　150
高知工科大学教育研究棟（日建設計）　169
コムロンガン城　38
ゴールドバーグ邸（L. カーン）　175
コロンバス・コンベンション・センター（P. アイゼンマン）　116
サヴォア邸（ル・コルビュジェ）　104, 174
獅子ワールド館（水野一郎）　73
品川インターシティ（日本設計）　164
東雲計画（山本理顕, 隈研吾, 山設計工房, 元倉眞琴）　158
ジョン・F. ケネディ記念図書館（I. M. ペイ）　147
シルバーハット（伊東豊雄）　110
シンドラー夫婦とチェイス夫婦の住宅（R. M. シンドラー）　103
スカイハウス（菊竹清訓）　107
杉並区立中央図書館（黒川紀章）　144
スペースブロック上新庄（小嶋一浩／シーラカンス・アンド・アソシエーツ）　121
すみだ生涯学習センター「ユートリア」（長谷川逸子）　12
住吉の長屋（安藤忠雄）　110
洲本市立図書館（鬼頭梓）　141
清家清自邸（清家清）　107
聖路加国際病院（日建設計）　154
世田谷区立高齢者センター・新樹苑（石本建築事務所）　156
世田谷区立中町小学校／玉川中学校（内井昭蔵）　171
世田谷美術館（内井昭蔵）　151
仙台メディアテーク（伊東豊雄）　2, 119
ダブルハウス（MVRDV）　123
丹下健三自邸（丹下健三）　106
千葉市美術館（大谷幸夫）　7, 140

千葉市立打瀬小学校（シーラカンス）　172
筑波大学中央図書館（岡田新一）　145
妻籠宿まちなみ保存　141
テート・モダン（J. ヘルツォーク, P. ド・ムーロン）　127, 139
デルフト工科大学図書館（メカノー）　146
東京青山スパイラルビル（槇文彦）　173
東京オペラシティ（NTT ファシリティーズ）　163
東京国際フォーラム（R. ヴィニオリ）　124
東京都庁舎（丹下健三）　173
塔の家（東孝光）　109
豊田市美術館（谷口吉生）　121, 151
豊の国情報ライブラリー（磯崎新）　145
直島コンテンポラリーアートミュージアム（安藤忠雄）　152
中島ガーデン（松永安光）　160
長町アパート（富永譲）　159
新潟市民芸術文化会館（長谷川逸子）　126
ニコルス邸（A. J. デイヴィス）　100
西小学校（連建築研究室）　25
ネクサスワールド香椎 S. ホール棟（S. ホール）　123
NEXT21　49, 158
バイエラー財団美術館（R. ピアノ）　121
パシフィックセンチュリープレイス丸の内（日建設計）　168
バスティーユ高架鉄道改修（P. ベルジェ）　139
バーゼルの信号所（J. ヘルツォーク, P. ド・ムーロン）　118
磐梯町立磐梯第二小学校（清水公男研究所）　25
パンテオン　41
ハンナ邸（F. L. ライト）　34
光の教会（安藤忠雄）　117
ヒルサイドテラス（槇文彦）　125
ファーンズワース邸（ミース）　105, 174
フィンランディアホール（A. アルト

ー）　65
フランシスコ・ホスピス　156
フランス国立図書館（D. ペロー）　146
フランス国立図書館コンペ案（R. コールハース（OMA））　121
ブルーボックスハウス（宮脇檀）　109
ブレゲンツ美術館（P. ズントー）　119
ブロイヤー自邸（M. ブロイヤー）　61
ベッドフォード・スクウェアのロウ・ハウス（T. レバートン）　99
ヘルシンキ現代美術館（S. ホール）　120
牧野富太郎記念館（内藤廣）　117
マルコ・デ・カナヴェーゼスの教会（A. シザ）　120
御杖小学校（青木淳）　172
宮城県図書館（原広司）　144
R. ミラー邸（P. アイゼンマン）　175
八代市立美術館（伊東豊雄）　173
ユダヤ博物館（D. リベスキンド）　116
横浜クイーンズスクエア（日本設計）　164
横浜市下和泉地区センター・地域ケアプラザ（山本理顕）　166
代々木国立室内競技場（丹下健三）　173
ラ・ヴィレット公園 R. コールハース（OMA）案（R. コールハース）　115
ラ・ヴィレット公園 B. チュミ案（B. チュミ）　115
リコラヨーロッパ社工場・倉庫（J. ヘルツォーク, P. ド・ムーロン）　118
リチャード医学研究所（L. カーン）　175
立体最小限住居（池辺陽）　106
リヨンオペラ劇場（J. ヌーベル）　126
ルイジアナ美術館（J. ボウ）　127
ロッテルダム図書館（ヴァン・デン・ブローク・アンド・バケマ）　147
ロビー邸（F. L. ライト）　101
ロンシャン教会（ル・コルビュジェ）　173

著者略歴

服部岑生（はっとり みねき）
1941年 愛知県に生まれる
1964年 東京大学工学部卒業
現　在 千葉大学大学院自然科学研究科教授
　　　 工学博士

佐藤　平（さとう ひとし）
1935年 福島県に生まれる
1960年 日本大学理工学部卒業
現　在 日本大学工学部教授
　　　 工学博士

荒木兵一郎（あらき ひょういちろう）
1932年 大阪府に生まれる
1960年 大阪大学大学院工学研究科博士課程修了
現　在 関西大学名誉教授
　　　 工学博士

水野一郎（みずの いちろう）
1941年 東京都に生まれる
1966年 東京芸術大学大学院建築学専攻修了
現　在 金沢工業大学工学部教授
　　　 工学修士

戸部栄一（とべ えいいち）
1949年 東京都に生まれる
1972年 東京大学工学部卒業
現　在 椙山女学園大学生活科学部教授
　　　 工学博士

市原　出（いちはら いずる）
1958年 福岡県に生まれる
1993年 東京大学大学院工学系研究科博士課程修了
現　在 東京工芸大学工学部教授
　　　 博士（工学）

日色真帆（ひいろ まほ）
1961年 千葉県に生まれる
1991年 東京大学大学院工学系研究科博士課程修了
現　在 愛知淑徳大学現代社会学部教授
　　　 博士（工学）

笠嶋　泰（かさじま やすし）
1948年 神奈川県に生まれる
1974年 千葉大学大学院工学研究科修士課程修了
現　在 大同工業大学工学部教授
　　　 博士（工学）

岸本達也（きしもと たつや）
1968年 東京都に生まれる
1998年 東京大学大学院工学系研究科博士課程修了
現　在 慶應義塾大学理工学部専任講師
　　　 博士（工学）

シリーズ〈建築工学〉1
建築デザイン計画
――新しい建築計画のために――

定価はカバーに表示

2002年6月1日　初版第1刷
2005年5月20日　　第4刷

著　者　服　部　岑　生
　　　　佐　藤　　　平
　　　　荒　木　兵　一　郎
　　　　水　野　一　郎
　　　　戸　部　栄　一
　　　　市　原　　　出
　　　　日　色　真　帆
　　　　笠　嶋　　　泰
　　　　岸　本　達　也

発行者　朝　倉　邦　造
発行所　株式会社　朝倉書店
　　　　東京都新宿区新小川町6-29
　　　　郵便番号　162-8707
　　　　電話　03（3260）0141
　　　　FAX　03（3260）0180
　　　　http://www.asakura.co.jp

〈検印省略〉

© 2002 〈無断複写・転載を禁ず〉

シナノ・渡辺製本

ISBN 4-254-26871-8　C 3352　　Printed in Japan

阪大 柏原士郎・阪大 橘英三郎編著

建築デザインと構造計画

26619-7 C3052　　B5判 180頁 本体5500円

建築デザインの立場から構造計画が理解できるよう工夫した好著。〔内容〕空間創造への挑戦／形態と構造の関係／空間と構造形式／形態と部材寸法／形態にあらわれにくい構造形式／構造計画の事例（関空ターミナルビル等）／構造計画の進め方

中島康孝・紀谷文樹・仁平幸治著
学生のための建築学シリーズ

建築設備（三訂版）

26838-6 C3352　　A5判 352頁 本体5000円

好評の旧版を最新の情報に基づき改訂。〔内容〕建築と建築設備／建築設備の基本計画／設備システムの計画／設備原論／冷暖房負荷／給水・給湯設備／排水・通気設備／特殊設備／電気設備／消火設備／輸送設備／地球環境と建築設備／他

日大 板本守正・千葉工大 市川裕通・芝工大 塘　直樹・
九大 片山忠久・東工芸大 小林信行著
学生のための建築学シリーズ

環境工学（四訂版）

26856-4 C3352　　A5判 216頁 本体3900円

好評の旧版を、法律の改正や地球環境問題への配慮など、最新の情報に基づいて書き改めたテキスト。多数の図・表・データを用いて、簡潔かつわかりやすく解説。〔内容〕気候／熱環境／伝熱／湿気／換気／音響／日照／採光・照明／色彩

鹿児島大 松村和雄・九大 河野昭彦・九大 前田潤滋著
新建築学シリーズ1

建築構造力学

26881-5 C3352　　B5判 208頁 本体4800円

現代に即した新テキストシリーズ〔内容〕構造と安全性／力の釣合い／構造解析／応力と歪／断面力／部材の変形／仮想仕事／歪エネルギー／架構の解析／平面トラスの解析／はりの解析／平面ラーメンの解析／付録：マトリクス算法の基礎

河上嘉人・小山智幸・平居孝之・森永　繁・椎葉大和・
重藤和之・藤本一寿・村上　聖他著
新建築学シリーズ4

建築材料・材料設計

26884-X C3352　　B5判 216頁 本体4800円

〔内容〕建築材料通論／建築材料各論（ケイ素・カルシウム系、金属系、有機系、コンクリート）／建築機能材料設計（複合材料、耐久・防火・防水・断熱・防湿・音響材料）／屋根材料（屋根、外壁、内装壁、床、天井）／建築材料試験

片野　博・井上正文・菊池健児・徳富久二著
新建築学シリーズ5

建築構法

26885-8 C3352　　B5判 224頁 本体5200円

〔内容〕建築構法原論（デザイン、生産条件、構造・設備計画、他）／建築要素の構法（屋根、壁、床、天井、階段、建具、他）／建築躯体の構法（木質系、鉄骨系、コンクリート系、組積造）／基礎の構法（地盤、浅い基礎、深い基礎）／演習問題

達見清隆・吉岡俊二・坂口千城・安松孝夫・
藤本　進・湊　憲一・河原雄造・木下大洋著
新建築学シリーズ6

建築施工・マネジメント

26886-6 C3352　　B5判 212頁 本体4800円

従来の現場サイドの施工学に加えて発注サイド、設計サイドの施工学を加えた新時代向け教科書。〔内容〕コストのマネジメント／着工時のマネジメント／現場工事のマネジメント（仮設・地下・躯体・外部仕上・内部仕上・設備工事）／住宅生産

横山浩一・西山紀光・西田　勝・赤司泰義・椛嶋裕幸・
後藤立夫・小南義彦・谷口比呂海他著
新建築学シリーズ8

建築設備計画

26888-2 C3352　　B5判 184頁 本体4300円

〔内容〕建築環境と設備計画（横山浩一）／建築設備の総合計画（西山紀光・西田勝）／空気調和設備（赤司泰義・椛嶋裕幸）／給排水・衛生設備（後藤立夫・大石剛）／電気設備（小南義彦）／先端技術と計画事例（谷口比呂海・村田泰郎）／各設計課題

萩島　哲・佐藤誠治・菅原辰幸・大貝　彰・
外井哲志・出口　敦・三島伸雄・岩尾　襄他著
新建築学シリーズ10

都市計画

26890-4 C3352　　B5判 192頁 本体4600円

新編成の教科書構成で都市計画を詳述。〔内容〕歴史上の都市計画・デザイン／基本計画／土地利用計画／住環境整備／都市の再開発／交通計画／歩行者空間／環境計画／景観／都市モデル／都市の把握／都市とマルチメディア／将来展望／等

五十嵐定義・脇山廣三・中島茂壽・辻岡静雄著
エース建築工学シリーズ

エース鉄骨構造学

26861-0 C3352　　A5判 208頁 本体3400円

鋼構造の技術を、根幹となる構造理論に加え、平易に解説。定番の教科書を時代に即して改訂。大学・短大・高専の学生に最適。〔内容〕荷重ならびに応力の算定／材料／許容応力度／接合法／引張材／圧縮材の座屈強さと許容圧縮応力度／他

前京大 松浦邦男・京大 高橋大弐著
エース建築工学シリーズ

エース建築環境工学 I
―日照・光・音―

26862-9 C3352　　A5判 176頁 本体3200円

建築物内部の快適化を求めて体系的に解説。〔内容〕日照（太陽位置、遮蔽設計、他）／日射（直達日射、日照調整計画、他）／採光と照明（照度の計算、人工照明計画、他）／音環境・建築音響（吸音と遮音・音響材料、室内音響計画、他）

京大 鉾井修一・近大 池田哲朗・京工繊大 新田勝通著
エース建築工学シリーズ

エース建築環境工学 II
―熱・湿気・換気―

26863-7 C3352　　A5判 248頁 本体3800円

I巻を受けて体系的に解説。〔内容〕I編：気象／II編：熱（熱環境と温熱感、壁体を通しての熱移動と室温、等）／III編：湿気（建物の熱・湿気変動、結露と結露対策、等）／IV編：換気（換気計算法、室内空気室の時間変化と空間変化、等）

上記価格（税別）は2005年4月現在